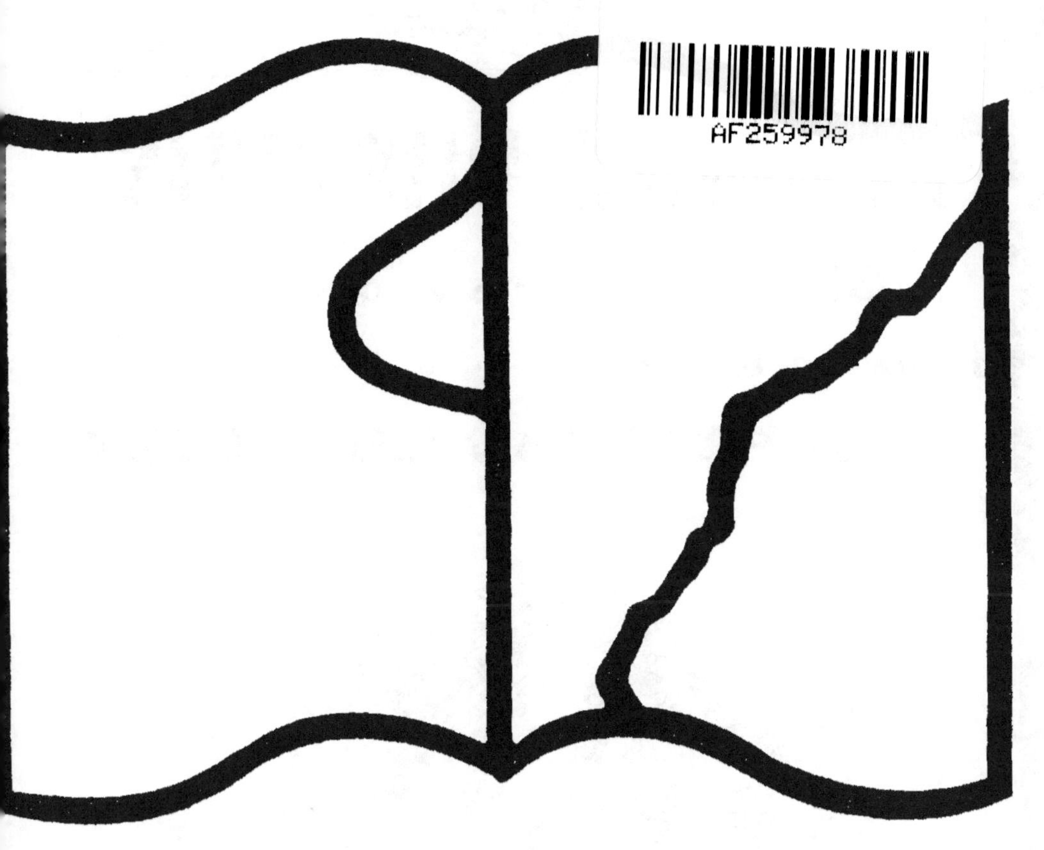

Texte détérioré — reliure défectueuse

NF Z 43-120-11

Première Livraison.

10 Centimes.

L'AFFAIRE DREYFUS

Et ses Ressorts secrets

HISTOIRE DOCUMENTAIRE

PAR PASCHAL GROUSSET

La Promenade des Jésuites *(Dessin de GAVARNI)*

1. *L'Affaire Dreyfus.*

L'AFFAIRE DREYFUS

Et ses Ressorts secrets

PRÉCIS HISTORIQUE

PAR

PASCHAL GROUSSET

PARIS

SOCIÉTÉ D'ÉDITIONS ILLUSTRÉES

A. GODET et Cie, éditeurs

51, Rue Vivienne, 51

AVANT-PROPOS

Un des premiers, l'auteur de ce précis historique avait signalé, le jour même de la condamnation du capitaine Dreyfus, les côtés inquiétants et suspects du drame qui s'ouvrait.

Il y a, disait-il hautement, **présomption d'injustice** dans l'exécution sommaire et à huis clos d'un officier juif visiblement livré, par le ministre de la guerre, aux fureurs catholiques et romaines de l'État-Major général.

Pour éprouver et exprimer dès lors pareille méfiance, il suffisait d'avoir lu les réquisitoires passionnés de la presse antisémite contre un homme que rien n'accusait, dans ce qu'on connaissait de sa vie, et qui ne pouvait répondre un seul mot, étant bâillonné.

Or, cet homme, à la première occasion, criait son innocence au peupl assemblé pour son supplice. C'est donc qu'il n'y avait point contre lui de charges certaines !...

Et sur ce cri, ses bourreaux le replongeaient dans l'ombre du secret absolu, au mépris de la loi. C'est donc qu'ils avaient peur de sa protestation !

Depuis, chaque année, chaque mois et bientôt chaque jour est venu projeter un rayon de lumière sur cette œuvre de ténèbres. Lentement, tragiquement, la vérité s'est dégagée. Les preuves ont succédé aux preuves pour établir la réalité d'un crime judiciaire sans exemple depuis les temps les plus noirs de l'Inquisition d'Espagne.

Ce crime a profondément troublé la conscience nationale. Il a déchaîné sur la France une tempête ruineuse. Il a mis à nu, dans la substance de ses organes vitaux, des plaies qui appellent le fer rouge. Peu s'en est fallu qu'il ne la précipitât aux abîmes.

Et pourtant l'enchaînement des faits, leur origine, la leçon même de ces faits sont encore presque ignorés du grand nombre. Le moment semble venu d'en dresser le bilan, d'en exposer la genèse, avec tous les éléments documentaires qui permettront à chacun de se faire une opinion personnelle et d'apprécier les développements ultérieurs qui vont fatalement sortir de ces prémisses.

Paris, octobre 1893.

L'AFFAIRE DREYFUS ET SES RESSORTS SECRETS

La Boîte aux lettres de l'Ambassade allemande

                    Dessin de Couturier,

L'AFFAIRE DREYFUS

HISTOIRE DOCUMENTAIRE

PAR

PASCHAL GROUSSET

CHAPITRE Ier

Le Bordereau

On peut définir l'affaire Dreyfus : une anecdote de police militaire, graduellement arrivée aux proportions d'un cyclone.

Depuis un an, le Genre humain se penche, stupéfait et navré, sur cet imbroglio français, né dans une loge de portier et resté digne de son berceau symbolique. Qu'y avait-il au début ? Rien qui ne fût de tout point banal : l'escroquerie d'un espion tzigane, entré dans l'armée française par la porte de la Légion étrangère, après avoir servi dans l'armée papale, passé plus tard aux gages de l'ambassade allemande et se faisant payer le plus cher possible des renseignements à peu près sans valeur.

La preuve matérielle de quelques-uns de ces envois tombe aux mains de l'État-Major, sous la forme d'une lettre non signée, qui en énumère la liste. De vagues analogies d'écriture inspirent à quelques monomanes d'antisémitisme l'idée géniale que l'auteur de la lettre, et par conséquent le traitre, est, ou peut être, doit être un officier juif — le seul officier juif qui ait jamais obtenu l'accès de cet État-Major général, dont les papistes militants ont su faire leur fief.

Aussitôt, la « passion partisane » accomplit son œuvre et transforme l'hypothèse en affirmation positive. L'officier juif est appréhendé sans bruit, à l'insu de tous, à l'insu du gouverneur de Paris lui-même, seul compétent pour signer l'ordre d'écrou. Comme tant d'autres juifs le furent avant lui, en des temps réputés moins civilisés que le nôtre, il se voit jeté au fond d'un *in pace*, sans avoir pu obtenir de ses chefs qu'ils lui disent son crime. Et là, il est soumis, pendant deux mois, à la question ordinaire et extraordinaire.

Cependant, le général Mercier, délégué à la guerre, n'a pas encore découvert la loi bureaucratique qui subordonne les ministres d'un jour à l'État-Major éternel, omnipotent et infaillible. Le pauvre homme se permet d'émettre un avis personnel et de laisser percer l'opinion, déjà hérétique et subversive, que peut-être il n'y a pas, contre l'officier incriminé, de charges bien certaines...

Mercier, vous avez tort ! Et vos maîtres vont vous le montrer !

Rompant soudain avec le profond silence de la procédure secrète, l'État-Major communique directement aux journaux des informations sensationnelles. Un officier, attaché aux bureaux de la Guerre, fait-il dire, est sous le coup d'une accusation de haute trahison. Le scélérat est arrêté. Son crime n'est malheureusement pas douteux, car *il l'avoue*... Il s'a git du « plan de mobilisation » de l'armée, livré à l'Allemagne ; du « signalement et du nom de tous nos agents militaires au dehors », vendus à la Triplice.

De Boisdeffre.

C'est la patrie menacée, réduite à l'impuissance. Jamais forfait plus atroce ne fut perpétré par un officier... Cet officier est juif, c'est tout dire !... Aussi les « influences juives » sont-elles déjà à l'œuvre pour le sauver. Le ministre de la guerre subit manifestement ces « influences ». Il est en train d'y céder et parle déjà de soustraire le traître à la vindicte publique !...

Ce fut l'affaire de trois jours et de cinq ou six articles furieux, soulignés au crayon bleu, déposés sur le bureau ministériel.

Entre le devoir que lui trace l'inanité de l'accusation et la terreur de se voir arracher son portefeuille, sous la tempête d'outrages qui gronde autour de lui, Mercier a déjà fait son choix. Il met bas les armes. Il livre la victime expiatoire et laisse le procès suivre son cours, dans le secret absolu des débats, succédant au secret de l'instruction. Le voilà pris dans l'engrenage, voué sans retour à poursuivre une condamnation ; car l'acquittement, après un tel scandale, serait sa chute personnelle, celle du cabinet Dupuy tout entier...

Et comme les juges militaires, à la clôture des débats secrets, hésitent, eux aussi, estiment la preuve insuffisante,

ou, pour mieux dire, « se trouvent devent le néant », selon la parole expresse du préfet Lépine, quittant le prétoire au moment où ils entrent en délibération, à cette heure suprême, le misérable Mercier laisse exercer sur ces hommes simples, que la consigne tacite des grands chefs est encore impuissante à aveugler, la plus révoltante et la plus frauduleuse des pressions morales.

Au mépris de toute justice et de toute légalité, au mépris du droit fondamental de tout citoyen français, il leur fait communiquer, en chambre du Conseil, un prétendu dossier secret, que l'accusé ni son défenseur n'ont pu voir et discuter, mais qui semble accablant, qui doit paraître décisif à ces juristes improvisés, ignorants de leur forfaiture même — et qui enlève leur verdict.

L'officier juif est condamné, dégradé, transporté en delà des océans, isolé, réduit au silence, avec des raffinements de barbarie, non sans qu'on répète encore qu'*il a avoué*, ce qui est toujours faux.

En dépit de tant de soins, la vérité se fait jour. Le mystère de cet étouffement inquiète les consciences. Une enquête pieuse se poursuit. Quelques hommes résolus placent les faits devant l'opinion souveraine et font naître d'abord le doute sur la culpabilité du condamné, puis la conviction grandissante d'une effroyable erreur. Et dès lors, l'État-Major n'a plus qu'une idée, n'a plus qu'un emploi : jus-

Mercier.

tifier à tout prix son œuvre néfaste, dissimuler son crime, en le renouvelant s'il est nécessaire ; en faisant de ses bureaux une officine de faux papiers ; en jetant aux prisons militaires les hon-nêtes gens qui l'avertissent de l'orage imminent ; en couvrant de sa faveur et de sa protection l'auteur véritable, le hideux auteur de la trahison ; en ac-culant ses propres complices au suicide, s'ils ont la faiblesse d'avouer !...

Cette histoire, on va la dire sans haine et sans crainte. Certains pensent encore, ou allèguent, qu'il vaudrait mieux la taire, pour ne pas affaiblir dans la nation armée sa confiance en des chefs appelés un jour à la mener au combat.

Hélas ! d'une confiance si nécessaire, que peut-il rester aujourd'hui ? Et qui ne voit, sous le transparent prétexte de l'intérêt national, le squelette grimaçant des intérêts privés ? Le premier devoir d'un fils dévoué de la Mère commune est de l'éclairer à fond sur l'indignité de ceux qui ont failli à son service. Désor-mais, ce n'est plus assez qu'ils dispa-

Bureaux de la Guerre

raissent. Il faut qu'avec eux s'effondre sans retour le système paradoxal que l'affaire Dreyfus a dévoilé au pays, en lui montrant une oligarchie « catho-lique et royale » enkystée comme un corps étranger au faîte de l'armée la plus démocratique de l'histoire. L'arbre a porté ses fruits empoisonnés : hâtons-nous de l'abattre et de le brûler. A l'ins-titution militaire si tôt vermoulue qui naquit, il y a vingt ans, de nos défaites, et qui en abrite encore le personnel dé-crépit, il faut substituer un établisse-ment nouveau, où la virilité républi-caine et savante du pays reprenne enfin la fonction directrice qui lui appar-tient.

Ce sera l'œuvre de demain. Prépa-rons-la en contant le drame d'hier et ses ressorts secrets.

Dans les derniers jours de mai 1894, la police de l'État-Major général, officiel-lement désignée à l'Annuaire comme « Deuxième bureau (*armées étrangères, missions à l'étranger*) », recevait d'un de ses agents parisiens un document soustrait à l'ambassade allemande.

Ce document, lettre-missive devenue célèbre sous le nom de *bordereau*, était le relevé, non daté et non signé, d'un certain nombre de pièces et notes sur l'armée française. Il était adressé au major (depuis lieutenant-colonel) von Schwarzkoppen, attaché militaire allemand, qui venait de quitter Paris et de se rendre pour quelques semaines à Berlin.

Un valet de chambre alsacien de l'ambassade allemande et le portier (alsacien, lui aussi) de la maison sise en face de l'ambassade, tous deux agents dévoués du service français de contre espionnage, avaient détourné cette lettre et la transmettaient au colonel Sandherr, chef du service des renseignements. Non sans l'avoir préalablement déchirée en plusieurs morceaux, conformément aux règles du protocole spécial qui attribuait alors comme provenance uniforme, à tous les papiers de cette nature, une trouvaille accidentelle dans les paniers à rebuts et balayures de l'ambassade allemande, soigneusement surveillés à cet effet.

On connaît aujourd'hui l'origine réelle et la teneur du document, longtemps restées mystérieuses. On sait qu'il se réfère à des communications peu importantes en elles-mêmes, faites par l'espion Walsin-Esterhazy à l'attaché étranger qui payait ses services.

La plupart des renseignements énumérés au bordereau, ou se trouvaient tout au long dans les journaux et revues militaires, ou n'avaient point de base réelle. Un, au moins, était à la fois suranné et inexact, celui qui se rapporte au « frein hydraulique du 120 ». Il eût fallu dire « le frein hydro-pneumatique du 120 court ». Si le major von Schwarzkoppen achetait de pareilles informations au prix de deux mille francs par mois, comme l'assure un professeur

d'Oxford, M. Conybeare, dans la *National Review*, c'est qu'il faut bien qu'un attaché militaire justifie ses fonds secrets par des transactions quelconques. Pour un homme avisé et vraiment au courant du progrès technique dans les armées européennes, ces prétendues révélations n'auraient pas valu cinquante centimes. La remarque a sa portée, étant donné qu'elles furent abusivement imputées à un officier breveté de l'École de guerre, appartenant à une arme savante et à coup sûr en mesure d'être infiniment mieux renseigné.

Voici le texte du « bordereau », écrit sur une feuille de papier transparent, dit papier photographique ;

Sans nouvelles m'indiquant que vous désirez me voir, je vous adresse cependant, monsieur, quelques renseignements intéressants :

1° Une note sur le frein hydraulique du 120 et la manière dont s'est conduite cette pièce ;

2° Une note sur les troupes de couverture (quelaues modificatons seront apportées par le nouveau plan) ;

3° Une note sur une modification auv formations de l'artillerie ;

4° Une note relative à Madagascar ;

5° Le projet de Manuel de tir de l'artillerie de campagne (24 mars 1894).

Ce dernier document est excessivement difficile à se procurer, et je ne puis l'avoir à ma disposition que très peu de jours. Le ministère de la guerre en a envoyé un nombre fixe dans les corps, et ces corps en sont responsables. Chaque officier détenteur doit remettre le sien après les manœuvres. Si donc vous voulez y prendre ce qui vous intéresse et le tenir à ma disposition après, je le prendrai. A moins que vous ne vouliez que je le fasse copier in extenso et ne vous en adresse la copie.

Je vais partir en manœuvres.

Au reçu de la pièce interceptée, l'émotion fut grande à l'État-Major : moins à raison de la valeur propre du document, ou des divulgations sans portée réelle auxquelles il se référait, qu'à raison du caractère tout à fait exceptionnel du flagrant délit et de la trahison qu'il mettait hors de doute.

Les espions sont ordinairement trop prudents pour fournir d'eux-mêmes, et en clair, la table des matières de leur méfait. Ici la désinvolture du traître anonyme accusait manifestement des rapports déjà anciens avec l'ambassade allemande. Or, la police militaire de Paris avait eu fréquemment l'occasion, dans les dernières années, de constater des « fuites », selon le mot consacré ; elle le disait, au moins, pour expliquer à sa manière ses propres négligences et ses propres erreurs. Même il lui était arrivé de donner tête baissée dans le piège tendu à sa crédulité par un mystificateur resté inconnu et qui avait dénoncé à l'Italie tout un prétendu plan d'organisation secrète des Arabes d'Algérie ; ces Arabes devaient venir, en cas de guerre, porter subitement à 360,000 hommes les effectifs français sur la ligne des Alpes. D'où, panique soudaine à l'État-Major italien, armements précipités, renforcement des garnisons à la frontière ; et par une prompte contre-partie de ces mesures mêmes, aussitôt signalées à Paris, développement correspondant des armements français entre Nice et la Savoie. Si bien, que le mensonge d'un espion, à court de renseignements véridiques, s'était chiffré de part et d'autre, par des millions de dépenses supplémentaires.

Cette mésaventure, ajoutée à plusieurs autres, avait mis le Deuxième Bureau en grand appétit de découvertes sur leur auteur possible. Mais jusqu'à ce jour cet appétit restait inassouvi.

Or, voici qu'un coup de fortune jetait la police militaire sur une piste encore fraîche et plaçait en ses mains la lettre d'un espion habitué ; — lettre très probablement autographe, puisque l'écriture seule tenait lieu de signature. Il s'agissait de remonter jusqu'à l'espion, grâce à ce fil conducteur.

Successivement ou simultanément, le général Gonse, sous-chef de l'État-Major général, le colonel Sandherr, chef de la police militaire, et le commandant Henry, son auxiliaire principal, s'attelèrent à cette tâche, sans la conduire à bien.

Plusieurs semaines s'étaient déjà écoulées, et personne n'était plus avancé qu'au premier jour, quand le chef de l'état-major en personne (général de Boisdeffre) donna tout à coup l'ordre de remettre l'enquête sur le bordereau au commandant du Paty de Clam, étranger jusqu'alors aux services de contre-espionnage — il appartenait au Troisième Bureau (*opérations militaires ; instruction générale de l'armée*) — mais qui passait pour un profès en graphologie, chiromancie, tables tournantes et autres arts divinatoires.

À ces talents spéciaux, le commandant d'infanterie du Paty de Clam joignait une imagination romanesque, des prétentions de policier psychologue à la manière de Gaboriau et cette particularité caractéristique de croire à l'innocence de l'abbé Bruneau, récemment guillotiné à Laval pour assassinat ; il attribuait cette injuste condamnation d'un saint prêtre, comme à peu près tous les événements qui n'avaient pas son approbation personnelle, à l'influence combinée des juifs, des huguenots et des francs-maçons.

C'est assez dire de quels journaux du Paty de Clam faisait sa pâture habituelle. Même il passait pour avoir collaboré à la *Libre Parole*, sous des pseudonymes impénétrables, et s'en défendait mollement.

Etait-il, d'aventure, l'officier masqué, ami de Morès, qui écrivait, en mai 1892, les articles signés *de Lamaze*, où le patriotisme des officiers israélites de l'armée française se trouvait attaqué avec tant de perfidie haineuse? Divers indices de style et de mentalité générale semblent l'indiquer, mais le fait n'est point établi.

Il est à peine besoin de rappeler que ces

Du Paty de Clam.

articles, après avoir motivé un premier duel entre Édouard Drumont et l'officier juif Crémieu-Foa, qui avait pour témoin le capitaine (depuis commandant) Walsin-Esterhazy — puis un second duel entre Crémieu-Foa et de Lamaze, qui déclara alors n'avoir fait que prêter sa signature, amenèrent enfin la rencontre fatale où le marquis de Morès tua le capitaine juif Mayer, inspecteur des études à l'École polytechnique : ouvrant ainsi par la mort d'un officier alsacien la liste des victimes de la folie antisémite.

Au procès, devant la cour d'assises de la Seine, que présidait le conseiller Delegorgue, Morès déclara sous serment que les articles signés *de Lamaze* étaient bien l'œuvre d'un officier de l'armée active, qui ne pouvait pas se nommer et qu'il avait représenté sur le terrain. Si cet officier n'était pas Du Paty de Clam, il lui ressemblait comme un frère.

C'est à la sorcellerie de cet homme étrange qu'était dévolu le soin d'établir l'identité du correspondant de Schwarzkoppen. Très visiblement, parce qu'il venait de signaler à Boisdeffre une piste et un programme qui avaient séduit le chef de l'État-Major : sans quoi l'enquête fût restée, comme devant, l'œuvre exclusive du Deuxième Bureau.

Ici, une remarque s'impose. Depuis plusieurs semaines qu'ils étaient en possession d'une pièce soustraite à l'ambassade d'Allemagne, comment le colonel Sandherr et ses chefs avaient-ils pu négliger de restituer cette pièce à sa destination première, en apparence tout au moins, et sous la forme d'un décalque exact sur papier identique ? On a su depuis, par Schwarzkoppen lui-même, qu'il n'avait pas remarqué l'absence du bordereau et qu'il en apprit seulement l'existence par la publication autographiée du document, en 1896. Mais la police de l'État-Major français ne pouvait pas et ne devait pas compter sur une telle occurrence ! Selon le cours naturel des choses, Schwarzkoppen et son correspondant, en reprenant contact et constatant cette « fuite », allaient faire peser leurs soupçons sur la domesticité de l'ambassade et, en tout cas, changer leur procédure épistolaire. Soit pour conjurer ces soupçons, soit pour surprendre de nouvelles communications, il semble donc qu'il fût élémentaire de reconstituer l'anneau qui manquait à la chaîne.

Rien de tel ne fut fait. Schwarzkoppen revint de voyage à la fin de juin, trouva les notes et imprimés déposés à son adresse, en reconnut l'origine par l'écriture et ne s'inquiéta pas du bordereau absent. De son côté, l'auteur du bordereau, s'il revit l'attaché allemand, ne songea point à lui parler d'une lettre qu'il croyait bien et dûment reçue.

L'imprudence de la police militaire française, en cette occasion, a suscité des commentaires variés. On a voulu y voir soit l'indice de complicités positives avec le correspondant de Schwarzkoppen, soit la volonté de faire éclater le scandale. Il semble que l'explication est plus simple et se réduit à l'inadvertance de l'un des deux agents secrets, qui avait détruit l'enveloppe après l'avoir ouverte, pour les besoins de la

fiction habituelle sur les rebuts de l'ambassade ; l'enveloppe manquant, il devenait impossible de la reconstituer ou
de la contrefaire.

Les comparaisons d'écritures restaient
donc la seule ressource de la police militaire pour déterminer la personnalité
du traître. A cet effet, le bordereau avait
été photographié par le capitaine Lauth,
attaché au deuxième bureau. Du Paty
de Clam en pro-
menait une
épreuve dans
les divers ser-
vices du minis-
tère, et la mon-
trait sous le
manteau aux
camarades bien
pensants ; car,
ouvrant ses opé-
rations par une
erreur de juge-

Gonse

ment fondamentale, il avait décidé que le
document devait émaner « d'un officier
d'état-major appartenant à l'artillerie ».

Cela, par la raison puérile qu'il y
était question, à trois reprises, de choses
particulières à cette arme (canon de 120,
formation et tir de l'artillerie) en même
temps que de matières relatives aux services généraux de l'armée.

Or, la première impression qu'aurait
dû laisser une lecture attentive du document était tout opposée. Il n'y a rien
dans le bordereau qui dépasse la moyenne
des connaissances accessibles à un officier quelconque, et très manifestement
il émane d'un homme peu familiarisé
avec la langue de l'artillerie.

Ainsi, les « troupes de couverture »
sont indiquées par leurs garnisons
mêmes.

La « modification aux formations »
vise les conséquences de la suppression
des pontonniers, déjà prévue, imprimée
et distribuée au Parlement comme projet
de loi ; la « note relative à Madagascar »

se rapportait aux bruits d'expédition
prochaine courant et escomptés, dans
toute l'armée ; le « projet de manuel de
tir de l'artillerie » ne pouvait être « extrêmement difficile à se procurer » que
pour une officier étranger à l'arme.

Et, d'autre part, le correspondant de
Schwarzkoppen dit « frein hydraulique » au lieu de « frein hydro-pneumatique » ; il dit « la manière dont la
pièce se *conduit* » pour « *se comporte* »
il parle du « 120 », quand le premier
artilleur venu aurait nécessairement
écrit le « 120 court », seul *nouveau*,
seul intéressant.

Tous les spécialistes saisiront cette
nuance subtile d'habitudes profession-
nelles. Elle échappait à un Du Paty, ou
plutôt il se ruait déjà aveuglément
sur tout ce qui lui semblait s'ajuster aux
conclusions préconçues de son cerveau
fuligineux de jésuite et de dégénéré.
L'élément normal de ce type d'hommes
est l'*à priori*; ils sont foncièrement incapables de s'abstraire de l'hypothèse
qui soutient tout l'échafaudage de leurs
concepts, et l'habitude les condamne à
ne raisonner que sur des pétitions de
principe.

L'erreur initiale de l'enquêteur choisi
par Boisdeffre limitait donc singulièrement le champ de ses recherches et le
jetait de prime-saut sur une fausse piste.
On sait par lui-même (autant qu'on peut
croire à ses affirmations) qu'il dressa une
liste de *dix-neuf* officiers compris dans
les termes de la définition qu'il s'était
ainsi tracée du traître probable — « breveté d'état-major et artilleur ». L'écriture d'aucun de ces candidats ne présentait d'analogies avec celle du bordereau.
Une seule s'en rapprochait vaguement
par son caractère général, c'était celle
d'un officier breveté, attaché comme
stagiaire au quatrième bureau, — le capitaine Alfred Dreyfus, du 14ᵉ d'artillerie.
Cet officier, originaire de Mulhouse,
appartenait au culte israélite...

En fallait-il davantage pour fixer sans retour l'opinion du commissaire-enquêteur et tout au moins pour lui inspirer l'impérieux désir de prouver que le correspondant de Schwartzkoppen était l'officier incriminé ?

Catholique ardent et pratiquant, affilié à la Compagnie de Jésus, adepte fanatique du sophisme antisémite, du Paty du Clam devait, aussi nécessairement que l'aiguille aimantée se tourne vers le pôle, aboutir au seul officier israélite qui eût jamais traversé les services de l'État-Major.

L'idée ne s'était pas plutôt offerte à son esprit, qu'elle y avait pris racine. A supposer que les écritures de comparaison et le bordereau eussent été profondément différents — il aurait conclu simplement que le juif savait dissimuler la sienne. Or, elle présentait réellement avec celle du correspondant de Schwartzkoppen une ressemblance superficielle, qui s'explique de reste quand on sait qu'elles sont toutes deux d'origine et d'allure germaniques : alsacienne chez l'un, autrichienne chez l'autre. Cette ressemblance, il est vrai, ne résistait pas à un examen attentif et se trouvait contredite par vingt détails spécifiques.

Mais pour du Paty la preuve n'en était pas moins faite désormais. Elle était l'aboutissant naturel de toutes ses haines, de tous ses préjugés. Il y voyait la revanche mystique des meurtres judiciaires perpétrés par les Juifs sur le Christ et sur l'abbé Bruneau. Il y voyait et sans nul doute son confesseur, ses conseillers attitrés les jésuites de la rue de Sèvres, et Boisdeffre, leur homme-lige, y virent dès lors l'occasion de frapper un coup décisif contre l'éternel ennemi de l'Eglise, le représentant du Démon, le déicide, le Juif abhorré.

Une telle semence devait d'ailleurs trouver dans les bureaux de l'État-Major le terrain propre à sa germination.

CHAPITRE II

L'Eglise, les Juifs et la Haute Armée

« Les jésuites, a écrit Édouard Dru-
« mont, se sont toujours déliés des
« Juifs, comme de la peste. Les règles
« de l'illustre Société sont formelles à
« cet égard. Elles défendent de rece-
« voir dans la Compagnie, quelqu'un
« qui descend de race juive ou sarra-
« zine, en remontant jusqu'au cinquième
« degré. »

En quoi les jésuites se montrent les vrais dépositaires de la pure doctrine catholique et romaine. Cette doctrine condamne toute hérésie, mais place l'hérésie juive hors cadre et déclare sans ambages que tous les moyens sont bons pour l'anéantir, y compris le fer et le feu et les pires supplices, indistinctement appliqués à tout individu convaincu de persister dans cette funeste erreur.

Beaucoup de contemporains, jugeant autrui par leurs propres sentiments, croient vivre dans un siècle de tolé-

Henry

rance mutuelle, et se bercent de l'illusion que l'Eglise elle-même s'est définitivement ralliée aux mœurs modernes, en répudiant à jamais toute action violente sur la conscience humaine. Combien profonde est l'illusion ! Contre l'hérésie, l'Eglise de Rome n'a jamais désarmé. Le pourrait-elle sans manquer à son principe essentiel ? Elle subit, en gé-

Un Jésuite de robe courte (*Dessin de GAVARNI*)

missant, la loi commune ; mais, toujours prête à se redresser, comme un ressort échappant à la compression, elle reprendrait demain, s'il ne tenait qu'à elle, le cours de ses exploits historiques, en rallumant les bûchers.

Par définition, le Juif est sa victime élue. Elle ne lui pardonne pas d'avoir survécu à huit siècles de torture; elle ne pardonne pas à la France républicaine de l'avoir admis aux droits de ci-

toyen et considère comme un affront toujours sanglant l'assimilation légale des trois cultes entretenus par l'État.

Il faut songer qu'à Rome, jusqu'en 1870, les Juifs étaient encore *séquestrés* dans un quartier à part, le Ghetto, dont on fermait de nuit avec des chaînes toutes les issues. Les moines volaient les enfants israélites pour les baptiser. Défense était faite aux Juifs d'approcher des couvents et des églises, d'entrer en familiarité avec des chrétiens, sous peine d'une amende de cinq écus. Aussi récemment qu'en 1865, une ordonnance du vicaire général de Velletri rappelait ces interdictions aux sujets du Pape.

Instinctive et traditionnelle jusqu'à ces dernières années, la haine aveugle que le Moyen-Age portait aux juifs, l'exécration dont le monde chrétien accablait les descendants ou prétendus descendants des bourreaux du Christ, s'est sublimée sous la forme pseudo-scientifique et pseudo-sociologique de l'*antisémitisme*, pour redevenir le mot d'ordre du parti catholique.

Jamais elle n'a été plus ardente et plus sauvage que de nos jours. On l'a vue se traduire en Allemagne, en Russie, en Autriche-Hongrie, plus récemment en Algérie et à Paris même, par des excitations au massacre et au pillage ; excitations qui ne sont pas toujours restées sans effet. Dans les collèges de Jésuites, la haine systématique du Juif est cultivée avec un soin particulier. Les élèves affiliés à 'Ordre, s'engagent pour leur carrière ultérieure à *ne jamais adresser la parole à un israélite*, sauf pour les besoins du service : cette règle est notoirement observée par eux à l'École Polytechnique, à Saint-Cyr, à l'École Centrale et plus tard dans l'armée.

En fait, qui dit jésuite, dit adversaire acharné, implacable de tout ce qui est juif; — conviction absolue de l'indignité, de l'abjection, de la scélératesse de tout individu marqué de cette tare originelle ; — parti pris de l'écraser sans merci en toute occasion propice et, par là, d'accomplir œuvre pie, agréable au Dieu d'amour et de paix, utile à sa gloire, conforme à ses lois et aux intérêts de son peuple.

Or, la Compagnie de Jésus, il importe de ne pas l'oublier, est, depuis près d'un siècle, la reine absolue de l'Église romaine et depuis dix à douze ans en passe de devenir la reine masquée de la République française, par la Haute Armée qu'elle a patiemment modelée à son image et qu'elle dirige à son gré.

Les circonstances l'ont singulièrement bien servie dans l'accomplissement d'un rêve qui pouvait au premier abord sembler chimérique : tout particulièrement, le service militaire universel a puissamment aidé à le transformer en réalité.

Condamnés depuis la guerre franco-allemande à passer par l'armée, comme tous les autres citoyens, les petits-fils de chouans et d'émigrés ont bientôt apprécié l'avantage d'y prendre rang en qualité d'officiers. La profession militaire, longtemps dédaignée par eux, est redevenue aristocratique. Les Jésuites ont systématiquement poussé leurs élèves vers les pépinières de gradés, par tous les moyens propres à les faire admettre en ces écoles spéciales, — y compris la communication préalable des sujets de concours et la sollicitation assidue chez les juges. Il est notoire qu'à la sortie, les élèves affiliés à la Compagnie de Jésus seront protégés, suivis, mariés par elle. Bientôt il n'y a plus eu d'avancement que pour eux seuls. Une

sélection discrète, servie par la continuité d'une action occulte, a conduit peu à peu aux grades supérieurs, d'abord, puis aux comités de classement, aux jurys de concours pour l'École de guerre, au commandement des États-Majors et des armées de l'intérieur, tous ceux qui peuvent servir la politique de l'Ordre. Lentement, mais sûrement, ce système a porté ses fruits. Et c'est ainsi qu'en peu d'années, par un effet d'autant plus désastreux qu'il est en apparence plus normal et basé sur le concours, sur les règlements, sur la propriété du grade — tous les hauts postes inamovibles, tous les pouvoirs effectifs de l'armée française sont échus à des suppôts de la Société de Jésus

D'autre part, avec Léon XIII, c'est la politique même de la Compagnie qui est arrivée au trône pontifical. Jésuite, le pape Pecci l'est de naissance, d'hérédité, de choix et d'habitudes. Entré dès l'âge de dix ans au collège de Viterbe, que dirigeaient les Pères de la Compagnie, Joachim-Vincent, comte Pecci, ne quitta leur école que pour le Collège Romain, également gouverné par les jésuites ; il y fut professeur de philosophie avant de devenir archevêque de Pérouse, nonce à Bruxelles et camerlingue. Il lui serait aussi impossible de ne pas penser et agir en adepte fidèle d'Ignace de Loyola qu'il peut l'être à un oiseau de respirer dans le vide de la cloche pneumatique. C'est parce qu'il est jésuite ingénu et toujours docile qu'il fut élu pape en 1878, après trente-six heures de ballottage.

Aussi ne faut-il jamais voir dans ses décisions une pensée propre. Il n'est que le porte-parole, l'acteur, la forme vivante d'une politique d'ailleurs très savante et très haute qui l'imprègne jusqu'aux moelles. Et, comme il a toutes les qualités extérieures du rôle, l'illusion est parfaite. L'erreur serait donc grande de voir dans l'attitude actuelle de la Cour romaine à l'égard de la République française l'œuvre personnelle de Léon XIII, comme on le fait communément. L'évolution catholique du jour est simplement le « dernier cri » de la politique générale incarnée par les jésuites dans le plus lettré et le plus enveloppant de leurs dignitaires. Chez ce parfait opportuniste, elle est à proprement parler inconsciente et naturelle, tandis qu'elle est voulue chez eux.

La Société de Jésus, personne ne saurait le méconnaître, est l'âme véritable de l'Église romaine. Elle seule a un plan, une tradition, une méthode. Elle seule marche imperturbablement à son but. La première elle a compris, il y a bientôt quatre siècles, que le grand effort du christianisme primitif, pour changer la nature humaine, a fait banqueroute et que l'Église doit aller au monde, s'adapter à ses besoins, à ses habitudes, à ses vices, pour en garder la direction. Et jamais cette idée de génie ne fut appliquée avec un parti-pris plus éclatant et plus heureux que de nos jours. L'Église romaine, définitivement reconquise au Gesù vers 1814, marche depuis trente ans à l'accomplissement de son programme avec une surprenante résolution. Elle sait que la figure de l'humanité est chose changeante, que les lois, les institutions et les dynasties sont éphémères, que les trônes sont peu solides, mais que les principes restent, survivant à tous les naufrages. Aussi a-t-elle commencé par implanter profondément dans les esprits l'idée d'un vice-roi divin, d'une grande autorité morale émanant de Dieu même, ayant reçu de lui la haute main dans le gouvernement du monde sublunaire et mise en état, par les qualités surhumaines qui lui sont départies, de porter un aussi lourd fardeau. D'où la promulgation du *Syllabus* et de l'*Infaillibilité papale* : le Syllabus, code définitif de la loi religigieuse, qu'il faut croire sous peine d'être damné; l'infail-

libilité, prodigieux instrument de règne, qui étouffe en germe tous les ferments de révolte, annule tous les droits, asservit la conscience et humilie la raison.

Quand on a forgé des armes pareilles, ce n'est point pour ne pas s'en servir. Il s'agit d'écraser la Révolution française, de se substituer à elle et sur les ruines du monde moderne tel qu'elle l'a esquissé sans savoir encore l'organiser, d'instaurer l'État chrétien : un État où le prêtre sera tout, où l'individu ne sera rien.

Conception fantastique en apparence, irréalisable dans l'opinion de qui croit l'humanité affranchie sans retour par la lettre imprimée, par la science, par les habitudes du libre examen et le souci de plus en plus marqué des lois naturelles. Mais quoi! si ces outils d'indépendance, si ces habitudes et ces formes, l'Église les emprunte à son usage ? Le jour où elle est montée dans le train et a cessé de dire : « Mon royaume n'est pas de ce monde », elle a centuplé sa force.

C'est là, non ailleurs, qu'il faut chercher le secret et le mot d'ordre de sa politique contemporaine, si souvent à contresens apparent des intérêts catholiques, tour à tour en Prusse, en Autriche, en Pologne, en Irlande et maintenant en France. Ces compromis singuliers avec les adversaires traditionnels de l'Église, qui affligent les âmes chrétiennes comme autant de défis à la morale et au bon sens, sont l'œuvre raisonnée et logique de la Compagnie de Jésus. Partout, il s'agit de capituler en apparence, de mettre bas les armes et d'entrer dans la place aux flancs du cheval de Troie. Laissez faire, peuples inconscients : un matin vous vous éveillerez soldats du pape, non point au figuré, mais au sens propre! Car tel est le but, ne vous y trompez pas. Il s'agit tout uniment de ressusciter l'Empire Romain au profit de l'évêque de Rome.

Dans ce plan grandiose, le premier rôle marqué est assigné à la République française, redevenue la fille aînée de l'Église. *Gesta Dei per Francos* Et c'est pourquoi cette République doit avant tout, de gré ou de force, redevenir papiste comme l'Espagne, sans mélange impur de huguenots, d'israélites et de francs-maçons. C'est pourquoi il a fallu, avant tout, la doter d'une armée « catholique et royale » en son État-Major.

Catholique surtout. Royale, peu importe, au fond. De longue date, la Compagnie de Jésus a cessé de s'attacher aux étiquettes. Peu lui chaut, à elle, qu'un roi, un empereur ou un président signe les décrets : l'essentiel est qu'elle les inspire. Elle n'eut jamais de patrie et n'a plus de roi légitime. Son général est son vrai souverain. Son intérêt propre est sa loi. Donnez-lui seulement de bonnes troupes, celles que la France s'est refaites à grands frais !

Peu à peu, elle s'en saisit, par les chefs, avec tant de succès qu'on peut le dire en toute vérité, depuis l'accession de Miribel au commandement du grand État-Major, l'épée de la France est aux mains du Gesù. Boisdeffre a continué la tradition, aujourd'hui représentée par Renouard. Jamont a été désigné par l'Église au poste de généralissime. Gervais, Cuverville, la Jaille tiennent la marine de son investiture. Par Reille et de Mun, le Père du Lac siège à la Commission de l'armée. Autour d'eux, l'État-Major presque entier, généraux, colonels brevetés ou simples attachés, relève de l'Ordre et porte un cierge en quelque confrérie.

Pour ces jésuites avérés, tout officier non affilié, si par impossible il a conquis admission dans les cadres de la Haute Armée, est un intrus qu'il faut éliminer.

Cet intrus est-il juif? Sa perte est certaine, quelle qu'en puisse devenir la

Du Paty de Clam dicta au capitaine Dreyfus

procédure. Un juif ne peut être que l'ennemi mortel de l'Église militante et par conséquent de la France, sa fille aînée, vouée au Sacré-Cœur de Jésus et destinée à le faire triompher. Tout juif est un traître. Tout juif doit être écrasé comme une bête venimeuse. Telle est la pure doctrine catholique et royale.

Le cas s'est présenté une fois en vingt-cinq ans. C'est celui d'Alfred Dreyfus, Alsacien de naissance, Français par option et capitaine breveté, qui est au bagne.

il avait préparée (*Dessin de COUTURIER*)

CHAPITRE III

L'Enquête

Qui était le capitaine Alfred Dreyfus? Voici sa biographie, d'après les éléments fournis par le parquet militaire.

La famille du capitaine Dreyfus est Alsacienne; elle habite Mulhouse. Son père et sa mère sont décédés. Il lui reste trois frères et trois sœurs. Les sœurs sont mariées et résident, l'une à Bar-le-Duc, l'autre à Carpentras, la troisième à Paris. Les frères dirigent une filature à Mulhouse.

Raphaël Dreyfus, père du capitaine Alfred Dreyfus, a opté pour la nationalité française, le 13 mai 1872, à la mairie de Carpentras (Vaucluse). Cette option a entraîné celle de ses enfants, alors mineurs, ainsi qu'il appert de l'acte.

Un de ces enfants mineurs était le futur capitaine, Alfred, né à Mulhouse en 1859. Il avait onze ans au moment de la guerre franco-allemande et bientôt douze quand elle prit fin. C'est-à-dire qu'il arrivait à l'âge d'homme juste à temps pour connaître et savourer les amertumes de l'occupation, puis les déchirements de l'annexion.

On dit et on répète, depuis dix ou quinze ans, dans les feuilles jésuitiques, que les juifs n'ont « pas de patrie ».

Bien plus justement, à coup sûr, cette parole peut s'appliquer aux ultramontains catholiques, dont le chef infaillible et suprème est à Rome et qui placent nécessairement les intérêts de leur Église au-dessus des intérêts nationaux, les croyant d'ailleurs identiques. Quant aux juifs français, comment ne seraient-ils pas, au contraire, profondément, exclusivement dévoués à la bonne mère qui les a recueillis, sanglants et meurtris par huit siècles de torture, qui les a protégés, arrachés à l'injuste opprobre où les tenait l'Europe chrétienne et appelés sans retour au banquet des droits civiques ?

Nulle part plus qu'en Alsace-Lorraine ce sentiment n'est resté chez eux vivant et tendre. Les Dreyfus, de Mulhouse, en particulier, furent toujours notoires pour leur attachement irréductible à la France et l'ont toujours prouvé par leurs actes.

Quant à lui, leur enfant, il lui parut dès lors qu'il n'y avait plus pour un fils de l'Alsace annexée d'autre carrière que celle du soldat ; et cette carrière, il voulut l'aborder par la grande porte des fortes études. A quinze ans, en octobre 1874, il se faisait envoyer à Paris pour se préparer au concours de l'Ecole polytechnique.

Successivement élève au collège Chaptal et à Sainte-Barbe, il est reçu à l'Ecole polytechnique en 1878, avec le numéro 178, il en sort sous-lieutenant d'artillerie en 1880, avec le numéro 128. Il va ensuite à l'Ecole d'application de Fontainebleau, où il entre avec le numéro 38 et d'où il sort avec le numéro 32. Classé comme lieutenant en second au 31ᵉ régiment d'artillerie, en garnison au Mans; il y fait le service du 1ᵉʳ octobre 1882 à la fin de 1883, puis il est classé à la 4ᵉ batterie à cheval détachée à Paris. Le 12 septembre 1889 il est nommé capi-

taine au 21ᵉ régiment d'artillerie et adjoint à l'Ecole centrale de pyrotechnie militaire de Bourges. Le 21 avril 1890, il est admis à l'Ecole de guerre avec le numéro 67. Il en sort en 1892 avec le numéro 9 et la mention *très bien*. Capitaine-commandant au 14ᵉ d'artillerie, il est détaché en 1893 à l'État-Major de l'armée, comme stagiaire, d'abord au 3ᵉ bureau, puis au 4ᵉ.

Tel est le *curriculum vitæ* qui parle de lui-même, et témoigne d'un effort et d'un progrès continus, d'une ascension constante des rangs moyens de la promotion de 1878 jusqu'aux premiers rangs en 1892.

Partout ses notes sont bonnes, où pour mieux dire excellentes. Le capitaine Dreyfus est considéré comme un officier modèle, très attaché à sa profession, laborieux presque à l'excès, sévère pour les autres comme pour lui-même, savant et ponctuel.

Mais, soudain, les choses vont changer. A l'État-Major de l'armée, le colonel Fabre et le commandant Bertin, du 4ᵉ bureau, lui témoignent une malveillance qui se traduit par des notes peu favorables. Il semble pourtant difficile d'admettre que du jour au lendemain, à trente-quatre ans, le capitaine Alfred Dreyfus eut perdu subitement ses qualités militaires.

La besogne était peu compliquée au 4ᵉ bureau. A vrai dire, il n'y avait rien à faire. Quand il y arriva, dans l'hiver de 1893-94, les stagiaires ne savaient à quoi s'employer. On dut leur donner un travail *fictif* de transports et de concentrations de troupes, véritable exercice d'écolier. Le capitaine Dreyfus fut appelé comme les autres à participer à ce travail. C'est le seul plan de mobilisation qu'il ait jamais pu connaître à l'État-Major. Or, ce plan répondait à une hypothèse purement imaginaire.

Là, non plus qu'au 3ᵉ bureau, le capitaine Dreyfus n'avait accès à aucun document confidentiel ou secret. Toutes les pièces réputées importantes, et beaucoup d'autres qui ne le sont à aucun titre, étaient, selon l'usage, enfermées dans des armoires fermant à clef et renforcées d'une barre de fer maintenue

La Promenade des Jésuites (*Dessin de GAVARNI*)

par un cadenas à secret. Pour ouvrir une de ces armoires, il faut : 1° le mot du cadenas ; 2° la clef de l'armoire. Ces clefs restent aux mains du colonel chef de section.

Pendant son séjour au 4ᵉ bureau, le capitaine Dreyfus n'eut jamais ces clefs. Au 3ᵉ bureau, il avait celles de l'armoire de sa section, affectée aux étapes.

Il faut noter d'ailleurs que les officiers de chaque section travaillent ensemble dans une salle commune. Le capitaine

Souriot, qui occupait la même table qu'Alfred Dreyfus, et le capitaine Hirschauer, son collègue, ont pu affirmer qu'ils ne l'avaient jamais vu qu'occupé de son travail habituel et toujours méthodique dans ses habitudes.

Le capitaine Alfred Dreyfus est marié et père de deux jeunes enfants. Ses ressources personnelles sont largement au-dessus de ses besoins. En dehors de sa solde, il dispose d'un revenu de vingt-cinq à trente mille francs, provenant pour une part de l'héritage paternel, pour l'autre part de la dot de sa femme, née Hadamard, fille d'un opulent marchand de diamants.

Sa vie est simple et paisible. On ne lui connaît pas de vices. Il n'est pas joueur. Il habite au n° 6 de l'avenue du Trocadéro, près la place de l'Alma, un appartement modeste, sort le matin pour se rendre au ministère de la guerre, rentre après cinq heures pour dîner en famille et passe habituellement la soirée avec les siens.

Tout cela ne constitue pas, assurément, le cadre d'une existence catilinaire, et ce n'est pas celui où l'on peut s'attendre à trouver un traître. Mais du Paty de Clam n'est pas homme à se fier aux apparences ! En bon jésuite, il n'y croit pas. A ses yeux, l'hypocrisie est la règle et la vertu l'exception. N'a-t-il pas trois ou quatre motifs pour un de penser et de dire que le correspondant de Schwarzkoppen est le capitaine Alfred Dreyfus?

Primo, le capitaine Alfred Dreyfus est artilleur.

Secundo, le capitaine Alfred Dreyfus est breveté de l'École de Guerre et attaché à l'État-Major général de l'armée.

Tertio, son écriture présente « une certaine ressemblance » (*sic*) avec celle du bordereau.

Quarto, le capitaine Alfred Dreyfus est *juif;* c'est le *seul officier juif* qui soit jamais entré à l'État-Major de l'armée.

Ce dernier motif de conviction suffirait largement à du Paty de Clam, à défaut des trois autres. Mais étant donné qu'ils se trouvent superposés, comment douterait-il ? Il ne lui reste plus qu'à établir, pour le commun des juges militaires, ce qui ne saurait faire doute pour un antisémite, fermement persuadé qu'un juif est toujours, nécessairement, fatalement, par destination originelle, un scélérat et un traître.

Il s'agit donc à la fois de former un dossier de lettres et mémoires techniques écrits par Alfred Dreyfus, afin de les identifier de gré ou de force avec l'écriture du bordereau, et de surveiller tous les actes du Juif pour obtenir la preuve directe de ses relations avec l'ambassade allemande. Ce sera sans doute chose aisée, étant donné l'imprudence dont le correspondant de Schwarzkoppen a fait preuve en écrivant sa lettre missive.

Or, du Paty de Clam dispose de moyens d'investigation peu ordinaires, en sa qualité de commissaire du grand État-Major. Il peut notamment faire saisir à la poste, pour les ouvrir. toutes les lettres et dépêches envoyées ou reçues par Alfred Dreyfus. Il peut faire épier ses moindres démarches par une nuée d'agents secrets, faire fouiller ses armoires et tiroirs par de prétendus « cambrioleurs » qui seront aussitôt relâchés, s'ils ont la maladresse de se laisser sur-

prendre. Ce sont là menues libertés que l'État-Major prend avec tous ses membres, dont la fonction habituelle paraît être de s'espionner les uns les autres, conformément aux meilleures traditions de toutes les maisons de Jésuites et de toutes les polices civiles ou militaires.

Donc, le capitaine Dreyfus est mis « en observation » : c'est-à-dire étroitement surveillé, filé, décacheté, déshabillé, trois ou quatre mois durant.

On peut tenir pour certain que pendant cette longue épreuve, dont il ne saurait avoir le moindre soupçon, il ne fait pas un geste, n'écrit pas une ligne, ne reçoit pas une lettre, n'ouvre pas un journal, ne monte pas un escalier, ne tire pas une sonnette, sans que la chose soit ponctuellement notée. Cette surveillance le suit de jour et de nuit, au logis et dans la rue, au ministère et partout. Où qu'il se trouve, quoi qu'il fasse, un œil le guette, un œil l'observe, un œil le photographie.

Sur quoi, rapports quotidiens, montagne de rapports pour du Paty de Clam et connaissance minutieuse de toutes les habitudes du sujet.

Habitudes interprétées, il est vrai, par des agents qui ne sont pas tous aussi subtils que le voudrait du Paty de Clam. Et c'est pourquoi, sans nul doute, il ne reste pas de tout ce fatras le moindre indice de nature à incriminer l'officier soupçonné. On y voit bien qu'il est monté à cheval à huit heures, suivi de près par l'agent B., ex-sous officier de cavalerie, également monté ; qu'il a gravi l'avenue du Trocadéro, s'est dirigé vers le Bois de Boulogne où il a gagné et suivi l'allée des Poteaux ; qu'il a salué une femme à cheval et s'est arrêté dix minutes au coin de la route des Lacs à Madrid avec une autre femme en costume de bicyclette, qu'un rapport subséquent démontrera triomphalement être la demoiselle Z., chanteuse légère à la *Scala.* Toutes choses très répréhensibles assurément, et profondément opposées aux habitudes courantes des officiers de toute arme et de tout grade, et même des laïcs non gradés, mais qui n'impliquent pas nécessairement des relations criminelles avec la Triplice.

Pense-t-on que cette disette absolue de faits probants soit pour diminuer la belle confiance de l'Inquisiteur? Ce serait mal le connaître.

Le capitaine Alfred Dreyfus est israélite, vous dit-on! Il joue serré et cache son jeu!... Voilà tout ce que du Paty du Clam conclut des rapports de police.

Lauth

Mais il faudra bien qu'il se découvre, le Juif! Le premier besoin d'un espion militaire en temps de paix étant de livrer à l'ennemi des pièces et documents, on en laisse tous les jours traîner dans les bureaux à la portée du capitaine Dreyfus, et des plus alléchants et des plus secrets... Il n'y touche point; à peine il les regarde.

Preuve évidente de son extraordinaire duplicité.

On lui tend des pièges, en causant devant lui, sans affectation, des projets militaires les plus nuageux, afin de vérifier par les agents de contre-espionnage si l'écho de ces causeries arrive à leur destination prévue, et quelle en sera la fortune. Hélas! le capitaine Dreyfus se refuse obstinément à leur faire un un sort. Il les garde pour lui et n'en dit rien à personne.

Ce traître est décidément un habile homme! Quoi!... Des renseignements de premier ordre et qui lui feraient tant d'honneur auprès de Schwarzkoppen!... à qui il n'avait à livrer, en mai dernier, que des billevesées comme « le 120 »!...

On lui donne des indications de premier choix, et il n'en a cure? Et il les laisse inutilisées? C'est scandaleux.

Mais non, l'hypothèse même est absurde. Le traître ne laisse rien perdre. Mais il a trouvé quelque procédé nouveau de correspon... ice avec l'ennemi. Sans doute, il emplo... un intermédiaire sûr, un autre agent qui le masque. Car il n'est pas possible à du Paty de Clam d'admettre que Boisdeffre, Gonse et lui-même se trompent et qu'un Juif puisse être un honnête homme, un soldat fidèle et sincère, même s'il a choisi par goût la carrière des armes, parce qu'il est Alsacien, parce qu'il a au cœur le deuil de la patrie mutilée, et parce qu'il a, comme tant d'autres, fait ce rêve de voir l'Alsace redevenir française. Non. Du Paty de Clam se refuse formellement à prêter de tels sentiments à un Juif. Ce serait la banqueroute de toutes ses théories personnelles sur la race. Il ne s'agit que de tomber sur la bonne piste, à force de la chercher. Où prendre le complice du capitaine Dreyfus, l'intermédiaire qu'il met nécessairement en œuvre, puisqu'on n'a rien relevé contre lui?

Dans son milieu familial, très évidemment, et parmi les membres de son entourage immédiat, car il n'en sort guère. Ce sont, il est vrai, eux aussi, des Alsaciens, des Alsaciens qui ont opté pour la nationalité française et qui sont restés Français de cœur. Qu'importe? Si l'on s'arrêtait à de pareilles considérations, on ne trouverait jamais de traîtres... Surveillons les proches, filons, décachetons, déshabillons les poches!...

Précisément, le beau-père, Hadamard, celui qui vend des diamants et fait tous les ans plusieurs millions d'affaires (sans doute pour mieux cacher qu'il est à la solde de Schwarzkoppen), le beau-père va partir pour Rome, sous le vain prétexte que son commerce l'y appelle. Plus de doute!... c'est pour livrer quelque document à la Triplice.

Quel document?... Il n'en est point sorti des cartons de l'État-Major... Mais de Paty de Clam n'est pas homme à se laisser arrêter par une pareille objection. Avant tout, s'agit pour lui de faire suivre Hada ard.

Cochefert en personne, le chef de la Sûreté, se charge de la mission. Il franchit la frontière dans le même train qu'Hadamard, l'accompagne à Rome, ne le lâche pas un instant... Et là, il constate de ses yeux que le beau-père du capitaine Dreyfus, quoique juif, se rend chaque jour au Vatican...

Hélas! c'est pour conférer avec les marbres du Musée ou pour avoir de longues entrevues, dans les *Stanze*, avec ses peintures de prédilection!...

Voici le mois d'août 1894. Mme Alfred Dreyfus est allée, avec ses enfants, s'établir au bord de la mer, à Houlgate. Elle y restera jusqu'au 22 septembre. Autant que le permet le service de l'État-Major, son mari vient la voir de temps à autre, passer quelques heures auprès d'elle. Pour ces occasions, il est autorisé par son chef direct, le lieutenant-colonel Boucher, à n'arriver au ministère qu'à midi... Peut-être est-ce à Houlgate que s'établit cette insaisissable correspondance avec l'ambassade allemande?... Mme Dreyfus, ses amies ou voisines, la nourrice de son dernier-né sont à leur tour « mises en observation »... sans aucun résultat.

C'est trop de malechance! Du Paty de Clam ne croit plus à la police. Car s'il n'obtient rien d'intéressant sur le compte du Juif, la faute en est évidemment à la police! Désormais, du Paty de Clam n'aura plus foi qu'en lui-même. Il va opérer en personne. A quels expédients romanesques, à quels déguisements variés n'aura-t-il pas recours pour suivre le capitaine Dreyfus, l'épier et le

surveiller de ses propres yeux? Lui seul pourrait le dire.

Un jour, le rapport d'un agent plus ingénieux, ou plus facétieux que les autres, donne à penser au commissaire enquêteur que le capitaine Alfred Dreyfus se rend souvent à Bruxelles, sous le aux nom de Giraud, et descend dans certain hôtel, voisin de la gare du Nord. Du Paty de Clam imagine aussitôt de « jouer les Dreyfus », se grime comme il convient et se rend à Bruxelles, où il descend sous le nom de Giraud à l'hôtel signalé. Il y passe vingt-quatre heures, déjeune et dîne à table d'hôte, se promène ostensiblement dans les galeries Saint-Hubert, accomplit en un mot tous les rites prescrits, mais ne voit pas arriver l'ombre du complice annoncé. Finalement, il rentre à Paris sans rapporter de son expédition la plus légère confirmation du conte qui l'a déterminée.

Entre temps, il prépare les bureaux de l'État-Major à la clôture de sa campagne. S'il n'a rien trouvé pour incriminer le capitaine Dreyfus, il a savamment formé et ameuté contre lui une opinion factice. Dans ce milieu tout imprégné de préjugés cléricaux et de passions antisémites, où le soupçon est à l'ordre du jour, où l'on grossit toutes choses, où l'on exagère les précautions inutiles jusqu'à enfermer les papiers d'étapes sous des cadenas à secret, il n'est que trop aisé de provoquer et de déchaîner les méfiances contre un officier quelconque, et spécialement contre un officier juif. Il suffit d'un mot, d'un regard, d'un geste — moins encore, d'un silence soudain, d'une phrase interrompue — pour semer une graine qui bientôt aura germé.

Les nombreux jésuites du service évitaient déjà, selon l'engagement pris chez les Révérends Pères, d'adresser la parole au camarade juif. On commence à chuchoter qu'il est suspect, qu'il faut ouvrir l'œil, que des « fuites » ont été

signalées et qu'il passe pour en être responsable.

Cette rumeur grandit et se renforce.
Elle prend corps, entourant le malheureux d'une atmosphère de haine et de
soupçon. Il se sent surveillé, épié par
les trous de serrure, entouré de visages
de bronze ; des mains qui naguère se
tendaient vers lui s'écartent ou se reti-
rent. Les causeries fami-
lières ont cessé. S'il paraît,
les conversations s'arrêtent.
S'il requiert un renseignement, on paraît s'en étonner. S'il arrive cinq minutes
trop tôt, s'il part cinq minutes trop tard, on se demande
dans quel but. Avide de
s'instruire, passionné pour
tout ce qui touche à son métier, il passe désormais pour
« fureteur » et indiscret.
Les moindres choses, les
questions les plus naturelles
se tournent contre lui. Ren-
trant de voyage commandé,
et rencontrant le capitaine
Boullenger dans un couloir,
il lui demande : « Quoi de
nouveau au 4e bureau ? »
Demain on lui fera un crime
de cette question banale
comme d'une tentative de
viol sur le secret professionnel. Une autre fois, le
8 septembre , il travaille
tranquillement à sa table, sur
une carte topographique de
papier spécial, qui lui a été remise par
le commandant Mercier-Milon. Le capitaine Besse s'approche et lui demande
d'un ton tragique : « Pourquoi ce papier
particulier au lieu du papier ordinaire?...»
Ou encore, il emprunte à un de ses collègues, le capitaine Maistre, un travail
d'étude sur le Jeu de la guerre, après lui
avoir, de son côté, prêté plusieurs de
ses mémoires personnels. Aussitôt le

capitaine Maistre répond qu'il commu-
niquera son étude, mais *sur place*, *et
dans son bureau seulement*. Et le bruit
se répand que Dreyfus cherche de tous
côtés des renseignements techniques ou
confidentiels.

Des renseignements confidentiels sur
le Jeu de la guerre, imaginé par le grand
État-Major allemand, sous de Moltke,

Domicile du capitaine Dreyfus

et pratiqué par lui depuis quarante ans
autant aurait valu en demander sur le
whist ou les échecs.

Cette hostilité générale qu'Alfred
Dreyfus est bien obligé de constater et
à laquelle il se heurte comme à un mur,
réagit nécessairement sur lui-même. Son
caractère, toujours froid et réservé,
s'assombrit, tourne à l'amertume. Convaincu de longue date, et non sans rai-

son, qu'il a été victime d'un déni de justice au classement de sortie de l'Ecole de guerre, le capitaine Dreyfus voit de plus en plus clairement que, pour un officier de sa religion, il n'y a rien à espérer à l'État-Major. Il n'est mérite personnel, ardeur au travail ni assiduité qui tiennent. On a sû abaisser son rang aux examens, grâce au complaisant mécanisme de la « cote d'amour » qui permet de fausser le total des coefficients par l'introdcction d'un élément arbitraire: on saura toujours, quoi qu'il fasse, l'empêcher d'arriver au choix. A quoi bon, dès lors, tant d'efforts et d'études ? Dix-sept ans consécutifs, depuis la préparation de l'Ecole polytechnique ! A quoi bon l'avance conquise de haute lutte depuis l'Ecole d'application jusqu'à la sortie de l'Ecole de guerre ?...

Cette injustice l'écœure. Il ne peut se tenir de s'en plaindre, dans l'intimité, à ses amis ou à ceux qu'il croit tels, et parle de renoncer à la carrière militaire, au rêve de sa studieuse jeunesse. Tout à l'heure, on cherchera dans ces dégoûts mêmes, qu'on a provoqués, cultivés par la persécution la plus bassement raffinée, la cause d'une trahison prétendue, dont on n'a jamais fait la preuve, à laquelle il est impossible d'assigner un motif valable, chez ce fils de l'Alsace, laborieux, indépendant, né Français, deux fois Français par l'option, trois et quatre fois Français par le fervent désir de servir son pays, par l'amour de son métier, par la résolution farouche de s'y distinguer — et désormais sacré, pour tout homme de cœur, par l'effroyable erreur dont il est la victime, par le glorieux martyre qu'il subit.

Et ils viendront nous parler d'outrage à l'honneur de l'armée, les Jésuites qui en sont l'opprobre et qui ont commencé par outrager l'Alsace dans les plus nobles de ses fils — parce que l'Alsace est en partie protestante et juive, et parce qu'il importe à la politique du Vatican que la France tranche elle-même les derniers liens qui l'attachent à ses provinces perdues et qu'elle soit catholique, entièrement catholique, comme l'Espagne !

Cependant, dans les bureaux de l'État-Major, la rumeur jésuitique devient clameur, incessamment entretenue et grossie par du Paty de Clam, exaspérée par l'attitude hautaine que la conspiration ambiante impose à sa victime.

Que demain éclate la nouvelle de l'arrestation du capitaine Dreyfus, accusé d'intelligences avec l'ennemi, aussitôt ce ne sera qu'un cri :

— Je le savais !... je m'en étais toujours douté !... On ne peut pas dire ces choses tant qu'on n'en est pas certain, mais j'en avais le sentiment depuis deux ans !... Avec son binocle et son air sombre, le scélérat ne m'a jamais fait illusion !...

Et ils le croiront, le diront de bonne foi, sans savoir qu'ils ont été patiemment, assidûment suggestionnés par du Paty de Clam.

Octobre 1894. A cette heure, le fruit est mûr. Il n'y a plus qu'à le cueillir. Le commissaire spécial des Révérends Pères Jésuites et de l'Antisémitisme francais n'a rien établi à la charge du capitaine juif, mais il a créé contre lui un état d'esprit général de méfiance et de haine. Il sait qu'il sera soutenu dans son accusation non seulement par ses chefs, mais par la majorité de ses collègues. Le colonel Fabre, le lieutenant-colonel d'Aboville, le commandant Bertin, qui ont le capitaine Dreyfus sous leurs ordres, sont les plus acharnés à sa perte, les plus hargneusement hostiles depuis son entrée dans le service. Boisdeffre et Gonse sont acquis d'avance. Le ministre Mercier est convenablement préparé ; par vingt canaux divers, le nom du capitaine Dreyfus lui arrive chaque jour comme celui du traître probable. Si bien que, le moment venu, il dira comme les autres (c'est lui qui l'a avoué) :

— Je le savais !...

Il ne s'agit plus, pour « boucler l'affaire », que d'obtenir ce qui ne manque guère au parquet, devant les tribunaux militaires ou civils, des rapports d'experts favorables à la thèse de l'accusation, affirmant l'identité d'écriture entre les lettres ou mémoires techniques du capitaine Dreyfus et le bordereau soustrait à l'ambassade allemande.

L'heure a sonné du pas décisif et tout à coup l'État-Major marque une hâte d'en finir. Du Paty de Clam dépose le 9 octobre les conclusions de son enquête préliminaire, tendant à la mise en jugement, et ce même jour le général Gonse, sur l'ordre de Boisdeffre qui a pris l'avis du ministre, saisit de l'affaire l'expert Gobert, attaché à la Banque de France.

La photographie du bordereau et une trentaine de pièces de comparaison écrites de la main du capitaine Dreyfus mais sans indication d'origine, sont remises à l'expert pour qu'il se prononce le plus tôt possible sur la « similitude d'écriture ».

A l'indignation générale de l'État-Major, Gobert déclare qu'il ne saurait donner une réponse affirmative. Sous forme de lettre au ministre, parvenue le 13 octobre aux bureaux de la Guerre, il exprime ses conclusions comme suit :

« *Etant donné la rapidité de l'examen, commandée par l'extrême urgence, je crois pouvoir dire : la lettre incriminée paraît être d'une personne autre que la personne soupçonnée.* »

N. B.— (L'expert dit PARAIT ÊTRE, dans sa lettre au ministre. Plus tard, l'acte d'accusation, par une erreur voulue, lui fera dire « la lettre incriminée POURRAIT ÊTRE... » Il n'y a pas de petits profits : un conditionnel vaut mieux qu'un présent, quant il s'agit d'affaiblir la force d'un témoignage à décharge.)

En somme, l'expert Gobert repousse la thèse du graphologue de l'État-Major.

A ses yeux, le bordereau et les pièces de comparaison *ne sont pas de la même main*, autant qu'un examen rapide lui permet de se prononcer.

Devant une pareille conclusion, des accusateurs ordinaires se tiendraient peut-être pour battus. Comment échafauder un procès criminel contre un officier français, et pour une inculpation aussi grave, sur une seule pièce que l'expert déclare ne pas être de son écriture ?

S'il s'agissait d'un officier quelconque, très évidemment l'enquête s'arrêterait à ce point. L'honneur de l'armée, le sentiment de la solidarité militaire, voire l'intérêt diplomatique et l'intérêt du service de contre-espionage s'accorderaient avec l'esprit de justice à conseiller l'abandon de l'affaire.

Mais il ne sagit pas d'un officier quelconque : il s'agit d'un officier juif, à la merci d'un Inquisiteur du Saint-Office antisémite. Et dès lors, pour celui-ci, l'explication est d'une simplicité miraculeuse. Gobert est expert de la Banque de France, et la Banque de France, c'est « la Haute Juiverie ». Evidemment, l'expert a su que la personne soupçonnée est un officier israélite ou il a reconnu l'écriture de Dreyfus, et il s'est empressé de l'absoudre.

Ainsi raisonnent, dans leur sagesse, Boisdeffre , Gonse , Renouard et du Paty de Clam. Et aussitôt de s'adresser à de nouveaux experts, qu'ils demandent, cette fois, au Parquet, pour n'avoir plus de mécomptes.

On leur indique Bertillon, chef du service de l'idendité à la Préfecture de police, qui n'a point accoutumé de tromper l'espérance des magistrats assis ou debout. On indique encore trois autres experts près les tribunaux de la Seine, Charavay, Teyssonnière et Pelletier. Le samedi 13 octobre, ces augures reçoivent simultanément les épreuves photographiques de comparaison, préparées par l'incorruptible Lauth, avec requête de se prononcer sans délai.

Circonstance significative, ce même jour, 13 octobre, au moment même où il consulte les experts, et par conséquent avant de connaître leur réponse, du Paty de Clam, plein de confiance dans leur orthodoxie et décidé à provoquer l'arrestation du capitaine Dreyfus, le fait convoquer au cabinet du chef de l'État-Major pour le lundi 15, ainsi qu'il sera dit ci-après.

De fait, il n'y a pas de temps perdu : Bertillon, saisi du dossier le 13 au matin, donne ses conclusions le 13 au soir.

Notons, parce que c'est chose remarquable de sa part, qu'elles sont tempérées par une restriction.

« Si l'on écarte, dit-il, l'hypothèse d'un document forgé avec le plus grand soin, *il appert manifestement que la même personne a écrit la lettre et les pièces communiquées.* »

Pourquoi écarter cette hypothèse ? C'est le secret de Bertillon. Il nous en imposera bientôt plus d'un autre. Pour le présent, sachons-lui donc gré d'avoir admis, fut-ce par prétérition, la possibilité d'une hypothèse favorable à l'inculpé. On ne peut pas raisonnablement demander davantage à un homme qui n'est pas « graphologue » de profession, mais simplement photographe à la Préfecture de police, service des antécédents judiciaires.

Quant aux « graphologues » par état, les trois « experts », c'est une autre affaire. Ils se contredisent nettement.

Les deux premiers admettent pontificalement l'identité des écritures. Le troisième déclare en propres termes qu'il *« ne se croit pas autorisé à attribuer à l'une ou à l'autre des personnes soupçonnées le document incriminé ».* (Pour corser l'épreuve, avec son génie tourmenté, du Paty de Clam avait soumis à celui-ci des écritures de comparaison de deux mains différentes. Il pouvait arriver

malheur et que l'expert Pelletier choisît précisément celle qu'il ne fallait pas. Il se méfia et n'en élut aucune.)

Plus avisé que les deux autres, Pelletier avait d'ailleurs refusé de se mettre en rapports avec Bertillon, dans la journée du 13, comme le firent Charavay et Teyssonnière. Bertillon, il est à peine besoin de le dire, avait déjà un système tout prêt et des « pelures » photographiques avec lesquelles il se faisait fort de démontrer tout ce que pouvaient souhaiter les parquets civils et militaires de son pays. Pelletier, ne l'ayant pas vu, échappa à la contagion. Quant à ses deux collègues, ce n'était pas en réalité leur opinion personnelle, qu'ils donnaient, mais celle de Bertillon, adoptée par eux à la suite de sa démonstration.

Voici donc un État-Major bien loti ! Sur *cinq* experts, ou soi-disant tels, *deux* affirment l'identité des écritures ; *deux* la nient ; l'autre l'admet comme *manifeste « si l'on écarte l'hypothèse d'un document forgé avec le plus grand soin »,* ce qui est, en somme, une opinion neutre, sous des allures positives.

Le dimanche 14 octobre, ces conclusions sont aux mains de Boisdeffre, Renouard et Gonse qui ne veulent, avec du Paty de Clam, y voir que ce qui flatte leur monomanie. Sans plus tarder, ils réclament du ministre l'ordre d'arrestation du capitaine Dreyfus et lui soumettent le dossier de l'affaire.

Mercier n'y trouve rien, avec le bordereau et les pièces de comparaison, que les conclusions contradictoires des experts et une douzaine de rapports de police non signés, certains écrits à la machine, contenant le fatras habituel de niaiseries sur le sujet soumis à la surveillance. Ledit sujet est toujours, à l'estime des spécialistes de ce genre littéraire, « un coureur de femmes », un « joueur de profession » et souvent pis. La formule ne varie guère. Exactement comme les bonnes d'enfants, en consultant chez la somnambule, doivent toujours s'attendre à voir leurs projets matrimoniaux contrariés par « un homme brun » ou par « un homme de la campagne ».

Mercier est visiblement désappointé. Il hésite. Il trouve les charges insuffisantes. A vrai dire, le bordereau lui a toujours paru ridicule. Pour une fois, le « flair d'artilleur » qu'il s'est vanté, à la tribune de la Chambre, d'avoir pour attribut caractéristique, le flair d'artilleur lui fait sentir que ce document puéril n'est pas, ne peut pas être l'œuvre d'un capitaine d'artillerie, breveté de l'École de guerre. La surveillance n'a rien donné contre Dreyfus. Les rapports de police sont d'une bêtise navrante. Les conclusions des experts se détruisent mutuellement. L'« impression », la fameuse « impression » qu'on donne comme unanime dans les bureaux sur le compte de Dreyfus. n'est en somme qu'une impression, c'est-à-dire *zéro* en matière criminelle, et ne repose pas sur un seul fait positif...

Dans ces conditions, comment oser prendre une mesure aussi grave qu'un ordre d'informer, pour « intelligences avec une puissance extérieure » contre un officier de l'État-Major général, d'ailleurs parfaitement bien noté et sans le moindre antécédent fâcheux à son record ! La responsabilité est trop lourde. Mercier la décline. Étranger jusqu'à ce jour aux passions antisémites qui rampent autour de lui, il n'aperçoit pas encore la haute portée politique et morale de la plus grande pensée du règne de Boisdeffre et trouve plus simple d'écarter ce calice.

— Je n'y vois pas clair !... Envoyons plutôt cet officier se faire pendre ailleurs ! dit-il en propres termes.

Mais ce n'est pas là ce que veulent Boisdeffre, Gonse, Renouard, du Paty de Clam, Fabre, d'Aboville, Bertin, toute la co-

terie jésuitique. Elle a flairé le sang juif. C'est une exécution publique et triomphale qu'il lui faut, *ad majorem Dei gloriam*, pour la joie de l'Eglise romaine et la confusion de ses ennemis. Un juif a commis ce sacrilège, ajouté à tant d'autres forfaits, de pénétrer au sanctuaire de la Haute Armée, il ne doit en sortir que sous le *san benito* et la chemise soufrée, pour aller au supplice — « coupable ou non » d'intelligences avec l'ennemi !

On n'a garde de dire ces choses à Mercier, qui n'est pas encore initié. Mais pourquoi brusquer l'affaire? On peut tout concilier. Rien n'oblige à ébruiter le scandale. Si le ministre juge les preuves insuffisantes, qu'il ordonne un supplément d'enquête! On arrêtera Dreyfus secrètement, pour s'assurer de sa personne et l'avoir sous la main aux fins d'instruction ; du Paty de Clam se charge de tout. Qui sait si des interrogatoires bien conduits n'amèneront pas des aveux ou des révélations intéressantes? En ce cas, la difficulté sera réglée. Au cas contraire, on relâchera l'inculpé sans bruit, comme on l'aura arrêté ; puis on verra ce qu'il convient de faire.

Mercier consent. Il délègue du Paty de Clam à l'instruction, comme officier de police judiciaire.

Le soir même du 14 octobre, le mandat d'arrestation est signé et le commandant de la prison militaire du Cherche-Midi, Forzinetti, reçoit l'ordre écrit de tenir prête une chambre de sûreté pour un prisonnier d'État. Depuis la veille, une lettre adressée au capitaine Dreyfus l'invite à se présenter le lundi matin 15 octobre au cabinet du chef de l'État-Major pour l'inspection générale.

A cette même date et à la même heure, le lieutenant-colonel d'Aboville se rendait au Cherche-Midi pour apporter au commandant Fornizetti des instructions verbales « de la part du ministre de la guerre ». Le prisonnier qu'on allait amener était un officier attaché à l'État-Major général. Il ne devait figurer que sous un nom sans prénom au registre d'écrou, la place du grade restant en blanc. Il ne communiquerait avec personne, sauf avec le commandant lui-même, le gardien-chef chargé de lui apporter ses vivres en présence du commandant, et l'officier de police judiciaire délégué à l'instruction. Nul, pas même le gouverneur militaire de Paris, ne serait avisé de cette incarcération.

Le lieutenant - colonel d'Aboville ajoutait, en manière de conclusion, et cette remarque est comme la signature de ceux qui le faisaient agir, qu'il devait mettre le commandant Forzinetti *en garde contre les propositions qui lui viendraient sans nulle doute de la banque cosmopolite et de la « haute juiverie »*. Il demandait au commandant sa parole d'honneur de se conformer strictement aux instructions ministérielles : ce que le commandant Forzinetti refusa de faire, disant qu'il ne connaissait que sa consigne et n'avait, en soldat, qu'à suivre les ordres de ses chefs.

CHAPITRE IV.

La Dictée.

L'Arrestation.

Le 15 octobre 1894, à l'heure qui lui avait été assignée, le capitaine Alfred Dreyfus se présenta au cabinet du chef de l'État-Major. Il croyait venir pour la

« L'arrestation ne fut ni digne

Paris, 15 octobre 1898.

... aire » (Dessin de COUTURIER)

formalité dite « de confession »
qui a lieu tous les ans à l'époque
de l'inspection générale. On l'appelle ainsi d'un nom emprunté au
vocabulaire des sacristies, parce
que les généraux reçoivent alors
sans témoin chacun de leurs officiers.

Introduit au cabinet de Boisdeffre, le capitaine Alfred Dreyfus
fut surpris d'y trouver, non point
le chef d'État-Major, mais du
Paty de Clam et trois autres personnes, dont une seule lui était
connue, le commandant (depuis
lieutenant-colonel) Henry.

Un instant après arriva un
cinquième personnage (qui devait faire fonction de greffier),
l'archiviste Gribelin, du deuxième
bureau.

Du Paty de Clam invita le capitaine Dreyfus à s'asseoir, en
attendant le général de Boisdeffre ; puis aussitôt il ajouta :

— Je suis accablé de besogne... Mon cher camarade, pendant que je classe mes dossiers, ayez donc l'obligeance
d'écrire sous ma dictée une lettre
urgente.

— Bien volontiers, mon commandant, répondit Dreyfus en
prenant place à une table.

Du Paty de Clam se rapprocha
de lui et debout, tenant à la
main un papier qu'il avait préparé, il dicta la lettre suivante,
qui visait, par sa teneur, le *bordereau* soustrait à l'ambassade
allemande.

Paris, 15 octobre 1898.

*Ayant le plus grand intérêt,
monsieur, à rentrer momentanément en possession des documents
que je vous ai fait passer avant
mon départ aux manœuvres, je*

vous prie de me les faire adresser d'urgence par le porteur de la présente, qui est une personne sûre.

Je vous rappelle qu'il s'agit de :

1° Une note sur le frein hydraulique du canon de 120 et sur la manière dont il s'est comporté aux manœuvres ;

2° Une note sur les troupes de couverture ;

3° Une note sur Madagascar....

Au mot manœuvres, du Paty de Clam s'était arrêté :

— Votre main tremble, dit-il, à son secrétaire improvisé.

— C'est que j'ai froid aux doigts, répondit le capitaine Dreyfus.

Du Paty reprit sa dictée, puis :

— Faites attention, recommanda-t-il, c'est grave !

Et presque aussitôt, sur le mot *Madagascar*, il s'écria en prenant le bras du capitaine Dreyfus :

— Au nom de la loi, je vous arrête comme traître !...

A ce signal, le chef de la sûreté Cochefert et l'inspecteur de police qui se tenaient au fond du salon, se jetèrent sur le capitaine Dreyfus et se saisirent de sa personne avec une ardeur que le commandant Forzinetti devait plus tard décrire comme suit, d'après le récit du prisonnier lui-même :

« L'arrestation ne fut ni digne, ni militaire... »

Dans quel but la scène mélodramatique qui en avait été la préface ?

L'accusation a donné à entendre, au procès, que c'était une épreuve ayant pour objet de vérifier quelle serait l'attitude de l'inculpé en écrivant ainsi, sous la dictée, cette liste des documents indiqués au bordereau et que cette épreuve même décida de son arrestation, par le trouble qu'elle décela chez lui. Le ministère public dit en propres termes :

« Avant d'opérer l'arrestation et alors « que le capitaine Dreyfus, *s'il était*

« *innocent,* ne pouvait pas se douter de « l'accusation formulée contre lui, le « commandant du Paty de Clam le sou- « mit à l'épreuve suivante : il lui fit « écrire une lettre dans laquelle étaient « énumérés les documents figurant dans « la lettre-missive incriminée. Dès que « le capitaine Dreyfus s'aperçut de l'ob- « jet de cette lettre, son écriture jus- « que là régulière, normale, devint « irrégulière et il se troubla d'une façon « manifeste pour les assistants. Inter- « pellé sur les motifs de son trouble, il « déclara qu'il avait froid aux doigts. « Or, la température était bonne dans « les bureaux du ministère, où le capi- « taine Dreyfus était arrivé depuis un « quart d'heure et les quatre premières « lignes écrites né présentent aucune « trace de l'influence de ce froid. »

Cet extrait textuel de l'acte d'accusation a une grande importance parce qu'il montre bien les procédés tortueux mis en œuvre dès la première heure pour arriver à la condamnation.

Et, d'abord, quelle est la preuve de l'authenticité de la réponse attribuée au capitaine Dreyfus, « qu'il avait froid aux doigts » ?

Il n'y en a point d'autre que des témoignages intéressés. Volontairement ou non, cette réponse peut avoir été altérée. Dreyfus a pu dire, par exemple, « mes doigts tremblent », ou « cette lettre me donne froid », ou quelque autre chose analogue, où figurait le mot *froid,* sans qu'il fût nécessairement question de la température du salon. Le cas n'est pas rare, d'une fausse interprétation des paroles murmurées par un homme qui se trouve dans une situation tragique ; on pourrait même dire que le cas est normal, depuis Jésus, à qui ses gardes croient entendre dire qu'il est « roi des Juifs ».

D'autre part, la dictée n'était pas et ne pouvait pas être une épreuve suprême, destinée à faire décider si l'on arrêterai ou non le capitaine Dreyfus. Cette arrestation était convenue déjà, le mandat signé de la veille, la chambre de sûreté toute prête à la prison militaire.

La dictée avait simplement pour but de fournir à l'accusation, pour une comparaison nouvelle avec l'écriture du bordereau, certains mots caractéristiques de ce même bordereau : *manœuvres, frein hydraulique, canon de* 120, *troupes de couverture, Madagascar.* On en verra la preuve dans la suite de l'instruction.

Qui sait même si du Paty, en son mode accoutumé d'inquisiteur romanesque, n'avait pas rêvé de faire parvenir cette réclamation de documents à Schwarzkoppen, pour en suivre l'effet et voir s'il la tiendrait comme venant de son correspondant ordinaire ? Mais, s'il eut cette idée, du Paty l'abandonna, sans doute par la crainte d'arriver à une preuve toute différente de celle qu'il souhaitait.

Au surplus, le trouble de l'inculpé, réel ou non, n'impliquait nullement culpabilité. Quel officier des Bureaux de la Guerre, soumis à une expérience aussi insolite, aussi inquiétante pour son honneur, dans le cabinet même du chef de l'État-Major, qui l'a mandé et qui n'est pas présent, n'en aurait, au bout de quelques instants, compris la portée outrageante, et n'aurait pas manifesté de l'émotion ou de l'étonnement ?

Encore faudrait-il que l'accusation n'exagérât pas systématiquement cette émotion. Quoi qu'on en ait dit, la lettre écrite par le capitaine Dreyfus, sous la dictée du commissaire enquêteur, ne présente AUCUNE TRACE DE TROUBLE. Elle figure au dossier : d'un bout à l'autre, l'écriture en est calme, régulière, normale ; tous ceux qui l'ont vue, sauf les accusateurs de la première heure, en portent témoignage. Il est faux que les dernières lignes tombent ou marquent un désarroi quelconque.

Nouvel exemple de la bonne foi qui va présider aux moindres incidents de ce monstrueux procès ! On peut dire qu'il s'ouvre, comme il se poursuivra, sur un véritable faux matériel et moral ; faux documentaire et faux d'interprétation.

Mais un aveu bien plus significatif encore est celui qui ressort de ces mots de l'acte d'accusation : « le capitaine Dreyfus, *s'il était innocent,* etc. ». Donc, l'accusation admettait encore comme possible l'hypothèse de l'innocence de l'inculpé ; donc, elle n'avait contre le capitaine Dreyfus, contrairement à ce qu'elle a dit et répété plus tard, aucune preuve positive, extrinsèque au bordereau qu'elle lui attribuait injustement. Ne pouvant rien mettre à sa charge, elle en était réduite, au seuil même de l'instruction, à donner un sens abusif et forcé à ce trouble si naturel, provoqué par l'épreuve même qu'elle instituait. Épreuve à laquelle personne n'aurait songé à l'État-major, s'il avait eu en mains les certitudes et les précisions matérielles qu'il invoquera systématiquement dans la suite, sans pouvoir les fournir. Épreuve qui constitue, par sa puérilité même et par son caractère charlatanesque, le plus formel indice de l'état d'hallucination véritablement morbide chez du Paty de Clam qui déterminerait les poursuites *et qui allait présider* à l'instruction.

Du premier moment jusqu'à la fin, cette instruction va être « truquée, maquillée », comme on dit dans l'argot des théâtres. Elle est dirigée par un homme si profondément accoutumé par son éducation jésuitique au mensonge perpétuel, qu'il ne peut plus ne pas mentir non seulement en paroles, mais en pensée et en action, ne pas détourner toutes choses de leur sens propre, ne pas se mouvoir dans la vie réelle à la manière d'un acteur dans son rôle ; (*hypocritès,* celui qui joue un personnage, disaient les Grecs.)

Revenons à la scène de l'arrestation. Aussitôt appréhendé, le capitaine Dreyfus fut fouillé par le chef de la sûreté et par son acolyte.

— De quoi m'accuse-t-on ? demanda-t-il pendant cette ignoble opération, ainsi accomplie dans le cabinet même du chef de l'État-Major.

— Vous le savez bien, répliqua du Paty de Clam. Votre émotion en écrivant la lettre que je vous dictais tout à l'heure en est la preuve suffisante.

— Je vous affirme que je ne comprends pas! reprit Dreyfus bouleversé.

— Allons donc ! Il est inutile de vous débattre devant l'évidence. Votre trahison est découverte.

Le malheureux continua à protester de son innocence, disant qu'il était victime d'une erreur ou d'une vengeance ; mais le chef de la Sûreté mit fin à ces protestations en procédant à un interrogatoire sommaire et de pure forme, et remettant son prisonnier aux mains du commandant Henry; celui-ci l'emmena aussitôt et le fit monter avec lui et l'inspecteur de police dans un fiacre à galerie qui stationnait devant la porte du ministère.

Dix minutes plus tard, le fiacre s'arrêtait devant la prison du Cherche-Midi, les deux officiers en descendaient, toujours suivis de l'inspecteur de police, et se dirigeaient vers le logement de l'agent principal. Ils y étaient attendus par le chef de bataillon Forzinetti.

Henry lui remit un ordre écrit du ministre de la guerre, confirmant les instructions déjà données verbalement par d'Aboville et prescrivant au commandant de la maison d'arrêt du Cherche-Midi d'écrouer le nommé Dreyfus, sans inscrire ses prénoms et qualités sur les registres de la prison et de le mettre au secret le plus rigoureux en l'empêchant de communiquer même avec le personnel de surveillance, à l'exception de l'agent principal qui serait seul chargé d'assurer sa nourriture. L'ordre portait, en outre, qu'il était formellement interdit, tant au commandant qu'à l'agent principal, de faire connaître cette arrestation à qui que ce fût.

Aussitôt après les formalités d'écrou, le prisonnier passa du greffe à une petite chambre voisine du logement de l'agent principal et les verrous en furent tirés sur lui.

« A partir de ce moment, a conté le « commandant Forzinetti, Dreyfus fut « *muré vivant* dans sa chambre.

« Peu d'instants après, je me rendis « auprès de lui. Il était dans un état de « surexcitation impossible. J'avais de-« vant moi un véritable aliéné, aux yeux « injectés de sang, ayant tout bouleversé « dans sa chambre.

« Je parvins non sans peine à le cal-« mer.

« J'eus l'intuition que cet officier était « innocent. Il me supplia de lui donner « les moyens d'écrire ou de le faire moi-« même, pour demander au ministre de « la Guerre à être entendu par lui, ou « par un des officiers généraux du mi-« nistère. Il me raconta les phases de « son arrestation, qui ne fut ni digne « ni militaire. »

Ecrire au ministre de la guerre, demander à être entendu par un des officiers généraux du ministère, le capitaine Dreyfus ne le pouvait même plus, par une première et formelle violation de la loi. C'est vainement qu'elle prescrit de laisser à tout détenu la faculté de communiquer sous pli fermé et sans le visa du directeur de la maison d'arrêt, avec le ministre de l'intérieur s'il s'agit d'un civil, le ministre de la guerre, s'il s'agit d'un soldat et, dans ce dernier cas, avec le gouverneur de Paris, chef du parquet militaire. Les instructions que Boisdeffre, Renouard, Gonse et du Paty de Clam avaient eu soin de faire signer par Mercier, sous prétexte de couvrir l'instruction d'un mystère impénétrable, dans l'intérêt de l'accusé lui-même, se retournaient contre lui et le plaçaient dans l'impossibilité absolue de s'expliquer. Forzinetti, vieux soldat de carrière, se crut tenu d'obéir strictement aux ordres reçus, en dépit de la conviction de l'innocence de Dreyfus qui se formait déjà chez lui et qui se fortifia dès lors chaque jour, en deux mois de rapports continuels avec l'accusé.

Au cours de ces deux mois, le capitaine Dreyfus ne vit personne, sinon ses deux gardiens, du Paty de Clam et plus tard le commissaire instructeur. Il ne put jamais écrire ni à ses chefs directs, ni au ministre de la guerre, ni au gouverneur militaire de Paris. Cette précaution monstrueuse, en violation positive de la loi la plus nécessaire, n'est-elle point par elle-même la preuve d'un parti pris frauduleux chez les accusateurs? Diront-ils que la sûreté de l'État exigeait que Dreyfus ne communiquât pas avec le ministre de la guerre, comme ils diront demain qu'elle exige le huis-c'os des débats? Une pareille excuse serait évidemment le comble de l'absurdité. Le comble de l'art jésuitique était d'avoir fait signer par Mercier en personne la défense expresse de communiquer même avec Mercier.

Cependant, aussitôt après le départ de leur prisonnier pour le Cherche-Midi, du Paty de Clam et Cochefert, quittant à leur tour le ministère de la guerre, s'étaient rendus au domicile du capitaine Dreyfus, 6, avenue du Trocadéro, près la place de l'Alma. Ils y arrivèrent à midi et demandèrent à parler à Mme Dreyfus, qui les reçut aussitôt.

— Nous sommes chargés, madame, dit du Paty de Clam, de remplir auprès de vous une triste mission.

— Mon mari est mort! s'écria Mme Dreyfus.

— Non, madame.

— Il est blessé, peut-être?...

— Non, madame. Il est retenu par ordre du ministre de la guerre, et nous avons été requis de perquisitionner ici...

La perquisition commença aussitôt. Elle fut des plus minutieuses et dura plusieurs heures, sans donner aucun résultat.

« Lorsqu'on fouilla le capitaine Drey-
« fus au moment de son arrestation,
« dit à ce sujet l'acte d'accusation, il
« dit :

— « Prenez mes clefs, ouvrez tout
« chez moi, vous ne trouverez rien. »

« La perquisition qui a été pratiquée
« à son domicile, a amené, où à peu de
« chose près, le résultat indiqué par
« lui. Mais il est permis de penser que,
« si aucune lettre, même de famille,
« sauf celles des fiançailles adressées à
« Mme Dreyfus, aucune note, même de
« fournisseurs, n'ont été trouvées dans
« cette perquisition, c'est que tout ce
« qui aurait pu être en quelque façon
« compromettant avait été caché ou
« détruit de tout temps. »

Que voilà un raisonnement admirable et bien jésuitique! On ne trouve rien chez le capitaine Dreyfus... Mais il est permis de penser que c'est parce qu'il a détruit ou caché tout ce qui aurait pu être compromettant!... Si bien qu'aux yeux de magistrats militaires, le néant de toute preuve écrite équivaut à plusieurs liasses de lettres autographes de Schwarzkoppen ou de l'empereur d'Allemagne!... C'est évidemment plus commode que de les fabriquer, comme l'État-Major va le faire prochainement en désespoir de cause. Mais... « il est permis de penser » que ce genre d'argumentation juridique n'a pas encore cours forcé chez les peuples civilisés.

Et, pour comble, cette argumentation repose sur un mensonge. Il est incontestable qu'on ne trouva rien (et non pas *à peu près rien*) de compromettant chez le capitaine Dreyfus, par la raison qu'il n'y avait jamais eu rien de tel. Il est.

faux qu'on n'y ait trouvé ni papiers de famille ni notes d'affaires. Les tiroirs du capitaine Dreyfus, qui avait beaucoup d'ordre, étaient au contraire pleins de notes de fournisseurs remontant à l'année de son mariage (1890), de lettres de famille et de pièces ou documents relatifs à sa fortune. Tous ces papiers furent saisis et emportés. S'ils ont disparu, c'est qu'ils établissaient de la manière la plus claire et la plus certaine les revenus et dépenses du capitaine Dreyfus et qu'ils

mettre aucun message, même verbal, si inoffensif qu'il pût paraître. Encore un raffinement de barbarie qu'aucune loi n'autorise, qu'aucune raison ne pouvait légitimer, que du Paty de Clam improvisait à l'instant et qui éclaire d'une lueur impitoyable cette âme d'inquisiteur et de bourreau.

Il trouva mieux encore, par un nouveau coup de génie véritablement sadique, en annonçant à Mme Dreyfus que non seulement elle ne devait pas

La prison militaire du Cherche-Midi.

étaient de nature à faire éclater l'absurdité de l'accusation portée contre lui.

Pendant cette longue perquisition, Mme Dreyfus avait naturellement essayé d'apprendre quelle accusation pesait sur son mari. Du Paty de Clam se refusa à toute explication et refusa même de dire en quelle prison le capitaine Dreyfus se trouvait détenu. Sur l'observation de la pauvre femme qu'un de ses enfants était malade, que leur père devait être inquiet et qu'il serait cruel de le laisser sans nouvelles, elle s'entendit répondre que toute communication était interdite au prisonnier et qu'il était impossible de lui trans-

chercher à voir son mari, ou à communiquer avec lui, mais encore qu'il lui était prescrit de ne laisser soupçonner à personne son arrestation.

— Quoi ?... même à sa famille et à la mienne ?... même à ses frères ?...

— A personne... Sauf le ministre de la guerre et les officiers chargés de l'instruction, nul ne doit savoir ce qu'il est devenu !... Dites qu'il est absent, en mission, mais pas un mot sur la triste réalité. *Il y va de sa vie....* En parlant, vous la mettriez en danger. Une parole de vous serait sa perte !...

CHAPITRE V

L'Instruction préliminaire.

Il partit avec Cochefert, sur cette noble et généreuse réponse, laissant la malheureuse femme dans un abîme de perplexités et de désespoir.

Dès le lendemain, 16 octobre, elle se présentait à son cabinet, venant aux

L'élève-officier Alfred Dreyfus (1881).

nouvelles, espérant une parole d'espoir, au moins un indice sur l'accusation... Du Paty resta impénétrable, tout en affirmant que les preuves réunies contre le capitaine Dreyfus étaient accablantes et en laissant entendre qu'au bout du procès criminel en expectative, il y avait la peine de mort.

— Mais, enfin, quelles sont ces preuves. Sur quoi s'appuient-elles ? demandait Mme Dreyfus, en se tordant les mains.

— *Sur mon intime conviction* ! répondait-il avec sérénité.

Et comme l'infortunée, ne sachant à

quelle pensée s'arrêter, ignorant l'accusation, ignorant les prétendues preuves, se débattant dans l'inconnu, protestait néanmoins de sa foi dans son mari et de sa certitude qu'il ne pouvait avoir commis aucun acte répréhensible, cet homme affreux ne craignit pas d'inaugurer une torture inédite contre celle qui l'implorait, dans la candeur de sa tendresse ....

— Votre mari ! vous défendez votre mari ! dit-il avec une affectation de pitié. C'est que vous ne le connaissez pas !... Votre mari est *le dernier des lâches, le dernier des gredins...* Joueur et débauché, il vous trompe du matin au soir et n'est occupé qu'à trouver de l'argent pour ses ignobles orgies... Il a des maîtresses, il fréquente les courses et les tripots, tandis que vous le croyez au travail. Et c'est que je trouve en lui d'abominable : c'est son hypocrisie, la dissimulation profonde dont il enveloppe une existence criminelle.

Et comme Mme Dreyfus protestait contre l'absurdité et l'impossibilité matérielle d'une telle hypothèse, montrant que son mari ne quittait son domicile que pour se rendre à son bureau, y passait la journée et rentrait dîner en famille, affirmant qu'on devait se trouver devant quelque erreur monstrueuse, ou elle ne savait quelle confusion de personne...

— Je vous dis que vous ne connaissez pas votre mari, reprenait la bête féroce. Personne ne le connaît !... C'est l'homme le plus dissimulé de la terre ! Il mène une vie en partie double... chez lui, bon père et bon époux, régulier dans ses mœurs, parfait pour tous les siens, en apparence. Au dehors, un monstre de dissipation et de vice !...

— Je ne le crois pas !... cela n'est pas !... cela ne peut pas être !... disait-elle, inébranlable.

Pendant dix-sept jours que durèrent ces entrevues quotidiennes, car madame Dreyfus ne perdait pas l'espoir d'arracher quelque lueur de vérité, quelque indice utilisable à celui qu'elle savait chargé de l'enquête ouverte contre son mari, l'attitude de ce misérable ne changea que pour passer du ton de la commisération pateline à celui de la menace.

— Surtout ne parlez à âme vivante de ce qui se passe !... répétait-il avec des gestes d'halluciné. Il faut que tout le monde ignore où est passé votre mari... Peut-être à ce prix pourrons-nous épargner sa tête !... *Souvenez-vous du Masque de fer !...* Les crimes d'État ne sont pas des crimes ordinaires : ils comportent des châtiments extraordinaires aussi, mais qui ne sont possibles que dans le mystère absolu, — sans quoi, il ne reste que la mort !...

Une autre fois, il criait :

— Ah ! nous le tenons bien, allez !... Son gardien, un officier supérieur, a répondu de lui sur sa tête... Si j'étais à sa place, *j'aurais tellement peur qu'il ne m'échappe que je me coucherais en travers de sa porte, j'épierais son sommeil !...*

Était-ce une invite à quelque tentative d'évasion ou de corruption, comme on a cherché plus tard à en faire naître ? Du Paty espérait-il trouver dans une imprudence de la femme ou du mari la preuve insaisissable qu'il se voyait impuissant à établir ?... Se livrait-il tout simplement à sa fantaisie mélodromatique ? Qui pourrait le dire ?

Son attitude avec l'accusé et les moyens qu'il mettait en œuvre contre lui, ou qu'il rêvait de mettre en œuvre, ont été décrits par Forzinetti.

« Du 18 au 24 octobre, dit-il, le com-« mandant du Paty de Clam vint, muni « d'une autorisation particulière du mi-« nistre de la guerre, pour interroger « Dreyfus. Avant de le voir, il me de-« manda s'il ne pouvait pas pénétrer « sans bruit dans la cellule, porteur « d'une lampe assez puissante pour « pouvoir projeter un flot de lumière au « visage du capitaine, qu'il voulait sur-« prendre de façon à le démonter. Je « répondis que ce n'était pas possible. « Il lui fit subir deux interrogatoires et « lui dicta chaque fois des fractions de « phrases puisées dans le document « incriminé, dans le but d'établir la « comparaison entre les écritures. »

Ces phrases ou ces mots sacramentels — *manœuvres, pièce de 120, frein hydraulique, troupes de couverture, Madagascar* — étaient, aux yeux du commissaire enquêteur, la clé de l'affaire. Et de même que de l'absence de papiers compromettants dans les tiroirs de l'inculpé, il tirait l'audacieuse conclusion que ces papiers avaient été détruits, — de la différence des écritures sur ces mots caractéristiques du bordereau, il tirait la conclusion non moins extraordinaire que Dreyfus avait modifié la sienne, tout exprès pour dérouter l'État-Major.

Aussi n'était-il point d'expérience bizarre qu'il ne tentât contre une aussi damnable perversité. Il faisait écrire ces mots à Dreyfus dans les attitudes les plus variées et les plus imprévues, — debout, couché, assis, de la main gauche, de la droite, ganté et non ganté, avec une plume fine et avec une plume de ronde, s'ingéniant chaque fois à trouver quelque ragoût nouveau, en savourant l'ivresse de tourmenter un juif, à huis-clos, dans le silence d'un cachot et la certitude de l'impunité. Volupté exquise et rare qui rappelait peut-être à cet aliéné les plus suaves traditions de la guerre de Vendée — on lui donnait l'illusion de se croire pour une heure, gouverneur de la Bastille.

Et, de fait, il ne se trompait guère. Car à quoi bon raser la Bastille si le Cherche-Midi la remplace, pour les vivisections de la haute armée catholique et royale ?

« Pendant cette période de temps, « poursuit le commandant Forzinetti, « la surexcitation du capitaine Dreyfus « était toujours très grande. Du corridor « on l'entendait gémir, crier, parlant à « haute voix, protestant de son inno- « cence. Il se battait contre les meubles, « contre les murs et paraissait incons- « cient des meurtrissures qu'il se faisait.

« Il n'eut pas un instant de repos et « lorsque, terrassé par les souffrances, « la fatigue, il se jetait tout habillé sur « le lit, son sommeil était hanté par « d'horribles cauchemars. Pendant ces « neuf jours d'une véritable agonie, il

Forzinetti.

« ne prit que du bouillon et du vin sucré, « ne touchant à aucun aliment.

« Le 24 au matin, son état mental, « voisin de la folie, me parut tellement « grave que, soucieux de mettre ma « responsabilité à couvert, j'en rendis « compte directement au Ministre, ainsi « qu'au Gouverneur de Paris. Dans « l'après-midi, je me rendis, sur con- « vocation, près du général de Bois- « deffre, que je suivis chez le ministre « de la guerre. Le général m'ayant de- « mandé mon opinion, je répondis sans « hésitation :

— « *On fait fausse route. Cet officier* « *n'est pas coupable !* »

Cette intervention n'eut pour effet que d'exaspérer l'État-Major. Du Paty de Clam, qui avait suspendu ses visites à la prison du Cherche-Midi, les reprit le 27 et vint personnellement jusqu'au 9 novembre faire subir à sa victime de nouveaux interrogatoires, de nouvelles épreuves d'écriture qui n'avaient d'autre but, chaque fois, que d'*obtenir un aveu*, contre lequel Dreyfus ne cessait de protester.

Toujours l'obsession de l'aveu, du confessionnal, de la vieille procédure mise en œuvre par les tribunaux ecclésiastiques contre Jeanne d'Arc et contre tant d'autres, restée la hantise et l'idéal de tant de juges militaires et civils et dont la trace déshonore encore nos mœurs. Alors qu'en pays anglo-saxon le premier soin du juge et même du policier, par une magnanimité vraiment noble, est de mettre tout inculpé en garde contre sa propre faiblesse et de l'avertir de ne pas dire un mot qui puisse l'incriminer ; alors qu'aux assises même l'accusé est muet et ne parle que s'il le désire, dans ce drame du jugement, tout extérieur à sa personnalité, que jouent devant lui les seuls témoins du fait, — chez nous, on est encore à vouloir des aveux, à rechercher les aveux, à escompter les aveux et, par suite, à les supposer ou à les inventer, quand ils manquent... Ajoutez le secret, l'irresponsabilité du juge couvert par ce secret : d'emblée, il retourne à la torture, comme le chien à son vomissement évangélique. Ainsi faisait du Paty, inconscient et serein dans sa jésuitique ordure.

D'aveux, jamais Dreyfus n'en fit, parce qu'il n'en avait point à faire. Si longue, minutieuse et cruelle que fût l'instruction, il ne pouvait pas croire à sa mise en jugement. Jusqu'au dernier jour, il disait naïvement à Forzinetti, avec cette simplicité des grands enfants que restent les officiers laborieux :

— Quelle compensation vais-je demander ? Je solliciterai la croix et je donnerai ma démission. C'est ce que j'ai dit au commandant du Paty qui l'a relaté dans son rapport au ministre. Il n'a pu relever aucune preuve contre moi, car il ne peut pas y en avoir...

Chose inouïe, et pourtant certaine,

pendant ces quinze jours de torture préliminaire, Dreyfus NE PUT MÊME PAS OBTENIR QU'ON LUI FIT CONNAÎTRE L'ACCUSATION QUI PESAIT SUR LUI.

Le bourreau venait le soir, accompagné de l'archiviste Gribelin faisant fonction de greffier, entrait la menace ou l'outrage à la bouche et recommençait ses stupides épreuves d'écriture.

Ses dires fleuraient naturellement la sacristie.

— *Vous êtes perdu ; il n'y a que* LA PROVIDENCE *pour vous tirer de là !* disait-il à Dreyfus.

Et comme celui-ci reprenait ses sollicitations quotidiennes, voulant au moins connaître son crime, il n'obtenait que des réponses énigmatiques. Parfois le greffier s'invitait à la fête et piquait, lui aussi, une banderilla au flanc du taureau éperdu.

— *Supposez qu'on trouve votre montre dans une poche où elle n'aurait pas dû être*, disait-il finement.

Et du Paty d'acquiescer du geste à ce mot d'esprit. Ils se mettaient ainsi à deux pour torturer le Juif, avant d'aller au lit, et sans doute n'en dormaient que mieux.

Une facétie fort appréciée de ces bandits consistait à prévenir l'inculpé que « ses complices » allaient être arrêtés ; on les tenait ; son arrestation, quoique secrète, étant connue des OFFICINES ALLEMANDES, *ne pouvait l'être que par eux.*

Et comme Dreyfus, insensible au charme de ces plaisanteries attiques, protestait qu'il était innocent du crime qu'on ne voulait pas lui nommer, du Paty tournant subitement au tragique, s'écriait d'une voix caverneuse :

— *L'abbé Bruneau aussi, disait qu'il était innocent !... Ce qui n'a pas empêché vos amis de l'envoyer à l'échafaud !...*

Puis il revenait à son système de questions insidieuses et vagues, destinées à obtenir des réponses non moins vagues, pour les consigner au plumitif et donner à Dreyfus l'air d'un homme qui se met en contradiction avec lui-même. Que ne savait-il, le malheureux, que le premier soin d'un accusé conscient de ses droits et du danger où le placent les procédures secrètes, doit être de *refuser toute réponse !* Que n'avait-il appris ce précepte à l'école des vieux champions des luttes passées ! N'est-il pas toujours temps de s'expliquer en audience publique ?

Il est vrai que l'audience publique, il ne devait l'avoir qu'au champ d'exécution. Qu'importe ! Sa protestation a semé le grain de vérité. C'est pour l'avoir non pas même entendue, mais lue dans un journal, que l'auteur de cette étude en a gardé le frisson et l'a transmis à d'autres hommes.

Le quinzième jour, du Paty de Clam se décida enfin à montrer au capitaine Dreyfus la photographie du bordereau qu'on l'accusait d'avoir écrit. Le lendemain, son rapport était remis au général Mercier, ministre de la guerre.

CHAPITRE VI

Mercier hésite

Examen fait du rapport déposé par du Paty de Clam, Mercier se montrait moins que jamais convaincu de la culpabilité de Dreyfus. Il ne s'en cacha point et, un instant, la coterie jésuitique crut la partie perdue. Le Juif allait lui échapper !

Les choses semblaient si près de ce dénouement, que du Paty, changeant soudain son fusil d'épaule et voulant se donner les gants d'une mise en liberté qui paraissait très probable, écrivit à Mme Dreyfus — à celle-là même qu'il avait associée pendant deux semaines à la torture de son mari — pour lui annoncer une ordonnance de non-lieu comme imminente.

Mais déjà l'État Major s'était ressaisi, en se rappelant quel puissant engin de guerre sont les journaux, pour qui sait et peut utiliser leur concours. A tout hasard, Boisdeffre voulut essayer cet engin, sans en avoir encore mesuré la prodigieuse portée. Du Paty de Clam, plus familier que les autres avec ses effets, fut sans doute l'instigateur de la campagne. Très certainement, il se mit le premier en route pour la *Libre Parole*, où il avait des attaches déjà anciennes. Un autre aborda l'*Éclair*. Un troisième s'aboucha au *Journal* avec son critique militaire attitré, professeur à l'École de Saint-Cyr, et qui allait signer « Montville » ses articles sur l'affaire Dreyfus. Un quatrième et un cinquième s'assurèrent le puissant concours du *Petit Journal*, de la *Croix*, du *Gaulois*, du *Figaro*.

Et ici, qu'il n'y ait point d'équivoque. De part et d'autre, on a beaucoup parlé de corruption à prix d'argent, on s'est mutuellement jeté à la tête l'accusation de vénalité. Une partie de la presse était, disait-on, aux gages de la haute banque juive et l'autre partie à la solde de l'État-Major, grâce aux fonds secrets dont il dispose pour les « missions à l'étranger » devenues, à cette occasion, de simples « missions à l'intérieur ».

Les hommes qui ont suivi de près les événements et qui en connaissent le fond, savent ce qu'il y a de réellement peu fondé dans ces accusations réciproques. En général, il n'est pas vrai que les partis disposent d'une caisse noire pour alimenter la presse ; il n'est pas vrai que les fonds secrets soient employés à l'acheter ; (bien plus commu-

nément, ils alimentent les besoins et menus plaisirs personnels de ceux qui les détiennent);
il n'est pas vrai non plus que
les feuilles à grand tirage attendent, pour prendre position, une
aussi misérable pitance.

Sans doute, des événements
encore voisins de nous ont montré un trop grand nombre de
journaux participant à la curée
du Panama, sous prétexte de
« publicité ». Mais ce qui s'est
passé alors, au milieu de la dila-
pidation effrénée d'un énorme
capital de quinze cents millions,
ce qui est trop vrai, peut-être,
dans la plupart des grosses émissions de sociétés financières,
n'est pas le cas habituel ou normal dans les grandes commotions
publiques. L'action sur la presse
s'exerce moins alors par des subsides directs en argent que par
des communications exclusives et
des nouvelles inédites, lesquelles
en réalité équivalent à l'argent,
puisqu'elles se monnayent, mais
sans rien coûter ni à la caisse de
ceux qui les dispensent ni à l'honneur de celui qui les reçoit. Le
fait seul d'épouser résolument
une opinion tranchée, dans une
crise nationale, équivaut parfois
à un capital en espèces. C'est
souvent l'explication très simple
d'un succès que l'argent n'aurait
jamais déterminé.

Ici, le cas était, au plus haut
degré, de ceux où l'on peut négliger le nerf de la guerre. Ne
s'agissait-il point d'une fonction
vitale dans l'organisme de la nation, de la défense nationale
elle-même, et d'un officier de
l'État-Major général, accusé de
trahison ? Certes, c'était plus qu'il
n'en est besoin pour passionner,

« Souvenez-vous du Ma

au premier mot, l'opinion publique.

Il faut songer, pour bien comprendre ce qui passa alors, que l'arrestation du capitaine Dreyfus était jusqu'à ce jour restée absolument secrète, que M⁽ᵐᵉ⁾ Dreyfus, terrifiée par les menaces de l'inquisiteur Du Paty de Clam, n'en avait rien dit à personne et laissait croire son mari en mission.

Tout à coup, le 29 octobre 1894, c'est-à-dire le lendemain du jour où Mercier avait annoncé l'intention de faire mettre le capitaine Dreyfus en liberté, une note de dix lignes, signée Papillaud, paraît en première page dans le moniteur attitré de l'antisémitisme, la *Libre Parole* (dont le rédacteur en chef, Édouard Drumont, se trouvait à ce moment réfugié à Bruxelles). Cette note était ainsi conçue :

Est-il vrai que récemment une arrestation fort importante ait été opérée par ordre de l'autorité militaire ?

L'individu arrêté serait accusé d'espionnage.

Si la nouvelle est vraie, pourquoi l'autorité militaire garde-t-elle un silence si absolu ? Une réponse s'impose.

Ce silence, il n'est pas inutile de le rappeler, avait été l'argument suprême invoqué par l'État-Major, le 14 octobre, pour obtenir de Mercier l'ordre d'arrestation du capitaine Dreyfus. On le lui reproche aujourd'hui comme un crime. De qui peut venir le reproche et par conséquent l'information ? Ce n'est évidemment ni de Mercier lui-même, ni de M⁽ᵐᵉ⁾ Dreyfus. Du Paty de Clam l'a, en personne, apportée à la

Libre Parole. C'est le premier coup de clairon annonçant l'insurrection de l'Etat-Major contre le chef de l'armée, ministre de la guerre.

Dès le lendemain, 30 octobre, *l'Éclair*, non moins bien stylé, donne en ces termes la réplique à la *Libre Parole* :

CRIME DE HAUTE TRAHISON

Scandale inoui. — Un officier français en conseil de guerre. — Une affaire tenue secrète. — Arrestation de l'officier. — On demande un chatiment exemplaire.

Plusieurs journaux ont publié une note de quelques lignes pour demander s'il n'avait pas été procédé à une importante arrestation pour crime de haute trahison — arrestation tenue secrète.

Les faits sont malheureusement exacts et beaucoup plus graves que la question posée ne le laisserait croire.

Un officier — non toutefois un officier supérieur — est en ce moment en prison au Cherche-Midi.

Il a commis le crime le plus abominable qu'un officier puisse commettre : il a, par vénalité, trahi sa patrie.

L'enquête, menée secrètement, est terminée, le dossier établi, la preuve faite matériellement.

Cet officier coupable de haute trahison va dans peu de temps passer devant le Conseil de guerre séant à Paris. Alors, on aura la douleur de voir cette turpitude étalée au grand jour. Il faudra bien que le mystère dont on a voulu entourer cette pénible affaire s'éclaircisse...

... C'est M. Cochefert qui a procédé à l'arrestation du criminel. Celui-ci a nié d'abord, puis, accablé par l'évidence, il a fait des aveux.

A toi, Mercier : « Il faudra bien que le mystère *dont on a voulu entourer cette affaire* s'éclaircisse ! »

Aussitôt, la *Libre Parole* (1ᵉʳ novembre) rappelle sa question de l'avant-veille et reproduit l'article de *l'Éclair ;* puis elle ajoute :

« *Telle était la question que nous posions le lundi* 29 *et à* laquelle le ministère de la guerre s'est bien gardé de répondre. »

« Dès dimanche, nous étions avisés,
« au journal, de cette arrestation ; mais
« étant donné la gravité des accusa-
« tions, le nom et la qualité du cou-
« pable, nous voulions, et on compren-
« dra notre réserve, attendre le résul-
« tat de l'instruction... Aujourd'hui
« nous n'avons plus les mêmes rai-
« sons... L'*Éclair* a parlé. Oui, le fait
« est vrai. Il est vrai également, comme
« le dit l'*Éclair*, qu'il est sans précé-
« dent. Ce n'est qu'une monstrueuse
« exception... Le crime de cet homme
« se flétrit de lui-même. Et *c'est pour-
« quoi l'armée appelle une expiation
« qu'elle veut éclatante.* »

En présence de ces indiscrétions soudaines, Mercier s'inquiète et s'indigne, sans soupçonner encore d'où le coup est parti. La presse n'en fait jamais d'autres ! Elle exagère tout. Il faut remettre les choses au point. L'officieuse *Agence Havas* n'est-elle point là, pour recevoir les effusions ministérielles ?

Le 1ᵉʳ novembre, à minuit, elle apporte aux journaux la dernière pensée de Mercier :

« *Des* présomptions *sérieuses ont mo-
« tivé l'arrestation provisoire d'un offi-
« cier de l'armée française,* soupçonné
« *d'avoir communiqué à des étrangers
« quelques documents* peu importants,
« *mais confidentiels. L'instruction se
« poursuit avec la discrétion que compor-
« tent les affaires de ce genre et une solu-
« tion pourra intervenir à très bref délai.* »

Tout y est, et la pensée de Mercier est bien claire, l'insuffisance des preuves réunies contre Dreyfus bien évidente : simples *présomptions ; soupçonné* d'avoir communiqué documents *peu impor-tants;* solution *à très bref délai.* Aux yeux du ministre de la guerre, il n'y a pas, dans le cas du capitaine Dreyfus, de quoi fouetter un chat.

Visiblement, il ne croit pas que la bordereau soit de lui. S'il ne tenait qu'à Mercier, Dreyfus serait déjà libre ou n'aurait jamais été arrêté. Mais il y a l'État-Major qui insiste !... Il insiste même de sa plus grosse voix, l'État-Major catholique et royal, dans l'*Éclair* du lendemain 2 novembre, en repro-duisant la note officieuse :

« *Qui trompe-t-on ?.... que se passe-* « *t-il ?* A QUELLE INFLUENCE OBÉIT-ON DÉJA, « que l'on OSE ainsi travestir la vérité ?

« Que veut dire « arrestation provi-« soire », quand l'arrestation a été faite « il y a plus de quinze jours, après une « enquête approfondie et qu'ON A REÇU « DES AVEUX? Quoi, le traître *qui avoue* « peu donc n'être pas maintenu en état « d'arrestation? Serait-ce la prime de sa « complaisance à parler?

« Loin de songer à l'élargissement de « ce misérable on songe à la pénalité « qui le frappera. Le ministre de la « guerre voudrait qu'il fût fait un exem-« ple terrible. Aussi sommes-nous bien « certains que l'étrange note publiée par « l'*Agence Havas* n'a pas eu et n'aura « pas l'agrément du ministre.

« Pour se l'expliquer, il faut croire « que l'on cherche à influencer et le « gouvernement et l'opinion.

« L'accusé, qui est israélite, SE NOMME « ALFRED DREYFUS. Il était capitaine au « 14ᵉ d'artillerie, stagiaire au 1ᵉʳ bureau « (mobilisation) au ministère de la « guerre.

« Cet officier n'aura pas à invoquer « la détresse. Il est riche, bien appa-« renté. Son beau-père est marchand de « diamants. Il est marié, il a deux en-« fants. Sa femme ignorait les motifs de « son absence ; elle s'est depuis réfugiée » chez son père. »

« Ce ne sont point des difficultés pé-« cuniaires qui l'ont poussé à commettre « son abominable forfait. Jusqu'à pré-» sent on a en vain cherché à deviner à « quel mobile il a pu obéir. Les débats, « s'ils étaient publics — mais le huis-« clos sera très certainement ordonné « — révéleraient UN CARACTÈRE ÉTRANGE, « BIEN FAIT POUR DÉCONCERTER. C'EST UN « BIZARRE SUJET D'ÉTUDES POUR LE PHYCHO-« LOGUE, QUE CET HOMME.

« Le crime est formel. Il a été accom-« pli. Quelle importance a-t-il au point « de vue de la défense nationale ?

« Nous croyons que l'opinion peut se « rassurer. Comme nous le disions hier : « l'œuvre patiente de la mobilisation « reste intacte. »
Du Paty de Clam *fecit.*
Et de son côté, la *Libre Parole* :
« Hier soir nous recevions confirma « tion de ce crime inouï. L'officier arrêté « pour trahison est attaché à l'État-« Major du ministère de la guerre. Il « passe pour être en mission. L'*affaire* « *sera étouffée parce que cet officier est* « *juif.* Cherchez parmi les Dreyfus, et « les Mayer ou les Levi, vous trouverez. « Arrêté depuis quinze jours, IL A FAIT « DES AVEUX COMPLETS et on a *la preuve* « *absolue qu'il a vendu nos secrets à* « *l'Allemagne.* Quoi qu'on dise, il est au « Cherche-Midi, mais pas sous son nom. « *On veut le faire réfugier à Mulhouse,* « *où réside sa famille.* »
Ainsi, la guerre est nettement décla-rée au chef de l'armée par l'État-Major. D'où pourraient venir, sinon de lui, tant de détails précis, mêlés à tant de mensonges systématiques ? On parle *d'aveux complets, de preuves absolues,* quand on n'a rien de tel, pas un mot d'aveu, pas l'ombre d'une preuve. Et l'on donne le nom de l'accusé, sa qua-lité, la circonstance caractéristique du nom sur le registre d'écrou, connu du seul État-Major, tandis que le ministre fait prévoir, annonce une ordonnance

de non-lieu résultant de l'inanité des charges. Certes, en pareille affaire, il n'est pas un patriote sincère qui ne doive la souhaiter. Qui donc, sauf l'État-Major catholique, pourrait hurler, à la pensée que la victoire menace de lui échapper : l'*affaire sera étouffée* PARCE QUE L'OFFICIER EST JUIF?

Eh! oui, dès ce moment, dès cette première heure, c'est ainsi que la question se pose. L'officier incriminé l'a été parce qu'il est juif. Il est arrêté parce qu'il est juif. L'État-Major veut sa perte parce qu'il est juif. Il n'y a pas, en réalité, d'autre charge contre lui. Cela résulte à la fois de la note officieuse de Mercier et des informations frauduleuses de l'État-Major papiste. Et c'est sous prétexte que les « influences juives » sont à l'œuvre pour sauver le Juif, qu'ayant mis dans le domaine public les noms et qualités de l'accusé, la coterie jésuitique va travailler désormais, d'abord à obtenir le maintien de son arrestation et sa mise en jugement, puis à obtenir le huis clos, puis à obtenir la condamnation.

. Car déjà l'opinion est violemment agitée par la sinistre nouvelle : un officier des bureaux de la guerre poursuivi pour avoir livré à l'étranger les plans de mobilisation! Comment admettre un instant qu'une telle arrestation ait pu se faire sans preuves écrasantes? C'est une idée qui ne se présente même pas à l'esprit. Le grand public sait confusément l'étroite confraternité qui règne entre les officiers de la haute armée, et spécialement entre les élèves de l'École Polytechnique. Qu'il puisse y avoir, en pareil cas, affaire de parti et de fanatisme religieux, personne n'en a le soupçon. On croirait plutôt les « chers camarades » capables de vouloir, sauver un traître avéré. Le pays ne sait pas que l'État-Major n'est qu'une « jésuitière », comme le dira demain Billot. Le pays ne connaît pas le but visé par la Com-

pagnie de Jésus, depuis le jour où elle a institué en France, par le ministère direct de son fondé de pouvoirs Odelin, l'organe officiel de l'antisémitisme, la *Libre Parole* d'Édouard Drumont. Le pays ne peut pas croire les jésuites de l'État-Major capables de vouloir la condamnation d'un innocent, par la seule raison qu'il est juif. Le pays ne peut même pas apercevoir les moteurs catholiques de l'affaire, dissimulés qu'ils sont par le concert unanime de vingt journaux jusqu'à ce jour réfractaires aux inspirations de l'Église romaine.

Telle est pourtant la vérité. Pour la première fois, depuis un siècle, le Vatican a mis la main sur un miracle authentique, en trouvant le mot d'ordre qui peut, au moins pour un temps, enrôler sous sa bannière l'unanimité de la France de 89. *A bas le traître!* crie le pays tout entier. Et c'est le Gesù qui a inventé le prétendu traître, qui le poursuit, qui va le juger et l'enchaîner, Prométhée moderne, sur le rocher de l'île du Diable.

Déjà les nouvellistes sont à l'œuvre, et notent d'un crayon inconscient et artiste, ces détails d'intérieur, tragiques en leur familiarité.

« A la première nouvelle, nous nous « sommes rendus au domicile de l'offi- « cier accusé, 6, avenue du Trocadéro.

« La concierge, surprise, nous ré- « pond, très troublée, que le capitaine « Dreyfus demeure au deuxième étage « au-dessus de l'entresol, qu'elle ignore « s'il y a du monde ; réponses évasives « et très embarrassées. Dans la loge un « personnage quelconque, qui semble ap- « partenir à la police de sûreté, se cache « derrière un journal qu'il tient à la main.

« Au domicile du capitaine, une jeune « bonne, à l'accent alsacien très pro- « noncé, nous reçoit et nous répond « que le capitaine est absent, que ma- « dame dîne chez ses parents. La pauvre « fille est navrée, cela se voit.

Sur la table, dans le fumoir, un indi-
« cateur du chemin de fer de l'Est ;
« tout est en ordre ; on sent que la
« police a dû passer par là : il n'existe
« pas un seul papier sur la table qui
« devait servir de bureau de travail au
« capitaine.
« Nous n'insistons pas, car nous com-
« prenons combien notre mission est
« délicate. Nous repassons par l'anti-
« chambre, éclairée faiblement, et nous
« apercevons dans un coin un de ces
« petits ballons de bébé, dont la vue
« nous serre le cœur. »
Et le reporter poursuit :
« Nous nous adressons à la concierge.
« — Jamais je n'aurais cru cela du
« capitaine, nous dit-elle. C'était un
« homme plutôt aimable, malgré son
« air renfermé. Une chose m'a frappée
« en lisant les journaux, ce matin : c'est
« qu'il fût si jeune ! A le voir déjà gri-
« sonnant, on lui aurait donné dix ans
« de plus que son âge. Il semblait très
« bon pour sa femme, à qui il appor-
« tait souvent des fleurs. — Est-ce qu'il
« ne s'absentait pas fréquemment ? —
« Rarement, au contraire. Avant les
« grandes manœuvres, je me souviens
« qu'il fit avec son ordonnance un
« voyage de cinq ou six jours. C'est sa
« seule absence un peu longue, depuis
« des années. Il semblait mener une vie
« très régulière. Tout l'été — trois
« mois environ — Mme Dreyfus est res-
« tée à la campagne. Il allait la retrou-
« ver le samedi et revenait le lundi.
« Le reste de la semaine, il rentrait
« tous les soirs de bonne heure. — Le
« train de vie ne vous paraissait pas
« exagéré ? — Non, monsieur. L'appar-
« tement est de trois mille francs envi-
« ron. Mettons que le ménage dépen-
« sait vingt-cinq mille francs par an,
« c'est le maximum à mon avis. — On
« ne se doutait de rien dans la maison ?
« — Si, depuis une quinzaine de jours,
« j'avais cru remarquer que Mme Drey-

« fus était très préoccupée. J'ai su que,
« chez elle, souvent elle pleurait. Mais
« je n'avais pas attaché d'importance à
« ces détails, d'abord parce que cela ne
« me regardait pas et puis parce que
« j'étais à cent lieues de croire le capi-
« taine coupable de quoi que ce fût. Un
« homme qui paraissait si sérieux, qui
« était si bon avec ses enfants... La
« pauvre femme !... Les pauvres en-
« fants !... »

Tel est le tableau d'après nature du
milieu familial que vient de visiter non
pas la police toute seule, mais la police
escortant le Gesù. Tel est le début de
l'ouragan qui va se déchaîner sur la
France.

Et maintenant, si l'on veut connaître
l'opinion officielle de Mercier sur les
auteurs de la première bourrasque et
sur les adversaires qui l'accusaient de
vouloir sauver l'officier juif, cette opinion se trouve consignée au compte
rendu sténographique de la cour d'as-
sise de la Seine, audience du 9 février
1898.

Me LABORI — M. le général Mercier
pourrait-il nous dire s'il a fait une enquête relativement aux indiscrétions
commises en octobre et en novembre
1894 au profit de certaines personnes,
notamment au profit de la *Libre Parole*
et de l'*Eclair* ?

M. LE GÉNÉRAL MERCIER. — ... Je crois
que ceux qui ont fait la publication ne
connaissaient nullement mes intentions.
Cette publication ne pouvait pas venir
du ministère... *Elle pouvait venir de la
famille Dreyfus.*

De la famille Dreyfus, dieux immor-
tels !... C'est elle, d'après Mercier, qui
aurait inspiré l'abominable campagne
d'indiscrétions voulues et de mensonges perfides par laquelle s'ouvre l'œuvre
du parquet militaire, dirigé par le Gesù !
On peut juger par cet exemple du courage moral et de l'honnêteté qui allaient

présider aux décisons du ministre de la guerre, devant l'évidente révolte de l'État-Major. Après quatre ans écoulés, il n'osait même pas la constater ; il imputait bassement ses sommations à la victime elle-même, ou à ses proches.

CHAPITRE VII

Mobiles attribués au capitaine Dreyfus.

« Jusqu'à présent on a vainement cherché à quels mobiles a pu obéir le traître » faisaient dire par leurs journaux, deux ans plus tard, les ennemis jurés du capitaine Dreyfus.

De fait, il n'était pas aisé de voir dans quel but un officier savant, graduellement arrivé par son seul mérite en tête de sa promotion, nécessairement destiné aux hauts grades et pourvu d'ailleurs d'une large aisance personnelle, aurait livré à une puissance étrangère non pas même « le plan de mobilisation » (ne l'ayant jamais eu), mais de misérables informations de détail sur l'organisation de l'armée.

Ce mobile, Paul de Cassagnac crut l'avoir trouvé. Sur la foi d'on ne sait quels renseignements, il affirmait que le capitaine Dreyfus était joueur, et cette affirmation devait se retrouver, au Conseil de guerre, dans les dires sans preuves du ministère public.

« Le capitaine Dreyfus, écrivait-il « le 2 novembre 1894, était connu, *archi-* « *connu* comme un joueur effréné. Et il « ne faut pas connaître le cœur humain, « il faut être vaniteux et bête comme le « ministre de la guerre Mercier, l'hom- « me au flair d'artilleur, pour conserver « dans un tel poste un officier joueur. « Tout joueur peut, dans un moment « donné, devenir soit un voleur, soit un « traître. Il n'y a pas de passion au « monde plus dégradante et qui puisse « mieux conduire à tous les crimes, on

« ne doit rien confier, rien, à un joueur : « surtout pas la sécurité, la défense de « la patrie... etc., etc. »

Ce raisonnement, excellent en lui-même, péchait par la base. Le capitaine Dreyfus n'était pas joueur et ne l'avait

Alfred Dreyfus (1889).

jamais été. Les renseignements de police qui le signalaient comme tel étaient l'ordinaire roman des agents à court de copie, il suffit, pour s'en assurer, de recourir à l'acte d'accusation dressé contre l'inculpé :

« Bien que le capitaine Dreyfus nous « ait déclaré *n'avoir jamais eu le goût* « *du jeu*, il appert cependant des ren- « seignements que nous avons recueillis « à ce sujet qu'il aurait fréquenté plu- « sieurs cercles de Paris où l'on joue

« beaucoup. Au cours de son interro-
« gatoire, il nous a bien déclaré être
« allé au Cercle de la Presse — une
« seule fois — mais comme invité, pour
« y dîner : il a affirmé n'y avoir pas
« joué. Les cercles-tripots de Paris, tels
« que le Washington-Club, le Betting-
« Club, les cercles de l'Escrime et de la
« Presse n'ayant pas d'annuaire et leur
« clientèle étant en général peu recom-

DE BRUXELLES. — Allô !... La Libre Parole ?
Mercier est évidemment le complice du Juif !...
(Dessin de G.-H. IBELS).

« mandable, les *témoins que nous au-*
« *rions pu trouver auraient été très*
« *suspects ; nous nous sommes par suite*
« *dispensés d'en entendre.* »
Est-il besoin de dire que si l'accusation renonçait si aisément à ces témoins,
c'est qu'elle n'en avait pas trouvé de re-
commandables ou non. Le capitaine
Dreyfus était allé *une seule fois* dans un
cercle, *huit ans plus tôt,* et pour y dîner.

Il n'en fréquentait aucun, n'était pas
joueur, ne l'avait jamais été. Mais c'est
à huit clos seulement qu'il allait pouvoir
le dire, et cependant la calomnie faisait
son chemin. Pour beaucoup de gens, la
preuve était faite : juif et joueur, Dreyfus devait nécessairement devenir un
traître.

Du Paty de Clam, lui, avait deux
autres théories en réserve, pour le cas
où celle de la passion du jeu chez l'accusé paraîtrait insuffisamment établie.
Il voyait le mobile de la trahison prétendue dans une intrigue féminine doublée d'un désappointement d'ambition.
Voici comment il enroule ses anneaux
jésuitiques autour de ces deux thèses,
dans son rapport du 31 octobre au ministre de la guerre :

« Le ménage du capitaine Dreyfus
dispose de 25 à 30,000 francs de revenus ; il est ordonné et mène un train de
vie *apparent* proportionné à ses ressources ; la fortune, y compris la dot de
Mme Dreyfus (et les 235,000 francs appartenant en propre à Alfred Dreyfus),
est employée, à 40,000 francs près, dans
la filature de Mulhouse. D'après les renseignements recueillis, le capitaine Dreyfus est intelligent, doué d'une mémoire
remarquable ; il a le sentiment de sa valeur, il est ambitieux. Il concourt pour
l'École de guerre, il est admis et vise la
première place. Un déboire cruel l'attend à sa sortie de l'École ; il n'est pas
le premier, il n'est pas le second, il n'est
pas le troisième : le capitaine Dreyfus
est rejeté au neuvième rang. La blessure fut profonde, cruelle, elle saigne
encore, elle est incurable. Mme Dreyfus
déclare, en présence de l'archiviste Gribelin, que son mari avait été malade de
cette déception, il en a eu des cauchemars. « C'est bien la peine, disait-il, de
travailler *dans cette armée,* où, quoi
qu'on fasse, on n'arrive pas selon son
mérite ; » lui-même parlait de ce qu'il
appelait une infamie.

« Quoi qu'il en soit, le capitaine Drey-fus obtint d'être employé comme sta-giaire à l'État-Major de l'armée. L'an-née 1894 arrive. Le capitaine Dreyfus fait la connaissance d'une femme ma-riée, avec laquelle il échange une cor-respondance dont la dernière lettre se termine ainsi : « A la vie, à la mort. » Jusqu'où a été cette liaison? Le capi-taine Dreyfus déclare que, s'étant aperçu que cette femme en voulait plus à sa bourse qu'à son cœur, il a rompu. La bourse a-t-elle résisté aussi bien, d'a-près lui, que le cœur? En tout cas, il avoue des liaisons intimes passagères. Dans un ménage ordonné comme le mé-nage Dreyfus, un trou au budget ne sau-rait passer inaperçu, si ce trou a existé, et comment la jeune femme victime aurait-elle pu l'ignorer?... »

Ainsi, c'est sur la simple hypothèse d'une liaison coûteuse et dont on ne trouve pas de trace dans les comptes du ménage, que repose le système!... Et cette hypothèse même se présente sous le bénéfice d'un point d'interrogation!... Toujours le grand procédé jésuitique, toujours l'insinuation sans preuve, subs-tituée aux réalités. Les maris qui trom-pent leur femme ont-ils donc pour habi-tude d'inscrire les frais de ces pecca-dilles sur leurs livres de ménage?... S'il fallait voir des agents de la Triplice dans tous ceux qui manquent à cette comptabilité, la Triplice pourrait se tar-guer de posséder une belle armée d'es-pions!... Est-il d'ailleurs si malaisé pour un officier de trente-quatre ans, aussi bien renté que l'était le capitaine Dreyfus, de donner à son budget l'élasticité que comportent des liaisons passagères, sans en inquiéter la compagne de sa vie et sans recourir à la caisse de Schwarz-koppen?

L'ineptie d'une telle argumentation était si évidente, qu'elle finit par éclater aux yeux de son auteur lui-même et par être abandonnée, comme l'avait été la prétendue passion du jeu, d'abord attri-buée à Dreyfus. Il fallut se rabattre sur une autre hypothèse et du Paty s'arrêta bientôt à celle d'une ambition déçue, amenant l'officier alsacien à déserter moralement le service de sa patrie d'op-tion. Cette thèse est indiquée et pré-parée par l'exagération voulue des sen-timents de colère et de rancune que son numéro de classement, à la sortie de l'École de guerre, aurait inspirés au jeune capitaine breveté. « La blessure fut profonde, — cruelle, — elle saigne encore, — elle est incurable... C'est bien la peine, disait-il, de travailler *dans cette armée*, etc., etc... »

Ici encore, la cause est manifestement disproportionnée avec l'effet : à tenir pour exacts les propos perfidement pla-cés sur les lèvres du capitaine Dreyfus — propos à coup sûr légitimés par l'in-justice de ses chefs et de ses collègues, — qui pourrait ignorer que les officiers en tiennent souvent (on pourrait dire toujours), de semblables dans toutes les armées du monde, dans tous les pays et dans tous les temps? Entre ces explosions de colère provoquées par un passe-droit, par l'inutilité de l'effort soutenu, par le spectacle de l'intrigue triomphante — et la pensée la plus loin-taine de déserter ou de se vendre à l'étranger — il y a un abîme et, certes, jamais personne, avant du Paty, ne s'avisa de confondre un grognard avec un traître.

Mais, faute de mieux, il fallait bien se contenter de cette maigre explication. On la verra germer, grandir, prendre un corps frauduleux, mais tangible, sous la forme d'un faux en écritures diploma-tiques et d'une correspondance pré-tendue entre l'empereur d'Allemagne et son ambassadeur à Paris. Pour le présent, elle se réduisait encore à une insinuation, et cette insinuation avait trop d'invraisemblance pour se faire ai-sément accepter.

Aussi, Mercier la repoussait-il très nettement, en s'obstinant à répéter :

— Prouvez-moi que cet officier a trahi et montrez-moi pourquoi il a trahi !...

Or, c'est précisément ce que Boisdeffre, ni Gonse, ni Sandehr, ni du Paty, ni personne, n'était arrivé à établir. Et c'est pourquoi, renonçant à convaincre le ministre de la guerre, ils ne pensèrent plus qu'à lui forcer la main.

Le 2 novembre, la *Libre Parole*, ouvrait le feu.

« *Il est avéré*, ajourd'hui, disait-elle, que si l'arrestation du capitaine Dreyfus a été gardée secrète pendant près de quinze jours, *c'est que le misérable est Juif*. Le gouvernement n'a cédé à aucune préoccupation patriotique en donnant aux fonctionnaires de tout ordre, sous peine de révocation immédiate, la consigne de se taire. C'est *la juiverie tout entière qui lui a imposé le silence*, dans l'espoir qu'en gagnant du temps, elle parviendrait à étouffer l'affaire. Nous AVONS VU, HIER, PLUSIEURS OFFICIERS qui sont indignés de la partialité bienveillante dont a bénéficié Dreyfus, et dont il bénéficierait sans doute encore, si la *Libre Parole* n'avait, la première, soupçonné la vérité. Les journaux officieux prétendent bien que si le gouvernement s'est tu, c'est qu'il voulait éviter un scandale dont la honte devait rejaillir sur toute l'armée. C'est là une défaite qui ne trompe personne : l'armée n'est pas plus déshonorée parce que Dreyfus est un traître, qu'elle ne le fut naguère parce que Anastay fut un assassin. Chercha-t-on jamais soit à atténuer le crime, soit à cacher au public l'arrestation d'Anastay ? D'où vient que c'est le contraire pour Dreyfus, également officier, mais Juif, sinon précisément que la qualité de Juif lui a assuré l'appui occulte de tous ses coreligionnaires ? »

Ici encore il faut admirer la profondeur de coquinerie de ces artistes en calomnie que sont les jésuites. On a vu avec quel soin du Paty de Clam recommandait à Mᵐᵉ Dreyfus le silence absolu sur l'arrestation de son mari. Il y allait de sa vie ! disait-il. Le secret devait être rigoureusement gardé, même avec la famille de l'inculpé...

Et pourquoi ce secret ? Parce que Mercier ne pouvait se décider à faire arrêter Dreyfus, n'apercevant contre lui aucune charge réelle. L'arrestation provisoire et secrète avait été l'argument suprême invoqué par du Paty lui-même, par Boisdeffre et Renouard, pour triompher des hésitations du ministre.

Et bien ! c'est contre Mercier que du Paty de Clam, l'inventeur du secret, retourne ce secret même ! Il l'attribue à l'influence juive ; il s'en fait, contre le ministre de la guerre, un levier pour le pousser plus avant, il s'en fait une arme scélérate pour empoisonner l'opinion et l'ameuter contre le chef de l'armée, accusé de pactiser avec la « haute juiverie ».

C'est le début de l'abominable campagne ouverte, qu'on ne l'oublie jamais ! —par la coterie jésuitique de l'État-Major et qui pendant quatre ans consécutifs ne cessera plus d'agiter le pays.

En ouvrant cette campagne, la *Libre parole*, organe attitré des jésuites, fondée avec les capitaux des jésuites, par leur représentant légal Odelin, ajoutait à son article initial, des détails aussi perfides qu'inexacts sur les prétendus faits mis à la charge d'Alfred Dreyfus.

« Nous avons donné hier, disait-elle, les différentes versions qui couraient sur les causes de l'arrestation du *capitaine israélite*. Les versions étaient toutes vraies. Le crime de Dreyfus est double, en effet. Il est traître à la patrie ; il est traître en outre à ses camarades, officiers comme lui. Dreyfus faisait partie du premier bureau de l'État-Major de l'armée — *celui où sont centralisés les documents les plus importants* — tous ceux qui sont relatifs à la mobilisation et la concentration des troupes en temps de guerre. Là gît en quelque sorte le secret des batailles prochaines. Le livrer à l'ennemi, c'est lui vendre notre défaite. Or, c'est ce secret, une partie tout au moins de ce secret, que Dreyfus a révélé à l'étranger. Comment y fut-il amené? Voici comment on le raconte. Dreyfus s'aboucha, il y a quelques mois, avec un officier italien qui lui livra des pièces sans importance contre une certaine somme d'argent. De son côté, l'*officier juif* livra à cet espion italien ce qu'on appelle « des pièces d'amorçage » et se fit payer. L'officier juif, « amorcé » lui-même, se laissa aller jusqu'à livrer *les plans de mobilisation du 15e corps, série C*, puis ceux du fort de Briançon et divers renseignements sur les points offensifs dans les Alpes. Ce serait son premier crime. Mais engagé dans cette voie, Dreyfus ne s'arrêta plus. Il aurait livré tous les plans, tous les documents, s'il lui avait été possible de les soustraire sans qu'on s'en aperçut. Contraint de se tourner d'un autre côté, sa rage de trahison ne s'apaisa pas. Ne pouvant plus livrer des plans, Dreyfus livra des noms. Le poste qu'il occupait à l'État-Major lui permettait de connaître les noms des officiers qui sont envoyés chaque année en mission secrète à l'étranger... »

Et aussitôt le *Petit Journal* commentant ces prétendus renseignements, renchérissait comme suit :

« Ces officiers rendaient à la défense nationale des services dont on devine l'importance. A la suite des divulgations du capitaine Dreyfus, toutes sources d'information furent taries pour eux, toutes portes fermées. Ils eurent la conviction qu'un traître les avait vendus et que ce traître était un Français... Les soupçons se portèrent sur le capitaine Dreyfus. Le ministère de la guerre chargea M. Cochefert de se rendre en Italie,

avec tout le secret possible, à l'effet d'entendre les explications verbales qui devaient amener la certitude de la culpabilité de Dreyfus. Le chef de la sûreté revînt avec des charges accablantes contre lui. C'est alors que l'arrestation fut décidée. »

Comment l'opinion publique, saisie d'accusations si graves et si précises, voyant spécifier le numéro des plans « livrés », *mobilisation du 15e corps, série C*, le nom des places fortes, le nom des agents militaires à l'étranger, le voyage de Cochefert en Italie, et le reste, — et constatant que sur tous ces points le gouvernement restait muet, en maintenant d'ailleurs l'arrestation de l'officier inculpé — comment l'opinion publique aurait-elle pu douter du bien fondé de ces dires? Comment soupçonner que toutes ces précisions étaient purement calomnieuses et qu'il n'y en a même pas trace à l'acte d'accusation dirigé à huis clos contre le capitaine Dreyfus !

C'est monstrueux, et cela paraît impossible. Et cependant cela est. Pas une ligne de la procédure, aujourd'hui connue, ne fait la plus lointaine allusion au plan de mobilisation du 15e corps, série C ou série de n'importe quelle lettre, ni aux plans de Briançon ou d'aucune autre place forte, ni aux noms des agents militaires à l'étranger où à la mission de Cochefert !

Ces choses étaient inventées de toutes pièces, mises en circulation de propos délibéré par la poignée de Jésuites militaires qui avait résolu de perdre l'officier juif et qui commençait par profiter du secret de l'instruction pour l'accabler devant le pays, en touchant les cordes les plus sacrées du sentiment national.

Jamais attentat aussi noir et aussi lâche fût-il perpétré contre la conscience d'un peuple? Pour surprendre sa bonne foi, on avait recours aux plus impudents mensonges.

Et déjà Mercier laissait dire, n'osant plus remonter le courant, résister à son État-Major en révolte. Et le ministre de l'intérieur laissait faire, quand il eût suffi d'une note officielle pour mettre les choses au point. Mais quoi ! entrer en lutte avec les Jésuites, c'est-à-dire avec la Droite, appoint nécessaire de la majorité ministérielle ?... Ni Mercier, ni Dupuy ne le voulurent. Ils gardèrent le silence, ils commirent le crime de se taire, et l'affreuse campagne suivit son cours.

Le *crescendo* en est sinistre à constater, aujourd'hui que la vérité a éclaté. Par une rencontre singulière, les deux hommes qui devaient tenir les premiers rôles dans ce concert, Édouard Drumont et Henri Rochefort, se trouvaient alors tous deux à Bruxelles : le premier, parce qu'il croyait la loi sur les menées anarchistes, que le ministère Dupuy venait de faire voter, spécialement dirigée contre sa personne ; le second, parce qu'il avait quitté Paris, depuis 1889, avec Boulanger et Dillon, pour échapper à une arrestation imminente.

Rien n'autorise à penser qu'il y eût dans ce séjour simultané à Bruxelles et dans cette concordance d'opinions, autre chose qu'un fait accidentel. Très vraisemblablement, les motifs déterminants des deux polémistes étaient différents. L'un obéissait aux inspirations directes du Gesù, l'autre se faisait et se croyait seulement l'écho des rancunes boulangistes, en devenant l'instrument inconscient d'un complot militaire. Quels qu'aient été leurs mobiles respectifs, il n'y a point à atténuer leur part de responsabilité commune dans le crime national qui allait être perpétré contre la justice, contre la République et contre la patrie, en la personne d'un officier alsacien, pur de toute souillure, victime innocente de la Haute Armée catholique et royale.

Cette responsabilité, ils sont les premiers à la revendiquer. Ils l'affirment encore après quatre ans, et la consacrent par leurs déclarations quotidiennes. Qu'ils la gardent devant l'Histoire. Ce n'est pas aux contemporains qu'il appartient de la juger en dernier ressort.

Le même jour (3 novembre 1894), à la même heure, Drumont et Rochefort écrivaient de Bruxelles deux articles inspirés par la même pensée et qui pèsent d'un poids décisif dans la balance ministérielle. Il y a un traître à l'État-Major, disaient-ils ; ce traître est arrêté, sous les charges les plus accablantes : et, parce que ce traître est juif, le ministre de la guerre Mercier, cédant aux influences de la Haute Banque juive, veut l'arracher au supplice.

L'article de Drumont avait pour titre : L'ESPIONNAGE JUIF.

« L'affaire du capitaine Dreyfus, écrivait-il, n'est qu'un épisode de l'histoire juive. Il a *vendu à l'Allemagne les plans de mobilisation* et le *nom des agents chargés du service d'informations.* C'est la fatalité du type et la malédiction de la race. Ce ne sont pas les Juifs, c'est nous qui sommes les coupables, et ils seraient en droit de nous répondre : « Pourquoi avez-vous rompu avec les traditions de nos ancêtres ? Pourquoi n'écoutez-vous pas, pourquoi poursuivez-vous les écrivains qui vous préviennent des pièges qui vous sont tendus ? Pourquoi confiez-vous vos secrets à ceux qui vous trahissent toujours ?... Quand un malheureux catholique a commis un délit quelconque, on communique à la presse les moindres détails de l'affaire. *On a tenu l'arrestation de Dreyfus secrète pendant quinze jours* et l'on a, paraît-il, écroué le misérable au Cherche-Midi, sous un faux nom, ce qui est absolument contraire à la loi. C'est l'ensemble de toutes ces circonstances qu'il faut examiner, lorsqu'il s'agit d'une affaire d'espionnage à laquelle les Juifs se trouvent mêlés. On comprend l'émotion

ROCHEFORT (*Dessin de COUTURIER*

DRUMONT (Dessin de COUTURIER)

qu'a soulevée l'ignominieuse action de Dreyfus ; mais là, encore, le public n'aperçoit qu'un des côtés de la question. Que pouvait cet homme à côté d'un Von Reinach qui disposait du Parlement, qui était le maître dans tous les ministères? Ce sont les hommes comme celui-là qui sont les vrais chefs de l'espionnage allemand en France. Les Juifs comme Dreyfus ne sont probablement que des espions en sous-ordre, qui travaillent pour les financiers israélites ; ils sont les rouages du grand complot juif qui nous livrerait pieds et poings liés à l'ennemi, si on ne se décidait, au moment où la guerre deviendra imminente, à prendre des mesures de salut public. »

L'article de Rochefort était intitulé : LES HUISSIERS DE ROTHSCHILD. Ces huissiers avaient nom Casimir-Perier, Dupuy, Poincaré et Burdeau. « Il y a, disait-il, un scélérat que la mort du tzar va tirer d'un pas difficile : c'est le capitaine Dreyfus, aujourd'hui à la prison du Cherche-Midi pour avoir livré à l'ennemi les secrets de notre défense militaire, et *à qui Mercier*, son supérieur au ministère de la guerre, *va s'empresser de sauver la vie*. Maintenant que le tzar est mort et que l'alliance russe va être remplacée par l'alliance allemande, ce Dreyfus est innocent. Rothschild, notre seigneur à tous, saura bien empêcher qu'on fusille un de ses coreligionnaires. »

Drumont, 5 novembre :

« Regardez ce ministère de la guerre qui devrait être le sanctuaire du patriotisme et qui est une caverne, un lieu de perpétuels scandales, un cloaque qu'on ne saurait comparer aux écuries d'Augias, car aucun Hercule n'a encore essayé de les nettoyer. Une telle maison, devrait embaumer l'honneur et la vertu ; il y a toujours, au contraire, quelque chose qui pue, là dedans... C'est Cissey, prenant pour maîtresse une juive,

la Kaulla, que chacun savait être une espionne et chez laquelle il laissait traîner son portefeuille de ministre, bourré de documents confidentiels... C'est Thibaudin et ses tendresses pour la Limouzin... C'est Freycinet, avec Turpin et Triponé. Turpin qui s'engageait par traité à verser à Edwards la moitié de ce qu'on lui donnerait pour son invention ; Triponé, que chacun savait un espion et qui circulait librement à travers les bureaux de la guerre, sans qu'on lui eût même arraché cette croix de la Légion d'honneur, qu'il déshonorait. Dès qu'il fut menacé de poursuites, le général Ladvocat écrivit à Mme Triponé pour mettre son avoué à sa disposition. Imaginez-vous quelque chose de plus stupéfiant que ce général, destiné à commander le camp retranché sous Paris en temps de guerre, et qui offre son avoué à un homme qu'il sait être un espion? Ce général extraordinaire ne fut même pas mis à la retraite ; on le laissa en fonctions, pour pouvoir, à l'occasion du 14 juillet, le nommer grand-officier de la Légion d'honneur. Il y a au Palais-Bourbon toute une bande de droitiers, les Montfort, les La Ferronays, les Reille, les Lanjuinais, qui se fourrent toujours dans les questions militaires et qui sont toujours là pour approuver, pour couvrir de la considération qui s'attachait jadis à leur nom les infamies qui se commettent au ministère de la guerre. Le crime de Freycinet contre Turpin, comme les mensonges de Mercier à propos de Galliffet, n'ont trouvé en eux que des approbateurs. *Demain, sans doute*, ils applaudiront *le ministre de la guerre, lors qu'il viendra se vanter* des mesures qu'il a prises *pour sauver Dreyfus et cacher sa trahison au pays*. »

Rochefort, même jour :

« Dans tout autre pays que le nôtre, *le nommé Mercier, général de son état* et ministre de la guerre par suite de circonstances indépendantes de notre volonté, aurait été, depuis plusieurs jours, *pris au collet* et jeté avec la plus grande brutalité dans les escaliers de son ministère : 1° parce qu'*après avoir refusé de faire arrêter le traître Dreyfus* par crainte de Reinach et de Rothschild, ses protecteurs, *il ne s'y est décidé que sous la menace d'un scandale* que les honnêtes collègues dudit Dreyfus étaient décidés à provoquer; 2° parce qu'*il a essayé de cacher et fait officiellement démentir l'incarcération du traître*, bien que ce dernier fût depuis quinze jours à la prison du Cherche-Midi; 3° parce que, *malgré les aveux complets du coupable*, Mercier, forcé de sortir de son mutisme, a fait annoncer par ses agences qu'il n'y avait contre le traître que des « présomptions », lesquelles avaient amené une arrestation simplement « provisoire »; 4° parce que, se voyant dans l'impossibilité de se soustraire à l'obligation de sévir, il a eu l'impudence de faire écrouer l'infâme Dreyfus sous un faux nom au Cherche-Midi, ce qui constitue la manœuvre frauduleuse connue sous le nom de « falsification d'état civil »; 5° parce qu'il a menti cyniquement en déclarant que les documents communiqués étaient de peu « d'importance », attendu que le Dreyfus était attaché au bureau de la mobilisation, où il avait entre les mains tous les plans susceptibles d'intéresser le plus ceux qui les lui achetaient... En voilà beaucoup plus que la Convention n'en aurait demandé pour faire fusiller le Ramollot de la guerre... Eh bien ! cette série de méfaits glissera, sans y laisser la moindre trace, sur les broderies de l'uniforme de ce général en carton peint. Il ne sera pas plus proclamé responsable de l'abominable trahison de son subordonné, dont il a, par les moyens les plus illicites, *essayé le sauvetage*, que le mouchard Fédée ne l'a été de l'évasion du voleur dont il avait fait son ami, son compagnon de table et surtout son comman-

ditaire. Casimir-Perier n'est pas responsable non plus d'avoir fait entrer dans un cabinet ministériel une « moule » comme ce Mercier. Celui-ci n'est pas responsable d'avoir mis complaisamment *tous les détails de la défense de nos frontières* à la disposition d'un gredin avéré... »

Du même :

« Le traître Dreyfus étant le protégé de Reinach, de Mercier et de Rothschild, a parfaitement raison d'être rassuré sur son sort. Il n'a pas hésité, en effet, à faire *les plus complets aveux*, sachant que les Allemands qui nous gouvernent sont résolus à lui appliquer une peine dérisoire, bientôt suivie d'une grâce complète. Déjà, Mercier, obligé d'avouer le crime qu'il tenait soigneusement caché, a fait déclarer par ses agences qu'il y avait, contre un officier français qu'il se gardait de nommer, « présomption » de vente de documents « peu importants » à une puissance étrangère. *L'incurie, la bêtise et la mauvaise foi de notre ministre de la guerre faisant de celui-ci le quasi-complice du traître*, il est clair qu'il s'attachera à démontrer le peu d'importance des documents, bien qu'il lui soit impossible d'en connaître la nature et le nombre, attendu qu'après les avoir communiqués à l'Allemagne, Dreyfus les replaçait mystérieusement dans leurs cartons. Or, si les pièces étaient sans conséquence pour notre mobilisation, il est évident que la Triple-Alliance, à laquelle il les vendait, n'aurait pas été assez naïve pour les lui acheter. Le gouvernement, qui, dans cette affaire comme dans toutes les autres, va se fourrer du mensonge jusque-là, fait répandre le bruit que ce ne peut être l'appât du gain qui a fait agir le capitaine Dreyfus, attendu que celui-ci est riche et n'avait aucun besoin de recourir aux subsides de l'étranger. Cette imposture est bien digne des flibustiers qui la mettent en circulation.

D'abord le capitaine Dreyfus n'est pas riche ; il est joueur, ce qui n'est pas du tout la même chose, etc... etc... »

Ces attaques furieuses contre un accusé placé au secret le plus rigoureux, par conséquent hors d'état de les contredire, ou même de les connaître — il ne faudrait pas croire que Drumont et Rochefort les tiraient de leur propre fonds. On n'invente pas ces choses, même sous le coup de la passion la plus emportée. Au milieu de leur effrayante inexactitude, elles sont associées à des détails précis qui ne permettent pas d'en contester la source. Qui aurait pu les dicter, sinon l'État-Major lui-même, seul maître de la procédure secrète ouverte contre le capitaine Dreyfus et seul intéressé à la présenter sous ce jour accablant, pour un homme dont le public et la presse ignoraient, cinq jours plus tôt, l'existence, le nom, le crime prétendu ?

S'il y avait, à cet égard, l'ombre d'un doute, Rochefort se chargeait dès lors de le dissiper, en proclamant *urbi et orbi* l'origine officieuse de ses informations.

Elles lui avaient été apportées à Bruxelles, le 4 novembre, par un envoyé spécial de l'État-Major — exactement comme le chef du cabinet de Boisdeffre devait deux ans plus tard, à Paris, lui apporter à domicile le Verbe et le Drapeau de ce même État-Major.

Par un raffinement de rouerie tout jé suitique, cet envoyé spécial avait su persuader à son confident qu'il courait, à le renseigner ainsi, comme par hasard, en le rencontrant « dans une maison amie », les plus graves dangers personnels. N'était-ce pas se mettre en opposition avec le ministre lui-même ?

« J'ai eu avant-hier, écrivait Roche- « fort le 6 novembre, *une longue con-* « *versation avec un attaché du ministre* « *de la guerre*, DE PASSAGE *à Bruxelles.* « Je m'abstiens de donner son nom « et même de préciser s'il est civil ou « militaire : le seul fait d'avoir échangé

« un coup de chapeau avec moi pouvant « aujourd'hui briser une carrière. Tout « ce que je me permettrai de confier à « mes lecteurs, c'est qu'IL ÉTAIT VENU « PASSER LE DIMANCHE A BRUXELLES, où je « suis actuellement et où je l'ai ren- « contré dans une maison amie. *Natu-* « *rellement*, il n'a été question entre « nous que du capitaine Dreyfus, et mon « interlocuteur M'A DÉPEINT LA STUPÉFAC- « TION DANS LAQUELLE L'ATTITUDE LOUCHE « DU GÉNÉRAL MERCIER AVAIT PLONGÉ TOUT « LE PERSONNEL DE SON MINISTÈRE. Depuis « longtemps, en effet, m'a-t-il assuré, « le ministre soupçonnait ce Dreyfus, « qu'on essaye d'excuser au ⸱ moyen « d'un prétendu roman passionnel. « Dreyfus est et a toujours été un « espion : voilà la vérité... »

L'excellent élève que le « Père » du Lac avait fait, en cet attaché militaire, venu à Bruxelles passer son dimanche !... Pour ce digne jeune homme (était-ce d'aventure Pauffin de Saint-Morel en personne, et sa rapide fortune au cabinet de Boisdeffre ne daterait-elle ⸱ point de cette « mission à l'étranger » ?) — pour ce digne jeune homme, « Mercier soupçonnait Dreyfus depuis longtemps », et c'est pourquoi « son attitude louche » plonge « maintenant » tout le personnel du ministère dans la stupéfaction... »

Tout le personnel du ministère, — entendez le seul personnel qui compte, c'est-à-dire l'État-Major, et dans l'État-Major, la coterie jésuitique, de Boisdeffre à Gribelin, en passant par Renouard, Gonse, Sandehr, Du Paty de Clam et Henry.

Suivent quelques détails fantaisistes, fournis par l'Escobar à éperons :

« Dans ces dernières années, poursuit l'informateur de Rochefort, les officiers français envoyés en mission à l'étranger constataient qu'ils étaient surveillés de très près, partout où ils débarquaient, de sorte que toutes leurs démarches et tous leurs mouvements s'y trouvaient paralysés. On avait beau les changer : leurs remplaçants étaient signalés dès leur apparition dans une ville. Malgré le « peu d'importance qu'il feint d'attribuer aux révélations du traître, le général Mercier en a été tellement inquiet qu'il a rappelé immédiatement à Paris, tous les officiers actuellement à l'étranger, même ceux qui sont en Pologne, où ils avaient été détachés auprès du général Gourko. Avertie par Dreyfus, la police italienne guettait à la frontière tous ceux de nos compatriotes à l'aspect militaire qui s'avisaient de la passer, et c'est ainsi que le capitaine Romani a été appréhendé à sa première halte *hors de France*. Dreyfus, qui pénétrait partout, qui était au courant de tout, a livré à l'Allemagne non seulement les « plans de mobilisation », mais, chose peut-être encore plus grave, ce qu'on appelle « l'horaire », c'est-à-dire la marche des trains avec leur destination, le jour et l'heure où ils amèneront des corps de troupes dans un endroit déterminé..... Maintenant que le secret a été éventé par le traître, il n'y aurait qu'à changer et à modifier le moins dangereusement possible la marche de l'armée. Seulement, savez vous combien ce changement de front exigerait de temps ? Trois ans, NI PLUS NI MOINS..., etc., etc. »

Tels sont les contes à dormir debout que l'envoyé de l'État-Major catholique met en circulation en les contant au réfugié de Bruxelles.

Et puis, « il y a à Paris un officier allemand » dont on veut bien encore, par discrétion, taire l'adresse et le nom, qui se termine en *ski*... Cet homme, *que Mercier connaît bien*, est le pivot de l'espionnage prussien. Tous les jours il reçoit des espions auxquels il donne ses ordres, des rapports sur leur récolte quotidienne. « Notre ministre de la guerre n'ignore rien de ce travail international. (!) Il fait suivre et observer l'officier tudesque dont il a tout le dossier entre les mains et contre lequel les preuves fourmillent. Mais, *par peur* des représailles allemandes, il n'a jamais *osé* faire arrêter ce chef d'espions qui, spéculant sur *la lâcheté* de nos gouvernants, continue son travail sans presque se donner la peine de se cacher. »

Voilà comment parlent et écrivent en 1894, ceux qui accuseront la presse républicaine en 1898, d'outrages à l'armée dans la personne de ses chefs les plus compromis !

Si, bien, qu'on finit par se demander si le véritable traître n'est pas Mercier, et non point Dreyfus, et si ce n'est pas e ministre qui devrait être écroué au lCherche-Midi, sous un nom d'emprunt ?

Est-il besoin de répéter que les fables apportées à Bruxelles par l'envoyé spécial de Boisdeffre n'avaient pas le moindre fondement, qu'il n'y en a pas trace dans la procédure, et qu'à l'époque à laquelle se rapportent les arrestations d'agents français à l'étranger, notamment celles de Degouy et Delgucy-Malavas, le capitaine Dreyfus n'était même pas encore attaché au ministère de la guerre ? Et quant à l'affaire Romani, qui l'a jamais prise au tragique ?

Ces misérables impostures de l'État-Major papalin ont néanmoins leur valeur documentaire. D'abord, parce qu'elles montrent à vif le procédé mis en œuvre pour ameuter l'opinion contre l'officier juif, et aussi parce qu'on les retrouve dans la *Libre Parole*, parce qu'on les retrouvera plus tard dans les révélations sensationnelles du journal l'*Éclair*, et qu'elles sont en quelque sorte la signature propre de leur auteur.

Rien n'était épargné, d'ailleurs, pour exaspérer le sentiment public. Tandis que les journaux non inféodés à l'État-Major ne savaient rien, ne pouvaient rien dire d'une accusation jusqu'à ce jour tenue secrète, ou d'un accusé jusqu'à ce jour sans histoire — les autres (et ce n'étaient pas les moins répandus), accumulaient sur l'infortuné Dreyfus des avalanches d'imputations calomnieuses ou de renseignements mensongers.

« Au physique, disait l'un, très mal partagé, mais ne paraissant pas s'en douter, tant il avait une haute opinion de lui. De taille moyenne, roux, les yeux à fleur de tête, le nez accentué, la figure rouge, la tête dans les épaules et d'une myopie excessive. Très intelligent, point débauché, il inspirait à sa promotion plus de confiance en sa probité que de sympathie dans son caractère. Il était d'une nature orgueilleuse, qui le portait à une ostentation continuelle et universelle. Il se flattait bien haut de son argent et de ses relations ; avait à l'école une chambre où il vivait seul, alors que la majorité des élèves-officiers vivait, au contraire, deux par deux, et constituait des « binômes », suivant l'argot algébrique de la maison. Mais sa morgue n'en imposait pas ; ses camarades, au contraire, le désignaient sous le sobriquet de *Fouss*, dérnière syllabe de son nom, prononcée à la tudesque. »

« Quelques uns de ses camarades disait un autre, affirment qu'il s'était adonné au jeu. Le crime de haute trahison dont est accusé le capitaine Dreyfus, aurait donc pour motif l'argent. »

« Ni l'armée, ni le pays, écrivait Judet en tête du *Petit Journal,* n'admettraient qu'un Français ait pu oublier ses devoirs et son honneur au point de livrer sa patrie...... Le peuple renie Dreyfus comme compatriote ; les officiers protestent contre l'usurpation d'un grade conféré à un camarade qui s'est glissé dans leur intimité par contrebande. Nous détestons les haines sociales, ferment maudit de guerres civiles. Nous sommes pourtant forcés de reconnaître que plusieurs israélites ont gardé de leurs habitudes traditionnelles, a travers les siècles, une sorte d'internationalisme tenace..... Il est évident

que la nation entière désespérerait de l'avenir, si elle se figurait qu'un Français, de lignée indiscutable, est descendu à ces bassesses ignobles dont l'atavisme du capitaine Dreyfus n'a peut-être pas deviné toute l'horreur !... »

Et la *Libre Parole* de renchérir :

« Ce que dit le *Petit Journal* n'est au fond que l'expression de ce que pensent la majorité de nos compatriotes, depuis que Drumont a dénoncé le péril juif ; dans les journaux les plus réfractaires jusqu'à présent à nos idées, on lit maintenant des déclarations de ce genre : Shylock règne !... Il trafique sur tout ; il

Judet.

spécule sur les horreurs des champs de bataille, sur les larmes des mères ; il vend la chair de nos enfants, de nos jeunes soldats, à l'ennemi impitoyable. »

Et Morès, entendant crier *tue!* d'ajouter *assomme!*

« Oui, mères françaises, pour se venger de notre patriotisme, les chefs occultes du judaïsme ont décidé qu'en la prochaine année Israël mangerait des azymes saturés de *ce sang que le sacrificateur tire des pauvres bébés chrétiens qui disparaissent de temps à autre d'une façon mystérieuse.* Seulement, cette fois, ce sera une hécatombe, et ce sera par centaines qu'on saignera des enfants chrétiens pour la Pâque prochaine. Au point où en sont les choses, il faut détruire les Juifs, les chasser jusqu'au dernier de chez nous, ou bien périr par eux!... »

Et le vicomte d'Hugues, des Basses-Alpes, s'illustre en demandant à la tribune de la Chambre « qu'on prenne contre les israélites un nouvel édit de Nantes ! » — « Vous voulez parler sans doute de la révocation de l'édit de Nantes ? » rectifie paternellement le président de l'Assemblée.

Et le torrent fangeux grossit et roule, emportant avec lui toute notion de justice, tout instinct d'humanité, tout souvenir des droits sacrés de l'accusé. C'est

MERCIER : J'en ai assez d'être traité de « meule » tous les matins. (Dessin de H.-G. Ibels.)

un infernal concert d'imprécations, de mensonges et d'inepties sous lequel une ou deux voix isolées qui protestent ne sauraient se faire entendre. L'auteur de cette étude, navré d'un déchaînement sans exemple, avait dit ses tristesses à vingt écrivains. Un seul, Émile Bergerat, osa s'en faire l'écho.

« C'est affreux, savez-vous bien, écrit-il noblement, c'est affreux et digne des Caraïbes, cette justice sommaire, tumultuaire, aveugle, sourde et poltronne, qui décide du crime sur le seul fait de l'accusation, que dis-je ? sur la religion même de l'accusé !... Car on est allé jusque là, en France, terre d'hommes libres et généreux... On refuse à Alfred Dreyfus le *droit d'être innocent*, alors qu'il n'est même pas jugé !... Voilà à quelles iniquités donne lieu la prévention morale !... Je ne prétends pas que le capitaine Dreyfus est innocent du crime qu'on lui impute, mais *je pense qu'il a le droit de l'être*, et tout est là ! »

Eh ! non, il n'a point le droit d'être innocent ! Une presse cannibalesque le lui interdit, sous la dictée de l'Inquisition, et Mercier, prenant son parti, va l'interdire avec elle. Il faut le dire ici : la responsabilité de Mercier, dans ce crime juridique, est spéciale.

Hors l'État-Major papiste, un seul homme sait la vérité, toute la vérité. C'est Mercier. Il connaît l'inanité de l'accusation. Il a dit en propres termes dans sa note officieuse, qu'il n'y rien à la charge de Dreyfus ; il sait que Dreyfus n'a jamais connu les « plans de mobilisation » ni les « horaires » ; qu'il n'a rien eu à vendre et n'a rien vendu ; il sait que les experts se contredisent sur le bordereau et que ce misérable bordereau n'est pas, ne peut pas être l'œuvre d'un officier d'artillerie breveté. Il sait que l'État-Major ment dans vingt journaux et fomente contre lui la plus insolente révolte, parce qu'il ne veut pas, lui, le chef de l'armée, livrer l'innocent que réclame la coterie jésuitique. Il pourrait, il devrait, certes, prendre une plume, signer une demi-douzaine de mandats d'arrêt et expédier à Forzinetti, dans un fiacre à galerie, deux ou trois officiers qui lui demandent de se déshonorer par une capitulation aussi abjecte en son genre que celles de ses vieux maîtres Bazaine et Trochu..

Mais il sait aussi qu'un acte d'indépendance morale lui coûtera son portefeuille.

La peau du Juif vaut-elle ce maroquin ?... Non. Pas aux yeux de Mercier. Périsse le Juif et sa race, périsse tout, plutôt qu'il soit, lui Mercier, un jour de plus, traité de « suppôt de la haute banque », par Drumont, et de « moule », par Rochefort !...

Mercier met bas les armes. Mercier amène son fanion.

Dès les premières heures du matin, il fait appeler Boisdeffre et consorts pour leur annoncer que la conviction s'est faite dans son esprit. Esprit méthodique et loyal en toutes choses, il a voulu être certain de la culpabilité de Dreyfus avant d'ordonner les poursuites. Maintenant, il ne doute plus de cette culpabilité — ou du moins, il estime que les présomptions sont de la plus haute gravité. Mais il n'est pas seul ministre ; l'autorisation de ses collègues lui est indispensable pour signer l'ordre d'informer. Il va les convoquer par téléphone et leur demander l'autorisation.

Nous sommes au 7 novembre. L'envoyé spécial de Boisdeffre était à Bruxelles le 4. Les hostilités se sont ouvertes le 2 entre l'État-Major et le chef de l'armée. Cinq jours de bombardement intensif ont suffi au Gesù pour éteindre les feux de cette conscience d'artilleur.

CHAPITRE VIII

Responsabilité du cabinet Dupuy. — Une page d'histoire parlementaire.

Le cabinet Dupuy, que Mercier venait de convoquer d'urgence, et qui s'était déjà réuni la veille, 6 novembre, avait beaucoup entendu parler depuis huit jours de l'officier juif — non seulement par la presse, mais encore et surtout par les émissaires de l'État-Major.

Il est à peine besoin de rappeler que le

ministère Dupuy était avant tout un ministère de réaction et de combat. Prenant occasion de la bombe inoffensive lancée dans l'enceinte de la Chambre par le misérable instrument d'une intrigue policière (1), il venait de soumettre au Parlement les « lois scélérates » que l'énergique obstruction d'une poignée d'hommes avait seule empêchées sinon de déshonorer le Code, au moins de rester une arme effective aux mains de leurs auteurs. Nantis d'une texte qui édictait la suspension facultative de toutes les garanties légales, sous prétexte de « menées anarchistes », les réacteurs espéraient pouvoir désormais frapper sans mesure et sans pitié tous leurs adversaires, en les accusant arbitrairement du crime d'anarchie. Telle était la périlleuse élasticité de ce texte, qu'il pouvait également faire craindre ses effets directs à tel athée illustre, comme Élisée Reclus, et au militant catholique qu'était Édouard Drumont. Celui-ci avait jugé prudent de se réfugier à Bruxelles, pour ne pas en subir l'application ; celui-là se préparait philosophiquement à reprendre le chemin de Lausanne, si les destins contraires l'exigeaient une fois de plus.

La majorité ministérielle groupée sous ce texte n'existait, d'ailleurs, que grâce à l'appoint des *ralliés*, monarchistes et cléricaux de tout poil et de toute robe, qui dissimulaient provisoirement leur drapeau et se disaient républicains, pour mieux étrangler la République.

Dupuy était à la fois leur père électoral

et leur dupe. Grâce aux voix des ralliés, il se flattait de s'éterniser au pouvoir, fallût-il pour cela descendre aux plus humiliantes servitudes. Quant au président Casimir-Perier, pâle héritier des millions paternels et des pires traditions de la monarchie de juillet, il rêvait d'un cœur falot, avec des allures d'adjudant de caserne, on ne sait quel mauvais coup « d'épuration » parlementaire, basé sur l'antique pudeur orléaniste et sur les scandales financiers d'hier. A ce moment même, il ceignait ses reins pour fondre sur le vieux parti panamiste, sous prétexte de vertu, et sur l'extrême gauche socialiste, sous prétexte d'anarchie.

Le foudroyant plaidoyer de Jaurès, dans le procès en lèse-majesté intenté à Gérault-Richard, allait soudain porter le coup mortel au prestige de la dynastie d'Anzin, en évoquant des souvenirs mal propres à enthousiasmer les foules.

Mais les mémorables et décisives paroles n'étaient pas dites encore. Casimir et Dupuy, ignorants de la douche glacée qui menaçait leur « unique cerveau », se voyaient déjà revêtus de la pourpre dictatoriale et s'essayaient béatement devant les glaces aux attitudes consulaires que légitimaient leurs prodigieux services et leur étonnant génie, sans parler de leurs profils numismatiques.

C'était une heure louche de l'histoire, où tous les changements à vue semblent possibles : où Carnot, à peine tombé sous le couteau d'un monomane italien, justiciable naturel de Lombroso, allait être suivi dans la tombe par Alexandre III, probablement empoisonné, comme Skobeleff, pour avoir trop aimé la France ; où Burdeau, Lesseps et Magnard partaient de conserve vers le Grand Peut-Être ; où Canivet (il faut tout noter) faussait compagnie à Jacques et à Arthur Meyer, et passait sans transition de la loge d'honneur de l'Opéra, où il venait de souhaiter officiellement

---

(1) L'auteur de cette étude a peut-être le droit de caractériser librement la bombe de Vaillant, étant de ceux qui se trouvaient à leur banc quand elle fut lancée, et en ayant reçu plusieurs éclats sur sa personne. L'examen attentif des faits, joint à des renseignements particuliers reçus de Londres quelques mois plus tard, l'ont amené à la certitude que l'engin explosif avait été *suggéré* et *payé* par un agent provocateur. Cet agent passa immédiatement en Angleterre et se mêla aux révolutionnaires qui s'y trouvaient alors, non sans chercher à se faire honneur de l'attentat dirigé contre la Chambre. Il fut promptement démasqué, comme le sont presque toujours les traîtres.

la bienvenue aux Russes, à une modeste chambrette de la Conciergerie.

Tout arrive, se disaient Casimir et Dupuy. Et pourquoi pas?

Par quelles causes complexes le grand complot devait échouer et Casimir-Perier se démettre de la Présidence, c'est ce qui sera dit ci-après. Pour le présent, ce complot se trouvait en plein travail de genèse ou de pré-

Mercier met bas les armes (*Dessin de COUTURIER*)

paration organique. Et voici que le cas d'Alfred Dreyfus y jetait un facteur imprévu, en tournant tout à coup à l'orage. Certes, personne encore ne pouvait prévoir l'effroyable crise morale et matérielle dont cette arrestation d'un soldat obscur devait devenir le pivot. Mais que signifiait donc cette tempête de presse, subitement déchaînée sur le ministre de la guerre et, par suite, sur le cabinet?

Il va de soi que, dès la première

heure, les agents mâles et femelles du Gesù s'étaient mis à l'œuvre pour travailler le Président et les ministres, comme ils travaillaient déjà les journaux et l'opinion. Ce sont gens avisés, qui se lèvent matin pour aller tirer les cloches ou les sonnettes, et que les heures d'antichambre n'effraient point. Ils savent attendre, étant de leur état marchands de paradis et concierges de l'éternité.

Sans majorité parlementaire si la Droite leur manquait, Casimir et Dupuy se trouvaient à sa merci. C'est assez dire à quels prodiges d'activité se livraient les courtiers traditionnels du parti. On ne voyait plus qu'eux dans les rues et dans les bureaux. Les sacristies chômaient, faute de tonsurés ; les dévotes se plaignaient de trouver les confessionnaux déserts.

Dupuy était agité de vagues inquiétudes. A quoi pensait ce Mercier, de s'entêter à ne pas laisser poursuivre un petit officier dénoncé par l'État-Major tout entier ? Avait-on idée d'une niaiserie pareille ? Voulait-il, pour une telle vétille, brouiller le cabinet avec ses alliés les plus nécessaires ? Il ne voyait donc pas la tête de l'héroïque Mackau, — l'air impérieux du nez bourbonien que l'abbé d'Hulst portait dans la vie ?... Et il osait se plaindre que Rochefort, outrageant toute l'armée dans sa personne, le traitât chaque matin de « Ramollot »!... Certes, pour une fois, Rochefort avait archi-raison !... Une telle profondeur d'ânerie n'était pas tolérable...

Ainsi ruminait Dupuy, en homme qui se croit homme d'État, parce qu'il a manié les fonds secrets et payé à la prison de Sainte-Pélagie les gages d'un publiciste, après l'y avoir fait jeter. La conclusion naturelle de ces nobles pensers était qu'il fallait au plus vite procéder à une amputation ministérielle et jeter à la Seine le « Ramollot » de la guerre.

La Droite réclamait expressément cette opération métaphorique. Elle avait même un plan tout prêt, que Reille se chargeait d'appliquer « au sein » virginal de la Commission de l'Armée. Sous le premier prétexte venu, on pouvait chercher noise à Mercier, lui rompre en visière et le mettre en minorité devant la Chambre. Il ne resterait qu'à le « débarquer » : Dupuy en faisait dès lors son affaire.

Or, quelle Commission n'a pas toujours sur la planche une bonne querelle avec son ministre ? Mercier ne s'était-il point avisé, récemment, de prendre sous son képi le renvoi anticipé de 12,000 hommes des classes 1891 et 1892, par raison d'économie ? C'était, à la vérité, la seule mesure raisonnable qu'il eût pris dans sa vie ministérielle, et le cabinet tout entier, du délégué aux finances jusqu'au président, l'avait endossée avec joie, pour boucler le budget. Le service militaire d'un an étant universellement jugé suffisant pour un tiers des recrues, pourvus d'une dispense scolaire ou autre — il n'y a aucun motif valable de ne pas étendre le bénéfice de la mesure à tous les hommes dont l'instruction est jugée satisfaisante après quinze à vingt mois, au lieu de les garder trois ans sous les drapeaux. Mais, pour la Droite, une telle innovation sentait nécessairement le fagot : c'était l'occasion toute naturelle d'entrer en campagne contre son auteur.

Reille et Montfort, prestigieux stratèges, proclament donc à grands cris que le salut de la patrie est suspendu au maintien des douze mille hommes dans leurs casernes respectives. Si ces fantassins de deuxième classe sont renvoyés dans leurs foyers, Reille et Montfort ne répondent plus de rien !... On s'étonne que le ministre préposé à la défense nationale puisse avoir conçu l'idée d'une aussi dangereuse expérience... Veut-il donc, en cas d'agression soudaine, voir les hordes étrangères entrer chez nous

comme à l'auberge?... Reille et Montfort déclinent toute responsabilité dans
les catastrophes imminentes. Si le ministre insiste, ils demanderont à la Commission de l'Armée de repousser ce projet néfaste; ils lui proposeront un vote
de blâme, ils en appelleront à la Chambre
et au pays...

Naturellement, Mercier insiste. La
Commission de l'Armée s'emballe à fond,
repousse et blâme à l'unanimité la décision ministérielle, la proclame inop-
portune et illégale. Et comme il ne faut
pas que la Droite se montre, elle désigne
Le Hérissé pour apporter ses griefs à la
tribune.

C'est la guerre au couteau, entre le
Ministère et la Commission. L'un ou
l'autre doit rester sur le carreau. Le doux
Mézières lui-même, qui a conquis à
l'École normale ses étoiles de général
civil, avec la présidence de la Commission de l'Armée, brandit le tomahawk
sur la tête de Mercier et jure de le
scalper plutôt que de se rendre.

Mercier se demande pourquoi les puissances divines et humaines semblent
soudain coalisées contre lui. La presse
d'un côté et la Commission de l'autre! Il
ne sait auquel entendre. Une Chambre
sans entrailles va-t-elle lui arracher son
cher portefeuille?... Cette perspective
est trop douloureuse pour être acceptée
sans révolte. Cependant, au banc des
ministres, Dupuy semble près d'éclater
d'aise à la pensée de se voir débarrassé
de son gênant collègue. Cet espoir est
même si visible, qu'il éclaire subitement
Mercier... Oh! rage! ô trahison!...
Songerait-on à le lâcher!... Ce ne sera
pas, toujours, sans qu'il entraîne le cabinet dans sa chute.

La séance est ouverte (6 novembre).

Le Hérissé résume à la tribune les
griefs de la Commission de l'Armée. Mercier lui répond par des chiffres qui sont
un défi à la critique et démontre que la
défense du pays, avec quatre cent mille

LE CONSEIL DE CABINET qui a décidé les poursu

...e Dreyfus (Dessin de COUTURIER).

hommes sous les armes, n'a rien à craindre de la libération anticipée de quelques surnuméraires qui laisseront les cadres intacts. C'est l'évidence même, et la majorité le sent bien. Elle sait que toutes les mères de France, et toutes les sœurs, et toutes celles qui ne le sont pas, et qui ne votent pas, mais qui font voter les pères et les frères, donneront pleinement raison au ministre. Et voici que cette majorité gélatineuse et amorphe se mêle d'avoir un opinion! Voici qu'elle applaudit l'orateur. Mercier se sent soutenu; il pousse son avantage; il déclare qu'au surplus, il n'aurait jamais proposé la mesure si mal accueillie par la Commission de l'Armée, sans l'assentiment formel du cabinet, qui l'a approuvée et s'est pleinement solidarisé avec le ministre de la guerre...

C'est la vérité pure. Dupuy ni personne ne peut la contester. Le voulût-il et l'osât-il, le jeu devient dangereux, et la victoire resterait sûrement à Mercier. Déjà les affidés s'agitent, passent de bancs en bancs, et sont en train de chapitrer Mézières, qui préside la Commission, sur la nécessité de ne pas diviser le Centre.

Diviser le Centre, grands Dieux! Ce n'est pas Mézières qui le voudrait. A l'idée seule de se trouver en désaccord avec un ministre, fût-ce au nom de la Commission, ses cheveux d'argent se hérissent! Que pense le président du Conseil?... Le président du Conseil pense qu'il voudrait bien voir Mercier au diable, mais que les choses sont mal engagées; il n'est pas d'avis de tomber avec tout le cabinet, pour faire plaisir à la Droite... Et voici Mézières à la tribune, fort empêché de savoir ce qu'il va répliquer... Assurément la défense nationale doit passer avant tout, et le pays ne saurait jamais avoir trop d'hommes sous les armes; on peut donc contester l'opportunité des décisions prises par le général Mercier et, tout naturellement, la

Commission de l'Armée s'en est émue. Mais ces décisions ont été approuvées par le gouvernement tout entier et ne faut-il pas, en pareille matière, s'en rapporter à sa vigilance?... Quant à lui, Mézières, de l'Académie française, c'est ce qu'il a toujours fait, ce qu'il fera toujours...

Exclamations, cris de la Commission, qui voit son système à vau-l'eau. Quant à la Chambre, elle n'y comprend plus rien. Que veut-elle donc cette Commission de l'Armée? Par son rapporteur, elle blâme le ministre et, par son président, elle lui témoigne sa confiance?...

Sur quoi, quelqu'un propose « l'ordre du jour pur et simple ». La Commission proteste. Mais elle est battue à plates coutures, et Mercier triomphe. Ainsi l'a décidé une Chambre ingénue, sans se douter de l'intrigue sous-jacente à la querelle. Ses propres intérêts électoraux avant tout! Puisque le ministre de la guerre, au nom du Gouvernement, propose le renvoi de douze mille hommes; les douze mille hommes partiront. Et tout le monde sera content, dans le pays, — excepté Reille et Montfort. Ils remplaceront les douze mille hommes à la caserne, si le cœur leur en dit, eux qui valent à eux seuls toute une armée...

Et Dupuy s'en va l'oreille basse, sans trop savoir s'il doit rire de n'avoir pas été mis à terre, ou pleurer d'être rivé à Mercier.

En somme, coup manqué. Il faut trouver autre chose, et surtout satisfaire la Droite, qui va être furieuse.

Puisqu'elle exige un ordre d'informer contre ce Dreyfus — personne ne sait pourquoi — il devient plus nécessaire que jamais de le lui accorder. Ainsi tout le monde sera content : le Centre qui tient ses douze mille hommes, et la Droite qui aura son accusé...

Mais il y a toujours Mercier qui résiste!... Il faut le chapitrer. Dupuy le chapitre, Dupuy lui fait entendre que son obstination est ridicule. On ne lui demande pas, après tout, de faire fusiller dans les fossés de Vincennes cet officier à trois galons ; mais simplement de le traduire en conseil de guerre, puisqu'il est arrêté... Le conseil de guerre verra bien s'il est coupable ou non !... Est-ce que ce sont là des affaires ministérielles?... On est homme d'État ou on ne l'est pas, sapristi !...

Mercier veut bien être un grand homme d'État, comme il est un grand homme de guerre; mais ce qu'il n'a jamais fait dans sa vie c'est de céder à des inférieurs hiérarchiques, spécialement quand ces inférieurs sont dans leur tort !... Et ces gens-là, mon cher président, s'entêtent pour quelque raison absurde (probablement parce qu'ils sont de l'infanterie) à poursuivre un officier de l'École polytechnique et du corps de l'Artillerie !... Or il n'y a rien contre cet officier !... Pas l'ombre d'une charge sérieuse... Le chef de l'armée peut-il vraiment, pour le plaisir de satisfaire les haines morbides du fantassin méfiant contre les armes savantes, lui jeter en pâture un officier breveté?...

— Enfin, mon cher général, vous lisez les journaux ?

— Je les lis, surtout depuis quatre ou cinq jours, car on ne manque guère à les placer chaque matin tout ouverts sur mon pupitre...

— Vous savez donc ce qu'ils disent, et où tout ceci va nous mener?... Qu'ils aient tort ou raison, ces journaux, peu importe!... La question est de savoir si vous voulez que nous soyons encore ministres dans huit jours, ou si vous préférez être emporté par la tempête et revenir à vos chères études sur le recul normal de la nouvelle pièce de campagne.... Ne voyez-vous pas qu'il y va pour nous du concours de la Droite, qu'elle vous cherchait noise aujourd'hui de ce chef seul, et qu'elle fait son affaire de la poursuite?... Méditez là-dessus, mon cher général, et prenez une décision virile?... Puisqu'il n'y a rien contre cet officier — eh bien! il sera acquitté, c'est bien simple!... Et nous serons débarrassés de cette assommante histoire.... Voilà la vérité.

Mercier rentre au palais ministériel. Et Mercier ne veut pas être consolé de l'humiliation de céder à Boisdeffre... Évidemment, Dupuy s'exagère les choses et les journaux ne sont pas aussi puissants qu'ils l'imaginent!... Ont-ils donc empêché le ministre, si violemment maltraité par eux, d'obtenir devant la Chambre le succès le plus flatteur?... Car c'est un beau succès parlementaire, on ne peut pas le nier! Une victoire éclatante sur la Commission de l'Armée — issue du vote direct des députés eux-mêmes... Ce petit Le Hérissé et ce Mézières n'en menaient pas large!... Ils voyaient bien qu'ils avaient affaire à un homme qui sait ce qu'il dit et qui sait le dire — sans grandes phrases, sans gestes violents, mais avec cette précision de langage et cette fermeté d'accent qui coulent naturellement d'une connaissance approfondie du sujet et d'une haute culture... Ah! dame, le talent est encore ce qu'on a trouvé de mieux pour réussir, et il n'y a pas à se dissimuler que le ministre de la guerre n'en manque pas, et qu'il s'est posé, aujourd'hui, en véritable chef du ministère!... N'a-t-il point imposé sa volonté à tout le monde, y compris le Gouvernement?... Car le Gouvernement ne songeait qu'à m'abandonner (je l'ai bien vu!)... Et sans doute il y songe plus que jamais... S'il allait réussir, pourtant!.. Ne plus être ministre, ô désespoir!... Et qui sait?... Voir peut-êtr Boisdeffre dans mon fauteuil!... Devenir son subordonné!... Ils disent tous que ces poursuites sont nécessaires... Je vais examiner à nouveau ce dossier... Il faut réfléchir!... Un homme d'État ne doit jamais s'entêter. Thiers l'a dit en propres termes... Et, après tout, puisque ce Dreyfus est innocent, il sera sûrement acquitté!... Mais il est dur tout de même de céder à Boisdeffre!...

Ce qu'ils rêvent (Dessin de la Petite République).

La nuit porte conseil. Le lendemain 7 novembre, Mercier a fait sa volte-face. Il a convoqué le conseil des ministres, et maintenant c'est lui qui explique à ses collègues la nécessité de signer l'ordre d'informer contre l'officier inculpé d'intelligences avec l'étranger. Des présomptions sérieuses pèsent sur cet officier. Il a été l'objet d'une enquête officieuse qui conclut à son renvoi devant un conseil de guerre. L'arrestation s'est ébruitée. Le procès s'impose.

Les collègues du ministre de la guerre l'écoutent sans mot dire et l'approuvent à l'unanimité. C'est l'affaire de cinq minutes et d'un monologue de Mercier. Sur quoi, chacun s'en va déjeuner.

« Pouvaient-ils faire autrement que de ratifier les poursuites réclamées par le ministre de la guerre, si longtemps opposé à la mesure? Il a parlé de présomptions graves, de publicité regrettable donnée à une inculpation délicate et devenue insoluble sans procès, en raison de cette publicité même... »

Telle est l'excuse qu'ils allégueront plus tard, en se couvrant d'abord de la requête positive du ministre de la guerre, seul compétent en l'espèce, puis de l'autorité de la chose jugée. Dupuy le dira textuellement, le 4 novembre 1898, au moment même où il reprend le pouvoir, et tentera de s'abriter derrière la confiance mutuelle que se doivent, chacun dans son domaine, les membres d'un même cabinet.

Qui pourrait se prendre à cette grossière équivoque? Qui pourrait nier que des motifs d'ordre politique — sinon d'ordre personnel — en tout cas, étrangers aux charges alléguées contre l'inculpé, — soient venus, dès cette première phase de l'affaire, la détourner du terrain judiciaire et l'orienter vers l'illégalité ?

Mieux que personne, le président du Conseil, ministre de l'intérieur, savait quels agents exigeaient les poursuites, et au nom de qui parlaient ces agents.

Par le ministre de la guerre il était pleinement édifié sur l'inanité des char-

ges alléguées contre le capitaine Dreyfus. Non seulement il n'a point passivement accepté ou subi les poursuites, comme il le prétend, mais il les a *imposées* à Mercier, en lui faisant comprendre qu'il fallait ou en signer l'ordre ou déguerpir.

Ces poursuites furent la conséquence logique — on peut dire fatale — de la sujétion abjecte où la Droite tenait le ministère Dupuy.

Ayant couvé et fait éclore les *ralliés*, Dupuy se condamnait à gouverner avec la Droite et pour la Droite.

La Droite étant menée par le Vatican, et le Vatican par les Jésuites, il devait, bon gré mal gré, obéir au Gesù.

Le Gesù voulant la perte de l'officier juif, pour la gloire de son système anti-

sémite, Dupuy était condamné à la vouloir.

Car tout se tient dans les grands organismes nationaux. Un peuple qui s'abandonne aux éternels ennemis du droit humain se condamne par cela même à toutes les hontes de l'injustice. La Némésis de l'histoire n'est point mythique. Une crise humiliante et ruineuse est la rançon payée par la nation française pour s'être livrée à Dupuy, par Dupuy à la Droite, par la Droite au Gesù.

Encore pourra-t-elle se féliciter d'en sortir à si bon compte, si elle reste éclairée, par sa cruelle expérience, sur ce qu'elle doit attendre du Gesù et de ses suppôts.

CHAPITRE IX

Mercier et Dupuy ont signé le revers.

Par le fait même de l'ordre d'informer, l'affaire du capitaine Dreyfus passait du bureau de l'État-Major à la juridiction du gouverneur de Paris, chef du parquet militaire. C'est-à-dire, des mains de Boisdeffre aux mains de Saussier, du cabinet d'un jésuite galonné, au cabinet d'un soldat républicain.

C'était, en apparence au moins, pour la justice et la vérité, une chance suprême d'éclater aux yeux de tous. Mais une fatalité vengeresse pesait sur les moindres incidents de cette affaire et la vouait désormais à toutes les causes d'erreur.

Personnellement atteint dans le principe de son autorité militaire et de sa prérogative judiciaire par les mesures de défiance prises contre lui au moment de l'arrestation de Dreyfus, le général Saussier mit son point d'honneur à se désintéresser d'une affaire résolue sans lui et contre lui. Arrivé au terme d'une noble carrière, et près d'être atteint par la limite d'âge, il craignait sans doute de paraître touché par une offense partie de si bas et préféra la dédaigner.

Au demeurant, l'ordre du ministre de la guerre, arrêté en conseil de cabinet, était péremptoire et définitif : le gouverneur de Paris n'avait qu'à l'exécuter.

Il le fit en soldat, sans discussion, et fit transmettre le dossier au rapporteur du premier conseil de guerre. S'il ouvrit ce dossier au passage et le trouva peu probant, peut-être caressa-t-il en son for intérieur l'espoir d'un acquittement qui eût été à la fois sa revanche personnelle et celle du droit. Plus vraisemblablement, il se garda même de l'ouvrir et s'en défit au plus tôt, pour écarter jusqu'à l'apparence d'un conflit avec l'État-Major de l'armée.

Le dossier formé par du Paty de Clam — et qui se composait de son rapport, du bordereau soustrait à l'ambassade allemande et d'une demi-douzaine de rapports de police — alla donc en deux bonds, ou plus exactement en deux chevauchées de gendarmes à cheval, des bureaux de la guerre à la place Vendôme et de la place Vendôme à l'hôtel des Conseils de guerre, en face la prison du Cherche-Midi.

Il aurait pu mieux tomber, pour un examen judiciaire et impartial. Si pauvrement recrutés que soient nos tribunaux civils — trop fréquemment tirés de la foule obscure des avocats sans cause, incapables de gagner leur vie au barreau — les cadres permanents de la justice militaire sont peut-être plus pauvres encore en capacités juridiques. L'humble garantie d'un diplôme attestant au moins une connaissance superficielle du droit civil et criminel n'est même pas exigée des candidats à ces emplois ; ce sont, pour la plupart, d'anciens officiers subalternes ou des officiers d'administration, sortant du corps de l'intendance avec deux ou trois galons, passés avec leur grade fictif dans l'armée territoriale et qui cherchent un complément de retraite dans les fonctions intermittentes des parquets militaires. Ils n'ont jamais pu franchir les degrés inférieurs de la hiérarchie, et la faiblesse de leur pension, répondant trop souvent à la faiblesse de leur mérite professionnel, est la raison déterminante qui les fait désigner.

Aussi n'y a-t-il rien de navrant comme le niveau habituel des débats, en ces prétoires de caserne. On y entend communément, sur l'interprétation du Code, des hérésies à faire bondir d'étonnement le dernier clerc d'huissier, et qui n'étonnent personne. Il faut voir avec quelle belle audace on pêche au hasard, dans la loi, les articles qu'on applique au petit bonheur ! Il faut entendre les commentaires hâtivement copiés, entre deux verres d'absinthe, en quelque Digeste élémentaire et solennellement débités au tribunal qui les écoute avec componction. Les droits de la défense, les principes les mieux établis en matière de procédure criminelle ou correctionnelle sont lettres mortes dans ces antres préhistoriques. Non seulement l'accusé n'y est jamais présumé innocent, mais on peut dire, sans exagération qu'il y est toujours présumé coupable, par la raison qu'il est nécessairement l'accusé de ses chefs, lesquels doivent toujours avoir le dernier mot, *surtout* quand ils ont tort ! C'est le principe pivotal de la discipline. Comment des soldats de carrière, imbibés pendant trente ans et plus de ce principe (et d'un énorme tonnage d'alcool) pourraient-ils s'en défaire en devenant des juges à soldats ?

Dans la pratique courante, ces vices effrayants de la justice militaire passent inaperçus du grand public. Par accoutumance, il les considère comme inhérents au métier militaire. Il trouve naturel, ou croit nécessaire que les années de réclusion et de travaux publics, les condamnations à mort et les pratiques sauvages des compagnies de discipline pleuvent comme grêle sur des délits, souvent imaginaires, qui entraîneraient au plus une légère amende, ou quelques heures de détention, devant les tribunaux civils. Il fallait un cas synthétique comme celui du capitaine Dreyfus, où tant de passions furieuses et de mobiles exécrables sont venus collaborer à huis clos avec tant de crapuleuse inconscience — pour que

la fulgurante vérité apparût à tous les yeux — mère des réformes vitales et des affranchissements décisifs.

En ce sens, on peut dire qu'Alfred Dreyfus est le martyr de quelque chose de plus haut encore et de plus sacré que le droit de sa race devant l'Humanité. Il incarne l'odieuse oppression qui pèse encore, à la honte de l'univers civilisé, sur des millions et des millions d'hommes astreints à la servitude militaire. Des tortures de sa chair déchirée, des angoisses de son âme meurtrie dans son honneur, dans son amour, dans son rêve, il paye le prix de leur rachat. Et c'est pourquoi aussi longtemps qu'il y aura

Le P. du Lac.

des hommes sur la planète, ces hommes le béniront et le salueront dans l'Histoire, pour sa Passion, comme ils vénèrent, après deux mille ans, le petit Juif qui apporta la Fraternité au monde, et au nom de qui on assassine des Juifs.

La constatation seule du mode de recrutement des parquets militaires montre ce que peuvent être ces parquets devant la Haute Armée : des instruments de règne, asservis d'avance aux moindres caprices des grands chefs. Toute indication venue de l'État-Major et endossée par le ministre de la guerre est un ordre qu'on ne songe même pas à discuter : on l'exécute à la lettre. Ce serait vrai en toute matière disciplinaire. Combien plus vrai quand il s'agit d'un fait de haute

Du Paty de Clam voulait surprendre Dreyfus dans son sommeil.

Livr. 7 : L'Affaire Dreyfus illustrée.

trahison, surpris par un détournement de correspondances à la porte d'une ambassade étrangère et sur lequel le service de contre-espionnage prétend avoir des renseignements positifs et secrets, qui ne sauraient être mis devant le public en raison de leur nature même et de l'intérêt sacré de la défense nationale.

Si les parquets militaires pouvaient, en matière de droit commun, conserver un doute sur l'infaillibilité des grands chefs, que ce doute s'effaceraitnécessairement en matière d'espionnage, pour ne laisser la place qu'à la docilité la plus entière et la plus passive.

Il est donc inutile d'insister sur le caractère tout mécanique et de pure routine administrative que devait nécessairement revêtir l'instruction, dans le cas du capitaine Dreyfus.

A peine en possession du dossier, le rapporteur du premier conseil de guerre allait se mettre en rapports personnels avec le deuxième Bureau, prendre ses ordres directs, ne rien voir que par les yeux de « M. l'officier de police judiciaire » ainsi qu'il désigne du Paty dans son « rapport », ou acte d'accusation : il allait faire appeler l'inculpé pour un interrogatoire de pure forme, entendre les témoins indiqués par l'État-Major, puis déposer ses conclusions, faire signer le renvoi en Conseil de guerre et passer la main au Commissaire du Gouvernement.

Cependant, la nouvelle de la capitulation sans réserve de Mercier et de Dupuy et de l'ordre d'informer, signé le 7 novembre, avait déjà mis en liesse toute la meute hurlante qui recevait, directement ou inconsciemment, le mot d'ordre des Jésuites à aiguillettes. Dès le lendemain 8 novembre, Mercier est applaudi et acclamé par elle comme un héros. De « Ramollot » et de « moule », qu'il était l'avant-veille, de « misérable loque laissée pour compte à la banque juive », le ministre de la guerre passait

du coup au rang de grand patriote et de sauveur du pays.

« Si quelqu'un nous avait prédit que nous serions un jour du côté de Mercier, écrivait bravement Rochefort, dès le 8 novembre, notre surprise eût confiné à la plus entière incrédulité... Oui, c'est un bon mouvement dont nous n'hésitons pas à lui tenir compte qui vient de provoquer sa subite disgrâce (car il va être sacrifié, n'en doutez pas), sollicitée par toute la finance allemande et par tous les rabbins d'Europe. La bande ayant pris l'immuable résolution de sauver le scélérat Dreyfus, la démission de Mercier n'est plus qu'une question de jours. On lui donnera pour successeur un général entièrement acquis à la bande et, comme pour les concussionnaires du Panama, tout se terminera par un non lieu, ou à la rigueur par une villégiature en quelque prison de campagne, dans le genre de celle où on a engraissé pendant quelques mois Triponé, autre traître également protégé par des généraux et des ministres... »

Puis il ajoute, et s'il fallait une démonstration complémentaire de l'origine de ses renseignements reçus à Bruxelles, le nom qui vient sous sa plume suffirait à lever tous les doutes :

Il est probable que LE GÉNÉRAL DE BOISDEFFRE, *dont la conduite, dans toute cette affaire,* A ÉTÉ CELLE D'UN PATRIOTE ET D'UN VRAI SOLDAT, sera contraint, lui aussi, de quitter ses fonctions de l'État-Major général. Il lui sera, en effet, impossible, d'assister en silence à la *réhabilitation* d'un misérable (celui précisément qu'on traduit en Conseil de guerre!!), contre lequel les plus décisives accusations s'accumulent tous les jours.... Vous verrez qu'à peine relâché — car il le sera — il ira immédiatement prendre un commandement dans l'armée allemande! »

Et la *Libre Parole* :

« M. le général Mercier paraît désirer que la lumière se fasse absolument complète. Il veut qu'en dépit des efforts

Alfred Dreyfus à l'École polytechnique (1880).

tentés par toute la juiverie, l'officier traître et lâche subisse le châtiment qu'il a mérité. L'expiation est proche.

Nous ne pouvons que *féliciter* le ministre *de son énergie*, et lui dire que s'il s'est enfin dégagé des compromissions ambiantes, il a BIEN MÉRITÉ DE LA PATRIE... »

Tout commentaire affaiblirait la portée d'un tel contraste entre le langage d'hier et celui que Boisdeffre dicte à ses journaux, dès qu'il a obtenu sa proie.

Mais il faut revenir sur l'agent premier de l'infernale machination, jusqu'à ce jour resté dans l'ombre discrète de la coulisse, et qui était le commandant (depuis lieutenant-colonel et suicide) Henry, du deuxième Bureau, car c'est par lui que du Paty, Boisdeffre, Gonse, Renouard et toute la coterie jésuitique ont été lancés sur la piste du capitaine juif.

CHAPITRE IX

Henry.

Dans la ménagerie ecclésiastique et militaire qui hurle à la mort derrière l'officier juif, par l'unique raison qu'il est juif, les physionomies sont uniformément chafouines et basses. Sur cette masse grouillante de rats d'église, de renards de guerre et d'hyènes du Saint-Office, Walsin-Esterhazy se détachera bientôt, type superbe de klephte ou de pandour. Pour le présent, la silhouette brutale d'Henry le désigne comme l'homme de main de la bande cafarde, le policier prêt à toutes les besognes, certainement faussaire et probablement assassin.

Nulle figure de ce drame n'a été plus mal analysée, partant plus mal comprise. Les uns ont vu en elle le rouage inconscient et passif d'un gigantesque mécanisme, tragiquement broyé dans la catastrophe finale ; les autres, le héros

obscur d'un dévouement de bouledogue à la défense nationale et au secret professionnel. De part et d'autre, on s'est trompé.

Henry fut surtout un rustre sans scrupules, corrompu et affiné par le pouvoir absolu de mal faire que lui conférait son emploi au service de contre-espionnage : un Vidocq devenu « chef de la sûreté » militaire, avec l'omnipotence et l'irresponsabilité qui s'attachent à la fonction, sous le manteau du salut public.

Pour le pénétrer dans son effacement systématique et jusque dans l'alibi de sa mort — volontaire ou non — pour juger son rôle, qui fut capital, il faut l'étudier dans le détail de sa biographie, comme on a fait ici pour Alfred Dreyfus.

Fils d'une humble et robuste famille de paysans, Henry (Hubert-Joseph), était né le 2 juin 1846. Il reçoit une éducation sommaire dans une école congréganiste, s'engage à dix-neuf ans (1865), au 36ᵐᵉ de ligne, devient caporal, sergent, sergent-major (1868). La guerre le fait sous-lieutenant, le 28 octobre 1870. A la paix, par une exception des plus rares et qui témoigne de ses attaches cléricales, il est maintenu dans son grade; dès lors, il était l'homme de Miribel et des jésuites. Lieutenant au 95ᵉ d'infanterie le 2 juillet 1874, il est capitaine au 2ᵉ zouaves (Oran), le 16 décembre 1879, chef de bureau arabe, employé en Tunisie, puis en Indo-Chine, adjudant-major.

Tout le monde, à son corps, le savait directement protégé par Miribel. A telles

Dupuy.

enseignes que son colonel, qui connaissait mieux que personne cette particularité, et qui attendait impatiemment les deux étoiles de général, le détachait à Paris pour intervenir en sa faveur auprès du chef de l'État-Major.

Le 25 septembre 1890, Henry passe du 2ᵉ zouaves au 120ᵉ d'infanterie, comme commandant (Péronne). Il y reste jusqu'en 1894. Et alors, sans qualification appréciable, sans brevet de l'École de guerre, il est subitement appelé à l'État-Major de l'armée, attaché par Miribel au 2ᵉ bureau, sous les ordres du colonel Sandherr.

Il faut noter, en passant, que Sandherr était, comme Alfred Dreyfus, originaire de Mulhouse, où sa famille est notoire pour son papisme exalté; que, lui-même, il se trouvait déjà atteint, en 1893, de paralysie générale et que l'affaiblissement cérébral symptomatique de cette affection se traduisait chez lui par un antisémitisme délirant.

L'effacement de Sandherr et la protection toute puissante qui avait tiré de Péronne le commandant du 120ᵉ, pour le bombarder à l'État-Major, service du contre-espionnage, eurent pour effet de donner très rapidement à Henry une importance particulière. Il devint l'homme de confiance et en quelque sorte le factotum du 2ᵉ bureau, en rapports directs avec le cabinet, le véritable « chef de la sûreté » militaire, en dépit de la hiérarchie. Sans nul doute, Miribel et le Gesù avaient de bonnes raisons de le placer à ce poste : soit dans les bureaux arabes, soit en Tunisie et en Indo-Chine il avait fait ses preuves de policier et de jésuite.

Ajoutons, pour compléter le tableau de sa carrière apparente, qu'il devait être promu officier de la Légion d'honneur le 9 juillet 1895, c'est-à-dire à la première promotion qui suivit le procès du capitaine Dreyfus. Une autre circonstance caractéristique, parce qu'elle est tout à fait extraordinaire, on peut même dire unique, est qu'à dater de ce même procès, Henry, tout en restant attaché au 2ᵉ bureau de l'État-Major, CHANGE CHAQUE ANNÉE DE RÉGIMENT, comme s'il fallait faire perdre sa trace parmi plusieurs autres officiers du même nom. En 1894, il figurait depuis cinq ans au 120ᵉ de ligne; en 1895 il figure au 137ᵉ (Fontenay-le-Comte); en 1896 au 25ᵉ (Cherbourg); en 1897 au 109ᵉ (Chaumont). A cette date, le 10 septembre, il est nommé lieutenant-colonel.

Parmi ses camarades de régiment, il a laissé le souvenir d'un homme rude et vulgaire, d'intelligence médiocre. La plupart ont peine à admettre qu'Henry ait jamais pu ourdir ou même suivre une intrigue un peu compliquée. C'est apparemment que Miribel connaissait mieux son homme ; et aussi qu'ils se rendent mal compte des modifications profondes que la rencontre fortuite de l'aptitude vraie, l'habitat d'une grande capitale et d'un milieu spécial, l'influence de l'argent et du pouvoir discrétionnaire, peuvent apporter presque subitement dans un cerveau humain. Il n'est personne à Paris qui n'ait vu de ces avatars soudains de paysan mal dégrossi, mais ambitieux et madré, au lendemain du jour où la Science, la Bourse, le Théâtre ou la Police l'ont touché de leur baguette magique, en éveillant chez lui un génie qui dormait. A ne citer que les morts, qu'on se rappelle la fortune météorique d'un Toulouse, dans l'information parlementaire, celle d'un Boulan, dans la finance, et de vingt autres dans la politique active.

Chez Henry le moteur déterminant de la transformation paraît avoir été le goût des fonds secrets, mis au service de ses appétits inassouvis de gars solide, débarquant au boulevard sur le coup de quarante ans.

Ce n'est un mystère pour personne que les fonds secrets servent principalement de subventions indirectes aux petits théâtres et aux restaurants de nuit. A divers indices peu trompeurs, il est clair qu'Henry ne vivait point à Paris sur le pied de la maigre solde de commandant. Ayant femme et enfant, sans aucune fortune personnelle, il passait tous les ans la saison aux bains de mer, avec du Paty et Gribelin, s'équipait royalement pour la chasse, la veille de sa mort tragique, et ne quittait la plage que pour l'ouverture. Ce sont luxes que les officiers pauvres ne s'offrent guère, quand il y a au logis deux ou trois bouches à nourrir, — à moins d'avoir ce qu'on appelle à la Chambre un crédit « sur ressources spéciales. »

Les fonds secrets, s'il en avait, dans une mesure, le maniement, n'étaient pourtant pas inépuisables. Au début, c'était Sandher qui en détenait et en dispensait sa tranche propre. Plus tard, ce fut un autre — contre qui la haine d'Henry (veuf désormais de la protection personnelle de Miribel), devait se manifester d'ardente et éloquente façon.

Pour y mordre, il fallait compter sur des missions secrètes ou sur des présentations de documents. Or, dans toutes les polices, civiles et militaires, quand le document est largement rémunéré et payé comptant, il foisonne et pullule par une véritable génération spontanée. Car c'est un principe d'administration publique de toujours appliquer les fonds disponibles à leur destination, jusqu'au dernier centime, afin de ne point introduire dans le budget de l'État des éléments d'incertitude qui en troubleraient l'équilibre et surtout la stabilité.

Pour se mieux documenter, Henry s'était cantonné dans la modeste fonction qui consistait à recevoir chaque jour, dans un cornet, les balayures allemandes, à les trier, à les classer, à les « reconstituer » en les collant sur papier transparent ; après quoi, il avait la satisfaction de les payer de la main à la main, sans quittances, et à prix variés, aux agents secrets qui apportaient ou étaient supposés apporter les susdites balayures.

Ce petit jeu n'exige point la connaissance approfondie du calcul différentiel et intégral. Il explique jusqu'à un certain point la place que Miribel avait faite à un officier de troupe, parmi les beaux-fils de son entourage, probablement moins aptes ou moins préparés à ces besognes domestiques. Henry régnait donc sans partage dans le domaine des boîtes à fumier.

Il était même très jaloux de sa prérogative, et non pas à tort. Car un hasard malencontreux voulut que les deux documents décisifs de sa carrière — le bordereau d'Esterhazy et le « petit bleu » adressé plus tard au même Esterhazy par le major Schwarzkoppen — fussent précisémen arrivés au 2ᵉ bureau en l'absence d'Henry, *et n'eussent point passé par ses mains.*

Sans quoi, il les eût assurément supprimés et, pour son malheur, ce pays n'aurait pas plus eu d'affaire Piequart que d'affaire Dreyfus. Pour son malheur, car si l'aventure ne l'éclairait pas à jamais sur les fonds secrets, sur les attachés militaires, sur les États-Majors jésuitiques, sur les tribunaux d'exception et sur divers autres sujets d'importance, ne serait-ce point à désespérer de son bon sens et de son avenir?

C'est ici le cœur de la question. Parmi plusieurs points encore obscurs de la ténébreuse existence d'Henry, certains faits sont hors de doute.

1° Henry connaissait Esterhazy de longue date et presque depuis l'enfance. Son écriture lui était familière.

2° Henry était, en 1894, le débiteur personnel d'Esterhazy — le seul débiteur connu d'Esterhazy — qui avait plutôt des créanciers.

3° Henry était absent quand le bordereau d'Esterhazy soustrait à l'ambassade allemande, arriva au deuxième bureau de l'État-Major, fut aussitôt photographié par Lauth et mis à l'étude pour l'auteur en être découvert, s'il était possible.

4° Dès son retour, Henry eut sous les yeux l'original ou la

Premières heures de quatre ans

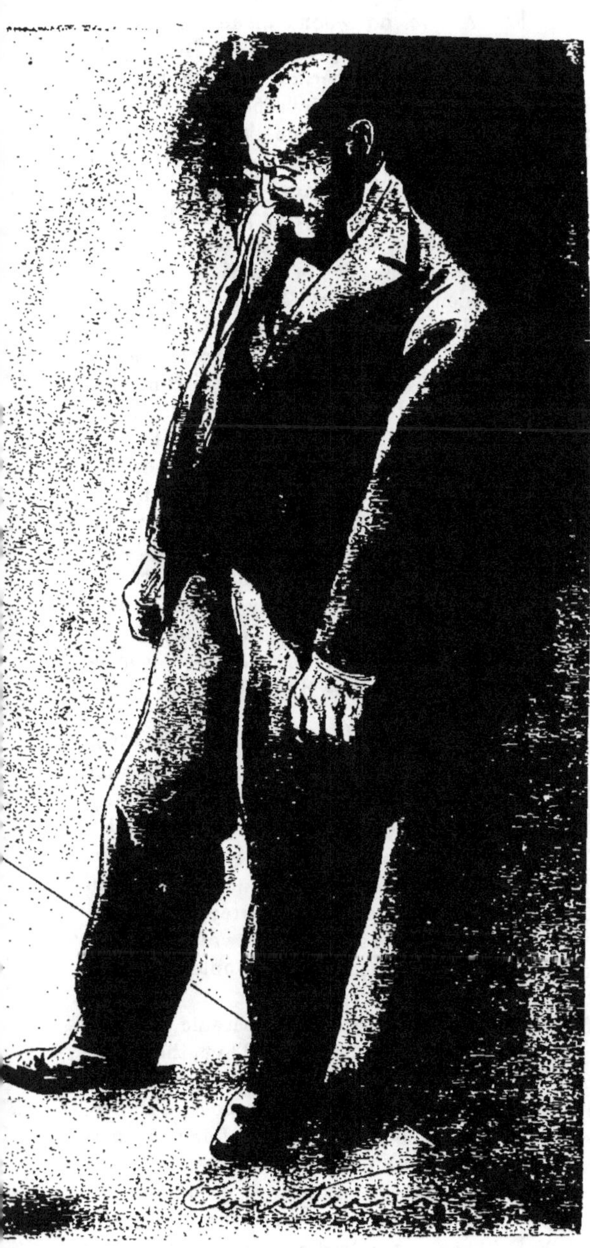

(Dessin de COUTURIER).

photographie du bordereau. Il EN CONNAISSAIT L'ÉCRITURE ET PAR CONSÉQUENT L'AUTEUR. Et pourtant il n'en dit rien à personne.

5° Peut-être essaya-t-il d'abord d'écarter le document comme pièce apocryphe, ou de le faire oublier par ses chefs — ce qui expliquerait la lenteur des premières enquêtes. Mais, une fois le bureau lancé sur la fausse piste du capitaine Dreyfus (probablement par Henry lui-même, aidé de Du Paty), il fut le plus ardent, le plus acharné à la suivre. C'est lui qui emmena Dreyfus au Cherche-Midi et le consigna au secret hermétique; lui, qui se fit déléguer au Conseil de guerre comme représentant de l'État-Major, et qui chargea l'accusé avec une rage de sanglier acculé à sa bauge — alors qu'il le savait parfaitement innocent et en raison même de cette innocence.

Plus tard, c'est ce même Henry qui ne reculera devant rien pour masquer et étouffer la vérité. C'est lui qui foncera sur Picquart comme il a foncé sur Dreyfus. C'est lui qui sera finalement contraint de s'avouer l'auteur du faux apporté par Cavaignac à la tribune de la Chambre et par elle affiché sur toutes les murailles de France. C'est lui qu'on trouvera dans sa cellule du Mont-Valérien la gorge ouverte de deux coups de rasoir et les carotides béantes — suicide ou assassiné...

Le problème du rôle capital d'Henry dans la genèse de l'affaire se résume donc comme suit :

Pourquoi Henry, ne pouvant méconnaître l'écriture d'Esterhazy au bordereau apporté en son absence (car cette écriture lui était familière), n'a-t-il pas immédiatement dénoncé cette écriture comme celle d'Esterhazy ?

Il n'y a qu'une réponse possible : Henry avait un intérêt personnel des plus graves à dissimuler ses rapports avec l'auteur du bordereau et la connaissance qu'il avait de son écriture.

Ou bien il était le complice d'Esterhazy et collaborait à sa trahison en lui fournissant des renseignements, monnayés aussitôt à l'ambassade allemande. Ou bien Henry s'est condamné à couvrir Esterhazy — soit que celui-ci le tînt à sa discrétion par quelque secret redoutable (comme il arrive entre gens de cette sorte), soit qu'il lui eût simplement livré par mégarde et bêtise une des pièces vendues à Schwarzkoppen, et qu'il sût son homme parfaitement capable, s'il était pris, de l'entraîner dans sa ruine en l'accusant de complicité.

(On peut négliger une troisième hypothèse, attribuant à l'État-Major le dessein préconçu de faire condamner l'officier juif, en commandant le bordereau pour le mettre ensuite à sa charge. Il est évident que dans ce cas l'écriture même d'Alfred Dreyfus, et non point une écriture présentant avec la sienne de vagues analogies, eût été trouvée sur le bordereau.)

La première hypothèse prête à de sérieuses objections. Si Henry, fonctionnaire considérable à l'État-Major français, avait voulu vendre des rensignements à l'Allemagne, il l'aurait pu aisément sans recourir au ministère d'Esterhazy, avec plus de secret et de profit qu'en se servant d'un tel intermédiaire. Et, d'autre part, sachant mieux personne l'attaché allemand étroitement surveillé par le service de contre-espionnage, il ne se serait pas exposé à voir une indication aussi dangereuse tomber en d'autres mains que les siennes.

A quoi on répond qu'aucun criminel n'a jamais tout prévu — qu'Henry pouvait se croire certain par sa fonction même de recevoir le premier tous les cornets provenant de l'ambassade allemande, et qu'étant seul à connaître l'écriture d'Esterhazy, il l'utilisait précisément à masquer sa propre trahison. Il importe, d'ailleurs, de ne pas perdre de vue que des « fuites » positives avaient été constatées à l'État-Major, qu'il y avait certainement un traître dans les bureaux et qu'Henry lui-même, en l'affirmant dans une circonstance mémorable, refusa de dire de qui il tenait sa certitude, alléguant cette raison bizarre que « le képi d'un officier doit oublier ce qui lui a été confié ». Enfin, il résulte d'une pièce très importante du dossier que les attachés de la Triplice repoussaient tout d'abord les propositions d'Esterhazy, parce qu'elles émanaient d'un officier de troupe, mais avaient fini par les accepter, sur ce qu'il était doublé d'un officier de l'État-Major.

Quoi qu'il en soit, et quelle que fût la raison d'Henry pour couvrir Esterhasy — le fait indéniable, fondamental, est qu'il voulut à tout prix le couvrir. Et, ne le pouvant qu'en lançant l'État-Major sur une fausse piste, il choisit ou accepta celle d'Alfred Dreyfus, qui devait paraître spécialement vraisemblable, autant que séduisante, à toute la coterie antisémite.

S'il était permis, en pareille matière, de rien abandonner à l'hypothèse, volontiers on se laisserait aller à penser, avec les anciens camarades d'Henry, qu'une conception aussi finement machiavélique ne pouvait pas être de son cru. Mais il avait près de lui, soit à l'État-Major, soit chez les Révérends Pères, assez d'artistes en ce genre pour ne pas être à court de suggestions opportunes. Le confessionnal d'un jésuite est à cet égard un téléphone miraculeux.

Quant à Esterhazy lui-même, aujourd'hui réfugié aux rives britanniques, hors de la portée des juridictions françaises, on peut, sans prétendre à la double vue, annoncer quel sera son système de défense dans l'apologie imprimée qu'il a entreprise. Sans nul doute, il dira que le dessein prémédité de l'État-Major français était d'en finir avec les menées des attachés allemand et italien, fût-ce au prix de la guerre, que désire et veut tout parti militaire. Il alléguera que ses relations avec Schwarzkoppen étaient connues du service de contre-espionnage, qu'il était lui-même un agent secret de ce service, préposé à « l'amorçage »; qu'il a fait le bordereau par ordre et l'a expédié au su d'Henry, de Gonse et de Boisdeffre, et cela, dans le

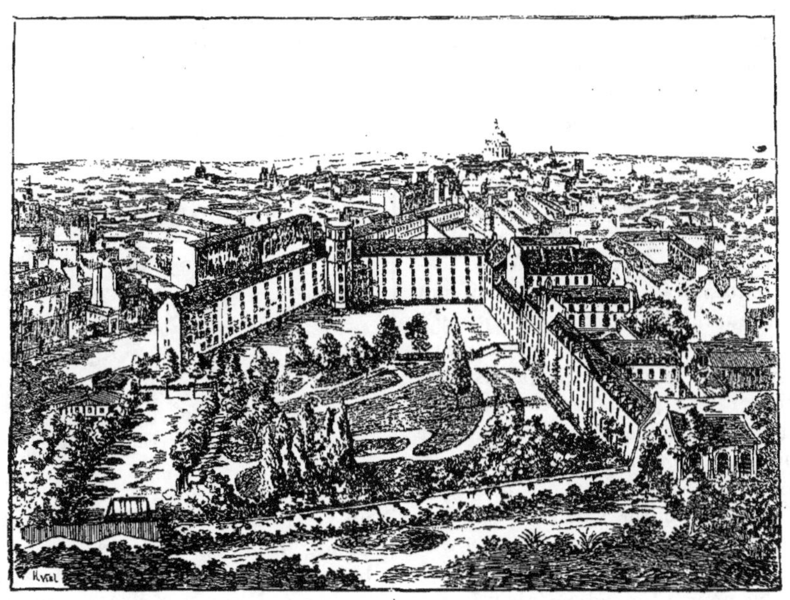

La maison des Jésuites, rue Lhomond (ancienne rue des Postes).

but exprès d'obtenir une preuve matérielle de l'espionnage auquel se livraient les attachés étrangers, en dépit des promesses formelles de leur ambassadeur et à l'insu même de cet embassadeur.

Mais, s'il est à la rigueur admissible qu'Henry et ses chefs fussent entrés dans une telle voie, toutes les suites de l'affaire sont la négation même de cette pétition de principe. Non seulement l'État-Major ne s'est pas servi du bordereau comme d'une pièce dont il aurait connu l'origine, l'ayant commandée à Esterhazy; non seulement il l'a faussement attribuée à Alfred Dreyfus; mais il ne l'a jamais opposé à l'attaché allemand, qui en ignora l'existence jusqu'en 1896; il ne s'en est même pas servi comme base d'une réclamation à M. de Munster!... Au contraire, sa thèse constante, à partir du moment où la procédure fut entamée, a été que toute publicité donnée à l'affaire deviendrait fatalement, nécessairement une cause de conflit international.

Les allégations prévues d'Esterhazy

n'auront donc pas d'autre base que les efforts désespérés de l'État-Major pour le couvrir plus tard; comme si de tels efforts ne s'expliquaient pas surabondamment par l'impérieux besoin de dissimuler une erreur monstrueuse et les honteux ressorts de cette erreur! Elles sont démenties d'avance, ces allégations, par l'attitude même d'Esterhazy au moment où la vérité a éclaté lors de la publication du bordereau, par sa terreur manifeste, et finalement par sa fuite. Si elles pouvaient soutenir l'examen, pourquoi irait-il les publier en Angleterre? L'histoire écartera *à priori*, comme entachés de mensonges, tous les dires de l'espion.

Ce qu'elle ne peut pas écarter, c'est la certitude que le bordereau fut, à son arrivée au 2⁰ bureau, une surprise et un problème pour tout l'État-Major — Henry excepté — et que celui-ci mit tout en œuvre, jusqu'au crime, jusqu'à la plus atroce accusation sciemment portée contre un innocent, jusqu'aux faux réitérés et très probablement jusqu'au meurtre, pour en couvrir le véritable auteur, CONNU DE LUI. Toutes choses, encore un coup, parfaitement inutiles et superflues, si le bordereau avait été commandé à Esterhazy dans un but « d'amorçage ».

Au plus pourrait-on admettre qu'Henry et Esterhazy s'étaient réservé ce prétexte en cas de surprise. Mais, tout compte fait, ils trouvèrent plus sûr de mettre le bordereau sur le dos du Juif. Et l'affaire une fois engagée de la sorte devint si promptement pour eux une mine inépuisable de profits, qu'ils ne l'auraient pas cédée pour le meilleur claim du Klondyke. S'il faut croire une parole récente, attribuée au colonel Binger, qui ne l'a point démentie, l'ensemble des manœuvres criminelles ou frauduleuses destinées, dès ce moment ou plus tard, soit à établir, soit à corroborer la culpabilité de Dreyfus, n'aurait pas coûté moins de 700,000 francs au fonds de la défense nationale. Dans cette riche dotation, Henry s'était, naturellement, taillé le plus large domaine. On le retrouvera bientôt à l'ouvrage.

Aussitôt que le renvoi du capitaine Dreyfus devant le premier conseil de guerre fut annoncé, dès le 8 novembre, sa noble femme s'était rendue chez le ministre de la guerre. Elle venait protester contre les allégations calomnieuses mises en circulation contre son mari par la presse de l'État-Major, et spécialement contre l'accusation d'être « joueur, archi-joueur », qui avait eu

Barthou.

un si grand et si périlleux retentissement. Elle apportait la preuve que le capitaine Dreyfus n'était nullement joueur, ni aux courses ni aux cartes; qu'il administrait très prudemment sa fortune et avait gardé absolument intact, depuis son mariage, le capital appartenant à la communauté.

On apprenait en même temps que Mᵉ Demange s'était chargé de la défense de l'accusé devant le premier Conseil de guerre, et quelques détails commençaient à transpirer sur le régime qui lui était assigné à la prison militaire :

« Le capitaine Dreyfus occupe au Cherche-Midi une chambre éclairée sur la cour intérieure par deux fenêtres à barreaux de fer. Les repas lui sont servis par un restaurant du voisinage.

Tous les jours le prisonnier est invité à prendre une heure d'exercice dans la cour ; il a jusqu'ici refusé de profiter de cette faculté.

« L'instruction est très rapidement menée par le rapporteur Boxon d'Ormescheville, assisté de l'officier d'administration Vallecalle, remplissant les fonctions de greffier.

« Le capitaine Dreyfus a été extrait plusieurs fois de sa prison pour être conduit au greffe du 1er Conseil de guerre. Il lui faut, dans cette circonstance, traverser obliquement la rue du Cherche-Midi et franchir sous l'œil des passants les quarante mètres qui séparent le poste de la prison de l'hôtel des conseils de guerre. Ce trajet s'opère très rapidement : le capitaine, en bourgeois, vêtu d'un veston foncé et d'un chapeau melon rabaissé sur les yeux, est accompagné d'un huissier-appariteur, vieux sous-officier décoré et médaillé, qui a la responsabilité de sa personne. Il est vrai que deux factionnaires sont placés à peu de distance et surveillent les mouvements. L'un monte la garde devant la prison, l'autre devant l'hôtel des conseils de guerre. »

Que l'intention des instigateurs du procès eut été d'abord de la mener tambour battant et de l'expédier au plus vite, c'est ce qui ressort de l'ensemble des notes communiquées à la presse par l'État-Major. Mais, après quelques jours, il y eut un temps d'arrêt manifeste. Les preuves de la culpabilité de l'accusé semblaient de plus en plus insuffisantes à ceux qui étaient admis à les examiner : Boisdeffre, Gonse et Renouard, revenus de leur première ferveur, commençaient à craindre un acquittement et se disaient qu'ils s'étaient embarqués dans une mauvaise affaire. Henry et du Paty de Clam, définitivement entrés dans la peau de leur personnage, travaillaient donc sans relâche à corser le

dossier. Et, par un curieux effet en retour de sa lâche adhésion au système de l'État-Major, Mercier était désormais le plus ferme soutien de l'accusation. Contre toute convenance, contre tout respect des droits du malheureux officier juif qu'il venait de livrer aux jésuites, le ministre de la guerre se laissait ou se

Un soldat de l'armée noire.

faisait « interviewer » et livrait à la presse le précieux résultat de ses méditations ; le 15 novembre, dans le *Matin* et le *Journal ;* quelques jours plus tard dans le *Figaro.* Voici les versions qu'il donnait de l'affaire :

« Des notes que j'ai eues en ma possession, disait-il, m'ont révélé qu'un officier des bureaux de l'État-Major avait communiqué à une puissance étrangère des documents dont il avait connaissance en vertu de ses fonctions. *Je l'ai fait immédiatement arrêter.* Mon devoir n'était-il pas de le garder sous la main, tant pour éviter toute révélation ultérieure que pour procéder à une enquête rendue nécessaire par ses dénégations? Cette incarcération provisoire et cette enquête préliminaire ont été tenues rigoureusement secrètes et nul n'en a eu le soupçon pendant deux semaines. Mon devoir n'était-il pas aussi de ne pas déshonorer un officier en l'accusant publiquement d'un crime dont il affirmait être innocent?

« Une indiscrétion a été commise. Par qui? Je l'ignore. Mais *j'affirme qu'elle n'émane certainement pas de l'un des officiers* qui ont été mêlés, en vertu de leurs attributions, aux débuts de l'affaire. *La preuve en est que leurs camarades de bureau n'en savaient absolument rien* et qu'ils en ont eu connaissance par les journaux. Et vraiment, leur appartenait-il de révéler l'accusation portée contre un homme revêtu de leur uniforme? »

Tel est le degré d'abjecte soumission où le chantage de la Société de Jésus avait déjà fait descendre ce soldat. Il couvrait l'effroyable bombardement de presse dirigé contre lui par son État-Major insurgé, en alléguant cette preuve imbécile que Du Paty et ses camarades « ne savaient rien » et « avaient tout appris par les journaux! ... »

« Sur la nature des documents communiqués par le capitaine Dreyfus à une puissance étrangère, poursuivait-il, vous comprendrez que je garde le plus complet silence. Cet officier en était-il à son coup d'essai? Avait-il déjà livré d'autres pièces? C'est à l'instruction de faire le jour, et son œuvre est des plus ardues; car il lui faut se renseigner minutieusement sur le genre de vie de l'inculpé, sur ses habitudes, sur ses mœurs, sur ses fréquentations. Toutes ces difficultés

se compliquent encore par les dénégations persistantes de l'officier, qui maintient son innocence. Ausssi a-t-on dû faire procéder à des expertises et il n'y a pas eu moins de cinq experts en écritures consultés sur les notes que le capitaine Dreyfus affirme n'avoir pas rédigées. Dans ces conditions, je ne serais pas surpris que l'instruction judiciaire durât encore une *huitaine de jours* (ceci est dit le 16 novembre).

« En attendant des conclusions qui, d'ailleurs, n'apparaîtront guère que sous forme d'une ordonnance de non-lieu ou d'un ordre de mise en jugement, l'opinion publique ne saura rien que par les hypothèses des journaux. J'en ai démenti une hier, parce qu'elle avait pour base un fait dénaturé, je le veux bien, mais un fait indéniable. Je ne peux passer mon temps à démontrer l'exactitude des renseignements fournis chaque jour par la presse.

« Ainsi, on m'attribue l'intention de faire reconduire à la frontière deux anciens officiers allemands, l'un pensionné, l'autre déserteur, dont l'arrestation a été opérée sur mon ordre. Si nous voulions nous en tenir là, n'était-il pas plus logique de prendre tout de suite un arrêté d'expulsion?

« Du reste, comment démentir des suppositions, car il n'y a, dans les journaux, que des suppositions et il ne peut y avoir autre chose : comment admettre un instant, en effet, qu'un seul de mes officiers soit dans les bureaux de l'État-Major, soit au parquet du conseil de guerre, ait consenti à dire un mot de l'accusation de l'enquête, de l'instruction?

« Assurément, le champ reste ainsi ouvert à toutes les inventions. Mais je suis impuissant à les arrêter, et, du reste, c'est à l'instruction judiciaire qu'incombe le soin d'établir la vérité. Toutefois, et pour rassurer l'opinion publique, je n'hésite pas à vous affirmer qu'il n'y a pas eu une seule pièce détournée et que les renseignements livrés n'ont pas l'importance qu'on leur attribue.

« Le capitaine Dreyfus, au cours de son stage préalable à l'admission définitive dans le service d'État-Major, n'a eu entre les mains ou sous les yeux que des documents d'ordre secondaire, car son emploi était celui d'un expéditionnaire, de rang plus élevé que d'ordinaire, mais d'un simple expéditionnaire, comme ses camarades de stage, puisque les uns et les autres font leur apprentissage.

« Quant aux dossiers précieux. d'une

Munster.

haute valeur, les colonels qui remplissent les fonctions de chefs à l'un des quatre bureaux de l'État-Major de l'armée, les tiennent enfermés dans des coffres-forts, où ils les placent soigneusement dès qu'ils les ont consultés, modifiés ou *complétés*, et nul autre n'y touche, ayez en l'assurance. »

Et, comme le journaliste demandait au ministre quelle serait la peine appliquée à Dreyfus, au cas où sa culpabilité serait démontrée :

— Je pense que les articles 76 et 80 seraient visés comme répondant au crime dont il est accusé, répliqua Mercier.

— Ce serait alors la peine de mort ?

— Non. Elle a été abolie par un décret de 1848. S'il est condamné, ce serait à la déportation dans une enceinte fortifiée.

Ces déclarations, que toute la presse reproduisit, sans y changer un mot, étaient complétées plus tard dans le *Figaro*, par une nouvelle « interview » qui semble avoir été assez infidèlement rapportée, car elle provoqua un démenti du ministre de la guerre.

« J'ai soumis au président du Conseil et à mes collègues, aurait dit le général Mercier à l'auteur de l'article (Leser, rédacteur militaire du journal et en relations fréquentes avec divers services du ministère de la guerre), les rapports accablants qui m'avaient été communiqués, et, sans aucun retard, l'arrestation du capitaine Dreyfus a été ordonnée. On a écrit, à ce sujet, beaucoup d'inexactitudes ; on a dit, notamment, que le capitaine Dreyfus avait offert des documents secrets au gouvernement italien. C'est une erreur. Il ne m'est pas permis d'en dire davantage, puisque l'instruction n'est pas close. Tout ce que l'on peut répéter, c'est que la culpabilité de cet officier est absolument certaine et qu'il a eu des complices civils.

« Je puis ajouter qu'à l'État-Major général de l'armée on sait, de source certaine, que Dreyfus était, depuis trois ans, en relations avec les agents d'un gouvernement étranger, qui n'était ni le gouvernement italien, ni le gouvernement austro-hongrois. Mais, si l'on a les preuves matérielles de son infamie, on n'a pas réussi jusqu'à présent à démontrer qu'il ait été payé.

« Alors, dis-je à un haut fonctionnaire du ministère de la guerre (poursuit Leser), pourquoi cet individu a-t-il trahi ?

— « Pourquoi ? me fut-il répondu ; c'est très simple à comprendre, et pourtant très difficile à expliquer. Il y a, à Paris, toute une société cosmopolite qui vit plus ou moins de subsides de l'étranger. Suivant le rang, la qualité des personnages, ces subsides sont distribués d'une façon plus ou moins brutale. Tout le monde ne passe pas à la caisse à la fin du mois : tout le monde n'accepte pas le chèque vulgaire. Les diplomates s'entendent à merveille à rétribuer certains concours, sans avoir l'air de les payer. Ce sont des parts dans des spéculations, des options dans certaines émissions ; c'est toujours de l'argent, mais, suivant l'étiquette de l'enveloppe, il a plus ou moins, ou même plus du tout d'odeur.

« On rencontre, dans cette société, des Français qui ne soupçonnent pas le piège qui leur est tendu, et même des hommes politiques. Tout est bon pour les attirer, le jeu et les femmes. D'ailleurs, toutes les précautions sont prises pour que le secret soit bien gardé ; la plupart des espions se font naturaliser Français, et ceux qui n'y réussissent pas tout de suite paient d'audace. C'est ainsi qu'un sieur H..., qui était aux gages de l'Allemagne, se fit recommander au général Boulanger, en 1887, par un sénateur influent. Pour toute réponse, le ministre de la guerre pria le sénateur de lui rendre visite et lui fit parcourir le dossier de son protégé.

« La plupart de ces espions sont, d'ailleurs, des escrocs ou des grecs. Mais il en est d'autres, et ce ne sont pas les moins inquiétants, qui aiment à rendre service à quelques officiers et à d'autres fonctionnaires. Au besoin, ils achètent des créances, offrent des facilités de paiement, entrent en relations, et tâchent ou de faire causer, ou de lire par-dessus l'épaule quelque papier qui les intéresse. »

Cet article fut suivi, le soir même, d'une note officieuse dont voici le texte :

« Un journal du matin publie un article intitulé : « Espionnage militaire » dans lequel on attribue certains propos au ministre de la guerre. *Le ministre n'a pas tenu ces propos.* Il ne pouvait émettre un avis sur la solution d'une cause déférée à la justice militaire. D'autre part, il n'a pas pu parler de complices civils, puisque cette complicité, si elle est exacte, eût rendu la cause justiciable de la cour d'assises et non plus du conseil de guerre. »

A quoi Leser répliquait aussitôt :

« Je n'ai rien attribué du tout au général Mercier, ministre de la guerre ; j'ajoute même que je n'ai point coutume d'attribuer un langage quelconque à quelqu'un, et qu'en seize ans de journalisme, je ne l'ai jamais fait. C'est assez dire que j'ai fidèlement rapporté, non pas tout, mais partie des propos que M. le ministre de la guerre avait bien voulu me tenir, au cours d'une conversation qui n'a pas duré moins d'une heure et demie. Toutefois, en consultant les notes très détaillées que j'avais immédiatement prises, j'ai constaté que j'avais, en effet, commis une erreur de rédaction. M. le général Mercier ne m'a point dit que le capitaine Dreyfus avait « des complices civils ». Il est seulement vrai que quelques personnes civiles ont été mêlées à cette affaire, mais non impliquées, au moins jusqu'à présent, dans les poursuites.

« En ce qui concerne la culpabilité de Dreyfus, le langage de M. le ministre de la guerre n'a pas été moins net avec moi qu'il n'avait été dans une précédente interview. D'ailleurs, sur ce point — j'entends la culpabilité ou l'innocence de l'officier accusé, et non mon simple récit, qui a été et qui demeure exact — il est très facile de faire la lumière et il est très désirable qu'elle soit faite le plus complètement et le plus tôt possible. »

Sans prendre à la lettre les déclarations échangées en cette occasion, il n'est pas douteux que ces deux « interviews » reflètent fidèlement

l'incertitude et l'incohérence des opinions exprimées vers le milieu de novembre, au ministère de la guerre, soit
par le ministre lui-même, soit par les
officiers de l'État-Major. On n'a rien de
certain sur Dreyfus. On en est réduit à
des hypothèses et à des accusations va-

gues. On parle de ses « complices civils ». Et ce mot se rattache directement
à une des idées les plus ridicules qui
eussent hanté le cerveau de l'inquisiteur du Paty de Clam. C'est que le capitaine Dreyfus, pour dissimuler sa personnalité dans ses rapports prétendus

Le Général des Jésuites.

avec l'ambassade allemande, avait pu
*emprunter, en certains mots de sa let-
tre* (!), l'écriture de son frère, Mathieu
Dreyfus, ou celle de Mme Dreyfus.
Comme si un homme, voulant dissimuler sa propre écriture, va demander
des succédanés partiels précisément aux
personnes de son entourage immédiat
— au lieu d'adopter la première écriture

venue, la plus inconnue, la plus anonyme !

Cette idée stupide avait fait pendant
quinze jours les délices de l'État-Major.
La considération seule invoquée par
Mercier empêcha qu'on lui donnât une
suite : c'est que des complices civils
entraînaient nécessairement pour le capitaine Dreyfus la juridiction civile. Or,

l'État-Major avait de bonnes raisons pour vouloir garder le monopole exclusif de cette instruction et du jugement. Mathieu Dreyfus et Mme Dreyfus, qui avaient commis le crime impardonnable de croire à l'innocence de l'accusé et de l'affirmer hautement, ne durent qu'à cette circonstance de ne pas être impliqués dans l'affaire.

Au demeurant, Henry travaillait avec ardeur à *compléter* le dossier, selon le mot vraiment génial du ministre de la guerre, qui ne croyait assurément pas si bien dire.

CHAPITRE X

Vers les ténèbres. — La lettre de Guillaume II.

Au milieu de novembre 1894, le ministre de la guerre déclarait que l'instruction de l'affaire Dreyfus *allait être close sous huit jours*, au plus tard.

Or, après un mois, le 15 décembre, elle ne l'était pas encore et le procès ne devait s'ouvrir que le 19. Que s'était-il passé pendant ce long intervalle, absolument inutile à l'officier chargé de l'instruction, puisqu'il s'en tenait littéralement au rapport déposé à la fin d'octobre par du **Paty de Clam**?

Il s'était passé des choses peu banales qui contenaient en germe toute la crise. En deux mots, Henry s'était mis à la besogne pour corser, par une première série de faux, le dossier de l'accusation, manifestement trop pauvre pour permettre à l'État-Major d'espérer raisonnablement une condamnation, fut-ce devant la plus servile des commissions militaires.

Pour l'État-Major et aussi pour le ministre de la guerre, la condamnation du capitaine Dreyfus était désormais affaire d'amour-propre autant qu'affaire politique. Ayant fait arrêter l'officier juif et déchaîné sur le pays un scandale sans nom, il s'agissait maintenant de justifier l'entreprise et d'établir qu'on n'avait pas agi à la légère dans une aventure aussi exceptionnelle et aussi grave.

Pour Henry, personnellement, l'enjeu prenait un caractère autrement sérieux : c'était une question de vie ou de mort. Ayant dissimulé la connaissance qu'il avait de l'écriture d'Esterhazy — et par conséquent la connaissance qu'il avait de l'auteur véritable du bordereau soustrait à l'ambassade allemande — il devenait par cela même le complice de l'espion, s'il ne l'était déjà; il pouvait et devait se voir soupçonné d'occuper ses fonctions au 2e Bureau uniquement pour se trouver au premier rang, en cas d'alerte, et pour mieux étouffer toute surprise dangereuse à son complice ; il pouvait et devait se voir accusé d'être « l'officier appartenant à l'État-Major » qui renseignait la Triplice (et, pour le dire en passant, qui continua à la renseigner pendant deux ans, après la condamnation de Dreyfus, jusqu'en 1896).

Or, pour couvrir Esterhazy et se couvrir lui-même contre ces soupçons, il fallait en rejeter le poids sur un autre, il fallait faire frapper cet autre : en d'autres termes, établir contre Dreyfus les preuves qui manquaient encore au dossier.

L'entreprise était malaisée, mais non pas sans espoir. Dreyfus se trouvait depuis un mois au secret le plus rigoureux et dans l'ignorance la plus absolue de ce qui se tramait contre lui. Il avait loyalement reconnu des similitudes entre deux ou trois mots du bordereau et sa propre manière d'écrire ces mots. « — On m'a volé mon écriture ! » avait-il dit un jour, comme en rêve. Henry lui-même se trouvait au cœur de l'État-Major, avec toute liberté, toute facilité d'agir pour incriminer l'officier juif; sûr d'avance, quoi qu'il osât, d'être couvert par ses chefs; sûr de pouvoir mettre d'inépuisables subsides au service des entreprises les plus folles, les plus criminelles ou les plus imaginaires — si elles avaient pour but et surtout pour effet la confirmation, au moins apparente, de la thèse du Gesù. Enfin, Henry devait avoir, à cette heure, une très

Mézières.

médiocre opinion de la clairvoyance de son entourage.

Mais le temps pressait et il fallait recourir aux grands moyens. Henry — ou quelqu'un pour lui — eut l'idée de suggérer cette induction assez plausible, que l'ambassade allemande devait nécessairement, avec tout Paris, et plus encore que tout Paris, s'occuper de l'affaire Dreyfus. Il en tirait la conclusion qu'elle devait donner une grande place à cette affaire dans sa correspondance avec Berlin et que le moyen infaillible de se procurer des renseignements ou des preuves de première main, était de VIOLER LE SECRET DE CETTE CORRESPONDANCE.

A la poste, on ne pouvait pas raisonnablement espérer obtenir de grandes clartés. Mais, dans la valise diplomatique de l'ambassade allemande, c'était une autre affaire !... Il fallait jouer le tout pour le tout et visiter la valise entre Paris et Berlin, entre Berlin et Paris.

Henry en faisait son affaire, à la condition qu'il fût seul et qu'on lui donnât carte blanche.

Il reçut le mandat formel d'agir à sa guise, fit passer les ordres nécessaires, s'outilla à fond, puis se déguisa en employé du chemin de fer du Nord, préposé aux bagages de l'express de Berlin, et s'enferma avec l'attirail convenable dans le wagon où il avait aidé à déposer la précieuse valise.

Il l'ouvrit ou ne l'ouvrit pas, en viola les scellés ou ne les viola pas, peu importe. Le plus sûr, pour lui, était évidemment de ne point la toucher, de peur d'y trouver précisément la preuve contraire à celle qu'il lui fallait, sans compter les autres conséquences possibles et probables de l'attentat...

Toujours est-il qu'il revint de sa mémorable expédition avec un document aussi probant qu'il fût possible de le souhaiter pour établir la culpabilité de Dreyfus. Il était même trop probant, comme tous les autres documents de l'École de calligraphie judiciaire instituée à l'État-Major ! Ni plus ni moins QU'UNE PRÉTENDUE LETTRE CHIFFRÉE DE GUILLAUME II à son ambassadeur en France, le comte de Munster, lettre où il était fait allusion sans la moindre réserve (par un hasard tout providentiel, comme les jésuites seuls en rencontrent dans les valises profanes), aux demandes réitérées du capitaine Dreyfus pour passer avec son grade dans l'armée allemande. Le Kaiser se donnait la peine d'expliquer à son féal et amé Munster que le capitaine Dreyfus pouvait lui rendre des services beaucoup plus efficaces, en restant provisoirement dans l'armée

Le commandant Henry et la valise diplomatique (*Dessin de COUTURIER*).

française, jusqu'au moment où la guerre qu'il aurait contribué à préparer permettrait de le récompenser selon ses mérites. Il fallait donc maintenant s'attacher à tirer d'affaire l'excellent serviteur. Sur quoi le Kaiser priait le Dieu des armées de tenir son féal et amé Munster en sa sainte et digne garde.

La crédulité et l'imbécillité militaire et civile sont sans bornes : on l'a trop vu depuis par la teneur même du document désopilant que Cavaignac devait quatre ans plus tard apporter à la tribune avec une patriotique émotion, et faire afficher à 360,000 exemplaires sur les murailles des 36,000 communes de France, aux applaudissements de 500 représentants du pays le plus spirituel de la terre.

Et pourtant on peut se demander comment des hommes d'intelligence moyenne, ayant usé pendant plusieurs années consécutives les bancs des hautes écoles, purent accepter un seul instant l'idée que Guillaume II, ayant des choses de telle nature à écrire, en clair ou en chiffre, irait les confier à une valise accessible à tout venant, quand il était si simple de les confier au portefeuille du courrier de cabinet chargé de cette valise même. On peut se demander comment ces hommes n'ont point percé à jour, du premier coup d'œil, une fraude si grossière qu'elle s'étalait en tête de la prétendue lettre impériale sous la forme d'une aveuglante erreur d'étiquette : « l'empereur *d'Allemagne* » pour « l'empereur *allemand* », seul titre qu'ait jamais porté le Kaiser. On peut se demander enfin pourquoi la République française, par une exception unique dans l'univers, se donne le ridicule d'entretenir à grands frais un service du Protocole, pourvu de livrées et de casquettes qui lui donnent l'air d'un service de Wagons-Lits, si cette valetaille n'est même pas capable, après l'État-Major, après le ministre de la guerre, après son pro-

pre ministre, de remarquer un tel solécisme, doublant une telle absurdité.

Mais n'oublions pas que nous sommes dans un pays où la connaissance qu'Alfred Dreyfus avait des langues étrangères constitue un des principaux griefs à sa charge, dans l'acte d'accusation dirigé contre lui. N'oublions pas que le faux endossé plus tard par Cavaignac était assurément plus grotesque encore, dans la conception et dans l'exécution, que la prétendue lettre impériale, et fabriqué avec une négligence qui révèle à elle seule, chez son auteur, une longue habitude de l'impunité. Rendons-nous donc à l'évidence.

Non seulement le flair d'artilleur ne flaira pas la supercherie, mais le « médiocre archiviste » qui dirigeait les affaires étrangère, Hanotaux, ne le flaira pas davantage.

Car c'est à lui, tout bien pesé, que l'État-Major décida de faire vendre la lettre de l'Empereur allemand, afin de lui donner un plus haut caractère d'authenticité et de masquer sans retour la procédure un peu vive de la saisie prétendue dans la valise diplomatique.

Un agent secret apporta donc au quai d'Orsay ce chef-d'œuvre de la collaboration anonyme d'Henry et d'Esterhazy avec Lemercier-Picard, non sans l'avoir complété, en manière de préface, par *sept autres lettres* signées Dreyfus, aussi fausses que celle de Guillaume II, et où l'officier israélite, s'adressant directement à l'Empereur allemand, lui faisait connaître les motifs qui l'amenaient à vouloir donner sa démission, quitter l'armée française et solliciter un grade dans l'armée prussienne. Hanotaux paya royalement ce fatras 27,000 francs, à prix débattu. Puis, après avoir revêtu sa mirifique emplette de tous les sceaux et paraphes qui pouvaient la rendre historique et avoir constaté ces faits mémorables dans un procès-verbal déposé, sous quintuple cachet, aux archives du ministère, il en donna officiellement connaissance à ses collègues du cabinet Dupuy et Mercier.

Aussitôt, Mercier réclama les pièces pour la justice militaire. Hanotaux opposa une noble résistance, alléguant qu'elles appartenaient aux archives de l'État. Finalement, il fut convenu qu'elles seraient SAISIES, à la requête du ministre de la guerre, par le commissaire aux délégations judiciaires.

Ainsi fut fait. Et, de ce jour, Mercier n'eut plus un doute sur la culpabilité de Dreyfus. Le nom n'était-il pas en toutes lettres dans la missive impériale? Depuis lors, Billot, Cavaignac, Zurlinden et Chanoine furent tour à tour (ou affectèrent de paraître), aussi sots que Mercier, chaque fois que l'État-Major, dépositaire de ce document vraiment libérateur, jugea nécessaire de le tirer du tabernacle pour éclairer les cerveaux ministériels sur le fond de l'affaire Dreyfus. Il y a de graves raisons de penser que Billot ne crut pas à son authenticité; et sa responsabilité n'en est que plus lourde pour l'avoir implicitement affirmée en parlant de ces faux ridicules comme du « coup de massue » qu'il réservait aux défenseurs de Dreyfus.

L'auteur de cette étude tient les détails qui précèdent et ceux qui vont suivre d'une source étrangère qu'il n'est pas autorisé à spécifier, mais dont il ne lui est pas permis de mettre en doute l'absolue véracité, non plus que l'amitié passionnée pour la France. Il ne se serait pourtant pas décidé à les publier sous sa responsabilité personnelle, si ces précisions ne se trouvaient confirmées dans leurs parties essentielles par les indiscrétions de Boisdeffre lui-même, telles que Pauffin de Saint-Morel, son chef de cabinet, les apporta officiellement à Rochefort, lors de sa célèbre visite, telles que Rochefort les publia deux jours plus tard, le 12 décembre 1897 Voici la version de l'État-Major :

« Oui, Dreyfus a été condamné sur « le vu d'une pièce secrète et même de « plusieurs. Pourquoi le nier? Pourquoi « ne pas l'avoir dit, ne pas l'avoir crié « par-dessus les toits, au lieu de se « taire; ne pas s'en dire glorifié comme « d'une action d'éclat, au lieu de s'en cacher comme d'une faute?... Il est à « peine besoin de dire que les renseignements que nous allons donner ne nous « ont pas été fournis par le commissaire « en question (Ravary), dont la discrétion est au-dessus de tout soupçon.

« Qu'il nous suffise d'affirmer qu'ils « sont de la meilleure source, qu'on « peut les tenir comme absolument « authentiques et que, par conséquent, « une fois connus, les bruyantes protestations de la bande Dreyfus n'auront « plus aucun objet.

« On dit qu'il y a doute dans l'esprit « d'un certain public : le doute disparaîtra. Les partisans du traître fondent « quelque espoir sur l'instruction en « cours : l'espoir s'évanouira.

« Dreyfus était exaspéré depuis longtemps de la campagne antisémite « menée par plusieurs joureaux.

« Très ambitieux, il se disait que, juif, « il ne pourrait jamais atteindre aux « sommets de la hiérarchie, qu'il rêvait.

« Et il pensait que, dans ces conditions, il serait préférable pour lui de « reconnaître comme définitifs les résultats de la guerre de 1870, d'aller « habiter l'Alsace, où il avait des intérêts, et d'adopter enfin la nationalité « allemande.

« C'est alors qu'il songea à donner sa « démission, à quitter l'armée.

« Mais, auparavant, *il écrivit directement à l'empereur d'Allemagne*, afin « de lui faire part de ses sympathies « pour sa personne et pour la nation « dont il est le chef, et lui demander « s'il consentait à lui permettre d'entrer avec son grado dans l'armée allemande.

« Guillaume II fit savoir au capitaine
« Dreyfus, par l'entremise de l'ambas-
« sade, qu'il était préférable qu'il servît
« le pays allemand, sa vraie patrie, dans
« le poste que les circonstances lui
« avaient assigné, *et qu'il serait consi-*
« *déré à l'État-Major allemand comme*
« *un officier en mission en France. La*
« *promesse lui fut faite, en outre, qu'en*
« *cas de guerre il prendrait immédiate-*
« *ment rang dans l'armée allemande.*
« Dreyfus accepta ces conditions et la

La parade d'exécution (croquis du *Monde illustré*).

« trahison commença ; elle dura jus-
« qu'au jour où le traître fut arrêté.

« Ce préambule était nécessaire à ce
« qui va suivre :

« UNE DES FAMEUSES PIÈCES SECRÈTES
« EST UNE LETTRE DE L'EMPEREUR D'ALLE-
« MAGNE LUI-MÊME. Elle fut dérobée, pho-
« tographiée et replacée où elle avait
« été prise. Dans cette lettre, adressée
« à M. de Munster, Guillaume II nom-
« mait tout au long le capitaine Dreyfus,

« commentait certains renseignements
« et chargeait l'agent de l'ambassade
« communiquant avec lui, d'indiquer
« au traître les autres renseignements
« à recueillir, nécessaires à l'État-Major
« allemand.

« Telle est l'origine de la principale
« pièce secrète. Nous possédions depuis
« longtemps une version qui nous avait
« été fournie par une personnalité mili-
« taire des mieux placées pour être ad-
« mirablement informée, *analogue* à
« celle que nous publions aujourd'hui
« EN TOUTE CERTITUDE. Nous avons tenu
« d'ailleurs à *nous entourer de toutes les*
« *garanties possibles* avant de livrer ces
« importantes révélations au public,
« bien, encore une fois, que la SOURCE
« D'OÙ ELLES ÉMANENT SOIT DES PLUS AUTO-
« RISÉES. »

On voit que la version directement
fournie à Rochefort par Boisdeffre, au
moment où son œuvre d'iniquité se
trouvait en péril, ne différait de la réalité que par certains détails volontairement inexacts. Elle rapportait la prétendue lettre impériale à une date antérieure à l'arrestation de Dreyfus ; elle
ne mentionnait pas la valise diplomatique comme son prétendu lieu d'origine ; et, bien entendu, elle acceptait
comme article de foi l'authenticité du
document : à cela près, elle était conforme à la vérité.

Mais nous n'en sommes encore qu'à
Mercier et à l'arrivée de la lettre-talis-
man au dossier « ultra-secret. »

Sur ces entrefaites, il advint précisément que l'ambassade allemande, éton-
née de l'accusation dirigée contre un
officier dont elle avait jusqu'à ce jour
ignoré l'existence, crut devoir affirmer
au gouvernement français qu'on faisait
fausse route et que ni l'ambassadeur ni
ses attachés militaires n'avaient jamais
été en rapports avec le capitaine Dreyfus.
Cette démarche était parfaitement naturelle et logique. On a peine à compren-

dre qu'elle n'ait pas été appréciée comme elle devait l'être. Outre qu'une puissance civilisée, s'il arrive qu'un de ses agents secrets soit pris sur le fait, ne s'inquiète guère de le couvrir ainsi — il est évident que l'ambassade allemande ne se serait pas exposée, de gaieté de cœur, au nom de l'empereur son maître, à voir opposer une preuve décisive à 'assurance formelle qu'elle apportait. Son intervention même prouve donc à la fois et sa sincérité et la fausseté de la prétendue lettre impériale, et l'innocence absolue de Dreyfus.

Mais il y avait quelque chose de plus dans la démarche spontanée du comte de Munster. Ayant eu antérieurement à souffrir, dans son caractère diplomatique, du zèle maladroit que ses attachés militaires apportaient à leur œuvre d'espionnage officiel — il s'était engagé à ne plus la tolérer. Pour ceux qui connaissent l'humeur scrupuleuse du personnage, et la coquetterie chevaleresque qu'il apporte en ses fonctions, il est certain qu'il apprit avec indignation que ses attachés n'étaient pas fidèles au pacte souscrit par lui. Non pas assurément qu'il condamnât l'espionnage militaire — il n'aurait pas été de sa nation — mais il estimait avec raison qu'il ne convient pas de le couvrir du manteau diplomatique et qu'il y a dans Paris assez d'autres manteaux à cet usage. L'affaire était donc pour lui une déconvenue personnelle et une sorte de défi à son autorité. Il avait institué dans son entourage une enquête minutieuse et, ayant acquis de Schwarzkoppen lui-même la certitude que personne n'y savait rien du capitaine Dreyfus, il se crut en conscience doublement tenu, et par humanité et dans l'intérêt même de sa mission, de le déclarer au gouvernement auprès duquel il était accrédité.

Sans aucun doute, il ne prit pas une telle résolution sans en avoir référé à son maître, et l'autorisation du Kaiser donnait encore plus de solennité à sa déclaration. Le hasard voulut qu'il se trouvât pris d'influenza et alité. Il pria Hanotaux de passer chez lui pour affaire urgente, en s'excusant de ne pouvoir se rendre lui-même au quai d'Orsay, et dit à l'héritier de Richelieu ce qu'il avait à lui dire. Il ajouta qu'il l'affirmait sur l'honneur et que, si le nom de l'Allemagne se trouvait prononcé en justice au sujet du capitaine Dreyfus, il se verrait obligé de protester hautement contre une allégation démentie à l'avance.

Tout autre que le « médiocre archiviste » sans expérience des hommes et des choses, eût senti que l'ambassadeur disait vrai, et qu'il n'y avait même pas à en douter un instant. Était-il admissible qu'il s'engageât ainsi sur une affaire, au fond négligeable pour l'Allemagne, et qu'il mentît de propos délibéré ?

Hanotaux plissa son front soucieux et ne dit mot, car il ne parle guère. Sans doute, il se disait que le moment était venu de se montrer digne du grand Cardinal. Ou Munster était de bonne foi, et alors, c'est que l'empereur d'Allemagne avait toujours traité directement avec Dreyfus, à l'insu de son ambassadeur lui-même, *comme l'indiquait d'ailleurs la lettre olographe de* 27,000 *francs,* dans laquelle ces explications se trouvaient tout au long ; ou Munster savait fort bien à quoi s'en tenir : et, dans ce cas, c'était un démenti qu'il cherchait, un démenti appuyé de la lettre olographe, une querelle d'Allemand ?... Il voulait donc la guerre !... Eh bien, il ne l'aurait pas !... Hanotaux allait garder pour lui le redoutable secret qu'il portait sur ses robustes épaules, et une fois encore sauver son pays...

(Si celui-là n'a pas un jour sa statue à Saint-Quentin, d'où il est venu pour notre gloire, c'est à désespérer de la reconnaissance nationale.)

Il se déclara donc parfaitement satisfait des déclarations de l'ambassadeur allemand et ne fit qu'un saut au ministère de la guerre pour donner l'alarme, en annonçant à Mercier que le procès du capitaine Dreyfus était impossible. Il fallait arrêter immédiatement l'affaire. Sans quoi c'était la guerre avec la Triplice !...

Mais ici, Hanotaux se trouve en présence d'un homme coulé en bronze. Mercier ne veut rien entendre. Arrêter l'affaire !... Ne pas châtier un traître quand on tient enfin, par Hanotaux lui-même, la preuve de son forfait ?... Jamais !... A d'autres ces honteuses capitulations ! Le ministre de la guerre ne connaît pas ce genre d'exercice. Il ne cédera pas ! Il se fera sauter plutôt que de se rendre... Si c'est la guerre, eh

Hanotaux.

bien, tant pis !... ou tant mieux !... La vérité et la justice avant tout !... Sommes-nous les maîtres chez nous, oui ou non ?.. Avons-nous, ou n'avons-nous pas le droit de frapper les traîtres ?... On se battra, parbleu ! Est-ce que les civils ont la moindre idée de notre nouveau modèle d'artillerie et de ses foudroyants effets ?... C'est le moment de le mettre à l'épreuve. On se battra avec l'Allemagne, avec l'Autriche, avec l'Italie, avec l'Angleterre, avec la Turquie, avec le Japon, avec l'univers !... Mais Dreyfus sera poursuivi.

Hanotaux, terrifié, et de plus en plus convaincu qu'il y va du salut de la patrie, avec un pareil foudre de guerre à sa tête, s'enfuit pour aller verser ses chagrins ingénus dans le sein volumineux de son président du conseil.

Le cabinet est derechef convoqué. Et plus que jamais on chapitre Mercier.

Mais, l'autre jour, c'était parce qu'il laissait poursuivre Dreyfus, et, cette fois, c'est pour arrêter l'affaire. N'est-ce pas à devenir fou ?

Mercier ne voit plus autour de lui que noirs complots, chausse-trappes et campagnes de débarquement. Après deux semaines de calme relatif, le voici de nouveau la proie des nuits sans sommeil et des hideux cauchemars. Oh cieux ! Lui prendrait-on du même coup et son portefeuille et sa guerre ?... L'empêcherait-on d'aller chercher au delà du Rhin ce bâton de maréchal qu'il croit tenir déjà ?

Non. Cette fois encore, l'insomnie porte conseil. Mercier se souvient d'une expérience récente, qui lui a montré le pouvoir de la presse. A son tour il veut en jouer. Et tout naturellement, c'est à Notre-Dame de l'État-Major, c'est à la *Libre Parole* qu'il s'adresse par du Paty pour faire, à son tour, marcher ses collègues. Le procédé est connu et l'air de musique tout trouvé : *Hanotaux veut arrêter l'affaire Dreyfus ; c'est assez dire qu'il est conquis à la « Haute Juiverie. »* En avant l'orchestre !

Mercier commence par faire clore l'instruction de l'affaire Dreyfus (3 décembre) et faire signer à Saussier l'ordre de mise en jugement (4 décembre). Puis, aussitôt, il ouvre le feu.

Libre Parole, 5 décembre :

« Le gouvernement est maintenant
« décidé à arrêter l'affaire Dreyfus. De
« longs pourparlers viennent d'avoir lieu
« entre le ministre des affaires étrangè
« res et l'ambassade d'Allemagne. M. Ha
« notaux a rendu en personne visite à
« M. de Munster. On a donné comme
« prétexte à cette visite, que M. de Muns
« ter était souffrant. C'est une explica
« tion pour la galerie. La vérité, c'est

« que M. Hanotaux est allé à l'ambassade
« d'Allemagne, parce que l'ambassadeur
« d'Allemagne l'y avait appelé. C'était
« déjà ainsi du temps de Ferry. M. Ha-
« notaux et M. de Munster sont, tout
« d'abord, tombés d'accord sur un point :
« dans l'état actuel de l'opinion, il est
« impossible de juger Dreyfus à _huis
« clos. Mais, si les débats sont publics, le
« pays connaîtra le rôle exact des atta-
« chés militaires allemands, et le moins
« qu'il en puisse résulter, c'est une telle
« tension de nos rapports diplomatiques
« avec le gouvernement de Guillaume,
« qu'il faudrait s'attendre à tout. Devant
« ces conséquences, exposées avec fer-
« meté par M. de Munster à M. Hano-
« taux, nos ministres, toujours prêts à
« s'incliner devant la volonté de l'Alle-
« magne, ont décidé de jouer au Conseil
« de guerre la petite comédie suivante :
« les débats seront publics, mais on ne
« retiendra des faits reprochés à Dreyfus
« que le minimum, et il ne sera pas
« question de ses rapports plus ou moins
« directs avec l'ambassade d'Allemagne.
« On n'acquittera pas le traître, car per-
« sonne ne peut prévoir les suites que
« déterminerait un pareil défi à notre
« patriotisme ; on le condamnera à la
« prison ou à la déportation dans une
« enceinte fortifiée, et on le fera évader
« quelque temps après, comme Bazaine.
« Tel est le plan auquel ont abouti tou-
« tes les intrigues de la juiverie inter-
« nationale. Il suffira, nous l'espérons,
« de jeter ce cri d'alarme pour que le
« gouvernement s'arrête dans la voie
« infâme où il s'est engagé, pour qu'il
« recule devant une trahison qui serait
« plus épouvantable que celle de Drey-
« fus lui-même. Jamais peut-être les
« juifs n'ont osé concevoir un plan aussi
« machiavélique que celui-là. S'il réus-
« sissait, ce serait à désespérer de tout,
« car, je vous le demande, où s'arrêtera
« après cela l'audace des enfants d'Is-
« raël ? »

Même journal, 7 décembre :

« Il existe au dossier une lettre
« trouvée dans les papiers d'un attaché
« militaire d'une puissance de la Triple-
« Alliance, qui est accablante pour
« Dreyfus. Si on produit cette lettre
« aux débats, il faudra aussi expliquer
« comment cette lettre a pu tomber aux
« mains de la police française. Pour
« tout autre gouvernement moins aplati
« que le nôtre devant les menaces de
« l'étranger, la difficulté serait vite tran-
« chée. ON PRODUIRAIT CETTE LETTRE. NOS
« hommes d'État ne sont pas de taille à
« prendre cette attitude ! AUSSI EST-IL
« QUESTION DE SUPPRIMER LA LETTRE DES
« DÉBATS. De cette façon, il ne resterait

Casimir-Perier.

« plus contre Dreyfus que des présomp-
« tions et on le condamnerait au mini-
« mum. Le but des juifs serait atteint. »

Même journal, 8 décembre :

« A noter, un bruit qui a couru hier
« au ministère de la guerre, et d'après
« lequel une des pièces les plus impor-
« tantes du dossier aurait été remplacée
« par un document apocryphe. Cette
« pièce serait précisément la lettre
« trouvée dans les papiers de l'attaché
« militaire d'une puissance de la Triple-
« Alliance. La disparition de cette pièce
« n'aurait pas d'ailleurs l'importance
« qu'on pourrait supposer. Le général
« Mercier, qui l'a eue le premier entre
« les mains, en possède, nous dit-on,
« une photographie. »

Même journal, 10 décembre :

« Si, pour les raisons que nous avons
« dites, les deux pièces principales, éta-
« blissant la culpabilité de Dreyfus,
« sont soustraites aux débats, *il est à*
« *présumer qu'on les publiera.* Que les
« complices du traître se le tiennent
« pour dit. On ne peut que féliciter le

L'ambassade d'Allemagne, rue de Lille.

« général Mercier de sa prudence. Bien
« joué. »

Même journal, 11 décembre :

« Depuis qu'il a été révélé que le mi-
« nistre de la guerre possédait une pho-
« tographie des pièces principales du
« dossier de l'affaire Dreyfus, un grand
« désarroi règne dans le camp juif. Ils
« s'aperçoivent aujourd'hui qu'un ac-
« quittement obtenu grâce à une sup-

« PRESSION DE DOCUMENT, serait pour eux
« pire qu'une condamnation, puisque ce
« document qu'ils voudraient soustraire
« aux débats serait, dès le lendemain
« peut-être, livré à la publicité. Nous ne
« pouvons, encore une fois, que féliciter
« le général Mercier de sa prudence. Les
« juifs ont trouvé plus malin qu'eux. »

Même journal, 13 dé-
cembre :

« Il y a maintenant deux
« camps bien tranchés dans
« la presse : le camp de ceux
« qui tiennent pour Dreyfus,
« et le camp de ceux qui
« tiennent pour le général
« Mercier. A force d'intri-
« gues, de menaces et d'ar-
« gent, les juifs sont parve-
« nus à troubler les cons-
« ciences, au point qu'il est
« des gens qui, aujourd'hui,
« se demandent si ce n'est
« pas le ministre de la
« guerre qui est le traître
« et le capitaine juif qui est
« le ferme patriote. »

Même journal, 15 dé-
cembre :

« Dreyfus va comparaître
« le 19 courant devant le
« 1er conseil de guerre... Le
« général Mercier, par sa
« fermeté, sa franchise bru-
« tale et son patriotisme, a
« eu raison de ses enne-
« mis qui complotaient dans
« l'ombre. »

Ces notes successives, si visiblement
émanées de l'État-Major, désormais ral-
lié à son ministre, marquent au jour le
jour les étapes du conflit qui s'était ouvert entre Mercier et Hanotaux. Celui-
ci, au cours d'un nouvel entretien avec
l'ambassadeur allemand, avait été conduit à indiquer la nature des preuves
réunies contre le capitaine Dreyfus.
Munster, certain qu'il n'y avait jamais

eu de rapports entre Schwarzkoppen et l'officier alsacien, était bientôt arrivé à faire partager ses conclusions à Hanotaux. Celui-ci avait perdu sa confiance dans le dossier acheté à si gros deniers; il se repentait en tout cas de l'avoir livré au ministre de la guerre et croyait désormais à l'innocence du capitaine Dreyfus. Des renseignements décisifs lui avaient d'ailleurs été fournis sur l'infortunée victime du Gesù par son secrétaire particulier, ami intime de Dreyfus. Il voyait enfin combien l'imbroglio devenait menaçant et avait dû demander à Mercier de lui restituer le dossier contenant la prétendue lettre de Guillaumt II, avec un autre document provenant également du ministère des affaires étrangères, mais très antérieur à la question Dreyfus et destiné à devenir célèbre sous le nom de « ce canaille de D... ».

L'ambassadeur allemand réclamait, en effet, communication de ces pièces (que les journaux disaient soustraites chez un attaché allemand), en déclarant que, faute d'être mis à même de les vérifier et de les discuter, il recevrait certainement l'ordre de demander ses passeports.

Personne ne pouvait contester la légitimité d'une telle requête après les déclarations officielles du gouvernement allemand, presque aussitôt suivies de déclarations identiques de l'Italie et de l'Autriche, — répudiation de tous rapports avec l'inculpé Dreyfus que la presse antisémite interprétait aussitôt comme des preuves nouvelles de la culpabilité et de la protection manifeste que lui accordait la Triplice. Comme si les puissances du dehors se seraient ainsi exposées à recevoir un démenti des faits mêmes, s'ils n'avaient pas été tels qu'elles le disaient!

C'est alors que Mercier osa faire annoncer qu'il rendrait les documents, s'il était nécessaire, mais qu'il en avait pris copie photographique.

Le Conseil des ministres à nouveau saisi de l'affaire, finit par décider, sur l'avis du président Casimir-Perier, qu'on ne livrerait rien, mais que les documents secrets seraient supprimés au dossier de la procédure et considérés comme non avenus. Dupuy s'obstinait, en effet, avec Mercier, à exiger le procès en Conseil de guerre, pour flatter les passions de la Droite. Il ne dédaignait même pas de se transformer personnellement en agent antésimite et disait devant quatre personnes (il est vrai que l'assertion est de la *Libre Parole*, mais elle ne fut pas démentie) :

— « Je sais qu'on a osé promettre un million à l'officier rapporteur, s'il consent, non pas même à conclure à l'innocence de Dreyfus, mais à émettre des doutes sur sa culpabilité. »

Ce qui était de toute façon un mensonge odieux, soit qu'il émanât réellement de Dupuy, soit qu'il appartînt en propre au journal des jésuites.

Quoi qu'il en soit, Munster, sur l'intervention directe de Casimir-Perier, à qui il avait apporté sa PAROLE D'HONNEUR (c'est dire en fait celle du Kaiser), que ni lui, ni personne à l'ambassade ou au gouvernement allemand, N'AVAIT JAMAIS CONNU L'EXISTENCE DU CAPITAINE DREYFUS AVANT SA MISE EN ACCUSATION — Munster consentit à se tenir pour satisfait s'il restait entendu :

1° Que le nom de l'Allemagne ne serait pas prononcé au procès Dreyfus (considéré comme inévitable par suite de la publicité donnée à l'ordre de mise en jugement) ;

2° Que les documents prétendus concernant l'Allemagne n'y seraient pas produits.

Une entrevue secrète, mais solennelle, fut arrangée à l'Élysée entre l'ambassadeur allemand, d'une part, et de l'autre le président du conseil, le ministre de la guerre et le ministre des affaires étrangères.

Casimir-Perier remit à l'ambassadeur allemand la fausse lettre de Guillaume II et donna SA PAROLE D'HONNEUR que ni à ce moment, ni à aucun autre, ni ce document ni aucune autre pièce concernant l'Allemagne ne figurerait dans la procédure.

— Si, par une indiscrétion quelconque, une allusion publique venait à se produire touchant ces documents, je suis autorisé par Votre Excellence, monsieur le Président, à démentir catégoriquement leur existence? demanda Munster.

— IL N'Y A PAS EU DE SOUSTRACTION DE PIÈCES. CES PIÈCES N'EXISTENT PAS, répondit Casimir-Perier.

Telles étaient les honteuses humiliations auxquelles nous condamnaient déjà les exploits des Boisdeffre, des Mercier et des Henry !

C'est de ce moment que date la division du dossier Dreyfus en dossier officiel A et dossier secret B.

Le dossier A resta formé du bordereau d'Esterhazy, d'une demi-douzaine de rapports de police et des dépositions sommaires des officiers d'État-Major entendus au sujet des bruits que du Paty de Clam avait mis en circulation au ministère sur le compte du capitaine Dreyfus.

Le dossier B, ou dossier secret, fut divisé en deux parties, 1 et 2 : La partie 1 (dite *ultra-secrète*), composée des photographies des huit fausses lettres achetées par Hanotaux ; la partie 2, composée de rapports fabriqués par le service de contre-espionnage. (C'est celle que Cavaignac a visée au mois de novembre 1898, en alléguant que la revision du procès était *impossible*, parce qu'elle livrerait les agents secrets de l'État-Major aux représailles de Dreyfus. (Admirable raison, en vérité, d'arrêter la justice, et dont on ne saurait dire si elle révèle plus d'inconscience ou de crédulité !)

Est-il besoin d'indiquer par cette division même du dossier qu'à cette heure, après les explications échangées de part et d'autre, il ne pouvait plus subsister chez les divers acteurs de la tragi-comédie le moindre doute sur la fausseté des documents photographiés par le 2ᵉ Bureau? Mais précisément parce qu'ils échappaient désormais à tout contrôle, à toute vérification, l'État-Major n'en conserva pas moins l'espoir de se servir en toute occasion, pour conserver sa funeste dictature, du dossier « ultra-secret ».

Aussitôt l'affaire réglée par l'entrevue de l'Élysée, Hanotaux, qui aurait dû vingt fois donner sa démission de ministre des affaires étrangères, plutôt que de céder, même sur la forme, à Mercier, Hanotaux se terre et disparaît. Il se dit malade, quitte Paris et va passer dans le Midi, chez un romancier notable, tout le temps du procès Dreyfus et de ses suites immédiates.

CHAPITRE XI

A la veille du procès.

Nous sommes au 15 décembre. Le procès va s'ouvrir, et la question qui préoccupe exclusivement l'opinion est de savoir s'il sera public. Dans tous les camps, le sentiment à peu près unanime est qu'il ne peut pas ne pas l'être. Cassagnac lui-même s'exprime sans réticences :

« Faut-il le dire? Plus je vais, plus je me sens perplexe. Et je me demande si, par hasard, le capitaine Dreyfus ne serait pas innocent? Ne vous récriez pas, lecteurs, et réfléchissez. Cette solution, après tout, si elle résultait des preuves, des faits, du procès lui-même, ne serait-elle pas la plus souhaitable?...

Ce qui m'inspire des doutes, c'est ce qu'on affirme au sujet du document qui serait l'origine, la base même de l'accusation. Le document en question est une pièce dont l'écriture serait de Dreyfus... Dreyfus nie que l'écriture soit la sienne, et quatre experts ont été commis à cet examen. Trois sont affirmatifs, le quatrième proteste.

« S'il n'y a que cette preuve au dossier, l'accusation portée contre Dreyfus à été formulée avec autant d'imprudence que de légèreté... Malheureusement pour lui, il paraîtrait qu'il y a autre chose. On parle d'un autre document qui serait accablant. Oui... mais le gouvernement *n'aurait pas le courage, pa-*

Viger.

raît-il, d'avouer publiquement comment il s'est procuré cette pièce... Et on hésiterait à la produire.

« Alors que resterait-il de l'accusation ? Est-ce parce que le gouvernement, responsable de ce lamentable procès, ne se sent pas entièrment armé, qu'*il se propose de demander le huis clos ?* Est-ce parce qu'il a peur de la puissance étrangère dont l'attaché militaire a joué un rôle ignoble ? Nous ne savons.

« Mais ce que nous savons bien, c'est que l'opinion publique ne lui permettra pas de l'entourer de ténèbres et de fuir le débat contradictoire devant tous. Il y aurait là une imprudence doublée d'une lâcheté...

« Que le gouvernement prenne garde !

Il ne s'agit pas ici d'une cote mal taillée à chercher, et d'une moyenne à obtenir... Il nous faut un coupable, car il y en a un. Si le coupable n'est pas le capitaine Dreyfus, c'est le gouvernement... Si le capitaine Dreyfus est acquitté, le ministre de la guerre devient le traître, et il n'est pas de châtiment qu'il ne mériterait... Ainsi un débat public s'impose. Je le répète, il est impossible de régler cette affaire à huis-clos, ce serait trop ignominieux. »

Quelques jours plus tard, Cassagnac revenait à la charge :

« Cette affaire Dreyfus est collée au dos du général Mercier comme la tunique du Centaure aux épaules d'Hercule. On peut arracher l'une ou l'autre mais on ne saurait les séparer. Et il est difficile, il est même impossible de débarquer le général Mercier avant le procès. Si Dreyfus est acquitté, le ministère saute ; cela ne fait pas un doute. Car il serait écrasé sous l'effrayante responsabilité d'une affaire aussi grave, engagée avec une criminelle légèreté. Mais si Dreyfus est condamné sévèrement, s'il est démontré clairement qu'il n'est qu'un abominable traître, voici Mercier qui grandit et qui, bénéficiant du procès, passe immédiatement pour le sauveur de la patrie. Ce ne sera pas un mince embarras pour les autres ministres. D'autant que les radicaux, très habilement, exploitent et font vibrer la corde patriotique en l'honneur du général Mercier. Ils relèvent les attaques maladroites et stupides des journaux allemands contre le ministre de la guerre, qu'ils transforment en un vrai cocardier, comme un nouveau représentant de la fameuse revanche. Ils accusent de sentiments bas et anti-français ceux d'entre nous qui persistent à trouver que ce général Mercier, si faux, si faiseur d'embarras, si maladroit, est le plus déplorable des ministres de la guerre. Pour un peu, on serait traité de juif et de prussien. Peut-on, s'écrient-ils, ne pas être avec un ministre que les Allemands insultent chaque matin et traitent en ennemi mortel ?... La vérité est que le déplorable Mercier est un simple saltimbanque et un saltimbanque dangereux. »

La veille même du procès, le 18 décembre, le même Cassagnac protestait encore contre le huis clos :

« Il y a quelque chose d'inhumain et d'horrible, quelque chose qui révolte la conscience, écrivait-il, dans le lamentable spectacle d'un homme qu'on déshonore ou qu'on tue dans les ténèbres, cet homme fut-il le plus grand coupable et le plus ignoble scélérat, à plus forte raison quand le prévenu nie, oppose une invincible résistance à l'accusation et fait appel, suivant son droit, au contrôle souverain de l'opinion publique. Et on aura beau insulter ceux qui réclament la publicité des débats, insinuer méchamment et bêtement qu'il n'y a que les amis de Dreyfus pour la réclamer, je garderai le courage de mon opinion et je dirai que les seuls procès loyaux, honnêtes sont ceux qui s'instruisent devant tout le monde et où il n'y a pas de dessous qu'il faut dissimuler. »

D'autres journaux, notamment le *Gaulois*, s'associaient à cette thèse si manifestement juste et réclamaient nettement la publicité des débats.

Si bien, que les jésuites prirent peur et que Drumont crut nécessaire d'attaquer cette publicité, en ayant l'air de la défendre :

« Pas de huis clos ! entend-on dire de tous côtés, écrivait-il. Quand il s'agit de la vie d'un homme, tout doit se passer à ciel ouvert, Il ne doit pas y avoir de mystère ; le public ne comprendrait pas qu'il y en eût. Le même article circule dans tous les journaux. C'est l'article omnibus, dans lequel montent tous les journalistes industriels et décorés qui

ne sont pas encore descendus à la station Palais-de-Justice-Mazas. *De la lumière ! de la lumière !* s'écriait Gœthe mourant. *De la lumière !* exclament tous ces gens qui ont forcé si souvent leurs victimes à *éclairer*. Le *Gaulois* d'Arthur Meyer, qui demandait qu'on déportât sans jugement tous les ouvriers suspectés d'être suspects d'anarchie, proclame hautement qu'un accusé a droit à des garanties. Les *Archives israélites* font chorus et prétendent qu'on liquide cette affaire au grand jour, avec la France et l'opinion publique européenne pour témoins et pour juges. Il est inutile de dire qu'ayant toujours protesté contre l'instruction secrète, ayant réclamé constamment que tout se passe ouvertement et loyalement et qu'on puisse rendre compte de tous les procès, même des procès en diffamation, nous n'avons aucune envie de changer d'avis. Nous demandons non seulement que le capitaine Dreyfus ait toute liberté de se défendre, mais encore qu'il ait les moyens de faire connaître à l'univers les moyens de défense qu'il aura invoqués.

« Il n'en est pas moins vrai qu'on éprouve des jouissances intellectuelles d'une incroyable intensité, en voyant toutes les ignominies que le régime judaïco-opportuniste a commises se retourner contre lui avec une implacable rapidité. Vous rappelez-vous le procès de ce malheureux Turpin, où l'on ne permit même pas aux témoins d'assister aux débats ?... Et vous vous rappelez qui demandait que tout se passât au grand jour, et qui voulait au contraire que tout fut étouffé... Vous les entendez, Cornély, Meyer, Saint-Genest lui-même, parlant au nom de la « vieille armée » ? Il ne s'agissait que de Turpin... Mais quand il s'agit de Dreyfus, toute la presse est unanime pour exiger des débats publics. C'est notre avis aussi ; c'était notre avis pour Turpin, c'est encore notre avis pour Dreyfus. Mais il est

L'Audience secréte de l'Élysée *(Dessin de* COUTURIER*).*

intéressant de constater que les journaux ont attendu qu'un officier juif fût en cause, pour être de cet avis-là... »

Ce que disait ou ne disait pas la presse avait désormais peu d'importance. Le siège de l'État-Major était fait ; il pouvait en toute liberté agir à sa fantaisie. Couvert par l'ombre même du conflit international qu'il avait failli déchaîner avec la ridicule et criminelle fabrication d'une lettre du Kaiser à son ambassadeur, au sujet de Dreyfus, il marchait en toute assurance au but qu'il s'était marqué. Ce huis clos qu'il lui fallait pour obtenir la condamnation d'un innocent, il se le faisait imposer par le Conseil des ministres, comme une obligation patriotique. Et le point une fois acquis, que lui importaient les vaines protestations de la presse, qu'il était sûr d'orienter à son gré soit en évoquant le spectre de la guerre, soit en invoquant la nécessité de la défense nationale ? Ah ! certes, ce fut toujours une situation périlleuse pour la justice, celle où la violation de tous les droits élémentaires du citoyen peut s'abriter derrière le masque du salut public ! Ici, l'apparence était si forte et si trompeuse, elle s'appuyait sur un incident diplomatique si notoire, si récent, si gros de conséquences menaçantes, que l'opinion était toute disposée d'avance à faire un mérite aux chefs de l'armée de ce qui était, en dernière analyse, le résultat désastreux de leur erreur et de leur crime.

Aussi s'occupaient-ils uniquement de régler le drame du Conseil de guerre, de manière à affermir l'idée, très généralement répandue, que le huis clos est indispensable dans les affaires d'espionnage et que, dans le cas présent, il était plus indispensable que jamais. Une note systématiquement inexacte, qui fit le tour de la presse, la veille même du procès et qui était d'origine officieuse, montre bien la tactique de l'État-Major.

« Il est probable, disait cette note, « que l'accusation versera aux débats « la lettre attribuée par les experts au « capitaine Dreyfus et contenant une « liste de pièces que, seul, ce dernier « pouvait posséder et livrer à une puis- « sance étrangère. Quant à ces pièces « elles-mêmes, *elles ne seront point* « *communiquées*, ÉTANT DONNÉ LA GRA- « VITÉ DES CONSÉQUENCES QU'ENTRAINERAIT « UNE PAREILLE DIVULGATION. »

(Voit-on la gravité de mettre dans le domaine public les pièces que l'inculpé est accusé d'avoir mis à la disposition de l'ennemi ?)

« Le ministre de la guerre se conten- « tera donc de déclarer, par l'organe du « gouvernement, que la lettre seule du « capitaine Dreyfus (c'est-à-dire le bor- « dereau Esterhazy) est une preuve ac- « cablante de sa culpabilité, et que, « dans ces conditions, il importe à la « défense nationale que les documents « visés dans la lettre fournie par Drey- « fus ne figurent point dans les pièces « sur lesquelles le Conseil aura à se « prononcer.

« Il sera également rappelé qu'il y a « huit ans le capitaine avait déjà des re- « lations suspectes, et que ses relations « coupables avec des femmes soupçon- « nées d'espionnage ont continué de- « puis. »

Comme on le verra, il n'y a rien de tel dans l'acte d'accusation. Le huis clos commençait donc en quelque sorte avant le procès, sous la forme de calomnies répandues à dessein par l'État-Major sur le compte de l'inculpé, sans qu'il pût seulement les connaître, au moment où l'infortuné allait disputer dans les ténèbres son honneur et sa vie contre des accusations, d'ailleurs non moins imaginaires, et se battre à tâtons contre des faux dont il ne soupçonnait même pas l'existence.

CHAPITRE XII

Procès du capitaine Dreyfus.

A l'heure où le capitaine Dreyfus allait comparaître devant le 1er conseil de guerre du gouvernement militaire de Paris, il était depuis deux mois et cinq jours au secret absolu. Ce secret n'avait été levé que pour son défenseur, Demange, et seulement dans la dernière semaine. C'est uniquement par ce défenseur qu'il connaissait le détail de l'accusation portée contre lui. Depuis les derniers jours d'octobre, il savait que cette accusation reposait sur la lettre-missive, ou bordereau, dont on voulait qu'il fût l'auteur. Pas un instant, ainsi que cela ressort de toutes les déclarations officielles, il n'avait cessé de protester contre cette accusation; pas un seul fait, parmi les allégations des témoins assignés par l'officier-rapporteur, ne la corroborait directement. On peut donc imaginer avec quelle confiance il abordait enfin un débat contradictoire, même si ce débat n'était pas public, ainsi que Demange avait dû le lui faire prévoir. Comment croire que, devant ses explications loyales, devant le tableau de sa vie, devant l'inanité des preuves, des officiers pourraient hésiter à reconnaître son innocence et à la proclamer?

Le capitaine Dreyfus se refusait à l'admettre. C'est en vain que son défenseur lui parlait des passions déchaînées, des outrages prodigués depuis six semaines à sa race et à lui-même, des monstrueuses calomnies entassées par les journaux de toute couleur contre un soldat obscur, ignoré trois mois plus tôt de l'univers, et qui ne se connaissait pas un ennemi personnel. Il lui était impossible de croire que tout cela dût prévaloir contre son innocence.

A la vérité, trois experts, sur cinq, admettaient comme une possibilité que le bordereau fût de sa main; lui-même il reconnaissait entre l'écriture de ce bordereau et la sienne, au moins sur deux ou trois mots, des analogies incontestables. Mais il devait lui apparaître, il lui apparaissait invraisemblable que, sur des ressemblances aussi partielles, aussi fugitives, une condamnation fût échafaudée. La passion sauvage apportée par du Paty de Clam, flanqué de son acolyte Gribelin, dans l'enquête préliminaire, était à ses yeux une exception morbide qui expliquait peut-être sa mise en accusation, mais qui ne pouvait aboutir qu'à un acquittement.

Comment aurait-il deviné, comment aurait-il soupçonné que son arrestation et son procès étaient en dernière analyse une machine de guerre dirigée par le parti catholique contre l'institution républicaine ou, pour mieux dire, contre le personnel républicain?

Ayant manqué leur coup avec le boulangisme, les Jésuites avaient trouvé dans l'écriture d'un espion encore anonyme (et qui devait se révéler ancien soldat du pape) l'occasion propice pour placer la République française dans cette alternative : Trahir la vérité et la justice, c'est-à-dire se déshonorer en perdant sa raison d'être, ou heurter de front la haute armée, secrètement travaillée et excitée, dans un conflit où le Juif allait incarner l'ennemi de la patrie.

La conception, certes, était habile, et peu s'en est fallu qu'elle ne réussît. Il s'est, par bonheur, trouvé des hommes qu'elle n'a pas trompés une minute — l'auteur de cette étude peut en attester et ses collègues de la Chambre et ces lignes qu'il écrivait, le 12 mars 1871, il y a vingt-huit ans, sur les véritables auteurs de l'effondrement national :

« Trochu est l'élève des Jésuites, « poussé, hissé au pouvoir par ces « maîtres patients qui restent les con- « fesseurs de leurs disciples et QUI « ONT FAIT L'ÉDUCATION D'UN TIERS AU « MOINS DES OFFICIERS DE NOTRE ARMÉE, DES « MEMBRES DE LA DIPLOMATIE ET DE L'AD- « MINISRTATION FRANÇAISE; qui reçoivent « un enfant et en font un cadavre am- « bulant dirigé par leur volonté, le sui- « vant dans la vie, le mariant de leur « main, le protégeant, le conseillant,

Delcassé.

« l'extrême-onctionnant et le déposant « au tombeau, après l'avoir constamment « gouverné... Régnant par la femme, « régnant par tout ce qui est riche et « puissant, ces robes noires tiennent « dans leurs mains les destinées du pays. « Et qu'on ne l'oublie pas : pour elles, « la Patrie, c'est la Société de Jésus! »

Le capitaine Dreyfus ne songeait pas à ces choses. Il se sentait pris dans l'engrenage d'une machine aveugle et sourde qui pouvait le broyer, mais ne comprenait pas encore quelle force impitoyable le poussait à l'abîme et quels desseins devait servir son supplice.

Il croyait donc à l'acquittement. Ceux qui le virent, le 19 décembre 1894,

monter d'un pas élastique et ferme les degrés du tribunal militaire, ont porté témoignage de la confiance naïve que marquait son énergique physionomie. Accompagné du lieutenant chef de poste, escorté de six gardes républicains, fusil sur l'épaule et baïonnette au canon, il était en petite tenue de service, irré- prochablement sanglé dans son dolman, les mains gantées de blanc, la jugulaire au menton.

Peu de monde au dehors; le temps est pluvieux et le huis clos probable; aussi les curieux ne sont-ils pas nom- breux. Dans la salle aux murs nus où siège le 1ᵉʳ conseil de guerre une tren- taine de personnes forme le public, sé- paré du prétoire par une barrière à claire-voie. Parmi ces spectateurs, pour la plupart journalistes, quelques officiers en bourgeois et le frère de l'accusé, Ma- thieu Dreyfus, accouru de Mulhouse à la première nouvelle du désastre, pour défendre celui dont il n'a jamais douté, le sachant au-dessus du soupçon comme patriote, comme soldat et comme homme. Derrière la table à tapis vert réservée aux juges militaires, trois dames en noir, spectatrices privilégiées du cir- que où le Juif va être torturé. Dans le parterre étroit, la tribune du défenseur, derrière le banc de l'accusé, la tribune du commissaire du gouvernement; des banquettes réservées aux témoins, mais qui ne leur serviront guère qu'un ins- tant, pour l'appel, car le conseil les en- tendra séparément et sans leur laisser le droit de suivre les débats.

Ces témoins sont au nombre de 29, assignés par l'accusation, et de 12, assi- gnés par la défense.

Parmi les premiers se retrouvent tous les acteurs du premier acte. Ils s'appel- lent Boisdeffre, Gonse, Fabre, d'Abo- ville, Gribelin, Henry, Bertin-Mouret, Bertrand, Bresse, Mercier - Michon, Boullenger, Collard, Brault, Sibille, Gendron, Mestre, Tocanne, Dervieu,

Roy, Cuny, Maton, tous soldats, tous jésuites ; plus Cochefert, le chef de la sûreté et Bertillon, le photographe de la préfecture de police ; plus les « experts » Gobert, Pelletier, Teysonnières, Charavay.

Les témoins cités par la défense s'appellent Dreyfus, Kœchlin, Vaucaire, Bruhl, Amson, Jeanmaire, capitaine Meyer, commandant Ruffey, capitaine Devaux, commandant de Barbarin, commandant Lemoine, colonel Clément.

Une heure. La porte de la salle des délibérations s'ouvre sur l'estrade. Le colonel Maurel, président, s'assoit au fauteuil. A ses côtés prennent place, par rang de grade ou d'ancienneté, les juges militaires : lieutenant-colonel Echemann, du 154ᵉ de ligne ; commandant Florentin, du 113ᵉ ; commandant Patron, du 154ᵉ ; commandant Gallet, du 4ᵉ chasseurs à cheval ; capitaine Roche, du 39ᵉ de ligne ; capitaine Freystaetter, de l'infanterie de marine.

Le Commissaire du Gouvernement, chargé de soutenir l'accusation, est le commandant Brisset, assisté du greffier Vallecalle.

Trois juges suppléants vont suivre les débats, sans y prendre part : le lieutenant-colonel Altmayer, du 13ᵉ d'artillerie ; le commandant Carré, du 74ᵉ de ligne, et le capitaine Thibaudin, du 131ᵉ de ligne.

— La séance est ouverte, dit le président. Huissiers, faites introduire l'accusé.

Un silence profond se fait, tandis qu'on va chercher le capitaine Dreyfus, qui attend depuis six heures du matin, dans une salle basse de l'infirmerie, l'ouverture des débats.

Le voici. Il s'avance sans embarras, escorté du lieutenant de service, il s'incline en passant devant le Conseil et prend place à son banc, à côté de l'officier de garde, après avoir serré la main à son défenseur, Demange.

De taille haute et svelte, le visage aux trais anguleux, le nez busqué, blond, les cheveux courts et grisonnants sur les tempes, le crâne prématurément dégarni, une petite moustache à la lèvre supérieure et les yeux très myopes, voilés par un pince-nez, il a bien le type de sa race, le type affiné et la tenue correcte de l'officier savant, avec une pointe de hauteur qu'il puise dans le sentiment de son innocence et que des ennemis sans vergogne lui reprocheront, chose étrange, comme un crime de plus. Ils voudraient le voir affaissé, écrasé sous le poids de son forfait imaginaire et s'indignent de le voir regarder ses juges en homme et en soldat qui n'a point à baisser les yeux.

— Accusé, levez-vous. Vos nom et prénoms ?

R. Alfred Dreyfus.

D. Votre âge ?

R. Trente-cinq ans.

D. Votre lieu de naissance ?

R. Mulhouse (Alsace), mon colonel.

D Votre domicile avant d'entrer au service ?

R. École polytechnique.

D. Votre grade ?

R. Capitaine d'artillerie breveté.

D. A quel corps appartenez-vous ?

R. Au 14ᵉ régiment d'artillerie ; détaché comme stagiaire au 1ᵉʳ bureau de l'État-Major général.

D. A quel titre servez-vous ?

R. A titre volontaire.

Le président :

— Soyez attentif à la lecture des pièces qui va être faite... Greffier, donnez lecture de l'ordre de mise en jugement et de la convocation du conseil.

Vallecalle fait cette lecture. Il est procédé à l'appel des témoins. Puis, Brisset se lève :

« En vertu de l'article 13 du Code de justice militaire, bredouille le commissaire du gouvernement (en lisant le papier qu'il tient à la main), article disant que, si la publicité paraît dangereuse pour l'ordre ou pour les mœurs, le conseil ordonne que les débats aient lieu à huis clos, j'ai le devoir de requé-

Un militant (*Dessin de GAVERNI*).

rir le huis clos, la publicité des débats étant de nature a être dangereuse pour l'ordre... Vous connaissez, monsieur le président, les pièces qui sont dans le dossier. Je n'ai pas besoin d'insister et je sais qu'il suffira de faire appel à votre patriotisme. »

Demange demande la parole.

Le président. — En donnant la parole au défenseur, je le prie instamment de ne pas sortir de la question du huis clos qui, seule, doit nous occuper en ce moment.

Demange. — J'ai l'honneur de déposer les conclusions sui-vantes...

Le préambule de ces conclusions, dont le défenseur donne lecture, examine les textes légaux relatifs au huis clos; il fait observer qu'aucun cas particulier n'ayant été visé par le législateur, il est indispensable, toutes les fois que la question du huis clos se pose, de rechercher, par l'examen des circonstances de la cause, s'il existe une de ces circonstances de nature à donner aux débats publics un caractère dangereux pour les bonnes mœurs ou pour l'ordre.

Il continue comme suit :

« En fait, au point de vue de la charge relevée, attendu que l'*unique pièce*..... »

Aussitôt le président l'arrête brusquement :

— Je rappelle au défenseur mon invitation pressante de ne pas parler d'un document relatif à l'affaire.

Demange. — Je viens lire des conclusions pour formuler mon opinion sur le huis clos. Dans ces conclusions, non plus que dans mes observations complémentaires, il n'y aura de ma part aucune divulgation de documents; mais il me paraît nécessaire d'indiquer......

Le président. — Je ne crois pas qu'il soit nécessaire d'indiquer aucune pièce. Pour cela, la demande du Commissaire du Gouvernement deviendrait illusoire.

Demange, insistant. — Je pose les conclusions et je prie le Conseil d'examiner certaines pièces. Ce n'est pas révéler le contenu de ces pièces. Je me renferme dans ce qui est mon droit, en précisant les faits et les circonstances sur lesquels les membres du Conseil doivent être fixés pour savoir si le huis clos est nécessaire... Vous verrez que je ne nommerai rien...

Et il reprend :

« Attendu que l'*unique pièce*... »

Le président. — Je ne peux pas admettre que vous continuiez ainsi !... Vous ne pouvez pas parler de l'*unique pièce*.

Le Commissaire du Gouvernement Brisset (avec la profonde connaissance du droit qui caractérise en général le ministère public devant les tribunaux militaires) :

— La défense, sur le huis clos, est admise à présenter des observations et NON DES CONCLUSIONS.

Demange. — Je vais demander qu'il me soit donné acte du refus qu'on m'oppose de me laisser déposer des conclusions.

Le président (vivement). — Je vous donne acte ! Vous pouvez présenter des observations et *déposer tout ce que vous voulez*, mais il ne vous est pas permis de toucher au fond du débat.

Demange. — Comment puis-je dé-

montrer que la publicité du débat n'est pas dangereuse, si je ne parle pas des indications matérielles ?

Le président. — VOUS N'EN AVEZ PAS LE DROIT.

Demange. — Mais l'intérêt de la défense est que je développe mes conclusions.

Brisset. — *Il y a d'autres intérêts que ceux de la défense et de l'accusation dans ce procès !...* (Mouvement.) D'ailleurs, le président a le dossier : il en fera connaître les éléments à ces messieurs.

Demange. —Le président le connaît, en effet, et on me permettra de regretter que tous les membres du conseil ne le connaissent pas. J'entends démon-

Arthur Meyer.

trer qu'au point de vue du fait, aucun élément ne peut motiver le huis clos.

REMARQUE. — *Il est impossible de lire l'acte d'accusation du procès Dreyfus, aujourd'hui connu, sans reconnaître l'entière justesse de l'affirmation du défenseur. Pas un seul élément de ce rapport ne légitime le huis clos. Il n'y a pas un seul fait, une seule allégation de nature à mettre en danger les bonnes mœurs, l'ordre public ou la sécurité de l'État. Tout ce qui s'y trouve pourrait être discuté au grand jour, sans inconvénient d'aucun genre. Mais ce qu'il ne fallait pas, ce que l'État-Major ne voulait pas, c'est précisément que le pays connût le néant de l'accusation, le vide du dossier. Et le défenseur, frappé de ce vide, qui l'amenait à soupçonner, derrière le dossier avoué et légal,* QUELQUE CHOSE DE LOUCHE ET D'ILLÉGAL, *tenait par-dessus tout à constater qu'il n'avait eu connaissance, comme défenseur, que d'une* PIÈCE UNIQUE *C'est pourquoi il s'était hâté de prononcer ce mot décisif et justicier, ce mot désormais acquis, ce mot ineffaçable, qui établit la* FORFAITURE DES JUGES, *coupables d'avoir accepté communication de documents, qui étaient d'ailleurs des* FAUX, *et dont ni l'accusé ni la défense ne furent admis à prendre connaissance. Quant à l'attitude du président et du commissaire Brisset, elle prouve surabondamment quels ordres ils avaient reçus :* COUPER LA PAROLE AU DÉFENSEUR ET PRONONCER LE HUIS CLOS. *Et l'horreur qu'ils ont à entendre parler de* L'UNIQUE PIÈCE *prouve surabondamment aussi la préméditation de cette forfaiture.*

Le président, lisant un papier : Voici un arrêt de la Cour de Cassation de 1883, qui dit que le huis clos n'est subordonné

L'hôtel des Conseils de guerre.

à aucun intérêt de la défense ; qu'il est uniquement subordonné à des intérêts supérieurs et qu'il peut même être prononcé sans que l'accusé ait été consulté à ce sujet. Je ne veux donc pas que vous effleuriez le fond de l'affaire.

Demange. — Oui ou non, accepte-t-on mes conclusions ?

Brisset. — Déposez-les sans les lire.

Demange. — Je demande qu'il me soit donné acte du dépôt de mes conclusions et du refus qu'on m'a fait de les lire.

Brisset. — Mais vous ne faites que cela depuis une demi-heure !

Demange. — Je n'ai examiné que les questions de droit.

Le président. — Cela suffit.

Demange. — Je n'en ai lu qu'une partie.

Brisset. — C'est le principal.

Demange. — Comment le savez-vous, puisque je n'ai pas donné lecture complète de mes conclusions ? (*On rit.*)

Les conclusions sont déposées sur le Bureau du Conseil.

Demange. — J'ai le droit, maintenant, de les développer... La Cour de cassation a décidé qu'un arrêt n'est pas nul par ce seul fait que l'accusé n'a pas été consulté sur la question du huis clos ; il n'en est pas moins vrai que cet accusé doit être entendu quand il demande lui-même, ou par son défenseur, à présenter des observations ou des conclusions... Voici trois arrêts à l'appui de cette opinion. (Le défenseur lit ces arrêts, puis il ajoute) : Vous êtes, messieurs, les seuls juges de l'opportunité du huis clos. Vous décidez suivant vos lumières et suivant votre conscience, d'après l'examen des faits et des pièces de la cause...

Le président. — Vous ne devez pas parler des pièces de la cause...

Demange. — Un arrêt a déclaré que le tribunal devait s'inspirer des circonstances de la cause.

Le président. — C'est ce que je nie, car alors c'est votre plaidoirie qui commence.

Demange. — Non, monsieur le président, j'ai le droit de dire qu'il y a dans toute cause des éléments moraux et matériels. Ici je dois les mettre en évidence. Je dis que les éléments moraux, comme la conduite antérieure de l'accusé et le mobile, ne peuvent intéresser l'ordre.

Le président. — C'est la plaidoirie !

Demange. — En ce qui concerne les éléments matériels il n'y a pas de danger pour l'ordre, si je demande au Conseil de se reporter à des pièces que je ne fais qu'indiquer.

Le rapport contient le procès-verbal de la pièce...

Le président (impérieusement). — Je vous arrête, car alors la demande du huis clos devient illusoire.

Le commissaire du gouvernement. — C'est une tactique de la défense.

Le président. — En présence de l'insistance du défenseur, le conseil va se retirer pour délibérer.

Demange. — Encore un mot. Si nous demandons la publicité, qu'il soit bien entendu que ce n'est pas que nous croyions votre décision subordonnée à la publicité. Nous savons, l'accusé et moi, que vous jugerez suivant votre conscience et que votre impartialité ne recevra aucune atteinte du huis clos ou de la publicité.

Mais personne ne me contredira si je déclare que, depuis sept semaines, l'honneur d'un officier de l'armée française est exposé à tous les racontars...

A ces mots, le président se lève brusquement et dit :

— En vertu de mon pouvoir discrétionnaire, j'ordonne que le conseil se retire.

Demange. — Je demande acte de l'interruption dont j'ai été l'objet au cours de mes observations.

— Oui, je vous en donne acte, dit le président en se retirant.

Et le conseil se retire au milieu de l'agitation.

Pendant qu'il délibère, le capitaine Dreyfus, qui a conservé ses yeux fixés sur le président, durant l'incident, reste le regard perdu dans la même direction.

De leur côté, les journalistes, et surtout les dames, qui sont derrière les fauteuils des membres du conseil, jettent des coups d'œil indiscrets sur les registres et surtout sur une grande feuille de papier blanc pliée en deux et qui laisse voir un coin de photographie de lettre qu'on remarque sur la table du conseil.

Des personnes audacieuses déclaraient, un instant après, à la sortie de l'audience, que dans la grande feuille blanche était collé un papier pelure, sur lequel avait été tirée une photographie de la fameuse pièce accusatrice, attribuée au capitaine Dreyfus. Le papier transparent, collé à l'envers, permettait de lire couramment.

Cette pièce, on l'a dit, serait un bordereau des documents communiqués à l'ambassade d'Allemagne.

La personne qui donne ces détails, en présence d'un grand nombre de journalistes, ajoute qu'elle avait pu lire ces mots qui terminent la note : « Je vais partir en manœuvres. »

L'un des registres porterait le titre suivant : « Étude de la missive saisie et photographiée en double. Juxtaposition avec des mots semblables provenant de lettres du capitaine Dreyfus et COMMUNIQUÉES PAR LUI. »

Après un quart d'heure de délibération, le Conseil reprend séance, et le président, debout, ainsi que les autres membres du Conseil et tous les assistants, donne lecture d'un jugement dont voici la substance :

JUGEMENT

Le premier Conseil de guerre du gouvernement militaire de Paris, statuant sur les réquisitions du commissaire du gouvernement demandant le huis clos, la publicité lui paraissant dangereuse pour l'ordre.

Ouï le défenseur qui, malgré les observations réitérées du président, a voulu entrer dans la discussion du fond de l'affaire et, finalement, a déposé des conclusions sur le bureau.

Après avoir pris connaissance de ces conclusions, les **voix** recueillies en commençant par le membre le moins élevé en grade et le plus jeune, le président votant le dernier ;

Le Conseil, considérant que la publicité donnée aux débats serait dangereuse pour l'ordre, décide, à l'unanimité, qu'il y a lieu d'ordonner le huis clos.

En conséquence, vu l'article 113 du Code de justice militaire, ainsi conçu :

« Art. 113. — Les séances sont publiques, à peine de nullité ; néanmoins, si cette publicité paraît dangereuse pour l'ordre ou pour les mœurs, le Conseil ordonne que les débats aient lieu à huis clos.

« Dans tous les cas, le jugement est prononcé publiquement. Le Conseil peut interdire le compte rendu de l'affaire. Cette interdiction ne peut s'appliquer au jugement. »

Ordonne que la salle soit immédiatement évacuée, et que toutes les précautions soient prises pour que rien de ce qui sera dit ici ne soit entendu.

— Huissier, faites évacuer la salle !

Le capitaine Dreyfus, dont les joues se sont vivement colorées, ne jette pas un regard du côté de l'assistance, qui s'écoule lentement ; ses yeux ne quittent pas les membres du Conseil de guerre.

Il est une heure et demie.

CHAPITRE XII

A huis clos.

Pendant la délibération du Conseil de guerre, aboutissant au huis clos et qui avait duré à peine *un quart d'heure*, le dossier était resté abandonné sur le bureau du président et, comme on l'a vu, à la discrétion des curieux.

Preuve certaine qu'il ne contenait rien de dangereux pour les mœurs ou pour l'ordre public. Preuve non moins certaine qu'il ne fut même pas communiqué aux membres du Conseil, ainsi que l'exigeaient les convenances élémentaires, alors que le président leur demandait de prononcer le huis clos.

Le ministre de la guerre en avait donné la consigne au colonel Maurel qui la transmettait à ses collègues. Un point, c'est tout. *Sic volo, sic jubeo, sit pro ratione voluntas.* Le temps d'ingurgiter un verre de bière apporté de la buvette voisine et le Conseil rentrait en séance avec son jugement.

Ce jugement était évidemment préparé d'avance. Un quart d'heure n'eût pas suffi à l'écrire, encore moins à le discuter.

Il est donc certain que le Conseil a rendu *par ordre* au moins le premier jugement. Il est non moins certain que ce tribunal, accusé par un illustre et courageux écrivain d'avoir condamné *par ordre* un officier innocent, s'est montré beaucoup plus susceptible que ne le comportait l'affirmation. Car c'est de ce huis clos qu'est sortie la forfaiture, et de la forfaiture qu'est issue la condamnation. En se laissant imposer le

Maurel.

huis clos, les juges militaires se privaient donc eux-mêmes, et privaient du même coup l'accusé, de la garantie essentielle de toute bonne justice ; ils rendaient inévitables toutes les funestes conséquences qui devaient découler de leur servilité.

Qu'on suppose, en effet, qu'un seul de ces juges, le plus humble en grade, se fût levé, dans la salle des délibérations, au moment où le colonel Maurel proposait le huis-clos et eût dit simplement :

— Mon colonel, le huis clos est peut-être nécessaire. Je n'en sais rien encore. Pour le savoir, j'ai besoin de connaître le dossier que vous venez d'oublier sur le bureau de la salle publique.

Veuillez l'envoyer chercher et nous en donner connaissance. Après l'avoir examiné, je saurai si réellement il importe aux bonnes mœurs, à l'ordre ou à la sécurité du pays que ce procès soit jugé à huis clos. Présentement, je l'ignore. Je ne suis qu'un simple capitaine. Mais il s'agit de l'honneur d'un de mes frères d'armes, d'un officier comme moi, d'un citoyen français. Investi du redoutable mandat de le juger, sous l'inculpation la plus affreuse qui puisse être portée contre un soldat, je ne demande pas à me soustraire à ce devoir, mais je demande à le remplir au grand jour, s'il est possible ; en tout cas, à le remplir à bon escient. Mon droit est de connaître le dossier avant de me prononcer sur la suppression de cette garantie première de justice qu'est la publicité des débats. Le droit de l'accusé est que je connaisse ce dossier. Son défenseur alléguait tout à l'heure qu'il n'y a rien de nature à nécessiter le huis clos. Et le commissaire du gouvernement et vous-même, mon colonel, vous répondiez que le conseil jugerait dans sa conscience, après examen des pièces, sur le huis clos requis par le ministère public. Vous avez affirmé que ces pièces nous seraient soumises, conformément à la loi. Je réclame l'exécution de cette promesse. Faute de quoi, mon colonel, je ne pourrais pas en conscience participer à ce qui va se faire ici, et je demanderais à vous, à mes collègues du tribunal la permission de me retirer...

Certes, si un membre du Conseil eut tenu ce simple et viril langage, il n'aurait pas acquis des titres à l'avancement dispensé par Boisdeffre et Mercier. Mais il aurait parlé en homme. Et le dossier une fois apporté, une fois examiné, une fois discuté, chacun dans le tribunal militaire aurait pu voir que rien dans ce dossier ne justifiait la demande de huis clos. Et à supposer même que le huis clos eût été voté nonobstant, il serait resté dans l'esprit de chacun la salutaire impression de quelque chose d'artificiel et de prémédité dans la procédure qui s'ouvrait. Une première tentative d'illégalité, déjouée par le courage et le bon sens du plus humble des juges, aurait mis les autres en garde contre des illégalités nouvelles. Ni le président, ni l'État-Major n'eussent plus osé risqué le coup du dossier secret. En un mot, le spectre du Droit se serait assis à cette table, au milieu de ces soldats qui allaient en juger un autre. Leurs cerveaux obscurs auraient senti qu'au-dessus de la discipline, au-dessus de la consigne, il y a la Loi — qui est la première et la plus haute des consignes.

Et qui pourrait dire, dès lors, que leur verdict eût été ce qu'il fut ?

A coup sûr, parmi les hommes qui ont condamné si légèrement le capitaine Dreyfus, il en est plus d'un, sans doute, — il en est au moins un (il l'a dit), qui regrette son erreur et la déplore, en la mettant au compte d'Henry et des chefs qui l'ont trompé.

Qu'il ne se paye pas de mots et ne se fasse pas d'illusion ! C'est à lui-même, autant qu'à Henry, autant qu'à ses chefs, qu'incombe la responsabilité ! S'il avait eu le sentiment profond de ce qu'il devait à son propre honneur et à l'honneur du soldat traduit devant lui, — s'il n'avait pas commis le crime initial de courber la tête devant l'injonction du colonel Maurel et d'accepter le huis clos sans revendiquer son droit d'examen préalable — il ne serait pas aujourd'hui « hanté dans ses nuits sans sommeil par le spectre de celui qu'il a jeté au bagne » *(sic)*.

Et pour qu'il ne soit pas dit qu'il s'agit ici d'un être de raison ou d'un officier chimérique, l'auteur de cette étude citera ses sources.

Il s'agit d'un membre du premier Conseil de guerre de Paris, siégeant dans le procès du capitaine **Dreyfus** et qui a tenu le propos répété ci-dessus **en** présence de trois témoins. Ces **témoins** s'appellent : Léon Bourgeois, ancien ministre de la justice, Maurice Berteaux, député, et Gabriel Monod, de l'Institut. Si la Cour de Cassation veut s'éclairer sur ce point, elle n'a qu'à les assigner devant elle.

La responsabilité personnelle du colonel Maurel n'en est pas moins, à vrai dire, extraordinaire et spéciale. C'est lui, lui surtout, qui a, comme entrée de jeu, triplement failli à son devoir de président et de juge : 1° en acceptant l'ordre qui lui venait du ministère de la guerre ; 2° en transmettant cet ordre à ses six collègues ; 3° en omettant de leur communiquer le dossier qu'il connaissait, pour son compte, et où il savait bien que rien ne motivait le huis clos. Premières forfaitures qui servaient de préface à la forfaiture plus criminelle encore par où devait se clore la tragi-comédie du procès.

Quant à la responsabilité du commissaire Brisset, elle disparaît en quelque sorte et se noie dans l'abîme d'ignorance et la profondeur d'imbécillité qu'il étala devant l'univers en moins de dix minutes que dura sa performance publique.

Cependant, l'audience secrète suivait son cours et les débats s'étaient ouverts qui allaient remplir quatre longues journées. Ces débats ne devaient être qu'un leurre et une apparence, comme il sera établi. Mais leur durée même semblait au premier abord une espèce de garantie de justice, et le mystère ajoutait quelque chose d'auguste à leur menteuse solennité.

Au dehors, dans la cour et sur le perron de l'Hôtel des Conseils de guerre, les délégués de la presse attendaient, suivant avec une inlassable patience, les moindres indices qui pouvaient filtrer à l'extérieur et cherchant à les traduire de

leur mieux. On savait à la fin de la
première audience que cinq témoins à
charge avaient été entendus ; on les
entourait à la sortie ; on s'évertuait,
par des questions insidieuses ou savantes à leur arracher quelque bribe
d'information ; mais tous se renfer-
maient dans un mutisme absolu. Aux
suspensions d'audience, vers trois
heures, c'est la physionomie du défenseur, celle d'un juge entrevu, celle
de l'accusé lui-même, passant entre
ses gardes, qu'on tâchait à interpréter. C'était peu de chose à donner en
pâture à la curiosité publique. Pour
de longs mois encore, elle ne devait
savoir rien de plus.

« Aujourd'hui, moins de monde
encore qu'hier autour du Conseil
de guerre, contait, à l'issue de la
deuxième journée, un de ces spectateurs de la rue, réduits à « regarder
un mur derrière lequel il se passait
quelque chose ». Il faut user de patience et de ruse pour avoir accès
dans le vestibule du Conseil, où les
gardes de service ne laissent entrer
les officiers eux-mêmes que si ceux-
ci peuvent justifier d'une convocation.
A trois heures dix la séance a été
suspendue pendant un quart d'heure :
à ce moment, quinze témoins, y compris les cinq entendus hier, avaient
fait leur déposition. Sur de nouveaux
ordres, l'accès de la cour est permis
aux journalistes munis de leurs cartes
spéciales. Pendant la suspension de
l'audience, Mᵉ Demange étant sorti,
on a beaucoup remarqué la nervosité
et l'animation de sa physionomie. La
séance a été levée à six heures trois
quarts. »

Tel est à peu près le menu quoti-
dien que sont appelés à déguster, du
19 au 23 décembre 1894, les lecteurs
avides de nouvelles sur le procès en
haute trahison. Puis, ils apprendront
que le jugement est rendu et le capi-

Accusé, levez-vo

taine Dreyfus condamné à la déportation. Quant à la nature exacte de
son crime supposé, des preuves alléguées contre lui, des témoignages
entendus, on ne saura rien. Le jugement même livré à la publicité se
garde de toute spécification et se
borne à viser les articles du code,
appliqués à tort ou à raison.

Pour deux ou trois ans il en sera
ainsi et personne ne saura rien de
précis, encore moins de certain,
hors les membres du conseil de guerre
et quelques rares privilégiés, sur le
détail des actes qui ont motivé la
condamnation.

Ce qui n'empêchera pas un grand
nombre d'hommes réputés civilisés
et affranchis des superstitions barbares de parler couramment du
« traître Dreyfus » comme s'ils connaissaient tous ses faits et gestes et
sans que l'ombre d'un doute s'éveille
en eux sur sa culpabilité.

Ils ne peuvent pas admettre que
des officiers aient condamné un des
leurs sansd es preuves irréfutables :
tel apparaît, quand on les presse sur
ce point, l'élément premier de leur
conviction.

Ne leur dites pas qu'un homme
doué de raison ne doit croire que
ce qu'il a eu l'occasion de vérifier
par lui-même. Ne leur demandez
point s'ils estiment que la couleur
d'une culotte, parce qu'elle est rouge
au lieu d'être noire, modifie foncièrement la nature de celui qui la porte
et l'investit d'infaillibilité en matière
criminelle, spécialement à huis clos...
Ils vous prendraient en pitié et pen-
seraient que vous ne saisissez pas la
finesse de leur opinion : opinion assez
peu favorable, en dernière analyse,
à la moralité moyenne des officiers;
car elle consiste à les croire capables de décharger systématiquement un des leurs de toute accu-

sation, à moins que la preuve n'en soit accablante.

Toujours est-il que la somme des renseignements connus sur le procès Dreyfus s'est longtemps réduite à peu de chose. Trop de gens avaient intérêt à fermer toute issue au secret, pour qu'il ne fût pas bien gardé. Mais l'outrance même des précautions a fini par sembler suspecte. Il a paru étrange qu'au mystère de l'instruction, au mystère de la procédure, vînt s'ajouter, contre la loi elle-même, le mystère de la déportation. Il a semblé monstrueux que la femme admirable à qui l'on refusait, contre toute justice, l'exercice d'un

Monsabré.

droit écrit dans le Code — celui de rejoindre son mari au lieu de son exil — ne pût même point recevoir son écriture sans transcription préalable. Était-il donc à craindre que le capitaine Dreyfus, du fond de son cachot tropical, continuât à révéler le « plan de mobilisation », par messages cryptographiques, au major Schwarzkoppen, devenu colonel dans l'intervalle ? Fallait-il donc attendre, pour faire tomber ce bâillon, que le colonel Schwarzkoppen eût atteint l'âge de Moltke et le grade de maréchal ?

Quelques-uns n'eurent pas cette patience. Ils se mirent à l'œuvre, prati-

quèrent des fouilles patientes, rassemblèrent par bribes et morceaux cent éléments épars et finirent par reconstituer le procès du capitaine Dreyfus, à peu près comme les naturalistes reconstituent par l'étude d'une vertèbre ou d'un fémur le squelette d'une espèce disparue. Au premier rang de ces archéologues du Droit et de la Vérité, dans une enquête si voisine de nous, et à tant d'égards préhistorique, il faut nommer Bernard Lazare. La Justice lui doit beaucoup ; c'est lui qui l'a mise en route. Cette histoire sera dite. Celui qui

Brisset.

l'écrit ici ne le connaît point, ne l'a jamais vu, n'a jamais échangé un mot ou une ligne avec lui. Il n'en sera que plus à l'aise pour conter, à son heure, la naissance et le développement d'une œuvre qu'il a suivi, dès le premier instant, avec une ardente sympathie.

L'acte d'accusation dressé contre le capitaine Dreyfus (*Rapport* de l'officier chargé de l'instruction) est aujourd'hui connu. C'est l'élément essentiel de cette reconstitution du procès à huis clos, puisqu'il donne, avec l'indication des charges principales, l'indication du rôle dévolu aux principaux témoins. Il faut donc tout d'abord l'étudier avec soin.

L'acte d'accusation.

Rapport

Sur l'affaire de M. Dreyfus (Alfred), capitaine breveté au 14ᵉ régiment d'artillerie, stagiaire à l'État-Major de l'armée, inculpé d'avoir, en 1894, pratiqué des machinations ou entretenu des intelligences avec un ou plusieurs agents de puissances étrangères dans le but de leur procurer les moyens de commettre des hostilités ou d'entreprendre la guerre contre la France, en leur livrant des documents secrets ; laquelle a fait l'objet de l'ordre d'informer dressé par M. le général gouverneur militaire de Paris, le 3 novembre 1894.

« M. le capitaine Dreyfus est inculpé d'avoir, en 1894, pratiqué des malversations ou entretenu des intelligences avec un ou plusieurs agents des puissances étrangères, dans le but de leur procurer les moyens de commettre des hostilités ou d'entreprendre la guerre contre la France en leur livrant des documents secrets.

« § 1. La base de l'accusation portée contre le capitaine Dreyfus est une lettre-missive écrite sur du papier pelure, non signée et non datée, qui se trouve au dossier, établissant que des documents militaires confidentiels ont été livrés à un agent d'une puissance militaire étrangère. M. le général Gonse, sous-chef de l'État-Major général de l'armée, entre les mains duquel cette lettre se trouvait, l'a remise par voie de saisie, le 15 octobre dernier, à M. le commandant du Paty de Clam, chef de bataillon d'infanterie hors cadre, délégué, le 14 octobre 1894, par le ministre de la guerre, comme officier de police judiciaire, à l'effet de procéder à l'instruction à suivre

Observations

Avec *un ou plusieurs agents des puissances étrangères* est une concession à l'Allemagne, une humiliation complémentaire due à Boisdeffre, Mercier, Henry, du Paty de Clam et consorts. En réalité, le capitaine Dreyfus était inculpé d'intelligences avec le seul Schwarzkoppen, attaché militaire allemand ; on n'osait pas le dire ; on avait dû s'engager à ne pas le dire ; on mentait sciemment et lâchement en parlant de *plusieurs agents de puissances étrangères.*

I. — C'est le cas de dire que l'accusation pèche par la base. Il est aujourd'hui établi que la lettre-missive considérée comme étant de l'écriture d'Alfred Dreyfus et son œuvre, était et a toujours été de l'écriture de l'espion Esterhazy, son œuvre propre, son papier caractéristique.

Jamais le capitaine Dreyfus n'a possédé de papier pelure ; il n'en a jamais acheté, jamais usé.

Jamais l'accusation n'a pu établir aucune espèce de relations directes ou indirectes du capitaine Dreyfus avec aucun agent d'une puissance étrangère. Il n'y a pas, à cet égard, un seul témoignage au dossier.

Rapport.

contre le capitaine Dreyfus. Lors de la saisie de cette lettre-missive, M. le général Gonse a affirmé à M. l'officier de police judiciaire délégué et précité qu'elle avait été adressée à une puissance étrangère et qu'elle lui était parvenue, mais que, d'après les ordres formels de M. le ministre de la guerre, *il ne pouvait indiquer par quels moyens ce document était tombé en sa possession.*

« § 2. L'historique détaillé de l'enquête à laquelle il fut procédé dans les bureaux de l'État-Major de l'armée se trouve consigné dans le rapport que M. le commandant du Paty de Clam, officier de police judiciaire délégué, a adressé à M. le ministre de la guerre, le 31 octobre dernier, et qui fait partie des pièces du dossier. L'examen de ce rapport permet d'établir que c'est sans aucune précipitation et surtout sans viser personne *à priori* que l'enquête a été conduite.

Cette enquête se divise en deux parties : une enquête préliminaire pour arriver à découvrir le coupable, s'il était possible, puis l'enquête réglementaire de M. l'officier de police judiciaire, délégué.

« § 3. La nature même des documents adressés à l'agent d'une puissance étrangère en même temps que la lettre-missive incriminée permet d'établir que c'était un officier qui était l'auteur et de la lettre-missive incriminée et de l'envoi des documents qui l'accompagnaient ;

« De plus, que cet officier devait appartenir à l'artillerie, trois des notes ou documents envoyés concernant cette arme. »

Observations.

L'inutilité absolue du huis clos résulte de ces termes mêmes. La réticence sur l'origine de la lettre-missive une fois admise d'un commun accord par les juges et par la défense (et il n'y avait pas de raison pour qu'elle ne le fût pas en audience ouverte aussi bien qu'à huis clos) quel inconvénient pouvait-il y avoir à discuter publiquement les caractères spécifiques du document, seul point important du débat ?

2. S'il est un mensonge abominable, c'est que l'enquête fut conduite sans viser personne *à priori*. Tout démontre le contraire.

En réalité, ces deux enquêtes ont été conduites par le même individu, du Paty de Clam. Il agissait d'abord officieusement, en qualité de mouchard, puis officiellement, en officier de police judiciaire, délégué.

3. — Il serait malaisé d'accumuler plus d'inepties en moins de mots. D'abord la nature du document ne permet nullement d'établir que son auteur fût un officier. Ce pouvait être un ex-officier, un reporter, un vétérinaire, un laïc quelconque avec une teinte superficielle de connaissances militaires.

Le fait que trois notes, d'ailleurs criblées d'erreurs techniques, concernent l'artillerie, n'indique nullement que l'expéditeur de ces notes soit un officier d'artillerie. Ce peut-être un employé de librairie, un commissionnaire, un fan-

Rapport.

« § 4. De l'examen attentif de toutes les écritures de MM. les officiers employés dans les bureaux de l'État-Major de l'armée, il ressortit que celle du capitaine Dreyfus présentait une remarquable similitude avec l'écriture de la lettre-missive incriminée. »

« § 5. — Le ministère de la guerre, sur le rapport qui lui en fut fait, prescrivit alors de faire étudier la lettre-missive incriminée en la comparant avec des spécimens d'écriture du capitaine Dreyfus.

M. Gobert, expert de la Banque de France et de la Cour d'appel, fut commis à fin d'examen et reçut de M. le général Gonse, le 9 octobre 1894, des documents devant lui servir à faire le travail qui lui était demandé. Quelques jours après la remise des documents, M. Gobert demanda à M. le général Gonse, qui s'était rendu chez lui, le nom de la personne incriminée ; celui-ci refusa naturellement de le lui donner.

Peu de jours après, M. Gobert fut invité à remettre ses conclusions et les pièces qui lui avaient été confiées — la prétention qu'il avait manifestée ayant paru d'autant plus suspecte qu'elle était accompagnée d'une demande d'un nouveau délai.

« Le 13 octobre, matin, M. Gobert remit ses conclusions, sous forme de lettre au ministre. Elle sont ainsi libellées :

« Étant donné la rapidité de l'examen,
« commandée par une extrême urgence,
« je crois pouvoir dire : « La lettre-
« missive incriminée POURRAIT être

Observations.

tassin (*c'en était un*), un cavalier — tout, excepté précisément un artilleur.

4. — Cette similitude même, d'ailleurs très éloignée, devait mettre l'enquêteur en garde contre une erreur, si son siège n'eût été fait. D'abord, ce n'est pas une simple analogie, mais une identité qu'il faut en pareil cas. Et puis, l'apparence qu'un officier de l'État-Major, livrant des notes à un agent étranger, le fît de son écriture même, au lieu de recourir à une machine à écrire !

5. Ces allégations, consignées dans un rapport secret et en dehors de tout contrôle, mériteraient d'être examinées avec soin par la Cour de Cassation. Il serait au moins indispensable d'avoir, à cet égard, la version de l'expert incriminé.

L'expert Gobert avait reçu les pièces le 9 octobre au soir. Il remit ses conclusions le 13 au matin, c'est-à-dire après trois jours pleins. La prétention d'avoir plus de temps pour se faire une opinion n'était assurément pas excessive, étant donné qu'on les lui réclamait au plus tard le 12, c'est-à-dire après deux jours. Et, par parenthèse, appeler deux jours « *quelques jours* après » c'est sciemment, visiblement altérer la vérité.

L'expert Gobert a écrit « PARAIT être » ; on lui fait dire « POURRAIT être », ce qui est précisément le contraire de son opinion. Premier faux de la série. Faux d'une importance capitale, puisque l'expert, n'ayant pas connaissance du rapport secret, n'a pu le relever. Première cause d'erreur dérivant du huis clos et de la turpitude du jésuite rapporteur.

Lire : « Les conclusions de M. l'expert Gobert n'étant pas conformes à l'espérance de l'inquisiteur du Paty de Clam... »

Il importe ici de bien suivre le *pro-*

Rapport.

« d'une personne autre que la personne
« soupçonnée. »

« La manière d'agir de M. Gobert
ayant inspiré une certaine méfiance, le
ministre de la guerre demanda à M. le
préfet de police le concours de M. Bertillon, chef du service d'identité judiciaire. Des spécimens d'écriture et une
photographie de la lettre-missive incriminée furent alors remis à ce fonctionnaire, qui fit procéder à leur examen en attendant le retour des pièces
confiées à M. Gobert. Dès la remise de
ces pièces par M. Gobert, elles furent
envoyées à M. Bertillon qui, le 13 octobre, soir, formula les conclusions qui
sont ainsi libellées :

« Si l'on écarte l'hypothèse d'un document forgé avec le plus grand soin, il
appert manifestement que c'est la même
personne qui a écrit la lettre et les pièces communiquées. »

Observations.

cessus enveloppé dans cette phraséologie
jésuitique.

Les pièces originales ont été soumises
le 9 octobre, soir, à l'expert Gobert,
mais sans succès : il estime qu'elles NE
PARAISSENT PAS être de la même écriture.

Dès le 11 ou le 12, Gonse, venu en
éclaireur chez l'expert Gobert, s'assure
que sa conclusion n'est pas favorable au
système du Gesù et à la culpabilité de
l'officier juif. Aussitôt, il commence par
travestir (sinon par inventer) une question probablement très innocente de l'expert, puis il s'adresse à la préfecture de
police, obtient le précieux concours de
Bertillon et, sans même attendre le retour des originaux (c'est-à-dire le 11 ou
le 12), il remet à ce *fonctionnaire* (le
mot est du rapporteur) des photographies préparées par l'État-Major, c'est-
à-dire par le capitaine Lauth, préposé à
ce service spécial (le même capitaine
Lauth qui tentera, quatre ans plus tard,
de mettre en circulation des photographies *truquées* représentant Schwarzkoppen et le lieutenant-colonel Picquart
en conférence dans un jardin d'hôtel, à
Carlsruhe).

Rien ne dit que les photographies
sont exactes. Les copies fournies à Bertillon ne sont même pas paraphées *ne
varietur*.

Il les soumet à son tour et simultanément à trois experts près les tribunaux de la Seine, Teyssonnières, Charavay et Pelletier, mais en avertissant
ces experts de venir en son atelier de
photographe voir certaines « pelures »
qu'il prépare et qui les aideront à se
faire une opinion orthodoxe.

Deux des experts, Teyssonnières et
Charavay, se rendent à cet appel. Leur
conclusion sera conforme à celle de
Bertillon.

Le troisième, Pelletier, juge cette
convocation insolite et blessante pour

Boisdeffre et le P, du Lac (*Dessin de COUTURIER*).

Rapport.

Observations.

son amour propre de spécialiste. Il ne se rend pas à l'appel du photographe de la sûreté. Sa conclusion est qu'il n'y a pas d'identité d'origine entre les pièces qui lui ont été soumises.

Et le 13, soir, après avoir reçu pour la forme, dans la journée, les pièces rendues par Gobert (si le rapport ne ment pas sur ce point comme sur beaucoup d'autres), Bertillon dépose sa conclusion.

De tous ces faits si graves, si suspects, qui seront établis par les procès ultérieurs, pas un mot au rapport ! Et pourtant une trace perceptible,, saisissable, dans les réticences mêmes et l'embarras manifeste de leur phraséologie.

« § 6. En exécution de l'ordre de M. le ministre de la guerre, en date du 14 octobre 1894, M. le commandant du Paty de Clam procéda à l'arrestation du capitaine Dreyfus.

« Avant d'opérer cette arrestation, et alors que le capitaine Dreyfus, s'il était innocent, ne pouvait pas se douter de l'accusation formulée contre lui, M. le commandant du Paty de Clam le soumit à l'épreuve suivante : il lui fit écrire une lettre dans laquelle étaient énumérés les documents figurant dans la lettre-missive incriminée.

« Dès que le capitaine Dreyfus s'aperçut de l'objet de cette lettre, son écriture jusque-là régulière, normale, devint irrégulière, et il se troubla d'une façon manifeste pour les assistants.

« Interpellé sur les motifs de son trouble, il déclara qu'il avait froid aux doigts. Or, la température était bonne dans les bureaux du ministère, où le capitaine Dreyfus était arrivé depuis un quart d'heure, et les quatre premières lettres écrites ne présentent aucune trace de l'influence de ce froid.

6. Le procédé mis en œuvre par du Paty de Clam était déloyal autant qu'irrégulier et jésuitique. Pas un homme d'honneur, dans une armée quelconque, n'aura l'idée de recourir contre un collègue à des moyens de police aussi bas. Il faut, pour y descendre, avoir été à l'école d'espionnage qu'est un collège de jésuites.

Il est d'ailleurs inexact (comme on l'a dit précédemment) que l'épreuve fût machinée pour en vérifier l'effet sur l'inculpé. Du Paty voulait simplement obtenir de la main du capitaine Dreyfus cinq ou six mots caractéristiques du bordereau.

Le trouble bien naturel qu'une épreuve aussi outrageante causa au capitaine Dreyfus, dès qu'il en comprit la portée, inspira à du Paty de Clam l'idée même du roman consigné au rapport. Il a dit depuis, et Mercier a répété à ses collègues du cabinet (déclaration de Poincaré), que, sans ce trouble accusateur, du Paty n'aurait pas fait arrêter Dreyfus. Il fallait donc que les présomptions fussent bien faibles contre lui !

Mais cette affirmation est triplement

<table>
<tr><td align="center">Rapport.</td><td align="center">Observations.</td></tr>
</table>

	fausse : 1° le mandat d'arrêt était signé de la veille et la chambre de sûreté toute prête au Cherche-Midi ; 2° un espion soumis à cette épreuve n'en eût pas été surpris et n'eût manifesté aucune émotion : le trouble était donc plutôt une présomption d'innocence ; 3° ce trouble n'a] laissé aucune trace dans la lettre dicée par du Paty de Clam et qui se trouve au dossier ; l'écriture en est nette, régulière et calme, puis elle s'arrête brusquement.

Quant au « froid aux doigts », il est peu probable que ce fût la réponse textuelle du capitaine Dreyfus. « Cette lettre me glace » — « me donne froid » ou quelque chose d'approchant — est infiniment plus vraisemblable.

« § 7. — Après avoir arrêté et interrogé le capitaine Dreyfus, M. le commandant du Paty de Clam, officier de police judiciaire, délégué, pratiqua le même jour, 15 octobre, une perquisition à son domicile.

7. Il y a ici une préoccupation visible et comme une affectation d'observation rigoureuse de la loi. En fait, la perquisition opérée au domicile du capitaine Dreyfus, pour être régulière, aurait dû se faire en sa présence, puisque c'était possible.

« § 8. — Cet officier supérieur n'ayant entendu aucun témoin...

8. Pourquoi ?... Son devoir d'officier de police judiciaire était de s'éclairer par des témoignages. Mais il n'avait qu'une crainte, celle de rendre par cela même impossible l'arrestation et la mise au secret du capitaine Dreyfus.

En outre, de son propre aveu, RIEN AU DOSSIER jusqu'à ce moment, SINON LE BORDEREAU ; AUCUN TÉMOIGNAGE incriminant l'inculpé.

« ... Ce soin nous incomba. Et, en raison du secret professionnel de l'État, qui lie M. le ministre de la guerre, l'enquête dans laquelle nous avons entendu vingt-trois témoins fut aussi laborieuse que délicate.

C'est-à-dire que les témoins n'avaient pas un fait à fournir à l'instruction et qu'il s'agissait surtout de leur extraire, par des questions tendancieuses, les « impressions » qu'on travaillait depuis six semaines à leur suggérer. Exemples : paragraphes 9 et suivants.

Rapport.

« § 9. — Il appert des témoignages recueillis par nous que le capitaine Dreyfus, pendant les deux années qu'il a passées comme stagiaire à l'État-Major de l'armée, s'est fait remarquer dans différents bureaux par une attitude des plus indiscrètes, par des allures étranges ; qu'il a, notamment, été trouvé seul à des heures tardives ou en dehors de celles affectées au travail dans des bureaux autres que le sien et où il n'a pas été constaté que sa présence fût nécessaire.

« § 10. Il ressort aussi de plusieurs dépositions...

. qu'il s'est arrangé de manière à faire souvent son service à des heures en dehors de celles prévues par le règlement soit en en demandant l'autorisation à ses chefs, pour des raisons dont on n'avait pas alors à vérifier l'exactitude, soit en ne demandant pas cette autorisation.

Observations.

9. Ces prétendus témoignages, du Paty de Clam ne les avait pas entendus, précisément parce qu'il les avait suggérés.

Ils n'ont pas porté sur un seul fait positif, où ce fait serait énoncé.

Ce sont de simples « impressions » créées par l'état de soupçon que l'inquisiteur du Paty de Clam avait fait naître et cultivé dans les bureaux avant et pendant son enquête.

« Trouvé à des heures tardives » doit être lu : « vu une seule fois à une heure tardive », c'est-à-dire après cinq heures, dans le bureau du capitaine Corvisart, à qui il venait, par ordre, rendre compte de travaux spéciaux dont il avait été chargé de surveiller l'autographie. Voilà comment d'Ormescheville et du Paty écrivent l'histoire !

Si de pareils modes de témoignage étaient acceptés comme valables dans les cours d'assises, il n'y a pas un homme qu'on ne pût faire condamner pour le crime le plus imaginaire.

10. Ce qu'il ressort *aussi* de *plusieurs dépositions* semblerait indiquer que le fait énoncé au § 9 reposait sur *plusieurs* témoignages : en réalité, il n'y en avait qu'*un*, celui de du Paty de Clam en personne. C'est une manière jésuitique d'altérer la vérité.

Le capitaine Dreyfus a fait son service à partir de midi, au lieu de le faire à partir de dix heures du matin, tous les lundis, du 15 août au 22 septembre, pendant le séjour de sa femme au bord de la mer ; avec l'autorisation de son chef, le lieutenant-colonel Boucher, il se rendait le samedi soir à Houlgate, pour rentrer à Paris le lundi matin, par le premier train. Il est faux qu'on n'ait pas vérifié l'exactitude des raisons indiquées par lui pour ce déplacement heb-

Rapport.	**Observations.**
	domadaire. Du Paty de Clam l'a vérifié personnellement.
« Dans le même ordre d'idées, il a pu aussi, sans être vu de personne! pénétrer dans d'autres bureaux que le sien pour des motifs analogues.	Quel style! Et quelle précision? *Il a pu!...* Sans doute, il a pu. Mais il s'agirait d'établir qu'il a usé de cette possibilité. Et, au surplus, qu'aurait-il fait dans ces bureaux, devant des armoires fermées de barres de fer et de cadenas à secret?
« Il a été aussi remarqué par son chef de section que, pendant son stage au 4ᵉ bureau, le capitaine Dreyfus s'était surtout attaché à l'étude des dossiers de mobilisation, et cela...	En admettant que le capitaine Dreyfus, officier savant, élève de l'École de guerre, attaché à l'État-Major, ait pris un intérêt spécial aux questions de mobilisation, où est le crime? N'est-ce pas son métier, sa fonction, sa raison d'être? N'est-il pas attaché à l'État-Major précisément pour approfondir ce genre d'études? Il est monstrueux de le lui reprocher, monstrueux que son application au travail soit signalée par son chef de section comme criminelle.
	Ajoutons que ce chef de section est le commandant Bertin, jésuite avéré, qui, dès son arrivée au 4ᵉ bureau, manifesta sa haine pour le capitaine israélite.
... Au détriment du service courant.	Il n'y avait rien à faire au 4ᵉ bureau, où l'on était obligé, pour occuper les stagiaires, de leur donner des travaux fictifs de concentration, véritables devoirs d'écolier.
... A ce point qu'en quittant ce bureau il possédait tout le mystère de la concentration sur le réseau de l'Est en temps de guerre.	Un de ces devoirs fictifs avait pour sujet le réseau de l'Est. Voilà comment le capitaine Dreyfus *en connaissait le mystère!...*
« § 10. — L'examen aussi bien que les conclusions à formuler au sujet de la lettre missive incriminée appartiennent évidemment plus particulièrement	10. Pour tout œil non prévenu, la similitude n'a rien de frappant. Il y a *une certaine similitude*, c'est tout ce qu'on peut admettre.
aux experts en écritures. Cependant, à première vue d'abord et à la loupe ensuite, il nous est permis de dire que	A la loupe, cette similitude disparaît au contraire, ainsi que chacun peut le vérifier.

Alfred Dreyfus allant à l'instruction (*Dessin de COUTURIER*).

Rapport.

l'écriture de ce document présente une très grande similitude avec diverses pièces ou lettres écrites par le capitaine Dreyfus et qui se trouvent au dossier.

L'inclinaison de l'écriture, son graphisme, le manque de date et de coupure des mots en deux à la fin des lignes, qui sont le propre des lettres écrites par le capitaine Dreyfus (voir sa lettre au procureur de la République de Versailles et les lettres ou cartes à sa fiancée, qui sont au dossier), s'y trouvent.

« En ce qui concerne la signature, elle manque parce qu'elle devait manquer.

« Dans sa déposition, M. le colonel Fabre, chef du 4ᵉ bureau de l'État-Major de l'armée, dit qu'il a été frappé de la similitude d'écriture qui existe entre la lettre-missive incriminée et les documents écrits par le capitaine Dreyfus pendant son stage au 4ᵉ bureau.

« M. le lieutenant-colonel d'Aboville, sous-chef du même bureau, dit, dans sa déposition, que la ressemblance de l'écriture de la lettre incriminée avec les documents de comparaison était frappante.

« § 11. En ce qui concerne messieurs les experts, en nous reportant à la première phase de l'enquête, c'est-à-dire au commencement du mois d'octobre dernier, nous trouvons d'abord la lettre de M. Gobert précité, dont la teneur est très vague, dubitative.

Observations.

Ce sont là des caractères généraux qui se retrouvent dans un grand nombre d'écritures et qui ne prouvent rien. La similitude en découle, non l'identité.

Le héros d'Henri Monnier, qui était justement expert en écritures, n'aurait pas mieux dit.

Le colonel Fabre, dominé par le commandant Bertin, est le seul chef hiérarchique du capitaine Dreyfus qui lui ait jamais donné des notes peu favorables, au cours de quinze ans de services.

C'est lui qui le premier a trouvé des analogies entre l'écriture de Dreyfus et celle du bordereau et plongé la France dans cette crise lamentable.

Le lieutenant-colonel d'Aboville, jésuite avéré, se montra un des plus acharnés contre le capitaine Dreyfus au cours de l'enquête. C'est lui qui apporta d'avance, au commandant de la prison militaire, les instructions concernant l'officier qui ne devait y être amené que le lendemain, après l'épreuve prétendue de la dictée.

11. — « Pourquoi cette phraséologie alambiquée, sur « le commencement d'octobre »? M. Gobert a eu les documents en mains du 9 octobre, soir, au 13 octobre, matin; ce n'est pas le commencement, mais presque le milieu d'octobre.

Rapport.

« Le libellé des conclusions de cet expert signifie que la lettre anonyme qu'il a examinée peut parfaitement être ou n'être pas de la personne incriminée.

« Il est à remarquer que M. Gobert a reçu, parmi les documents de comparaison écrits de la main du capitaine Dreyfus, un travail intitulé : *Études sur les mesures à prendre en temps de guerre pour faire face aux dépenses.* Ce document, qui comporte un exposé détaillé de la Banque de France en temps de guerre, attira forcément l'attention de M. Gobert, en raison de ce qu'il a été employé à la Banque de France et qu'il en est aujourd'hui l'expert en écritures. Le capitaine Dreyfus ayant dû, pour faire son travail, consulter le haut personnel de la Banque de France, sa présence dans cet établissement a forcément été connue d'un certain nombre d'employés. C'est même, sans doute, ce fait qui a amené M. Gobert à nous répondre, dans son interrogatoire, qu'il avait pressenti le nom de la personne incriminée, à titre de curiosité personnelle, mais que nul n'en a eu connaissance.

« Toujours est-il que M. Gobert, ainsi que nous l'avons déjà dit, pour un motif ignoré encore, a demandé à M. le général Gonse, sous-chef d'État-Major, le nom de le personne incriminée. A quel motif a-t-il obéi en cette circonstance? On peut faire à ce sujet bien des hypothèses.

Nous pouvons dire toutefois que cette demande, contraire au devoir d'un expert en écritures, permet de supposer que la lettre compte rendu de M. Gobert au ministre, établie d'ailleurs sans pres-

Observations.

Oui, si Gobert avait écrit « POURRAIT être d'une autre personne ». Le malheur est qu'il a écrit « PARAÎT être d'une autre personne ». Il n'y a rien là de dubitatif. C'est une affirmation, atténuée par le respect que tout expert du ministère public porte à l'accusation.

Mensonge pur et simple. Le capitaine Dreyfus N'EST JAMAIS ALLÉ A LA BANQUE DE FRANCE ET N'A PAS CONSULTÉ LE PERSONNEL DE CET ÉTABLISSEMENT. Pas un témoignage n'est invoqué à l'appui de ce dire du rapporteur. C'est une affirmation sans preuve, nécessaire à sa thèse; rien de plus.

Est-il vrai que M. Gobert ait demandé ce nom? Comment et dans quels termes l'a-t-il demandé? Voilà ce qu'il faudrait savoir. C'est apparemment une liberté que prennent souvent les experts dans leurs rapports courants avec les juges d'instruction.

Le mensonge du rapporteur se double ici d'un outrage inqualifiable adressé à un expert, à huis clos, et sans que cet expert en ait connaissance. L'opinion de cet expert n'est pas favorable à l'accusa-

Rapport.

tation de serment et à titre de simple renseignement, a été rédigée sous l'empire de présomptions contraires à la règle suivie en la matière par les praticiens. Par suite de ce qui précède, cette lettre compte rendu nous semble entachée sinon de nullité, au moins de suspicion.

Son sens dubitatif ne lui donne d'ailleurs, au point de vue juridique, aucune valeur propre.

... Elle ne comporte, enfin, aucune discussion technique permettant de comprendre sur quelles données M. Gobert a pu baser son appréciation.

§ 12. — Nous ajouterons que M. Gobert invité à nous fournir des explications techniques sur son examen, s'est dérobé ;

... Qu'en outre, avant de prêter serment, il nous a déclaré que, si nous l'avions convoqué pour lui confier une seconde expertise, régulière cette fois, dans l'affaire Dreyfus, il s'y refusait...

... Nous avons dressé procès-verbal de ce dire à toutes fins utiles ou de droit.

Observations.

tion, voilà son véritable crime. Il n'en faut pas plus pour que son témoignage soit « entaché de suspicion. »

Ce sens dubitatif est un mythe. Le point de vue juridique est quelque peu inattendu, sous la plume de Boxon d'Ormescheville, dans ce procès où toutes les règles de la procédure sont foulées aux pieds.

Il faut à M. le rapporteur des discussions techniques sur les écritures (Bertillon va lui en donner); il faut aussi, pour qu'une opinion d'expert ait quelque valeur à ses yeux, que cette opinion soit conforme à la thèse de l'accusation.

12. Voilà un aveu de nature à éclairer le lecteur sur la psychologie des tribunaux militaires jugeant à huis clos. Se refuser à entrer en des explications techniques sur une identité d'écritures qui n'existe pas, c'est « se dérober » !...

Singulière façon de se dérober. Il n'est pas possible d'être plus franc que l'expert Gobert : Il déclare tout net au rapporteur, faisant fonction de juge d'instruction, qu'il ne lui convient pas de se prêter à la forfaiture qu'on attend de lui. En style de caserne, cela s'appelle « se dérober ».

L'expert Gobert peut s'estimer heureux de n'avoir pas été impliqué dans l'affaire comme complice du capitaine Dreyfus. C'est qu'il aurait fallu aller devant la juridiction civile. Et, aux yeux des juges militaires, cette protestation tacite de l'expert con-

Rapport.

« § 13. — Ainsi que nous l'avons dit précédemment, parallèlement au travail d'examen confié à M. Gobert par le ministre de la guerre, M. Bertillon, chef

du service de l'identité judiciaire, chargé aussi d'un premier examen, avait formulé, le 13 octobre 1894 ses conclusions comme suit : « Si l'on écarte l'hypothèse d'un document forgé avec le plus grand soin, il appert manifestement que c'est la même personne qui a écrit la lettre et les pièces incriminées. »

« Dans son rapport du 23 du même mois, établi après un examen plus approfondi et portant sur un plus grand nombre de pièces, M. Bertillon a formulé les conclusions suivantes, qui sont beaucoup plus affirmatives :

« La preuve est faite, péremptoire. Vous savez quelle était mon opinion le premier jour. Elle est maintenant absolue, complète, sans réserve aucune...

« § 14. — Le rapport de M. Charavay, expert en écritures près le tribunal de la Seine, commis après prestation de serment, comporte comme le précédent une discussion technique détaillée, et

Observations.

tre l'infamie qui se prépare, au lieu d'être un avertissement salutaire, se transforme en insubordination coupable, par le seul fait qu'elle est couchée sur un procès-verbal !

13. Ce n'est pas *parallèlement*, mais *postérieurement*, que le rapporteur devrait dire.

Ce service consiste à mesurer des nez, des oreilles, des avant-bras et des cuisses ; à prendre des photographies de face et de profil. Il n'a point à s'occuper des écritures. Mais ce nom de « service de l'*identité* judiciaire » sonne bien, et sans doute donnera à penser aux juges militaires qu'il s'agit d'une *identité d'écritures*, puisque le chef dudit service la proclame.

Ce qu'il y a de véritablement admirable, dans l'opinion de Bertillon, c'est qu'elle évoque d'abord l'idée d'un « document forgé avec le plus grand soin », pour aboutir à la communauté d'origine entre les écritures.

Or, 1° le document n'était pas forgé, mais écrit de la meilleure écriture d'Esterhazy, sans aucune espèce de supercherie ; 2° il n'était pas de Dreyfus.

A cela près, Bertillon avait touché juste, grâce aux « considérations techques » si chères au rapporteur.

A la bonne heure ! Voilà un expert qui entend son métier et qui ne « se dérobe » point. Quelle leçon pour Gobert !... Et quelle noble épitaphe pour le tombeau que la reconnaissance nationale réserve sans nul doute à Bertillon !

14. Bertillon n'avait donc pas prêté serment ? C'est à déplorer, par plus d'un motif. Mais la formalité ne semblait pas nécessaire au sens juridique de M. le rapporteur, pour le « chef du service de

les conclusions qui en résultent sont ainsi formulées :

« Étant donné les constatations notées dans le présent rapport, je, expert soussigné, conclus que la pièce incriminée n° 1 est de la même main que les pièces de comparaison de 2 à 30. »

« Le rapport de M. Teyssonnières, expert en écritures près le tribunal, commis après prestation de serment, comporte comme le précédent une discussion technique détaillée des pièces à examiner; les conclusions sont ainsi formulées :

« En conséquence de ce qui précéde, nous déclarons, sur notre honneur et conscience, que l'écriture de la pièce incriminée n° 1, émane de la même main qui a tracé l'écriture des pièces de 2 à 30. »

« § 15. — Le rapport de M. Pelletier, expert en écritures près le tribunal civil de première instance de la Seine et de la Cour d'appel de Paris, commis après prestation de serment, qui portait sur la comparaison de l'écriture des documents incriminés avec celle de deux personnes, comporte comme les précédents une discussion technique relativement restreinte des pièces à examiner. Ses conclusions sont ainsi formulées :

« En résumé, nous ne nous croyons pas autorisés à attribuer à l'une ou à l'autre des personnes soupçonnées le document incriminé. »

« Il est à remarquer que MM. les experts en écritures, Charavay, Teyssonnières, et Pelletier ont été mis en rapport le jour de leur prestation de serment à la Préfecture de police avec M. Bertillon, qui les prévint qu'il se tenait à leur disposition pour la remise

l'identité judiciaire». Peut-être croyait-il que ce titre auguste met le photographe amateur au-dessus des lois. Il ne se trompait qu'à demi,

L'expert Charavay avait accepté le rendez-vous de Bertillon et aussi ses conclusions, appuyées de « pelures » de son cru superposées aux épreuves photographiques du capitaine Lauth.

Même observation pour l'expert Teyssonnières.

15. L'expert Pelletier avait décliné le rendez-vous de Bertillon et ses « pelures » photographiques. Il jugeait par lui-même, comme l'expert Gobert, et arrivait à la même conclusion. On est surpris de ne pas le voir outragé par le rapporteur. C'était sans doute pour mieux faire ressortir l'indignité de Gobert par le contraste. Aussi, peut-être, parce qu'il avait la circonstance atténuante d'une « discussion technique » et n'opposait point la question préalable aux prétentions de l'officier instructeur. Celui-ci, néanmoins, constate que la discussion technique de M. Pelletier est « relativement restreinte », et cela l'afflige, au point de vue esthétique. Son idéal est très nettement Bertillon, avec ses trois heures de démonstration, son plan de forteresse et surtout son opinion ABSOLUE, COMPLÈTE, SANS RÉSERVE AUCUNE. On ne peut pas avoir deux Ber-

Rapport.

de certaines pelures dont les photographies n'étaient pas encore terminées et qui avaient une grande importance au point de vue des comparaisons à faire entre les écritures. Des trois experts précités, deux seulement sont revenus voir M. Bertillon pour recevoir communication de ces pelures, ce sont MM. Charavay et Teyssonnières ; le troisième, M. Pelletier, ne s'est pas présenté et a fait son travail, qui portait cependant sur la comparaison de deux écritures au lieu d'une avec la lettre incriminée, sans s'aider des documents que devait lui remettre M. Bertillon et qui offraient cependant autant d'intérêt pour lui que pour ses collègues.

« § 16. — Le capitaine Dreyfus a subi un long interrogatoire devant M. l'officier de police judiciaire ; ses réponses comportent bon nombre de contradictions, pour ne pas dire plus.

« Parmi elles, il y en a qui sont particulièrement intéressantes à relever ici, notamment celle qu'il fit au moment de son arrestation, le 15 octobre dernier, lorsqu'on le fouilla et qu'il dit : « Prenez mes clefs, ouvrez tout chez moi, vous ne trouverez rien. »

« La perquisition, qui a été pratiquée à son domicile, a amené où, à peu de choses près, le résultat indiqué par lui. »

Observations.

tillon dans un procès : ce serait trop beau.

Il est vrai qu'on a eu le seul et unique Bertillon dans *deux* procès, celui du capitaine Dreyfus et celui d'Esterhazy. Et, dans le second cas comme dans le premier, il a exercé sa bienfaisante influence sur les experts du ministère public.

Pourquoi deux écritures de comparaison différentes ont-elles été fournies à l'expert Teyssonnières et point aux autres ? Mystère insondable. Mais la fin du fin est de faire de cette circonstance même une sorte de reproche à l'expert Teyssonnières, pour infirmer sa conclusion, qui en est d'autant plus probante. Non seulement il ne juge pas le bordereau écrit de la main de Dreyfus, mais il ne le juge pas davantage écrit de l'autre main anonyme (ou imaginaire) offerte à son choix. C'est ce qu'on peut appeler chez un expert de l'accusation, le comble de la perversité.

16. Si le rapporteur avait *plus* à dire, il a perdu là une belle occasion de le faire.

Le capitaine Dreyfus annonce qu'on ne trouvera rien (à ce qu'avoue le rapporteur lui-même). On ne trouve rien. C'est ce qu'il appelle une CONTRADICTION. Comprenne qui pourra.

Mensonge abominable. Un très grand nombre de lettres, toutes les notes de fournisseurs depuis le mariage (1890), tous les titres et comptes de ménage ont été trouvés et saisis par du Paty de Clam et Cochefert, dans le tiroir du capitaine Dreyfus. Et ces comptes, de l'aveu même de du Paty de Clam, montrent sa fortune intacte, les dépenses au-dessous du revenu.

Rapport.

« Mais il est permis de penser que si aucune lettre, même de famille, sauf celles des fiançailles adressées à Mme Dreyfus, aucune note, même de fournisseurs, n'ont été trouvées dans cette perquisition. C'est que tout ce qui aurait pu être, en quelque façon compromettant, avait été ou caché, ou détruit de tout temps.

« § 17. — Tout l'interrogatoire subi devant M. l'officier de police judiciaire est émaillé de dénégations persistantes et aussi de protestations du capitaine Dreyfus contre le crime qui lui est reproché.

§ 18. Au début de cet interrogatoire, le capitaine Dreyfus avait d'abord dit qu'il lui semblait reconnaître dans le document incriminé l'écriture d'un officier employé dans les bureaux de l'État-Major de l'armée ; puis, il a déclaré retirer cette allégation, qui, d'ailleurs, devait tomber d'elle-même en présence de la dissemblance complète et évidente du type graphique de l'écriture de l'officier visé avec celle du document incriminé.

Observations.

Hypothèse odieuse, sans preuve aucune et, par conséquent, négligeable. L'absence de tout papier compromettant chez un officier laborieux considéré comme un élément de suspicion et de culpabilité !... Un Laubardemont ou un Jefferies n'eussent pas trouvé mieux.

17. Une trouvaille de style, cet « interrogatoire *émaillé* de dénégations persistantes et de protestations ». Voit-on ce mécréant d'accusé qui se permet de nier et de protester ? Cela paraît si inconvenant à l'État-Major, que bientôt il fabriquera des aveux de Dreyfus, pour le mettre à l'alignement et conformer son attitude à l'idéal des conseils de guerre. Mais, en attendant le gendarme Lebrun-Renault, il n'y a pas d'erreur : l'accusé nie, l'accusé proteste ; c'est un état d'âme que le rapporteur, avec du Paty de Clam, le psychologue, trouve inexplicable et scandaleux. Il leur faudrait un accusé pleurnichant, confessant une culpabilité au moins partielle, par respect pour ses chefs hiérarchiques, et plaidant les circonstances atténuantes. Un accusé qui nie tout paraît à ces jésuites un révolté et un blasphémateur.

18. Nouveau mensonge. Au début de l'interrogatoire, le document incriminé NE FUT PAS MONTRÉ A L'ACCUSÉ. Il ne pouvait donc dire qu'il lui semblait vaguement reconnaître, etc.... Voici ce qui se passa. Un soir, du Paty de Clam entra dans la chambre du capitaine Dreyfus avec Gribelin et lui montra une « pelure » photographique portant cette ligne d'écriture : *Je vais partir en manœuvres.* — Connaissez-vous cette écriture ? demanda-t-il d'un ton menaçant.

Le capitaine Dreyfus examina l'é-

Rapport.	Observations.
	preuve photographique et, comme résultat de cet examen, dit qu'il lui semblait VAGUEMENT reconnaître l'écriture du capitaine Brault.
	Du Paty emporta ce renseignement, en se promettant sans nul doute de l'envenimer.

Sans nouvelles m'indiquant que vous
désirez me voir, je vous adresse cependant,
Monsieur, quelques renseignements intéressants.

1° une note sur le frein hydraulique
du 120 et la manière dont s'est conduite
cette pièce.

2° une note sur les troupes de couverture
(quelques modifications seront apportées par
le nouveau plan).

3° une note sur une modification aux
formations de l'artillerie.

4° une note relative à Madagascar.

5° le projet de manuel de tir de
l'artillerie de campagne (14 mars 1894.)

Écriture du bordereau (recto).

De son côté, le capitaine Dreyfus, qui s'était ainsi prononcé dans un moment de surprise et d'irréflexion, se dit qu'il avait, trop légèrement et sans certitude suffisante, répondu à une question dont il ignorait le but et la portée. Aussitôt que du Paty de Clam se présenta de nouveau dans sa cellule, le capitaine Dreyfus lui déclara qu'il retirait sa dé-

Rapport   **Observations**

claration hypothétique et ne savait véritablement pas à qui pouvaient être attribués les mots de l'épreuve photographique.

Mon cher Paul,
Quand tu te plaignais à moi de ne savoir que faire, je te disais que le seul moyen de ne jamais s'ennuyer, était de savoir s'occuper, soit intellectuellement, soit manuellement. Comme tu me demandais, avec un petit air de doute, de te citer des exemples de ce genre de plaisirs qui fussent à ta portée, je t'ai indiqué charitablement le tennis, le cricket etc....., aussi

Écriture d'Alfred Dreyfus (recto).

— En ce cas, de qui est l'écriture ?... avouez donc que c'est la vôtre ! s'écria du Paty de Clam.
— Ce n'est pas la mienne.
— Dites-nous alors de qui elle est ?

Rapport.

§ 19. Une autre réponse extraordinaire faite au cours du premier interrogatoire, et maintenue devant nous, est celle relative à l'insécurité des documents secrets et confidentiels, qui, d'après le capitaine Dreyfus, n'auraient pas été en parfaite sûreté au 4ᵉ bureau de l'État-Major, à l'époque où il y faisait son stage. Cette allégation d'insécurité n'a été confirmée par aucun témoin entendu à ce sujet ; elle devait cependant avoir un but dans l'esprit de son auteur.

§ 20. — Il existe enfin, dans le premier

Observations.

— Je l'ignore... conduisez-moi au ministère, laissez-moi chercher, peut-être trouverai-je...

Du Paty de Clam haussa les épaules et s'en alla.

Le capitaine Dreyfus savait si peu, à cette phase de l'instruction, de quoi il était accusé, qu'il se croyait impliqué dans une affaire de vol de documents émanant de plusieurs officiers.

19. Croyez-vous donc qu'il ne *traîne* jamais des documents prétendus secrets, sur les tables du 4ᵉ bureau ? s'était écrié le capitaine Dreyfus au cours d'un interrogatoire. Et le rapporteur, qui n'a jamais appartenu à l'État-Major, trouve cette « réponse » extraordinaire. Il suffit, pour la comprendre, de savoir ce qui se passe dans tous les bureaux de la guerre. Les documents, secrets ou non, quand ils sont à la copie, *traînent* nécessairement sur les tables. L'employé chargé de la copie n'a pas le fétichisme du secret ; il va, vient, se lève, sort du bureau, y rentre, en laissant l'original sur sa table, avec l'insouciance que la familiarité donne pour les objets du culte à tous ceux qui les manient.

En constatant le fait, le capitaine Dreyfus alléguait donc une vérité incontestable et n'avait d'autre but, se croyant accusé de vol de documents, que d'expliquer l'insécurité occasionnelle de beaucoup de documents. Ce dire était tout naturel et n'avait rien d'extraordinaire. Mais, d'une part, il plaisait à l'accusation de vouloir que le capitaine Dreyfus eût avec la plus grande facilité détourné des papiers secrets et confidentiels ; de l'autre, elle ne voulait pas admettre et contestait positivement, comme une hérésie, l'insécurité relative et accidentelle de quelques-uns des papiers de l'État-Major.

20. — Le rapporteur juge ces « ré-

interrogatoire, des réponses absolument incohérentes, telles que celles-ci : « Les experts se trompent, la lettre-missive incriminée est celle d'un faussaire ; on a cherché à imiter mon écriture ; la lettre incriminée a pu être établie à l'aide de fragments de mon écriture, colligés avec soin, puis réunis pour former un tout qui serait cette lettre ; l'ensemble de la lettre ne ressemble pas à mon écriture ; on n'a même pas cherché à l'imiter.

ponses » incohérentes. Elles sont l'image même, très sincère et très nette, des incertitudes et des opinions successives auxquelles les fragments d'accusation qui lui étaient opposés livraient l'esprit de l'infortuné capitaine, mis à la question par du Paty de Clam.

On lui montre d'abord une ligne où il croit *vaguement* reconnaître l'écriture du capitaine Brault. Il le dit, puis, après réflexion, rétracte ce dire et demande qu'il n'en soit pas tenu compte.

Une autre fois, du Paty de Clam lui montre des calques sur papier transparent de deux ou trois mots du bordereau et qui paraissent se superposer assez exactement sur les mots similaires pris dans des lettres de Dreyfus. Celui-ci s'écrie aussitôt :

« C'est extraordinaire !... *on m'a volé mon écriture...*

De là à développer mentalement cette donnée, à penser et à dire qu'on a pu colliger et décalquer des fragments de son écriture pour en faire un tout, la distance n'est pas grande. Mais l'accusé ne sait toujours pas qu'il s'agit du bordereau ou lettre-missive — il ne peut donc pas en parler, et le rapporteur ment une fois de plus en travestissant les réponses qu'il a pu faire alors.

Enfin, dans les derniers jours de l'enquête, le bordereau est montré à l'accusé, sous la forme d'une copie photographique. Aussitôt il s'écrie : « Mais ce n'est pas là mon écriture !... L'ensemble de la lettre *ne ressemble même pas à mon écriture !... on n'a même pas cherché à l'imiter !...*

Et c'est l'évidence même. Il n'y a pas dans ces jugements successifs la moindre incohérence. Ils montrent la parfaite sincérité de l'accusé et sont d'une logique rigoureuse, correspondant au développement graduel des communications qui lui sont faites par son bourreau.

Rapport.

« § 21. — Dans l'interrogatoire qu'il a subi devant nous, les réponses du capitaine Dreyfus ont toujours été obtenues avec une grande difficulté, et il est facile de s'en rendre compte par le nombre considérable de mots rayés qui figurent dans le procès-verbal.

« Quand le capitaine Dreyfus hasardait une affirmation, il s'empressait généralement de l'atténuer par des phrases vagues ou embrouillées, essayant toujours, malgré toutes nos observations, de questionner ou d'engager la conversation sans être d'ailleurs invité à formuler réponse.

Pendant la suspension d'audience, les indiscrets examinaien

« Ce système, si nous nous y étions prêté, aurait pu avoir des conséquences fâcheuses pour la forme même de l'interrogatoire, étant donné l'habileté du capitaine Dreyfus.

« 22. — Si l'on compare les réponses que nous a faites le capitaine Dreyfus avec les dépositions de quelques témoins entendus, il en résulte cette péni-

Observations.

21. — Le véritable tort du capitaine Dreyfus fut de répondre un seul mot à cet interrogatoire abominable et secret. Le « nombre considérable de mots rayés » au procès-verbal prouve simplement que le greffier déformait ou exagérait le sens et la portée de ses réponses, comme il arrive TOUJOURS en pareil cas, et qu'il était nécessaire d'en corriger le texte avec le plus grand soin, à la lecture.

Le tortionnaire questionné par le torturé : voilà encore ce qui choque le rapporteur comme une hérésie damnable ! Il considère qu'il a le droit de poser à Dreyfus les questions les plus saugrenues, auxquelles celui-ci sera tenu de répondre sur l'heure, en style lapidaire et sans retouches; il ne saurait admettre que l'inculpé se permette la liberté grande de questionner à son tour, de demander à savoir de quoi on l'accuse, ou « d'engager la conversation » sans être formellement invité à formuler réponse. Telle est l'idée que se font de la justice les juges d'instruction militaire, pour ne rien dire de la plupart des juges civils !

Évidemment, l'infortuné rapporteur a craint un instant de passer du rôle d'accusateur à celui d'accusé. Mais il s'est repris, et de

resté sur la table du Conseil (*Dessin de H.-G. IBELS*).

sa plus grosse voix a rappelé l'inculpé à la pudeur.

22. Allégation sans preuve et qui ne correspond à rien dans les dépositions des témoins. Le rapporteur en est réduit à donner une « impression », à dé-

Rapport.	Observations.
ble impression qu'il voile souvent la vérité et que, toutes les fois qu'il se sent serré de près, il s'en tire sans trop de difficulté, grâce à la souplesse de son esprit.	faut de preuve. Cette impression repose exclusivement sur son propre parti pris de voir un coupable dans l'officier irréprochable qu'il a devant lui.
« § 23. — En somme, il résulte de la déposition de plusieurs témoins que le capitaine Dreyfus a attiré sur lui la juste suspicion de ses camarades qui le lui ont montré d'une façon bien nette : comme	23. C'est du Paty de Clam qui avait systématiquement créé cette suspicion contre l'officier israélite, dans les bureaux de la guerre, immédiatement avant l'enquête, par des insinuations répétées.
le capitaine Boullenger, en ne répondant pas aux questions indiscrètes qu'il lui posa sur des affaires secrètes ou confidentielles qu'il traitait ; ou encore comme	Dreyfus s'était borné à lui demander, en le rencontrant dans un couloir : — Quoi de nouveau au 4ᵉ bureau ?
le capitaine Besse, qui le voyant travailler dans son bureau le 8 septembre dernier sur du papier particulier au lieu de le faire sur un document similaire à celui qu'il avait à mettre jour, lui en fit l'observation ;	Le capitaine Dreyfus travaillait sur la carte même qui lui avait été remise par le commandant Mercier-Milon. Le fait a été établi.
ou encore le capitaine Maistre, lui disant qu'il lui communiquerait les travaux confidentiels dont il pourrait être chargé, mais sur place et dans son bureau seulement.	Le capitaine Maistre échangeait avec son collègue Alfred Dreyfus des travaux personnels et non confidentiels, notamment sur le jeu de la guerre. Fait établi.
Il semble que ce système de furetage, de conversations indiscrètes voulues, d'investigations en dehors de ce dont il était chargé, que pratiquait le capitaine Dreyfus, était surtout basé sur la nécessité de se procurer le plus de renseignements divers possibles, oraux ou écrits, avant de terminer son stage à l'État-Major de l'armée. Cette attitude est louche, et, à nombre de points de vue, présente une grande analogie avec celle des personnes qui pratiquent l'espionnage.	Au lieu de dire furetages, conversations indiscrètes — il fallait dire curiosité scientifique, désir intense de s'instruire sur tous les détails de sa profession, ferme résolution d'apprendre à l'État-Major tout ce qu'un officier a besoin de savoir pour se préparer au commandement. Il n'y a rien de louche dans cette attitude, et si elle peut, en effet, être confondue avec celle des personnes qui pratiquent l'espionnage, c'est un malheur, mais ce n'est pas un crime.
Aussi, en dehors de la similitude remarquable de l'écriture du capitaine Dreyfus avec celle du document incriminé, cette attitude a été un facteur	Aveu formel et capital, qu'en dehors de cette « attitude » prétendue et du « document incriminé », qu'on lui attribue faussement — il n'y avait RIEN contre

Rapport.

sérieux à son passif, lorsqu'il s'est agi de le mettre en état d'arrestation et d'instruire contre lui.

« § 24. — La conduite privée du capitaine Dreyfus est loin d'être exemplaire. Avant son mariage, depuis 1884 notamment on le trouve en relations galantes avec une femme X..., plus âgée que lui, mariée, riche, donnant des repas auxquels il est convié, car il est l'ami de M. X..., négociant à Paris. Les relations dont il vient d'être parlé durèrent fort longtemps.

A la même époque, le capitaine Dreyfus est également en relations avec une femme Dida, aussi plus âgée que lui, mariée, fort riche, qui a la réputation de payer ses amants et qui, à la fin de 1890, fut assassinée à Ville-d'Avray par Wladimiroff. Le capitaine Dreyfus, qui était alors à l'École de guerre et qui

venait de se marier, fut cité comme témoin dans cette scandaleuse affaire, jugée par la cour d'assises de Versailles le 25 janvier 1891.

Pendant son séjour à l'École de pyrotechnie de Bourges, il a pour maîtresse une femme mariée; il en a une autre à Paris, également mariée, et qu'il rencontre quand il y vient.

En dehors de ces relations, avouées par le capitaine Dreyfus, parce qu'il n'a pu les nier, il était, avant son mariage ce qu'on peut appeler un coureur de

Observations.

le capitaine Dreyfus LORSQU'IL S'EST AGI DE LE METTRE EN ÉTAT D'ARRESTATION. (Mais, depuis, Henry s'est employé à corser le dossier.)

24. Cette partie de l'acte d'accusation en est peut-être la plus affligeante. Voir un officier, devant un conseil de guerre — tirer de deux ou trois aventures galantes, contre un autre officier, la conclusion que celui-ci est un traître — c'est un de ces miracles d'hypocrisie où se révèle la main du jésuite. Quel est celui des juges, quel est celui des témoins, quel est celui des spectateurs militaires qui aurait pu échapper à une telle imputation? Quelle est l'armée européenne où elle ne ferait pas sourire? Schopenhauer lui-même, qui dînait tous les jours à table d'hôte avec les officiers de la vertueuse Allemagne, n'a-t-il pas parié, pendant dix ans, un frédéric d'or, que ces officiers ne passeraient pas un quart d'heure sans parler « femmes ou chevaux »?

Il fut cité comme témoin et déclara n'avoir jamais eu, avec Mᵐᵉ Dida, que des relations mondaines ordinaires. Il paraît qu'aux yeux de la justice militaire, figurer comme témoin dans un procès équivaut au rôle d'accusé.

En quoi la circonstance du mariage, chez ces dames, est-elle aggravante pour l'accusé?

Encore une idée de jésuite, demandant assidûment, au confessionnal, s'il s'agit d'une « femme mariée », parce qu'en ce cas, prévu à la *Somme des péchés*, la redevance en patenôtres sera plus forte.

Il faut être singulièrement à court de preuves contre un officier pour l'interroger assidûment sur de pareilles sornettes. A remarquer la formule « avouées

Rapport.

femmes, il nous l'a d'ailleurs déclaré au cours de son interrogatoire.

Depuis son mariage a-t-il changé ses habitudes à cet égard? Nous ne le croyons pas, car il nous a déclaré avoir arrêté la femme V... dans la rue, en

Observations.

parce qu'il n'a pu les nier ». Le capitaine Dreyfus pouvait donc nier les autres charges ?

Toujours le même relent de confessionnal et le besoin de fourrer le nez où il n'a que faire, caractéristique du « directeur de conscience ».

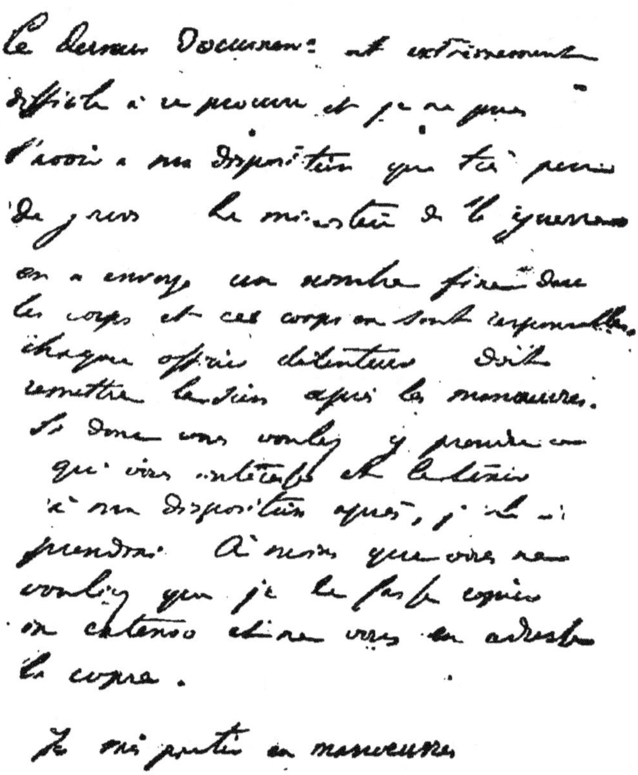

Écriture du bordereau (*verso*).

Rapport.

1893, et avoir fait la connaissance de la femme Z .. au concours hippique, en 1894. La première de ces femmes est Autrichienne.

... Parle bien plusieurs langues, surtout l'allemand;

Observations.

Grave reproche aux yeux de l'autorité militaire. On l'a déjà opposé à Dreyfus. On l'opposera à Picquart. Savoir l'alle-

Rapport.	Observations.
	mand est couramment considéré comme présomption d'espionnage, quoi qu'on l'exige aux examens.

J'espère donc qu'en arrivant
tu veux passer quatre jours à Châtou
te d'ingénierie à leur distraire.
Je pourrai juger ta décision,
jusqu'on va ton habileté !

Quant à ma voiture, elle sera
de nouveau sur pied dans huit
jours, car nous nous sommes décidé
lui et moi, à la faire réparer
J'espère donc qu'elle occupera un
jour la place qui lui a été réservée
dans le parc de Châtou

Travaille donc, mon cher Paul,
tu n'as que quelques jours devant toi
pour te nous prouver que ton
activité est plus grande que celle
qui ressort de ta lettre
Je t'embrasse son cheval
Alfred

Écriture d'Alfred Dreyfus (verso).

.. Elle a un frère officier au service de l'Autriche ;	Autre présomption grave ! Il n'est pas permis d'avoir un frère au service de l'Autriche. Mais ce qu'il y a de pis, c'est d'avoir un frère résidant à Strasbourg ou à Metz. Dans la poétique du

Rapport.	Observations.
	Gésù, on ne doit pas être Alsacien, c'est malséant, inconvenant et suspect. Si l'on ajoute à cette imprudence celle d'avoir opté pour la nationalité française, de savoir l'allemand et d'avoir conservé des intérêts ou des parentés en Alsace, on est mûr pour l'île du Diable.
... C'est une femme galante, quoique déjà âgée, le commandant Gendron nous l'a déclaré.	Pourquoi le commandant Gendron n'est-il pas accusé de haute trahison, s'il connaît, lui aussi, cette femme, et si le fait de la connaître constitue une présomption contre le capitaine Dreyfus ?
« Le capitaine Dreyfus lui a indiqué sa qualité, l'emploi qu'il occupait, lui a écrit et lui a fait des visites et finalement s'est retiré parce qu'elle ne lui a pas paru catholique (*sic*).	En quoi tout cela implique-t-il trahison chez le capitaine Dreyfus ? C'est, au contraire, la conduite d'un officier correct et loyal ; il se retire, dès qu'il a sujet de comprendre qu'il a mal placé ses affections. Le général de Cissey, qui n'a jamais passé en conseil de guerre, savait fort bien ce qu'était la Kaulla et, loin de la quitter, il laissait traîner chez elle son portefeuille ministériel.
... Ensuite il l'a traitée de sale espionne. Et, après son arrestation, son esprit est hanté par l'idée qu'elle l'a trahi.	Preuve directe de la parfaite innocence du capitaine Dreyfus, ajoutée à tant d'autres preuves indirectes. Arrêté et mis au secret sous une inculpation qu'il ignore, il cherche assez naturellement l'explication de cette aventure. Retrouvant dans ses souvenirs l'image d'une femme galante qui lui avait laissé l'impression d'une espionne et qu'il avait quittée aussitôt, il lui vient à la pensée que cette arrestation est peut-être un tour de sa façon. L'hypothèse n'a rien d'absurde. Le rapporteur y voit une chimère, parce qu'il sait bien, lui, que cette femme n'est rien dans l'affaire. Le capitaine Dreyfus est moins bien renseigné. Mais la supposition même qui le hante, montre combien il est loin de soupçonner la vérité. Très sottement, le rapporteur fournit donc le meilleur argument qu'il puisse apporter à la défense.

Un mur derrière lequel il se passe quelque chose (*Dessin de COUTURIER*).

Rapport.

« § 24. — En ce qui concerne la femme Z... Bien que le capitaine Dreyfus prétende n'avoir jamais eu avec elle que des relations passagères, il est permis de croire le contraire, si on se réfère aux deux faits ci-après reconnus exacts par lui au cours de son interrogatoire : 1° une lettre écrite en juillet ou août dernier au capitaine Dreyfus, se terminant par ces mots « à la vie à la mort! » 2° qu'il y a environ quatre mois, il a proposé à la femme Z... de lui louer une villa pour l'été, à la condition qu'elle serait sa maîtresse. L'idée du capitaine Dreyfus en lui faisant cette offre était sans doute de faire cesser ses relations avec un médecin qui l'entretenait (!!!) La femme Z... était mariée ou passait pour l'être...

... Le capitaine Dreyfus nous a déclaré avoir rompu avec elle parce qu'il s'était aperçu qu'elle en voulait plutôt à sa bourse qu'à son cœur *(sic)*.

« § 25. — Bien que le capitaine Dreyfus nous ait déclaré n'avoir jamais eu le goût du jeu, il appert cependant des renseignements que nous avons recueillis à ce sujet qu'il aurait fréquenté plusieurs cercles de Paris où l'on joue beaucoup. Les cercles-tripots de Paris, tels que le Washington-Club, le Betting-Club, les cercles de l'Escrime et de la Presse n'ayant pas d'annuaire et leur clientèle étant en général peu recommandable, les témoins que nous aurions

Observations.

24. Le rapport tourne au *Décaméron*. Quelle lumière ces histoires grotesques peuvent elles apporter à la justice? Il faut le sadisme dévot d'un du Paty de Clam, pour s'arrêter à ces contes de lavandière et pour leur donner place dans un acte d'accusation.

Tout cela était tiré, d'ailleurs, de rapports de police non datés et non signés. Le capitaine Dreyfus en avait si peu reconnu l'exactitude, qu'il la nia formellement, aux débats, et que le commissaire Brisset s'empressa de battre en retraite.

Le but de cette misérable exhibition paraît avoir été d'établir que le capitaine Dreyfus avait des dépenses secrètes, non portées aux livres du ménage et, par conséquent, des ressources secrètes aussi. Donc, il trahissait et demandait ces ressources à Schwarzkoppen! C'est purement inepte.

En ce cas, que devient le système de la trahison servant à alimenter un goût morbide pour les femmes *mariées*? S'agit-il de souligner indirectement l'ignoble insinuation, contenue dans un paragraphe antérieur du rapport, que le capitaine Dreyfus aimait plus particulièrement les femmes mariées et *riches*, afin de dîner chez elles? Mais alors, la thèse des ressources spéciales demandées à la trahison n'a plus de sens...

25. C'est le banal rapport de police, toujours fait sur modèle uniforme (le coût est de 6 fr. 25, dont 2 francs pour le déjeuner de l'inspecteur) : « joueur, coureur de femmes, fréquente les tripots. »

Avec un pareil système, on pourrait toujours énoncer dans un acte d'accusation les allégations les plus calomnieuses et c'est ici le cas. Il est certain que le capitaine Dreyfus n'était pas joueur. Tous les joueurs de Paris se connaissent et au-

Rapport.

pu trouver auraient été très suspects ;
nous nous sommes par suite dispensés
d'en entendre.

« § 26. — Détails sur la famille et la
carrière militaire du capitaine Dreyfus,
précédemment dressés d'après le texte
même de l'acte d'accusation, et qu'il
serait oiseux de reproduire.

« § 27. — Lors des examens de sortie
de l'École de guerre, le capitaine Dreyfus a prétendu qu'il devait à la cote dite
d'amour, d'un général examinateur,
d'avoir eu un numéro inférieur à celui
qu'il espérait obtenir : il chercha alors à
créer un incident en réclamant contre
cette cote, et partant contre le général
qui la lui avait donnée. Il prétendit que
cette cote, qui était 5, lui avait été donnée de parti pris et en raison de la religion à laquelle il appartient; il attribua
même au général examinateur en question des propos qu'il aurait tenus à ce
sujet. L'incident qu'il créa n'eut pas la
suite qu'il espérait ; mais, depuis cette

Observations.

raient pu en porter témoignage. La liste
des habitués des cercles énumérés, si
elle n'est pas imprimée sous forme d'annuaire, est obligatoire pour tous les
tripots et tenue à jour par la police des
jeux. Il n'y a rien de plus aisé à consulter pour un juge d'instruction. On ne
saurait douter que le rapporteur du
premier conseil de guerre et, avant lui,
du Paty de Clam n'eussent acquis la
certitude que Dreyfus n'était pas joueur
et qu'il disait vrai, en affirmant qu'il
était allé une seule fois au Cercle de
la Presse, huit ans plus tôt, *pour y
dîner*. Mais, ayant fait grand bruit de ce
mobile prétendu de trahison, ayant intérêt à ne pas le supprimer directement,
l'accusation se contente de l'écourter, en
alléguant l'impossibilité chimérique des
vérifications. C'était chose possible à
huis clos. Cela n'eût pas tenu une heure
en audience publique ; vingt journaux
auraient crié au mensonge.

27. Ceci est le second mobile hypocri-
tement assigné à la prétendue trahison
du capitaine Dreyfus. Après avoir
adroitement cherché dans la passion du
jeu, puis dans la passion des femmes
des causes de pénurie tout à fait imaginaires et contredites par les comptes
mêmes du ménage, on se rejette sur
une autre thèse. Dreyfus serait une
sorte de petit Coriolan, exaspéré contre
son ingrate patrie et résolu à se venger
d'elle. Cette histoire, pas plus que la
première, ne supporte l'examen. Dreyfus traitait d'infamie la conduite de son
examinateur. Ce n'est pas le premier ni
le seul candidat qui en ait fait autant.

Observations.

époque, il n'a cessé de se plaindre, se disant victime d'une injustice qu'il traite même à l'occasion d'infamie.

« Il est à remarquer que la cote dont se plaint le capitaine Dreyfus était secrète ; on s'étonne, à bon droit, qu'il ait pu la connaître, si ce n'est par une indiscrétion qu'il a commise ou provoquée. Comme l'indiscrétion est le propre de son caractère, nous n'avons pas lieu de nous étonner qu'il ait pu connaître cette cote secrète.

« § 28. — Les notes successives obtenues par le capitaine Dreyfus depuis son entrée au service sont généralement bonnes, quelquefois même excellentes, à l'exception de celles qui lui ont été

Observations.

Les a-t-on jamais accusés de trahison sous un prétexte aussi futile ? Il n'a jamais cessé d'aimer et de servir sa patrie, et ses accusateurs n'ont jamais établi contre lui l'ombre d'une preuve sérieuse.

Que signifie cette remarque ? Veutelle faire supposer que le capitaine Dreyfus a connu cette note secrète par l'Allemagne ? Ce serait attribuer à cette puissance un service de renseignements singulièrement bien conduit. L'affaire est plus simple : le rapporteur ne sait ce qu'il dit ou ne veut pas dire ce qu'il sait.

La cote 5 avait été attribuée au capitaine Dreyfus par le général Bonnefond, qui l'avait déclaré lui-même, loin de s'en cacher, et s'en était vanté comme d'une œuvre pie. Les propos tenus par Bonnefond avaient permis à Dreyfus, sans qu'il y eut la moindre indiscrétion de sa part, de connaître cette cote et de s'en plaindre à son chef le général Lebellin de Dionne. Tel est « l'incident qu'il créa ».

Interrogé sur ce sujet par le rapporteur d'Ormescheville, Dreyfus lui conta l'affaire, aussitôt le rapporteur lui donna un démenti en le menaçant de citer comme témoins les généraux Bonnefond et Lebeilin de Dionne. Dreyfus déclara qu'il en serait fort aise. Sur quoi, les deux généraux, qui auraient assurément confirmé ses dires, ne furent pas assignés et d'Ormescheville, avec la collaboration de du Paty, donna de l'incident la version qui se trouve au Rapport.

28. — Le capitaine Dreyfus, ainsi que le constate le Rapporteur, n'a jamais eu de notes défavorables qu'au 4ᵉ bureau, qui avait pour chef le colonel Fabre. Or, le colonel Fabre voyait tout par les

Rapport.

données par M. le colonel Fabre, chef du 4° bureau de l'État-Major de l'armée.

« § 29. — En ce qui concerne les voyages du capitaine Dreyfus, il résulte de ses déclarations à l'interrogatoire qu'il pouvait se rendre en Alsace en cachette à peu près quand il le voulait, et que les autorités allemandes fermaient les yeux sur sa présence. Cette faculté de voyager clandestinement qu'avait le capitaine Dreyfus contraste beaucoup avec les difficultés qu'éprouvaient, à la même époque et de tout temps, les officiers ayant à se rendre en Alsace pour obtenir des autorisations ou des passeports des autorités allemandes.

« Elle peut avoir une raison que le peu de temps qu'a duré l'enquête ne nous a pas permis d'approfondir.

« § 30. — En ce qui concerne les insinuations du capitaine Dreyfus sur des faits d'amorçage qui se pratique-

Observations.

yeux de son subordonné le commandant Bertin, qui de prime abord, par l'unique raison que Dreyfus était israélite, lui avait témoigné l'aversion aveugle dont les jésuites n'ont pas le monopole, mais qui est leur caractéristique et fait partie de leur doctrine.

A noter : le colonel Fabre, seul chef hiérarchique d'Alfred Dreyfus qui lui eût jamais donné des notes défavorables est précisément le premier officier de l'État Major qui ait prétendu reconnaître, dans l'écriture du bordereau, la main de Dreyfus. Il est d'ailleurs probable que cette idée lui avait été suggéré ou soufflée par du Patty de Clam.

29. — Nouveau mensonge. Il ne résulte nullement de ses déclarations à l'interrogatoire que le capitaine Dreyfus pouvait se rendre en Alsace en cachette à peu près quand il le voulait et que les autorités allemandes fermaient les yeux sur sa présence. Il résulte de ses déclarations précisément le contraire.

1° En sept ans, le capitaine Dreyfus est allé en Alsace quatre fois, dont une à l'occasion de la mort de son père.

2° Depuis la loi sur les passeports (1886) il s'est vu constamment refuser par les autorités allemandes les passeports qu'il demandait.

3° A trois reprises, il est entré clandestinement en Alsace en passant par la Suisse et en prenant soin de ne pas se montrer au dehors pendant son séjour à Mulhouse.

L'insinuation impliquée par cette remarque manque de toute base, de toute preuve; c'est une infamie du rapporteur, parmi tant d'autres infamies.

30. — Jamais le capitaine Dreyfus, ni à l'instruction, ni ailleurs n'a fait la moindre allusion à des faits d'amorçage.

Rapport.

raient, selon lui, au ministère de la guerre, elles nous semblent avoir eu pour objet de lui ménager un moyen de défense s'il était arrêté un jour porteur de documents secrets ou confidentiels.

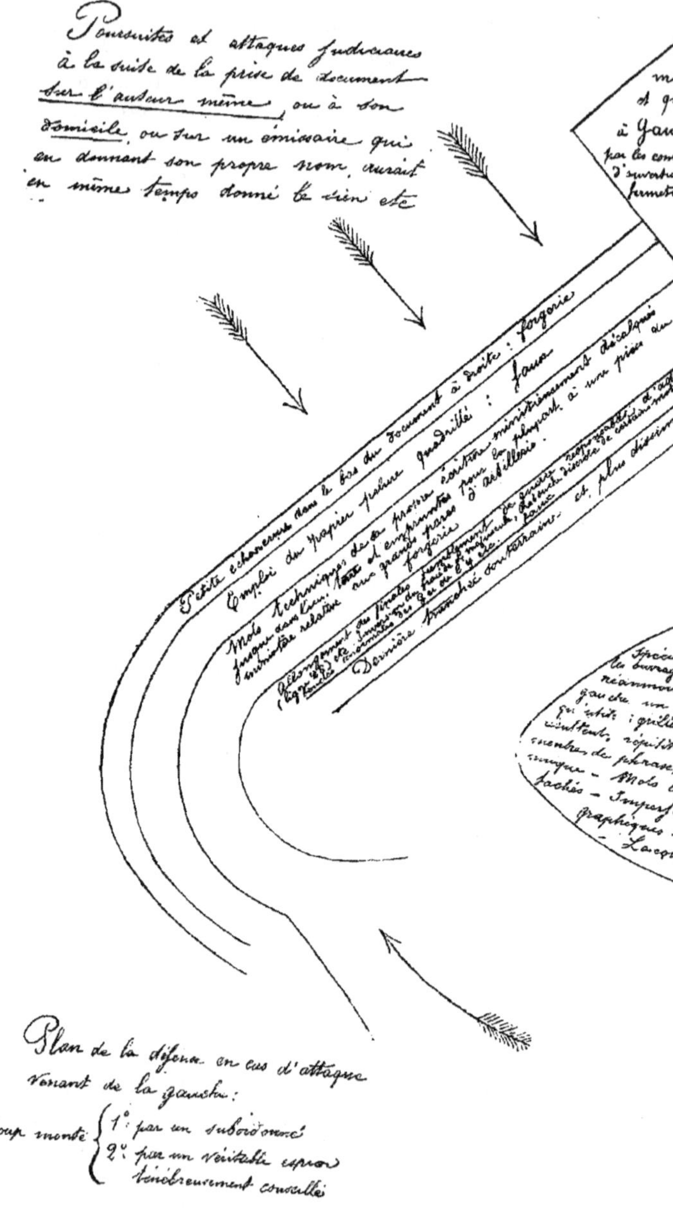

« C'est sans doute cette préoccupation qui l'a amené à ne pas déguiser davantage son écriture dans le document incriminé.

« Par contre, les quelques altérations volontaires qu'il y a introduites ont eu pour objet de lui permettre de l'arguer de faux pour le cas plus improbable où le document, après être parvenu à destination, ferait retour au ministère, par suite de circonstances non prévues par lui.

LA FORTERESSE D

Observations.

Aucun témoin ne l'a allégué. La thèse de l'amorçage qui lui est mensongèrement attribuée était celle de Mercier, (rapportée par du Paty de Clam) qui, d'abord, voyait là une explication possible pour les faits mis à la charge de Dreyfus et qui suggérait cette hypothèse. Quant à l'accusé, il n'en n'avait jamais dit un mot; il n'avait jamais cherché un moyen de défense quelconque pour un crime absolument imaginaire ; il n'avait pas à craindre d'être trouvé porteur de documents, n'en ayant jamais détourné.

« Ne pas déguiser davantage son écriture » restera le chef-d'œuvre de ce rapport monumental, étant donné que l'écriture est celle d'Esterhazy.

C'est, en résumé, la thèse de Bertillon. Inepte et folle avant les découvertes relatives à Esterhazy, elle devient criminelle après ces découvertes.

... ON (Fac similé).

Rapport.

« § 31. — Quant aux preuves relatives à la connaissance qu'avait le capitaine Dreyfus des actes ou documents incriminés dans la lettre-missive incriminée et qui l'ont accompagnée, le premier interrogatoire aussi bien que celui qu'il a subi devant nous établissent, malgré les dénégations subtiles qu'il y a opposées, qu'il était parfaitement en mesure de les fournir.

« § 32. — Si nous examinons ces notes ou documents, nous trouvons d'abord la note sur le frein hydraulique du 120. L'allégation produite par le capitaine Dreyfus au sujet de cet engin tombe, surtout si l'on considère qu'il lui a suffi de se procurer, soit à la direction de l'artillerie, soit dans des conversations avec des officiers de son arme, les éléments nécessaires pour être en mesure de produire la note en question.

« § 33. — Ensuite vient une note sur les troupes de couverture, avec la restrictive que quelques modifications seront apportées par le nouveau plan. Il nous paraît impossible que le capitaine Dreyfus n'ait pas eu connaissance des modifications apportées au fonctionnement du commandement des troupes de couverture au mois d'avril, le fait ayant eu un caractère confidentiel, MAIS NON ABSOLUMENT SECRET, et les officiers employés à l'État-Major de l'armée ayant par suite pu s'en entretenir entre eux et en sa présence.

« § 34. — En ce qui concerne la note sur une modification aux forma-

Observations.

31. — En fait, les documents énumérés au bordereau étaient, comme on l'a montré plus haut, sans grande valeur propre — bien inférieurs en tout cas à d'autres documents livrés (avant et après) par Esterhazy et Henry, SINON PAR UN COMPLICE PLUS ÉLEVÉ EN GRADE. Le capitaine Dreyfus aurait certes été en mesure de se les procurer, comme un très grand nombre d'autres officiers. Mais il est certain qu'un officier d'artillerie n'aurait jamais commis l'erreur capitale relative au 120. Et cela suffit à infirmer la thèse de l'accusation.

32. — Le capitaine Dreyfus niait en bloc, et avec toute raison, qu'il eut possédé les documents énumérés. C'était vrai pour le « frein hydraulique du 120 » comme pour les autres : d'autant plus vrai, que la dénomination surannée donnée par Esterhazy au nouveau frein devait particulièrement dérouter un artilleur au courant des derniers perfectionnements. Il donnait à cet égard des explications techniques, incompréhensibles pour l'ignare d'Ormescheville, qni les qualifiait de « subtiles ». (§ 31.)

33. — L'auteur du bordereau (Esterhazy) ne donne pas les modifications apportées au nouveau plan de fonctionnement et au commandement des troupes de couverture. Il dit, en forme de parenthèses, que des modifications seront apportées à ce nouveau plan. Comme lui et beaucoup d'autres, Dreyfus peut avoir entendu parler de ces modifications projetées sans en connaître la teneur. Ne les connaissant pas, il ne peut pas dire qu'il les connaît pour être agréable à l'accusation. Elle en conclut qu'il ne dit pas la vérité. Cette vérité est pourtant évidente.

34. — Le rapporteur, qui en est réduit à formuler une hypothèse sur le sens

Rapport.	**Observations.**

tions de l'artillerie, il DOIT S'AGIR de la suppression des pontonniers et des modifications en résultant. Il est inadmissible qu'un officier d'artillerie ayant été employé au premier bureau de l'État-Major de l'armée ait pu se désintéresser des suites d'une pareille transformation au point de l'ignorer quelques semaines avant qu'elle ne devienne officielle.

« § 35. — Pour ce qui est de la note sur Madagascar, qui présentait un grand intérêt pour une puissance étrangère si, comme tout le faisait déjà prévoir, une expédition y avait été envoyée au commencement de 1895, le capitaine Dreyfus a pu facilement se la procurer.

« En effet, au mois de février dernier, le caporal Bernollet, alors secrétaire de M. le colonel de Sancy, chef du 2ᵉ bureau de l'État-Major de l'armée, fit un travail d'environ vingt-deux pages sur Madagascar, dans l'antichambre contiguë au cabinet de cet officier supérieur. L'exécution de cette copie dura environ cinq jours, et, pendant ce laps de temps, minute et copie furent laissées dans un carton placé sur la table-bureau du caporal précité, à la fin de ses séances de travail. En outre, quand, pendant les heures de bureau, ce gradé s'absentait momentanément, le travail qu'il faisait restait ouvert et pouvait par suite être lu, s'il ne se trouvait pas d'officiers étrangers au deuxième bureau ou inconnus de lui dans l'antichambre qu'il occupait.

« Ce gradé, nous a déclaré, dans sa déposition, mais sans précision de dates, que le capitaine Dreyfus, qu'il connaissait, était venu quatre ou cinq fois dans cette antichambre pour voir M. le colonel

---

probable de cet article du bordereau, s'étonne que l'accusé n'en sache pas, à cet égard, plus long que lui et ne cherche pas à deviner ce que signifie cet article. Même observation qu'au § 33. Se refuser à traduire le jargon inexact d'Esterhazy, c'est pour le rapporteur « se désinteresser des suites, etc.». L'accusé se désintéressait surtout du bordereau, et il faut être aveugle pour lui en faire un reproche.

35. Le bordereau ne dit rien de tel et ne permet pas de déterminer ce qu'était, en réalité, la note sur Madagascar.

Cette anecdote capitale et naïve est la moralité du prétendu secret des pièces confidentielles, au ministère de la guerre. Cissey les laissait traîner dans le cabinet de toilette de la Kaulla. Ici, un caporal chargé de les copier fait ce travail dans une antichambre de colonel, les laisse cinq jours dans un carton banal, va fumer sa cigarette en les abandonnant ouvertes sur son bureau. Puis il faut que ce soit le capitaine Dreyfus, et non le premier venu, qui en ait pris connaissance et les mentionne au fameux bordereau !...

Le caporal Bernollin se rappelle avoir vu quatre ou cinq fois le capitaine Dreyfus dans l'antichambre du colonel de Sancy. Ce n'est assurément pas dans ces occasions que le capitaine Dreyfus

Rapport.

de Sancy, pendant qu'il faisait son stage à la section allemande.

« Ce document a encore pu être lu par le capitaine Dreyfus quand il a été réintégré à la section anglaise, qui s'occupait alors de Madagascar, en raison de ce qu'il a été placé temporairement dans un carton de casier non fermé.

« § 36. — Quant au projet de manuel de tir de l'artillerie de campagne du 14 mars 1894, le capitaine Dreyfus a reconnu, au cours de son premier interrogatoire, s'en être entretenu à plusieurs reprises avec un officier supérieur du deuxième bureau de l'État-Major de l'armée.

« § 37. — En résnmé, les éléments de l'accusation portée contre le capitaine Dreyfus sont de deux sortes : éléments moraux et éléments matériels.
« Nous avons examiné les premiers.

« Les seconds consistent dans la lettre missive incriminée, — dont les

Observations.

a pu copier le manuscrit confié à Bernollin.

Par contre, le commandant Henry, ami personnel d'Esterhazy, appartenait précisément au service du colonel de Sancy; il venait tous les jours, plusieurs fois par jour, à toute heure, dans cette antichambre, et savait tout ce qui se passait au 2ᵉ bureau, en étant l'homme à tout faire.

Voilà un manuscrit qui voyage beaucoup dans les cartons non fermés. C'est la princesse de Babylone des documents secrets.

36. Le capitaine Dreyfus a connu ce projet de manuel de tir avec cinq cents autres officiers d'artillerie. Il ne s'en défend pas, mais il déclare n'en avoir jamais eu d'exemplaire.
L'officier est le commandant Jeannel. L'accusé a vainement demandé qu'il fût entendu comme témoin : sa requête est restée sans effet.
N. B. — Non seulement il est établi aujourd'hui où et comment qu'Esterhazy s'était procuré ce manuel de tir, mais il est également établi qu'il se l'était procuré à l'aide d'un FAUX, en imitant l'écriture de son colonel. Cet officier a été saisi de l'affaire et ne lui a point donné de suite, parce qu'il savait Esterhazy soutenu en haut lieu.

37. Ils sont nuls ou se retournent contre l'accusation.
Une fois de plus, l'accusation constate qu'il n'y a pas contre le capitaine Dreyfus d'autre élément matériel que le bordereau ou lettre missive.

Cette lettre n'est pas de son écriture. Elle présente avec son écriture cer-

Rapport.	**Observations.**
examens par la majorité des experts, aussi bien que par nous et par les témoins qui l'ont vue — présente, sauf des dissemblances volontaires, une similitude complète avec l'écriture authentique du capitaine Dreyfus.	taines analogies générales, mais, loin que les dissemblances soient volontaires et exceptionnelles, elles dominent. Au surplus, la lettre est de l'écriture d'Esterhazy et NON DE L'ÉCRITURE D'ALFRED DREYFUS, quoi qu'en ait dit la majorité des experts, c'est-à-dire Bertillon et les deux experts qui ont admis sa thèse insensée.
« § 38. — En dehors de ce qui précède, nous pouvons dire que le capitaine Dreyfus avait des connaissances très étendues,	38. Il n'en aurait pas fait preuve au bordereau, s'il eût été de lui.
… une mémoire remarquable,	Singulière présomption de culpabilité.
… qu'il parle plusieurs langues,	Mauvaise note à l'État-Major.
… notamment l'allemand qu'il sait à fond,	En route pour les îles du Salut !
… et l'italien, dont il prétend n'avoir plus que de vagues notions ;	Il y a une chose plus dangereuse encore à l'État-Major que de savoir une langue, c'est de l'avoir sue et de l'avoir un peu oubliée, faute de pratique ; alors c'est qu'on cache son jeu, et il n'y a plus à espérer de circonstances atténuantes.
… Qu'il est, de plus, doué d'un caractère très souple, voire même obséquieux.	Ailleurs on lui reprochera d'être d'un caractère hautain et orgueilleux.
… qui convient beaucoup dans les relations d'espionnage avec les agents étrangers.	Ceci est de la haute psychologie, du philosophe du Paty de Clam.
Le capitaine Dreyfus était DONC tout indiqué pour la misérable et honteuse mission qu'il avait provoquée ou acceptée, et à laquelle, fort heureusement peut-être pour la France, la découverte de ses menées a mis fin.	Nullement, hélas ! car elles ont continué après son arrestation et jusqu'en 1896.
« § 39. —En conséquence, nous sommes d'avis que M. Dreyfus (Alfred), ca-	

Rapport.

pitaine breveté au 14ᵉ régiment d'artillerie, stagiaire à l'État-Major de l'armée, soit mis en jugement sous accusation d'avoir, en 1894, à Paris, livré à
une puissance étrangère un certain
nombre de documents secrets ou confidentiels intéressant la défense nationale
et d'avoir ainsi entretenu des intelligences avec cette puissance ou avec ses
agents pour procurer à cette puissance
les moyens de commettre des hostilités
ou d'entreprendre la guerre contre la
France.

Crime prévu et réprimé par les articles 76 du Code pénal, 7 de la loi du
8 octobre 1830, 5 de la Constitution du
4 novembre 1848, 1ᵉʳ de la loi du 8
juin 1850, 189 et 267 du Code de justice militaire.

Fait à Paris, le 3 décembre 1894.

Le Rapporteur,
Signé : D'ORMESCHEVILLE.

Bertillon.

Il est aisé de comprendre, quand on a
lu et étudié avec soin un pareil acte
d'accusation, la confiance que l'accusé
devait nécessairement y avoir puisé.
Au début de l'instruction, alors qu'il
était plongé dans les ténèbres absolues
et ne savait même pas sous quelle inculpation il était écroué (sauf l'inculpation générale de haute trahison), il
avait nécessairement cherché à le deviner. Mais aucun indice ne lui en donnait la moindre idée, excepté la dictée
dans le cabinet de Boisdeffre.

Cet indice et les bizarres expériences
de l'inquisiteur du Paty de Clam ; les
mots de son écriture qu'on lui présentait juxtaposés ou superposés à d'autres
mots d'une écriture inconnue ; les mé-
langes de petits papiers dans un chapeau, d'où il devait les tirer au sort,
l'un après l'autre, pour dire s'ils étaient
de lui, ou non ; — tous ces rites infâmes

ou grotesques d'un dément antisémite jouant à huis clos avec sa victime,
comme un tigre avec un agneau, avaient
fini par faire naître en son cerveau cette
hypothèse qu'il s'agissait probablement
de quelque inepte machination dirigée
contre lui par une drôlesse jadis cô-
toyée et congédiée.

Comme tant d'autres officiers laborieux et dignes de tout respect, Alfred
Dreyfus ne jouait pas, n'espionnait pas,
ne vendait pas les secrets de la Nation,
mais il écrivait beaucoup, faisait force
plans et projets de réformes, et jetait
d'innombrables papiers au panier. On
pouvait avoir recueilli de ces papiers,
calqué des mots dans ses lettres, formé
de feuillets épars quelque ensemble
monstrueux qui l'accusait en apparence
et donnait de lui l'idée qu'il était un
traître. C'est la seule théorie qu'il pût se
faire de ce qu'on lui imputait. Et tout la

LE PRÉFET DE POLICE : C'est un acquittement ! (Dessin de COUTURIER).

confirmait au cours de l'enquête : ces mots qu'on lui faisait écrire dans vingt attitudes diverses, ces bouts de ligne photsgraphiés, qu'on lui présentait et qui lui faisaient dire : *On m'a volé mon écriture !...*

Enfin, après deux mois d'attente, d'anxiétés, de cauchemars, il tient le bordereau — ou du moins une photographie du bordereau, — et peut se convaincre (ce sont ses propres paroles) que *l'ensemble de la lettre incriminée ne ressemble pas à son écriture, qu'on n'a même pas cherché à l'imiter*, comme il l'avait supposé! Puis il a, par son défenseur, communication de l'acte d'accusation et n'y trouve RIEN, pas un mot, pas un fait (hors les mensonges du rapporteur) qui repose sur un témoignage positif ou qui puisse soutenir l'examen.

Dès lors, il est bien tranquille... Que le procès soit public ou qu'il se déroule à huis clos, la partie est gagnée, à ses yeux. Il n'aura même pas à se défendre contre une machination savante et bien ourdie. Toute l'affaire se réduit à une erreur — une simple erreur — causée par une vague ressemblance d'écriture. Il lui lui sera facile de la démontrer. Cela ne fait pas doute, à son sens.

A la vérité, trois experts, avec l'Etat-Major, admettent l'identité des écritures et, au total, après deux mois de détention, il est traduit en jugement. Mais il n'est pas possible que la méprise résiste à un débat contradictoire. Le capitaine Dreyfus se sent sûr du triomphe ; il marche à l'audience comme à un assaut final, d'où il sortira libre et réhabilité.

Le capitaine Dreyfus oubliait deux éléments essentiels de l'affaire : la prévention créée contre lui par six semaines de déchaînement furieux dans toute la presse et les désavantages résultant de son tempérament personnel. D'une part, il arrivait devant des juges convaincus d'avance, avec le pays entier, qu'il était nécessairement coupable, puisqu'il était

traduit en jugement; et, d'autre part, il appartenait à cette classe d'hommes qui ont la fibre sèche, si l'on peut ainsi dire, qui, par pudeur et réserve naturelles, ne livrent rien d'eux-mêmes au dehors, qui ne font pas de grands gestes, manquent de chaleur oratoire et de cette dose de charlatanisme que la foule attend toujours de l'acteur en vedette et dont l'absence la déconcerte. Rossel, pour ne citer que lui, fut tel, et peut-être il en mourut. D'autres, avant et après lui, ont pâti de la même idiosyncrasie. Ces natures rebelles au cabotinage, puritaines d'allure et de ton, rebutent les auditoires, qui ne sauraient les comprendre. Combien de fois ne vit-on pas, dans les comptes rendus d'assises, un annaliste naïf reprocher à l'accusé d'être resté l'œil sec devant les reliques de sa victime supposée ? Il est vrai que, s'il pleure, on lui reproche de jouer la comédie. Mais c'est, néanmoins, la plus sûre des tactiques pour ceux qui se sentent capables de l'adopter. *Si vis me flere...* est un précepte toujours vrai chez les Latins. Il en va tout autrement dans les races du Nord, où le moindre symptôme d'émotion choquerait chez un homme. Mais, là aussi, un cri « parti du cœur », une protestation virulente a son effet immanquable. Le capitaine Dreyfus, officier rigide, mathématicien précis, n'était pas l'homme des effets voulus, des « cris du cœur » longuement préparés devant la glace, qui manque, d'ailleurs, dans les chambres de sûreté. On l'a bien vu dans ses lettres d'exil, si émouvantes en leur note monotone et continue d'innocence, et qui trouvent, néanmoins, tant de lecteurs réfractaires, parce qu'elles sont pondérées comme une équation, ne reflétant qu'une pensée droite, en toute simplicité.

Au tribunal militaire, comme à la sortie de l'École de guerre, c'est « la cote d'amour » qui manqua au capitaine

Dreyfus, cette fameuse cote d'amour que le général Bonnefond lui avait refusée, pour la donner sans nul doute à d'autres qui ne le valaient pas, mais qui avaient appris chez les Révérends Pères l'art de se faire fête à eux-mêmes et de s'applaudir d'avance, de peur que les autres l'oublient.

Existe-t-il un procès-verbal détaillé de ces débats à huis clos du premier conseil de guerre, qui durèrent quatre jours ? Il faut l'espérer pour l'histoire, sans leur attribuer un caractère d'exactitude rigoureux, ni même d'authenticité positive. Tant de choses et de documents ont été « truqués », après coup, en cette affaire, qu'il ne faudrait pas s'étonner outre mesure de voir sortir à point nommé, des archives, un compte rendu sténographique ou prétendu tel. A ce jour, il n'en est point dans le domaine public ; force est de s'en remettre à la tradition orale, pour le squelette du procès.

On le voit assez nettement se dessiner, d'après l'ordonnance même du rapport, toujours suivie par les tribunaux militaires pour l'audition des témoins. Ces témoins eux-mêmes n'apportèrent rien au prétoire qui ne se trouvât au rapport, par la raison péremptoire qu'ils n'avaient rien à apporter. Ce n'étaient pas des témoins de fait, mais des témoins « d'impressions » ; les uns, officiers de l'État-Major, exposant les opinions défavorables qu'ils s'étaient récemment découvertes sur le compte du capitaine Dreyfus : les autres venant un peu à contre-cœur, en véritables héros, dire à la requête de la défense qu'ils n'avaient sur l'accusé que des notes excellentes à donner : bon père, bon officier et bon Français. Ce n'est pas rien en pareille occurrence ; mais ce n'est guère. De part et d'autre on se battait sur ce qu'il y a au monde de plus trompeur et de plus fugitif, des jugements de surface portés sur un homme que l'univers accuse et couvre d'opprobre, sans l'ombre d'un fait matériel à sa charge.

Gonse, Fabre et d'Aboville ouvrirent la marche, puis Gribelin, puis Cochefert, pour conter les origines de l'Affaire, comme il les voyaient, comme ils les savaient. Puis, vint Henry, qui fut brutal et violent ainsi qu'on l'a vu plus tard aux assises de la Seine, et qui charge Dreyfus à fond, comme il devait faire à Picquart : — l'invectivant, l'accablant de démentis et d'outrages, affirmant avec des hurlements de fauve la certitude absolue qu'il avait de la culpabilité. Il s'agissait de sauver sa propre peau. Il y mit du soin et des cris d'Apache en délire. On savait depuis longtemps (Henry le savait mieux que personne) qu'un traître vendait les secrets de l'État-Major. Ce traître, on le recherchait depuis deux ans. Ah ! combien Henry l'avait recherché ! que de marches, de ruses et d'efforts pour le trouver !... Mais enfin, on le tenait, on le tenait bien !... On l'avait pris sur le fait. Son écriture était là, et les autres preuves irréfutables. Qui donc, sinon Dreyfus, aurait pu savoir ceci, et cela, et cela encore ?... La note sur Madagascar surtout, prise dans le carton du caporal Bernollin, à moins que ce ne fût dans le carton de la section anglaise... Il ne l'avait pas manquée celle-là... Qu'est-ce à dire ? Vous osez protester, ici, devant vos frères d'armes que vous avez lâchement trahis !... Taisez-vous, misérable ! Ne vous permettez pas de regarder un honnête homme en face, je vous le défends !... Et quand je pense que ce bandit va échapper au feu de peloton, parce qu'il a plu à des civils de supprimer la peine de mort en matière politique !... Matière politique !... Je t'en aurais donné, si j'avais pu le savoir, quand je te tenais dans un fiacre, en route pour le Cherche Midi !... Ah ! certes, si je regrette une chose au monde, c'est de ne pas l'avoir étranglé de ma main, quand j'en avais une si belle occasion !

Au moins le monde n'aurait pas sû, qu'il se trouvait dans l'État-Major un pareil misérable et l'honneur de l'uniforme serait resté sauf!... Non pas que cela puisse nous atteindre !... Cet homme n'est même pas un Français ; je le renie comme compatriote et officier... Mais enfin, c'est un vilain monsieur, qui se serait fait justice à lui-même, s'il avait eu un reste de cœur !...

Ainsi pendant un quart d'heure, dans la langue des halles, avec des soubresauts et des redoublements de colère. Les juges étaient médusés par ces rudes accents. C'est qu'Henry ne s'arrêtait pas aux faits de la cause, considérés à son dire comme surabondamment établis par le bordereau. Il parlait d'un tas de pièces de première importance, livrées par Dreyfus depuis des mois, et qui ne pouvaient l'avoir été que par lui. Et des plans de mobilisation, et des plans de places fortes et des horaires. Il citait les noms, les numéros, les armoires, le mot des cadenas, la place des clés de sûreté. Il jurait DEVANT LE CHRIST que Dreyfus était coupable, qu'il le soupçonnait personnellement depuis un an et qu'il en avait maintenant la preuve absolue. Cet homme savait tout, criant comme à l'exercice, remplissant la salle du conseil des rauques échos de son réquisitoire. Car c'était le véritable réquisitoire. Les juges savaient Henry désigné par le ministre pour représenter le deuxième bureau dans le procès.

Quand il eut fini, rouge, frémissant, en sueur, au lieu de sortir comme les autres témoins, il alla s'asseoir et s'éponger dans le prétoire, près de du Paty de Clam qui, lui aussi, avait mandat de suivre les débats pour le ministre de la guerre. Et les juges, l'avocat, l'accusé restèrent pétrifiés de cette explosion prolongée, pareille à une décharge de mitrailleuse subitement dé-

masquée au flanc d'une colonne en marche.

Il y eut un moment de silence et de stupeur. Puis le président se ressaisit, et le défilé des témoins à charge suivit son cours.

Après Henry, les autres dépositions paraissaient fades. C'étaient Bertin-Mouret, Bretaud, Bresse, Mercier-Milon, Boullenger, répondant bien ou mal sur des points sans importance ; des histoires de rond de cuir, des propos de corridor, des impressions d'escalier. Le capitaine Dreyfus passait pour fureteur et indiscret. On le soupçonnait de longue date. Tout le monde le soupçonnait. Il n'y avait qu'une voix à cet égard dans les bureaux.

— « Des faits? Non. Je n'en ai point. Le Conseil m'excusera. A l'État-Major, personne ne sait jamais rien. Chacun s'enferme dans sa spécialité et ne voit que des coins, des lambeaux de l'œuvre commune...

Une phrase émue sur l'honneur de l'armée, l'amer regret de voir l'uniforme souillé. Demi-tour, et le témoin s'en allait. Il y en avait ainsi une douzaine encore : Collard, Gendron, Martin, Sibille, Tocanni, Brault, très amer, parce que l'accusé avait cru VAGUEMENT reconnaître son écriture dans la ligne *je pars en manœuvres*, détachée par du Paty de Clam de l'autographe d'Esterhazy ; puis Dervieu, Roy, Chaton, Cuny. Tout cela prit une séance et demie et parut long aux juges, qui commençaient à somnoler.

L'entrée en scène des experts les réveilla, vers 4 heures, le second jour. Successivement, Gobert, Pelletier, Teyssonnières et Charavay déballèrent leur paquet. Gobert, violemment pris à partie par Brisset, qui n'était pas éloigné de le prendre pour un traître, parce qu'il n'admettait pas l'identité des écritures, et qui partit furieux ; puis Pelletier, très digne, et détachant des mots aigre-doux.

à ses confrères qui avaient sacrifié aux dieux barbares de la préfecture de police, et pour Brisset qui tentait de le bousculer.

Puis Teyssonnières, solennel, et Charavay d'une élégante précision dans leur sophisme commun, qui leur faisait attribuer à Dreyfus l'écriture propre d'Esterhazy et développer des motifs de conviction purement chimériques.

A six heures trois quarts, le second jour, tous les témoins à charge avaient défilé. Il ne restait plus à entendre que Bertillon. C'était la pièce de résistance. Elle fut réservée pour l'audience du lendemain.

CHAPITRE XIII

Bertillon et son système.

Bertillon a donné sur lui-même des renseignements autobiographiques qui ont leur importance documentaire. « Après avoir fait un an de chimie médicale, moitié à Paris moitié à Clermont-Ferrand, dit-il, la loi militaire de l'époque me contraignit à passer plusieurs années dans un corps d'armée, où je fus employé, pour la plus grande part, comme ouvrier imprimeur et autographiste. La ronde, la bâtarde, l'anglaise poncive, la sténographie, le décalquage et les reports n'eurent plus de secrets pour moi, à cette époque déjà lointaine. Libéré du service militaire, j'entrai à vingt-sept ans à la préfecture de police, où pendant près de deux ans *mes chefs ne trouvèrent pas pour moi d'occupation plus utile* que de me consacrer à recopier les rapports et missives autographes des agents secrets d'alors, fonctions qui étaient d'ailleurs considérées avec raison comme un poste de confiance. »

C'est donc d'abord comme copiste de corps d'armée, puis comme expéditionnaire du service des agents secrets à la préfecture de police que Bertillon débute dans la vie; et ces fonctions successives le marquent d'un double caractère indélébile : famulus militaire et policier.

Photographe amateur, il imagine de prendre par la photographie, associée aux mensurations locales, le signalement des individus amenés comme accusés ou prévenus au Dépôt de la Préfecture ; il se créa graduellement dans cette fonction mécanique un domaine mitoyen entre la Police et le Parquet. Si l'on ajoute l'excellente opinion qu'il a de lui-même, opinion marquée par l'amertume du mot sur ses chefs, qui « pendant deux ans ne trouvèrent point pour lui d'occupation plus utile que de l'employer à recopier... ». — on a l'homme tout entier : respectueux du galon, servile, autoritaire et secret, avec la pointe de monomanie que montrent presque tous les petits inventeurs enfermés dans le cercle d'un métier fructueux.

La nature même de ce métier et la direction d'un atelier photographique dans les combles du Palais, le conduisent à être chargé de reproduire par report héliographique les documents judiciaires ou politiques dont l'authenticité peut donner matière à discussion. Et c'est à ce titre qu'il est appelé, ou s'appelle lui-même, au commencement de 1894, à rechercher avec le juge d'instruction Meyer la véritable identité de Pauwels, l'anarchiste qui se mitrailla de sa propre main, sous le porche de la Madeleine, en tentant de faire sauter cet immeuble national.

Bertillon prétendit établir par des comparaisons d'autographes (il paraît que Pauwels avait eu soin d'en garder sur lui), son identité avec un certain Rabardy, qui s'était inscrit récemment dans un hôtel borgne de la rue Saint-Jacques.

Il y avait pour la Préfecture et pour le Parquet un gros intérêt d'amour-propre professionnel à faire aboutir l'enquête, et Rabardy n'ayant eu garde de réclamer contre la personnalité qui lui était attribuée (si tant il y a que Rabardy ne fût pas un mythe), son inventeur fut désormais sacré profès en matière d'écritures.

Monomanie raisonnante (*Dessin de H.-G. IBELS*).

Il était encore dans tout l'éclat de sa gloire récente, quand le préfet Lépine le désigna, le 12 octobre 1894, au choix de Boisdeffre et de Gonse, comme un homme unique en fait d'identifications et que sa fiche anthropométrique personnelle prédestinait visiblement au service d'État-Major. Le deuxième bureau l'adopta d'enthousiasme et du coup lui subordonna les autres experts, en les invitant à se mettre en rapport avec lui et ses lumières solaires.

Avec ses lumières surtout; car Bertillon n'avait pas caché son dédain des experts qui ne sont pas photographes — comme Gobert, ancien commis de banque et chimiste ; ou Belhomme, universitaire retraité ; ou Pelletier, calligraphe au ministère des beaux-arts ; ou Varinard, graphologue (*sic*) ; ou Teyssonnières, ancien piqueur des ponts et chaussées ; ou même Charavay, archiviste paléographe et commerçant en autographes.

Non seulement, en effet, Bertillon avait par lui-même les meilleures raisons du monde de croire à la toute-puissance de l'objectif et de la plaque sensible ; mais son triomphe dans l'affaire Pauwels-Rabardy l'ayant mis en goût de succès du même ordre, il s'était déjà nanti d'un système photographique en fait d'expertises d'écritures (principalement basé sur le traité récent de l'Américain Fraser, *Examination of documents*, 1894), et ce système, il ne demandait qu'à l'appliquer *in animâ vili*.

Teyssonnières et Charavay, qui se rendirent à son appel et qui avaient toujours pratiqué l'expertise par la bonne vieille méthode de l'analyse à l'œil nu ou à la loupe, — ni meilleure ni pire qu'une autre — devaient nécessairement être hypnotisés à première vue par les plaques et les pelures de Bertillon ; tels deux enfants pénétrant dans un cabinet de physique. Habitués par une longue expérience judiciaire à l'incertitude des textes et à l'infirmité des jugements humains, ils se trouvaient subitement jetés en présence d'un homme qui se faisait fort de tout régler par des comparaisons *mécaniques*, sans jamais laisser aucune place à l'erreur.

Et d'abord il leur rappelait des choses qu'ils savaient trop vraies, pour la paix de leur conscience, sur la vanité des expertises courantes et sur le scepticisme des juges de droit commun :

« Quand on interroge nos criminalistes qui font autorité sur la façon dont les expertises sont conduites habituellement en France, disait-il, ou ils évi-

tent de se prononcer, ou ils se réfugient en quelques généralités. « Si vous « saviez, finissent-ils par répondre, « comme c'est matière peu importante, « et le peu de croyance que nous avons « dans la prétendue science des experts « en écritures ! » Du côté du barreau, ce manque de croyance devient de l'athéisme : il n'y a pas de plaisanteries et de légendes qu'on ne débite au Palais sur le compte des experts qui, s'il faut en croire les avocats d'assises, en connaîtraient sur leur spécialité moins que le premier venu. Et il faut bien avouer que l'art de l'expert écrivain ne semble pas chez nous avoir fait un pas, un seul pas, depuis Raveneau, l'expert-faussaire du temps de Louis XIV. Rien d'étonnant, en conséquence, si l'opinion publique, si portée cependant à s'en laisser imposer par les spécialistes de tout genre, partage l'incrédulité consacrée par les siècles !... «

Et après leur avoir ainsi démontré l'humilité de leur déplorable condition, Bertillon reprenait en sourdine :

« Heureusement la photographie et surtout le microscopie, sont venus apporter à l'art de l'expert-écrivain une aide puissante » (ce que vous n'êtes pas tenus de soupçonner, n'étant ni photographes, ni micrographes). « Laissez-moi, chers confrères, vous en exposer la théorie, en vous demandant d'admettre avec moi que les mêmes idées générales et les mêmes principes doivent présider à l'établissement de l'identité individuelle, que l'on prenne pour base de comparaison, le signalement ou l'écriture... »

« A première vue, ces deux genres d'opération aboutissent à *la recherche et à la comparaison des caractères qui présentent à la fois le plus de variabilité d'un individu à un autre et le plus de fixité chez le même individu.* Il est évident qu'il serait à désirer que toute enquête graphique reposât sur des observations suffisantes en nombre et qualité, pour calculer les éléments de cette fixité et de cette variabilité graphique, *d'après la même méthode* que celle qui a été suivie avec tant de succès, depuis quinze ans, *pour le choix des mesures à adopter dans le signalement anthropométrique*. L'expertise judiciaire en écritures ne sera réellement constituée en science que du jour où il aura été dressé des tables de probabilité pour les divers tracés de lettres examinées séparément et dans leur ensemble, de manière qu'il soit possible de dire par exemple :

« *Cette écriture, caractérisée par l'ensemble de telles et telles particularités que nous venons d'énumérer, n'a chance d'être rencontrée qu'une fois sur cent, ou sur mille, ou dix mille, ou un million de sujets de même catégorie sociale.*

« Une pareille enquête ne devra pas être limitée aux seuls détails morphologiques de chaque lettre, mais s'étendre à l'aspect général de l'écriture, en prenant pour base la réalité des faits, c'est-à-dire l'observation et non l'idéal esthétique des modèles d'écriture. C'est ainsi qu'il faudrait savoir, mesurée en degrés, l'inclinaison moyenne des lettres, avec une boucle (ou jambage), comme *l*, *f*, *g*, *p*, *d*, *ch*, et des lettres sans boucle, comme *i*, *a*, *e*, etc...; quelle est la hauteur moyenne des lettres à boucle ou à jambage : 1° en nombre absolu (millimètres et dixièmes de millimètre), et 2° par rapport aux lettres sans boucle. c'est-à-dire en prenant ces dernières comme unité de mesure, etc. Il faudrait pouvoir apprécier d'une façon exacte, et même traduire en expression chiffrée, l'opposition des pleins et des déliés, l'alignement des lettres par rapport les unes aux autres, dans un même mot, par rapport à la ligne, etc., et enfin la corrélation de ces différents caractères entre eux : autrement dit, jusqu'à quel point telle forme de lettre a-t-elle une tendance à entraîner telle autre forme ou

tel autre caractère ? Aucun point n'est plus important à étudier que ces corrélations... »

Puis, voyant ses auditeurs littéralement terrifiés d'un tel programme, Bertillon disait négligemment :

— Ce qui vous semble irréalisable par les méthodes ordinaires est chose relativement facile grâce au secours combiné de la photographie et du microscope... Écoutez, mes chers collègues, et supposons, par exemple, que le service de l'identité ait à rechercher ou à rapprocher les analogies graphiques entre une *lettre anonyme de menaces* et un *document de comparaison* émanant de telle ou telle individualité désignée par d'autres présomptions.

« Les deux ordres de documents (authentiques et anonymes), sont d'abord photographiés par contact ou décalqués, c'est-à-dire sans l'aide d'un objectif. Rien de plus simple que cette opération. Le document à reproduire, préalablement étendu et aplati contre une plaque sèche au gélatino-bromure, est exposé ainsi pendant quelques secondes à la lumière d'un bec de gaz. Les rayons lumineux qui arrivent à traverser le papier, décalquent sur la plaque, en grandeur rigoureusement égale, non seulement l'écriture du recto et du verso, mais aussi (et c'est là l'intéressant) tout le grain, la vergure et les filigranes du papier. Les variations les plus minimes dans l'épaisseur du papier, occasionnées par quelques grattages dissimulés, sont susceptibles d'être mécaniquement devoilés, au moyen de la photographie, par transparence. La seule difficulté pratique que soulève cette opération, et qui lui est commune avec toute espèce de photographie, est celle de bien proportionner le temps de pose à l'effet qu'on veut obtenir. De là l'obligation fréquente de décalquer plusieurs clichés de la même pièce, selon le genre de faits qu'on cherche à faire ressortir.

« Chaque pièce est ensuite reprise et rephotographiée par les procédés ordinaires (c'est-à-dire par réflexion et au moyen d'un objectif) *rigoureusement au double de la dimension.*

« Les documents anonymes (et quelquefois même les documents de comparaison) sont alors *découpés en autant de petits morceaux de papier qu'il y a de mots.*

« *Ces mots, rangés par ordre alphabétique,* sont *disposés par colonnes verticales,* sur un grand carton de 40 centimètres de côté et collés sur le carton à côté d'un double chiffre indiquant le numéro du document et de la ligne d'où chacun provient.

« Comme conséquence du classement alphabétique, tous les mots commençant par la même lettre sont groupés verticalement les uns au-dessous des autres à une distance d'autant plus voisine que l'analogie s'étend à plus de lettres (en avant, de gauche à droite) dans le corps du mot. Les mots répétés plusieurs fois sont réunis en un groupe unique et représentés autant de fois qu'ils sont répétés.

« Ce rapprochement mécanique des graphiques plus ou moins similaires facilite grandement la tâche de l'expert, qui n'a presque plus aucun effort à faire pour coordonner les règles et les tics d'écriture que tout écrivain possède et observe inconsciemment.

« Les épreuves des deux ordres de documents (authentiques et anonymes) sont ensuite *redécoupées à nouveau, mot par mot,* en se servant soit des épreuves du texte original agrandi, soit des reproductions du vocabulaire en tableau, ce qui facilite l'opération du découpage. Chaque bout de papier ainsi obtenu est alors recollé isolément sur une fiche mobile de nuance différente suivant l'origine du mot reproduit : les mots extraits des documents anonymes sur cartons à fond rouge et ceux extraits des documents authentiques sur cartons à fond bleu, par exemple.

« Les deux vocabulaires ainsi distingués sont alors reclassés alphabétiquement, mais en un répertoire unique. Tous les mots communs aux deux ordres de documents (et il s'en trouve toujours quelques-uns, quand ce ne seraient que les explétifs) sont ainsi mécaniquement juxtaposés et leur comparaison intégrale en est à la fois assurée et facilitée. Le mélange des deux répertoires étend les possibilités de rapprochement jusqu'aux mots qui n'ont de commun que la première syllabe ou simplement la première lettre. *Pour tous, les faits parlent d'eux-mêmes sans choix pour ou contre* l'hypothèse initiale. Grâce aux deux nuances de carton employées, l'expert peut alternativement concentrer son attention sur l'un ou l'autre des documents, en vue de s'assurer si les règles graphiques caractéristiques établies précédemment pour chacun des vocabulaires pris séparément trouvent leur vérification *dans la même proportion,* sur les fiches de l'autre nuance.

« Ces observations une fois faites et dûment consignées par écrit, les fiches de ce répertoire bicolore sont brouillées et battues comme un gigantesque jeu de cartes pour être reclassées par ordre alphabétique *inverse* ou *par rimes.* À l'encontre des répertoires alphabétiques ordinaires dont il vient d'être parlé, ce genre de classement rapproche les mots qui finissent de même, et les rapproche d'autant plus que la communauté des finales porte sur plus de lettres de droite à gauche vers l'intérieur du mot.

« Le répertoire alphabétique *direct* nous avait permis de mettre en œuvre tous les documents sans exception dont disposait l'enquête en vue d'établir la façon dont le ou les scripteurs *attaquaient* leurs mots ; le répertoire par ordre alphabétique *inverse* va nous donner avec le même ensemble et la même impartialité la façon bien plus importante dont ils les *finissent*. Je dis plus importante, car il est d'observation courante que, dans les imitations d'écriture comme dans les simples déguisements, c'est le commencement du mot qui réalise avec le plus de perfection le plan visé par le scripteur, tandis que la fin est généralement moins bien imitée, ou moins bien déguisée. « *Chassez le naturel, il revient au galop* », a dit Destouches. Tel un acteur, peu expert en son art, « fera un sort » aux premiers mots de chaque phrase qu'il finira en bredouillant.

« Après l'étude des initiales, après celle des finales, on passera à la comparaison des lettres médiales. Pour ce, on commencera par retirer du répertoire tous les mots d'une syllabe, explétifs et autres, suffisamment étudiés précédemment et qui, sous le rapport numérique, forment près de la moitié des mots d'un texte ordinaire.

« Les mots restants, tous polysyllabiques par conséquent, sont alors reclassées par ordre alphabétique *direct*, mais sans tenir compte de leur première syllabe. D'où une nouvelle source de rapprochement et de comparaison que seul ce procédé de dissection pouvait révéler *en son intégralité*.

« Supposons, par exemple, que le répertoire anonyme contienne le mot *numérique* et le répertoire de comparaison le mot *immérité*, ces deux mots amputés de leur première syllabe, viendront dans ce troisième classement se placer l'un derrière l'autre et offriront à l'expert la comparaison des deux syllabes *méri* qui leur sont communes, etc.

« C'est surtout en cas de forgerie plus ou moins soupçonnée que ces multiples décompositions de mot sont susceptibles d'ouvrir à l'expertise des horizons nouveaux.

« La comparaison des graphiques est,

en effet, une opération que tout le monde connaît, que le faussaire le plus naïf prévoit et à laquelle il s'efforce d'obvier par l'imitation la plus scrupuleuse. Pour y arriver, les plus habiles n'ont encore rien de mieux trouvé que de composer leur écrit au moyen de mots ou de fractions de mot empruntés par calquage aux écrits véritables de la personne dont ils veulent simuler l'écriture. C'est ce qu'un auteur de 1650 appelait « un faux par contretirements ».

« C'est ainsi, pour s'en tenir à l'exemple précédent, que les deux mots *numérique* et *immérité* pourraient très bien dériver l'un et l'autre (en ce qui regarde leurs syllabes communes), d'une même matrice graphique, du mot *américain*, par exemple.

« Ainsi il peut arriver que l'expert soit ému non par la dissemblance, mais par l'excès d'analogie des deux syllabes *méri* que le classement par médiales va faire défiler sous ses yeux l'une derrière l'autre. Son œil, une fois attiré sur ce point précis, découvrira alors presque immanquablement (s'il y a réellement *contretirement* et s'il a quelque peu d'expérience professionnelle) bien des détails minuscules complémentaires qui, sans la constatation initiale préalable, lui auraient certainement échappé, ou lui auraient semblé, avec raison, sans valeur : ce sera, par exemple, quelques légères hésitations (point d'arrêt, crochet, levé de plume) dans les liaisons de la syllabe *méri* : d'un côté avec la finale *té* (d'immérité), de l'autre avec l'initiale *mé* (de *numérique*), etc. Lancé sur cette voie, tous les autres joints lui apparaîtront successivement et d'eux-mêmes d'autant plus nombreux qu'il sera plus familiarisé avec le *modus operandi* de son scripteur et tout l'édifice graphique si laborieusement construit croulera ; la forgerie de la pièce deviendra manifeste : il restera à en trouver l'auteur. »

Tel était, dans ses lignes principales, le système que Bertillon développait aux yeux éblouis de Teyssonnières et Charavay. Il omettait de leur faire toucher du doigt les causes d'erreurs spéciales à un tel procédé d'examen, et qui découlent précisément de la photographie en même temps que du grandissement artificiel des images. Nulle part le « coup de pouce » de l'opérateur (coup de pouce volontaire ou involontaire) n'a plus de part au résultat. Selon qu'il s'attachera à mettre en valeur tel caractère ou tel autre, qu'il appliquera tel grandissement à une pièce ou groupe de lettres et tel autre grandissement, différent d'un dixième ou d'un centième de millimètre, aux pièces de comparaison, il pourra obtenir des trompe-l'œil qui l'induiront lui-même en erreur. Enfin, même en admettant que les superpositions obtenues par cette méthode présentent un caractère de rigueur apparente très supérieur à l'incertitude des superpositions obtenues à la main, qui ne voit les ressources supérieures aussi que les procédés photographiques offrent au faussaire ? On peut dire de la comparaison micro-photographique qu'elle augmente l'insécurité de l'attribution de l'écriture à un auteur déterminé, en raison directe des facilités qu'elle ajoute à la comparaison, par la raison que toutes ces facilités sont au service de l'imitation frauduleuse.

En ce qui touchait directement le bordereau d'Esterhazy, comparé à une trentaine de lettres du capitaine Dreyfus, il n'est pas douteux qu'au moment où il recevait à son atelier la visite de ses deux collègues, dans la journée du 13 octobre, Bertillon n'avait pu encore se livrer à une analyse bien sérieuse des documents reçus le 12 au plus tôt et qui n'étaient eux-mêmes que des épreuves photographiques prises par Lauth, et selon toute apparence à des grandissements arbitrairement inégaux. Car ils eût été tout à fait surprenant que le hasard eût attribué, en des opérations successives, rigoureusement la même distance focale à toutes les pièces photographiées.

Or, c'est une expérience que chacun peut faire, rien n'atténue ou n'exagère la ressemblance apparente de deux écritures comme des grandissements variés des pièces de comparaison. La photographie fournit à cet égard, surtout quand il s'agit d'écritures ayant quelques analogies générales, des ressources presque infinies au « truquage ».

Il est donc certain que Teyssonnières et Charavay virent beaucoup plus sur les cartons et pelures de Bertillon une méthode nouvelle pour eux et au premier aspect rassurante pour les experts de profession, qu'ils n'y virent les résultats d'une étude approfondie des pièces. C'est ce qui est indiqué par la prudence même et la réserve de la conclusion formulée à ce moment par Bertillon : « Si l'on écarte l'hypothèse d'un document forgé avec le plus grand soin, il appert.... etc... »

Mais, au moment où Bertillon arrivait devant le 1er conseil de guerre, il n'en était plus de même. Depuis deux mois, il avait eu le temps d'analyser à loisir toutes les pièces soumises à son examen, il avait eu le temps de se faire (inconsciemment, et par une sorte d'auto-suggestion, comme il arrive à tout expert qui travaille au service du ministère public), un système complet sur le bordereau et sur l'attribution qu'il se croyait obligé d'en faire à Dreyfus. Or, ce système, chose curieuse, dérivait directement de la méthode générale adoptée et développée par Bertillon et, en même temps, était le plus éclatant des démentis à cette méthode, puisqu'il se résumait en ceci :

Les identités de telles lettres ou grou-

pes de lettres prouvent l'origine commune du bordereau et des pièces de comparaison ; les différences prouvent l'intention frauduleuse et la volonté de dissimuler l'écriture.

Or, les identités obtenues par superposition étant très peu nombreuses, — réduites à deux ou trois groupes de lettres — tandis que les différences étaient innombrables, il en tirait la conclusion que l'intention du capitaine Dreyfus, faussaire émérite, avait été, *en décalquant une autre écriture que la sienne,* d'y introduire par places des fragments de sa propre écriture, *afin de pouvoir plaider, en cas de surprise, qu'on l'avait systématiquement calquée.*

Demange.

On voit à quelles conséquences peut conduire un tel sophisme : c'est qu'une pièce est d'autant plus sûrement l'œuvre d'un faussaire particulier qu'elle offrira plus ou moins de son écriture !...

En d'autres termes, on peut faire dire tout ce qu'on veut à l'interprétation microphotographique.

Bertillon apportait donc au premier conseil de guerre tout un musée de tableaux graphiques et de pellicules transparentes répondant au dispositif qu'il a décrit lui-même comme suit :

« Le procédé de dissociation graphique est bien la contrepartie exacte de celui qu'emploient les faussaires pour forger *eurs* pièces. Du jour où il a été établi que des documents fabriqués par décalques avaient pu être déclarés valables par les experts, de ce jour l'examen graphique par dissociation et combinaison s'impose pour toute expertise sérieuse.

« La recherche des décalques, là est bien la ruse que l'expert en écritures doit s'efforcer de déjouer, maintenant comme au temps du président Lamoignon.

« Quel est donc au juste le caractère du mot calque ? Les auteurs sur la matière professent qu'il y a eu calquage du moment qu'il y a superposition exacte. C'est là, d'ailleurs, une exagération, car certaines écritures, certainement naturelles, offrent parfois des mots semblables superposables.

« Quoi qu'il en soit, on peut admettre qu'il est exceptionnel qu'un scripteur répète inconsciemment deux fois exactement le même graphique, comme il est difficile à la nature de faire deux feuilles exactement semblables.

« Mais le calque le plus parfait n'arrivant jamais lui-même à reproduire exactement l'original, il faudrait également savoir jusqu'où la *ressemblance* peut s'étendre pour que l'admissibilité du calquage disparaisse.

« On peut dire que, du moment où l'analyse graphique dépasse la *ressemblance morphologique* pour approcher de *l'égalité géométrique* (qui se démontre par la superposition), l'attention de l'expert doit être éveillée.

« Antérieurement, pour s'aider dans ces comparaisons, les experts se servaient de petits calques exécutés à la main sur papier pelure, qu'ils transportaient de place en place sur les mots soupçonnés d'avoir la même origine. Le service de l'identité judiciaire a remplacé ces calques faits à la main au fur et à mesure des besoins par des fac-similés photographiques agrandis, exé-

En chambre du Conseil (*Dessin de* COUTURIER).

cutés sur papier pelure sensibilisé, puis frotté avec un alcoolat résineux. On arrive ainsi à réaliser une espèce de verre souple d'une transparence absolue qui reproduit l'écriture, comme sur un vitrail, avec l'exactitude la plus grande.

« Pour être absolument sûr qu'aucun mot n'échappera à ce genre de vérification, les grands tableaux alphabétiques du vocabulaire des documents argués de faux sont reproduits en entier sur papier pelliculaire dès le début de l'enquête, de sorte que l'expert les a toujours sous la main pour essayer telle ou telle superposition qui paraîtrait lui présenter le moindre intérêt.

« La transparence de ces papiers est si grande, que deux mots non complètement identiques étant mis l'un sur l'autre, il devient quelquefois difficile de distinguer quel est celui des deux tracés, l'inférieur ou le supérieur, qui déborde sur l'autre. Pour y obvier, les mots dont la juxtaposition demande à être mise en pleine lumière sont teintés en nuances complémentaires (c'est-à-dire dont le mélange donne le noir), savoir le mot matrice en rouge et le mot argué de contretirement, en vert. Il en résulte qu'une fois la superposition faite, partout où la concordance du trait existera complète, le tracé apparaîtra d'un noir absolu, tandis que partout où il y aura un « manquement », le rouge ou le vert émergera suivant que ce sera le trait matrice qui restera découvert, ou le trait décalqué qui débordera. »

Ce dispositif expérimental, dont Bertillon commença par faire l'exposé devant le premier conseil de guerre, ne différait guère, sinon par le développement, de celui qu'il avait précédemment expliqué aux deux experts et sans doute aussi aux rapporteurs.

Mais devant le tribunal, il crut bon d'ajouter un raffinement approprié, pensait-il, aux habitudes d'esprit des juges militaires et qui restera comme un des monuments les plus bizarres de monomanie judiciaire dont les annales criminelles aient gardé le souvenir. Après le « front bastionné » de Bertillon, qui osera médire, désormais, des « jugements de Dieu » de l'an 1200 ou de « l'épreuve du feu » des peuplades africaines?

Ce chef-d'œuvre n'était rien moins qu'un graphique spécial destiné à parler comme une leçon de choses à des yeux de soldats et symbolisant sous la forme de schema — le schema d'un siège! — la phsychologie supposée de l'accusé Alfred Dreyfus, en train de perpétrer le bordereau.

Officier savant et frais émoulu de l'École de guerre, s'était dit ingénument Bertillon, avec l'audace inconsciente dans l'hypothèse qui caractérise tous les graphologues sans exception, Dreyfus a dû procéder en homme obsédé par les idées familières à son esprit et qui devaient nécessairement se rattacher aux aventures obsidionales. Il se supposait enfermé dans une place investie et qu'il s'agit de défendre. La place investie, c'est le bordereau, la lettre accusatrice, dont un espion prévoit toujours la saisie. Établissons-le, se disait-il, de manière à défier toute surprise, pour avoir réponse à tout...

Voilà le point de départ, la donnée hypothétique. Sûr quoi, Bertillon se supposait à son tour à la place de l'assiégé, c'est-à-dire écrivant le bordereau; et, dès lors, il trouvait dans toutes les différences et dans toutes les ressemblances d'écriture accusées par ses pellicules transparentes autant de ruses de guerre savamment agglutinées pour dépister l'expertise.

Les écritures de comparaison et celle du bordereau différaient-elles du tout au tout, comme c'était le cas à peu près constant, l'explication était simple: Alfred Dreyfus avait emprunté et décalqué la première écriture venue, pour la substituer à la sienne.

Au contraire, une analogie, une parenté entre deux ou trois lettres, ou peut-être entre deux ou trois parties de mots, semblait-elle résulter des superpositions d'images, le machiavélisme du faussaire éclatait aux yeux, s'il fallait en croire Bertillon. Alfred Dreyfus avait systématiquement calqué ces groupes de lettres ou parties de mots sur sa propre écriture, afin de dépister les recherches et de plaider que ces transpositions exactes dans le graphisme d'un homme sont aussi rares que l'identité rigoureuse de deux feuilles d'arbre dans le domaine végétal.

On aurait peine à croire à une conception pareille, si son existence résultait seulement de la tradition orale. Mais le graphique est là, il fait partie du dossier, on peut le voir reproduit dans le texte de ce récit. Bertillon le croyait si bien irréfutable, qu'il l'avait tiré lui-même à un certain nombre d'exemplaires, par report héliographique, et distribué aux juges comme un programme de spectacle.

Le dessin est de sa façon, l'écriture est la sienne. Cette chose sans nom rappelle, point par point, les élucubrations autographes des maniaques de Sainte-Anne.

Par malheur, ce n'est point une curiosité clinique : c'est une monstruosité judiciaire, un champignon atavique surgi des vieilles caves de torture de la Conciergerie, un chevalet sur lequel il reste possible de lier un accusé quelconque, après Alfred Dreyfus. Car, pour l'opprobre de ce pays, le scélérat qui a osé présenter à un tribunal français ce rébus d'assassin dirige encore le service de l'identité judiciaire et peut demain faire tomber des têtes par un raisonnement de même force, quitte à plaider, après coup, qu'il a été entraîné par sa brillante imagination !...

Il faut dire, pour être juste, que son graphique humilia le tribunal militaire et lui parut stupide. L'exposé de Bertillon dura près de quatre heures d'horloge. Tout le monde bâillait, juges, accusé, défenseur, commissaire et gendarmes. L'un d'eux fit même entendre un ronflement sonore et dut être secoué. Si l'on fût allé aux voix sur le moment, le capitaine Dreyfus était acquitté. Peut-être le tribunal aurait-il ordonné que Bertillon prît sa place, tant il était excédé.

Le préfet de police lui-même, qui avait de grandes illusions sur son photographe ordinaire et qui était imprudemment venu l'écouter, saisit la première occasion pour s'évader. Sur la porte, il dit aux reporters, avidement groupés autour de lui :

— C'est un acquittement !...

CHAPITRE XIV

La défense du capitaine Dreyfus.

La défense, au procès Dreyfus, n'a point laissé l'impression d'une défense héroïque. Non que l'avocat Demange paraisse avoir en aucune façon manqué à son devoir. Mais, au contraire du personnage de Molière, il avait accoutumé de parler à des visages et non point à des plastrons boutonnés jusqu'au col. Si obtus et si abjects qu'il eût souvent trouvé les juges civils, il n'avait aucune idée du degré d'insondable ignorance et de morgue surhumaine d'une commission militaire. Avocat notable et bien renté, un des premiers de sa profession, qui n'a peut-être pas aux yeux de la foule l'extraordinaire prestige dont ses membres se plaisent à la revêtir, mais qui est à tout prendre une profession respectable comme les autres, quand elle est honorablement pratiquée,—Demange ne s'était pas attendu à se voir traité dans un prétoire de conseil de guerre comme un record dans l'exercice de ses basses fonctions. La petite audience publique du début avait pu lui donner un avant-goût de ce qui allait suivre à huis clos. Mais selon toute apparence, il se croyait déjà parvenu au fond du puits d'humiliation et ne pensait pas qu'au-dessous de ce fond, il pût y avoir encore plusieurs étages à descendre.

Il fut bientôt détrompé, comme les délégués de la presse, apostés aux abords du tribunal militaire, purent bientôt le deviner, en le voyant, pendant les suspensions d'audience, apparaître, rouge, nerveux, frémissant de colère mal contenue. Au premier mot, ou même au premier geste, tandis que les témoins défilaient, il se voyait brutalement arrêté par le président. Toute question, toute demande d'éclaircissement lui étaient imputées à crime. S'il insistait, et prétendait exercer son droit d'examen et de contrôle sur une déposition, le colonel Maurel lui coupait la parole, comme il eût fait sous les armes à un caporal se permettant d'élever la voix.

Il alla plus loin, en vint à le menacer d'arrestation, s'il persistait à « troubler le cours des dépositions ».

Un défenseur menacé d'arrestation, à la barre du tribunal, parce qu'il essaye d'élucider la valeur d'un témoignage! Demange n'était pas préparé pour ce martyre. La menace le laissa stupéfait et navré. Puis il se ressaisit, protesta et menaça à son tour — de s'en aller.

Le président comprit, cette fois, que la menace n'était pas vaine. Il faudrait suspendre les débats, désigner d'office un défenseur militaire qui ne connaîtrait pas le premier mot du dossier, non plus que du Code, et ne manquerait pas d'entasser les causes de nullité sur les motifs de revision.

Tout bien pesé, il préféra se calmer et mettre une sourdine à ses objurgations soldatesques. De son côté, Demange se montra moins curieux avec les témoins. Cahin-caha, on atteignit ainsi l'heure du plaidoyer.

Ici encore, le défenseur se trouvait dans une condition peu favorable aux grands efforts. Non seulement il se sentait dans un milieu hostile à la robe, hostile à la raison et surtout hostile à l'accusé; non seulement il n'avait point, pour servir de charpente et de colonne vertébrale à sa thèse, la haine vigoureuse qu'un avocat républicain porte naturellement à ce qui fleure l'arbitraire et la brutalité, mais, par ses attaches personnelles et par ses habitudes d'esprit, Demange inclinait plutôt à la vénération des livrées militaires ou civiles; et certes, il devait être confus, *in petto*, de se trouver, pour la première fois de la vie, non pas du côté de l'autorité armée, mais en opposition directe avec elle. On a le sentiment très net qu'il se sentait dépaysé dans ce rôle nouveau pour lui. Et cela même donne plus de poids à son témoignage, à la conviction profonde qu'il a toujours affirmée de l'innocence de son client et qui n'était pas, ne pouvait pas être, chez lui, une opinion de surface ou d'attitude professionnelle : car l'avocat, de sa nature, est plutôt sceptique à l'endroit des accusés et toujours disposé à penser, s'il obtient un acquittement, que cet acquittement est le fruit de son irrésistible dialectique.

Il eût fallu à Alfred Dreyfus un défenseur d'autre envergure : un orateur enflammé de la passion de la justice et puisant dans cette passion même la force de s'élever au-dessus de la misère du huis clos, au-dessus de la tyrannie des juges, pour entrer de vive force au fond de ces âmes obscures et y allumer une étincelle d'humanité. Il eût fallu un Jaurès ou un Labori, et non point un Demange.

Tel quel, il fit son devoir, autant qu'il était en lui. Mais, sans doute, au moment où il se leva pour discuter point par point le pitoyable rapport, il ne le voyait plus lui-même qu'à travers le monstrueux réquisitoire d'Henry et les accusations sans preuves, mais si précises, que le faussaire était venu proférer A LA FACE DU CHRIST contre l'accusé. Enfin, ni lui ni personne ne pouvait supçonner alors la trame infernale ourdie autour d'Alfred Dreyfus.

Quel ennemi systématique du sabre, des polices et des fonds secrets, si clairvoyant qu'il fût, eût pu, à ce moment, deviner la moindre parcelle de la réalité?

Certes, l'accusé et son défenseur entrevoyaient vaguement une machination, des haines implacables, des falsifications d'écritures. Mais comment imaginer, comment oser admettre ce que l'effort soutenu de toute une élite intellectuelle est à peine parvenu, après quatre ans, à faire toucher du doigt au peuple le plus épris de vérité que le genre humain ait jamais connu? Comment supposer que des soldats préposés à la défense du pays et qui parlaient d'honneur, de salut public, de parricide perpétré sur la patrie, fussent eux-mêmes les traîtres, les stipendiés de l'étranger, les égorgeurs patentés de la nation confiée à leur garde?

Ni Demange, ni Alfred Dreyfus n'en pouvaient avoir le soupçon. Ils se sentaient aux prises avec un effroyable problème, mais n'en connaissaient même pas les éléments premiers. Ils croyaient que des trahisons certaines avaient été commises et qu'on les en chargeait, mais n'avaient aucun moyen d'en discuter l'attribution.

Que pouvaient-ils penser, par exemple, devant le bordereau ou lettre-missive qui restait, en dernière analyse, l'*unique pièce* opposée à Alfred Dreyfus? Ce bordereau, dont il ne connaissait pas l'écriture, mais où se trouvaient çà et là au milieu de trente lignes d'une main étrangère, des demi-mots, des syllabes ou des lettres qui semblaient être de la sienne et qui fulguraient aux tableaux de Bertillon, parfaitement adaptés à des mots, syllabes ou lettres écrits par lui-même, fournis par lui-même?...

C'était absurde et inepte, et le système de Bertillon n'avait même pas le mérite de la vraisemblance. Quelle probabilité qu'un traître, voulant masquer son écriture en empruntant celle d'un autre par décalque, y eut laissé çà et là, systématiquement, des traces — non légères et fugitives — mais répétées et formelles, de sa personnalité? Il aurait choisi toutes les ruses avant celle-là, toutes les préméditations avant l'imbécile conception de pouvoir plaider (s'il était pris) qu'on avait calqué ces fragments et ces fragments seulement, de son écriture!

Mais, d'autre part, pourquoi le faussaire s'était-il, de son côté, limité à ces calques partiels et isolés de l'écriture de Dreyfus, si son but avait été de l'incriminer?

Voilà ce qui restait inexplicable. C'est désormais tout expliqué par les aveux de Cavaignac et le suicide d'Henry, par les fausses photographies de Lauth, par l'infâme querelle intentée au lieutenant-colonel Picquart, par tous les actes de l'inquisiteur du Paty de Clam, par les lettres d'Esterhazy, par la fausse lettre de l'empeur allemand, par les menées du Gesù, par les mille détails accumulés, concordants, lumineux, que la libre discussion et la volonté d'arriver à la vérité ont fait successivement jaillir des entrailles du sujet.

Le processus est visible et s'enchaîne comme les termes d'un syllogisme.

Esterhazy est le traître [aux gages de Schwarzkoppen. Simple officier de troupes, il n'a pas de documents secrets à vendre et doit se les procurer.

Henry les lui livre, de 1893 à 1896, au nombre de 162, payés en une seule année, jusqu'à 200,000 francs et, par conséquent, ayant une réelle valeur

Calque du bordereau, avec des blancs laissés pour les retouches.

pour celui qui les achète. Pour le dire en passant, ce ne peut être qu'avec la complicité complémentaire d'un des officiers de l'État-Major les plus élevés en grade, [car] lui non plus, Henry, simple attaché au bureau de la police militaire, il n'avait pas accès aux documents d'importance enfermés sous double serrure dans les coffres-forts des bureaux techniques.

Un agent du Deuxième bureau, aposté dans la maison qui fait face à l'ambassade allemande et qu'habite Schwarzkoppen, subtilise le bordereau d'Esterhazy et l'apporte, en l'absence d'Henry, au colonel Cordier, qui fait aussitôt photographier le document par Lauth.

Quand Henry arrive, il reconnaît l'écriture d'Esterhazy et se voit perdu, car Esterhazy parlera, il n'en doute pas, ou même s'il ne dit rien on pourra remonter jusqu'à ses complices.

A tout prix, il faut donc détourner la meute, en la lançant sur une fausse piste.

Refaire le bordereau d'un bout à l'autre,

Calque du bordereau avec les retouches ajoutées.

ce n'est pas possible; mais ayant la plaque photographique et l'épreuve à sa disposition, avec ou sans l'aveu de Lauth, son subordonné, il peut encore, à cette première phase de l'affaire, opérer sur la pièce accusatrice quelques falsifications *presque insensibles à première vue.*

Il faut qu'elles soient telles pour ne pas trahir la retouche, et cependant suffisantes pour dénoncer deux écritures artificiellement agglutinées.

Henry commence par mettre Sandherr, Fabre, du Paty de Clam, puis Boisdeffre et Gonse aux trousses d'Alfred Dreyfus, dont l'écriture n'est pas sans de vagues analogies ataviques avec celle de l'espion austro-hongrois. Puis, sans perdre de temps, il s'attèle au travail, avec Esterhazy et du Paty de Clam, par les procédés mêmes chers à Bertillon.

On dicte à l'inculpé, dans le cabinet de Boisdeffre, un certain nombre de mots caractéristiques du bordereau, qu'on n'a pas pu trouver dans les lettres ou mémoires de sa main qu'on possède, et qu'on fera d'ailleurs disparaître, en alléguant, au rapport, qu'on n'a rien trouvé chez lui.

Une fois en possession de ces mots, on va les incorporer partiellement au bordereau, à la place de ceux qu'avait tracés Estherhazy.

C'est chose relativement aisée, le papier étant transparent. Esterhazy en possède toute une provision « de la même cuvée ».

Il calque lui-même son propre bordereau, en laissant des blancs aux endroits choisis pour les retoucher.

Puis, dans ces blancs, il calque les parties de mots obtenues de Dreyfus.

On a ainsi un bordereau nouveau, semblable d'aspect à l'original, sauf en ce qu'il décèlera désormais l'opération du calquage et permettra ainsi aux experts d'affirmer qu'il y a fraude voulue dans l'écriture. D'autre part, les superpositions photomicrographiques donneront ça et là des syllabes ou fins de mots d'Alfred Dreyfus.

Il ne reste plus qu'à prendre de nouvelles épreuves du document falsifié et à les donner comme épreuves primitives. La photographie offre des ressources infinies à ces substitutions. C'est là-dessus que les experts vont travailler désormais.

Ceux qui ont l'esprit droit, comme Gobert et Pelletier, mis en éveil par les traces de décalquage, se méfieront.

Ceux qui sont d'avance avec l'accusation ou qui se laissent prendre au charlatanisme pseudo-scientifique de Bertil-

lon admettront avec lui ce raffinement insensé d'un faussaire décalquant volontairement, *mais seulement par places*, sa propre écriture.

Et l'affaire suivra son cours ténébreux...

Tout cela est évident aujourd'hui non seulement par des motifs extrinsèques, mais parce que dans la falsification même la main d'Esterhazy se trahit à plusieurs indices. On en citera deux.

D'abord, les lettres ou syllabes intercalées, de l'écriture de Dreyfus, se superposent exactement aux mêmes lettres ou syllabes provenant soit de la fameuse dictée, soit de lettres de lui qu'on possédait *à ce moment*, et ne se superposent que vaguement aux mots d'origine ultérieure.

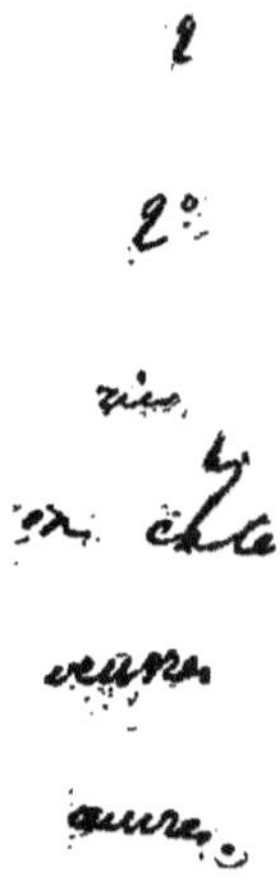

Or, on sait par les graphologues eux-mêmes que cette superposition parfaite est une présomption de décalquage, personne n'écrivant deux fois dans sa vie un même mot rigoureusement de la même façon.

En second lieu, ces lettres ou mots se superposent à des lettres ou dictées qui sont aux mains de l'accusation, et qui n'étaient plus aux mains de Dreyfus ou n'existaient pas encore au moment où le bordereau original a été écrit.

En troisième lieu, tout le bordereau officiel (falsifié), y compris les mots de l'écriture de Dreyfus, présentent les caractères généraux du décalquage.

Enfin, certains mots typiques d'Esterhazy reproduisent si fidèlement ses *tics* scripturaux qu'ils le dénoncent lui-même comme l'auteur du décalquage.

Ainsi, sa manière de barrer les doubles *t*, dans *cette pièce*.

Un faussaire, décalquant ces mots d'Esterhazy, ne prendra pas garde qu'il écrit *cette* en barrant le premier *t*, puis superposant le second *t* à la barre. (Pas un individu sur cent millions d'hommes ne procède ainsi). Le faussaire écrira, selon l'habitude courante, les deux *t* avant de les barrer ensemble. Il aura ainsi d'abord *celle*, puis *cette*.

Esterhazy, même en s'autodécalquant (dans le but exprès de créer le décalquage comme moyen utile de défense pour lui-même) ne peut s'empêcher de suivre son habitude propre et caractéristique. Il fait ce qu'aucun autre décalqueur ne ferait sur le papier transparent. Il écrit *cet*, puis ajoute *le*, ce qui donne *cette* avec le second *l* sur la barre. .

Autre indice : le mot *tenir* dans « tenir à votre disposition », Esterhazy, seul dans l'univers, écrit *texir* par déformation de l'*n*. Un imitateur, en calquant n'y prendra pas garde et écrira *tenir*. Esterhazy écrit couramment *texir* sur sa propre écriture.

On conçoit de reste que de telles observations n'ont été possibles que du jour où l'écriture d'Esterhazy a été connue comme étant celle du bordereau. Devant le premier conseil de guerre, la défense, comme les juges et l'accusé lui-même, en étaient réduits à constater les SEPT identités résultant des superpositions entre les chiffres 2 (cinquième ligne du bordereau); 2° (septième ligne), les syllabes *cier* dans *officier* (dix-huitième ligne), la lettre *z* dans *vouliez* (vingt-septième ligne), les syllabes *in exte* dans *in extenso* (vingt-huitième ligne) et la syllabe *œuvres* dans *manœuvres* (vingt-quatrième et trentième lignes), identités résultant,

disons-nous, des superpositions de ces chiffres, lettres ou syllabes avec des chiffres, lettres ou syllabes des pièces de comparaison (lettres intimes ou dictée du cabinet de Boisdeffre).

Cette circonstance même était de nature à éveiller la pensée d'une falsification du bordereau opérée depuis l'arrestation du capitaine Dreyfus et en reste la preuve évidente. Mais il va de soi qu'à ce moment de l'affaire, ni l'accusé ni le défenseur n'eussent pu invoquer une telle hypothèse, sans faire le plus grand tort à leur cause, et sans être honnis, si tant il y a que la pensée même leur en soit venue.

En tout cas, Demange n'en dit rien. Il plaide de son mieux la falsification préméditée du bordereau, considéré comme authentique, critique la thèse de Bertillon comme insoutenable, puis s'attache à montrer l'absurdité générale de l'accusation, la faiblesse des mobiles invoqués pour la prétendue trahison, enfin les excellents témoignages que donnaient d'Alfred Dreyfus tous ses anciens chefs et des personnes honorables appartenant à toutes les classes sociales.

L'impression générale qui se dégagea de ce plaidoyer, était plutôt favorable à l'accusé. Non que le Conseil parût convaincu de son innocence — le poids de l'opinion ambiante, spécialement à l'État-Major, pesait sur lui; — mais il ne semblait pas non plus convaincu de sa culpabilité. Des conversations, des propos de la table commune se dégageait une indécision marquée. Et cette indécision se trahit si visiblement qu'une intervention finale, en chambre du Conseil, fut jugée nécessaire, par l'État-Major et le ministre de la guerre, pour obtenir la condamnation si impatiemment attendue, si universellement considérée comme indispensable à la politique propre de la haute armée et à la politique générale du cabinet Dupuy.

Avant d'arriver à cet intervention illégale et frauduleuse qui constitue le crime de *forfaiture*, aux termes de l'article 101 du Code de justice militaire, il faut donner la physionomie extérieure des choses au cours des deux dernières journées du procès

Le 22 décembre, après l'interminable déposition de Bertillon et le ridicule réquisitoire de Brisset, l'accusé avait paru abattu et fatigué à ceux qui l'avaient vu quitter l'audience. On l'eût été à moins. Il passa, au dire des reporters, une nuit sans sommeil, marchant de long en large dans sa chambre, sous l'œil de ses geôliers qui le gardaient à vue et ne se coucha pour un instant qu'au petit jour. A onze heures, il recevait la visite de son défenseur ; à une heure s'ouvrait la dernière audience, remplie tout entière par la plaidoirie, et qui prit fin à cinq heures et demie.

Au dehors, la foule est houleuse et beaucoup plus nombreuse que les jours précédents. Elle résiste aux agents qui veulent à tout prix l'éloigner du trottoir, devant la porte de l'hôtel des Conseils de guerre. Elle veut savoir.

La nuit est tombée depuis longtemps, quand arrive un ordre du colonel Maurel, autorisant les chroniqueurs judiciaires, qui attendent dans la rue, à pénétrer dans la cour de l'hôtel. Aussitôt une petite bousculade a lieu : quelques curieux veulent essayer de se glisser parmi les privilégiés qui entrent. Ils en sont empêchés par les agents et par les soldats, qui ont reçu une consigne excessivement sévère et qui la font respecter avec ténacité.

Ceux qui ont été reçus ont libre accès jusqu'au premier étage.

A 5 heures 3/4, un mouvement se produit, la porte du premier étage s'ouvre et le lieutenant commandant le piquet de garde invite les assistants à évacuer le vestibule. L'audience vient d'être suspendue. Le Conseil s'est retiré pour délibérer et le capitaine Dreyfus va descendre pour se rendre au greffe, dont la porte donne au pied même de l'escalier.

En se penchant un peu, on le voit passer. Il est pâle et las. Il s'éloigne rapidement, escorté de deux gardes et précédé du sergent faisant fonctions d'huissier.

Le vestibule est alors évacué, les portes en sont fermées, mais elles ne tardent pas à se rouvrir et les journalistes peuvent alors pénétrer dans la salle du Conseil, qu'ils n'ont pas revue depuis le 19 décembre. Il est six heures quarante-cinq.

A six heures cinquante, le conseil rentre en séance. Sa délibération a duré *une heure un quart.* Or, le texte même du jugement va le montrer tout à l'heure, une seule question a été posée aux juges. Normalement, vingt minutes auraient suffi pour recueillir les sept voix du conseil sur cette question unique, pour les compter et pour libeller le jugement. Que s'est-il donc passé pendant cette longue délibération ?

Il s'est produit un événement, constaté pour la première fois par la déclaration d'un avocat nommé Salles, au sujet de la confidence à lui faite par un des membres du conseil de guerre ; constaté depuis par des aveux directs ou indirects : au nom du ministre de la guerre, et en violation formelle de la loi, un dossier secret, inconnu de l'accusé et de la défense, qui n'en ont pas eu connaissance, a été communiqué sous plis cachetés, en chambre du conseil, aux juges militaires appelés à prononcer leur verdict sur le capitaine Dreyfus.

Y a-t-il eu communication positive de pièces secrètes en chambre du conseil ? On l'a souvent affirmé et l'on sait même par la lettre du colonel Picquart au garde des sceaux Sarrien (*Rapport du conseiller Bard à la Cour de cassa-*

tion) quels sont ceux des documents communiqués que le colonel Picquart a trouvés plus tard au dossier et dont il a eu ainsi connaissance personnelle.

Le colonel Picquart dit, dans cette lettre, que la partie du dossier secret qui fut communiquée aux juges en chambre du conseil se composait de « quatre pièces, accompagnées d'un commentaire explicatif rédigé, à ce qu'a assuré le colonel Sandherr, par du Paty de Clam ».

La première pièce, ajoute le colonel, est déchirée en morceaux et reconstituée ; c'est une lettre avec une note écrite par un individu désigné par l'initiale A, probablement à ses supérieurs. Cette lettre, écrite en langue étrangère, est de fin 1893 ou fin 1894.

La deuxième pièce, continue le colonel Picquart, est une lettre authentique de B... à A... Elle date du commencement de 1894 ; elle a été déchirée puis reconstituée. Elle est à peu près ainsi conçue : « Je voudrais bien avoir tel renseignement sur une question de recrutement. »

La troisième pièce est une lettre authentique de B... à A... de 1894. Elle a été déchirée puis reconstituée. B... y dit à peu près : « J'ai vu ce canaille de D.... Il m'a donné pour vous douze plans directeurs. »

La quatrème pièce est un rapport étranger à l'affaire.

Mais d'autres pièces constituant le dossier diplomatique ou « ultra-secret » et qui n'ont jamais été à la disposition du colonel Picquart, furent apportées au conseil de guerre ; et, circonstance curieuse, en partie par lui-même, car il fut le porteur d'un des plis en question, sans en connaître le contenu.

Voici ce qui se passa d'après le témoignage confidentiel de deux membres du conseil de guerre, venu à l'auteur de cette étude de deux sources différentes et parfaitement sûres toutes deux.

Au moment où la délibération commençait, on frappa à la porte extérieure de la chambre du conseil. Deux plis cachetés furent successivement remis, de la part du ministre de la guerre, au colonel Maurel.

Celui-ci prit les larges enveloppes scellées au timbre du ministère et les déposa devant lui, sur la table.

Puis, il fit à ses six collègues ou, pour mieux dire, à ses six subordonnés, des déclarations qui se résument comme suit :

« Messieurs, je sais ce que contien-
« nent ces plis cachetés. M. le ministre
« de la guerre m'en a averti. L'un ren-
« ferme la photographie d'une lettre
« autographe, signée du souverain
« étranger pour qui Dreyfus trahissait
« la France. Le nom du traître s'y
« trouve écrit en toutes lettres, avec les
« motifs qui l'ont amené à trahir. J'en
« ai l'assurance formelle du chef de
« l'armée. A ce premier document sont
« jointes sept lettres de Dreyfus lui-
« même, adressées au souverain qui
« allait accepter ses offres de services.
« Ce dossier provient du ministère des
« affaires étrangères, qui l'a transmis à
« M. le ministre de la guerre.

« L'autre pli scellé renferme : 1° Un
« billet familier, qu'un attaché militaire
« de la Triple-Alliance écrivait à un de
« ses collègues, absent de Paris, et qui
« a été intercepté, il y a plusieurs mois
« déjà. Après divers détails sur la vie
« mondaine du signataire, on y trouve
« une allusion directe à Dreyfus, en
« ces termes : « Ce canaille de D. de-
« vient par trop exigeant (1). » Comme
« les précédentes, cette pièce provient
« du ministère des affaires étrangères.

« 2° Deux rapports secrets d'un agent
« de la France à l'étranger, où il oc-

---

(1) Il est établi que ce document ne s'appliquait pas à Dreyfus, mais à un espion dont l'initiale D. dissimulait, par convention, le nom véritable.

« cupe une haute situation officielle,
« qui le met en mesure d'être parfaite-
« ment renseigné. Le chef de l'État-
« Major général connaît seul le nom de
« cet agent, qu'il importe à tout prix
« de ne pas compromettre, en raison de
« l'importance même de ses informa-
« tions.

« Les deux rapports secrets concor-
« dent de tout point avec les autres
« preuves » directes et indirectes , et
« nomment le capitaine Dreyfus comme
« l'auteur des communications crimi-
« nelles sur la défense nationale, faites
« depuis deux ans à la puissance étran-
« gère dont il s'agit, communications que
« le commandant Henry nous a énumé-
« rées au cours des débats. Un de ces
« rapports mentionne que le souverain
« étranger servi par le traître a été
« averti de son arrestation dès le 23 oc-
« tobre dernier, par un journal déposé
« sur son bureau de travail et portant
« les mots au crayon bleu : *Dreyfus est*
« *arrêté.*

« Voilà, messieurs, ce que contiennent
« ces plis scellés. Si votre conviction
« n'est pas faite, je suis autorisé à
« rompre les cachets devant vous et à
« vous communiquer les pièces. Car une
« nécessité prime tout, pour des juges
« militaires, c'est de frapper quiconque
« a manqué au premier des devoirs, en
« trahissant son pays. Je le répète donc,
« je suis autorisé à ouvrir ces scellés...

« Mais je ne dois pas vous laisser
« ignorer qu'à la suite d'un accord di-
« plomatique secret, le document prin-
« cipal a été officiellement supprimé,
« déclaré non avenu. En outre, il a été
« entendu que le nom de la puissance
« étrangère intéressée dans l'affaire ne
« serait pas prononcée au procès. C'est
« pourquoi ces divers documents n'y
« ont pas été versés, même à huis clos...

« Vous apercevez les conséquences
« possibles et probables d'un manque-
« ment à la promesse échangée. A vous

« de les peser dans vos consciences...
« Selon ce que vous déciderez, à la ma-
« jorité des voix, j'ouvrirai les scellés,
« ou je les rendrai intacts à M. le minis-
« tre de la guerre...

« Messieurs, nous allons voter sur la
« question préjudicielle :

« — *Oui* ou *non*, voulez-vous rom-
« pre les scellés et voir de vos yeux les
« dossiers secrets que la raison d'État
« a empêché de verser aux débats ? »

A l'unanimité, les sept juges votèrent
non. Sur quoi, on passa au vote sur la
question de culpabilité.

A l'unanimité, le verdict fut *affir-
matif.*

Poincaré.

On n'ajoutera pas un mot à ce récit,
sinon pour rappeler que les documents
officiellement « supprimés » étaient des
faux, des faux imbéciles, connus pour
tels par ceux qui en avaient conservé
copie photographique.

S'ils ne les montraient pas, même à
huis clos et dans le secret de la chambre
du conseil, c'était moins encore pour
échapper à la forfaiture matérielle,
par une restriction de conscience éminemment caractéristique, que pour soustraire les pièces elles-mêmes à l'examen
des juges. Dans le nombre, il pouvait
s'en trouver un assez avisé et assez in-

dépendant pour concevoir des doutes sur l'authenticité des documents et réclamer une vérification.

Quant aux prétendus rapports secrets d'un agent à l'extérieur, restés la base fondamentale du dossier confié au général Gonse, il faut qu'ils aient bien peu de valeur réelle et aussi peu d'authenticité pour que Cavaignac ne les aient même pas exhibés à ses deux collègues Brisson et Sarrien, au moment de leur visite au ministère de la guerre, trois semaines avant l'aveu du colonel Henry. A cette occasion, le dessus du panier des prétendues « preuves » (cinquante à soixante pièces de l'usine spéciale du faussaire) étaient étalées sur une grande table dans le cabinet ministériel.

— *Parmi ces pièces*, a déclaré Brisson à la tribune de la Chambre, *se trouvaient les trois pièces que M. Cavaignac a lues à la tribune.* (Mouvement.)

Ce Rochefort !... quel esprit !... (*Dessin de H.-G. IBELS*)

Ce sont ces trois pièces seules, à mon estime et à celles, je crois, de M. Sarrien, qui pourraient être considérées comme appartenant réellement au dossier de l'affaire Dreyfus.

Les autres les encadraient, en ce sens qu'elles se présentaient avec ces pièces dont la plus importante était naturellement, aux yeux de M. le garde des sceaux et aux miens, celle où Dreyfus était nommé.

De toutes ces pièces, aucune, à mon avis, ne pouvait intéresser, par sa communication, la sûreté de l'État.

Et quelques instants après ces importantes déclarations, revenu à son banc, Brisson a ajouté, parlant, à l'auteur de la présente étude, personnellement :

— S'il y avait eu quelque chose de sérieux à nous montrer, dans cette circonstance décisive, ON L'AURAIT FAIT, *puisque nous venions, le garde des sceaux et moi, précisément pour nous éclairer sur les résolutions à prendre au sujet de la revision.* (Séance du 19 décembre 1898, à six heures et demie du soir, au moment où le scrutin s'ouvrait sur la priorité des ordres du jour.)

Est-il besoin de dire que l'authenticité des pièces communiquées au conseil ne fut pas même discutée? Elles venaient du ministère de la Guerre ; elles étaient l'expression d'une pensée et paraissaient l'expression d'un fait qu'on ne croyait pas pouvoir rendre publics. Il n'en fallait pas plus pour effacer toute autre considération. Ce sera l'excuse des juges, qui, certes, n'auraient pas dû ignorer la loi, mais l'ignoraient évidemment.

Mais de quelle flétrissure frapper les hommes qui connaissant la fausseté des documents ainsi jetés dans la balance de la justice et qui, sachant l'engagement pris, de part et d'autre, de supprimer ces misérables fabrications, ne craignaient pas de recourir, pous frapper un innocent, à une démarche aussi honteusement criminelle? Et comment douter que ce fût là, contre le Juif abhorré, AD MAJOREM DEI GLORIAM, l'œuvre propre de l'Égérie attitrée de l'État-Major, la Compagnie de Jésus ! Elle seule, elle seule au monde, croit que tous les moyens sont bons contre l'ennemi désigné à ses coups et dont elle considère la perte comme nécessaire à sa politique scélérate.

Quant à la constatation officielle de la forfaiture perpétrée, le 23 décembre 1894, dans la chambre des délibérations, par le 1er conseil de guerre de Paris — elle résulte de la déposition faite par Demange, sous la foi du serment, à la Cour d'assises de la Seine (procès Zola). Voici cette déposition :

« Dans les derniers jours du mois d'octobre, j'ai appris, comme tout le monde, par la voie des journaux, que M. Scheurer-Kestner avait la conviction de l'innocence de M. Dreyfus, et qu'il entendait poursuivre sa réhabilitation.

« J'ai été, on le comprendra, plus angoissé que tous les autres lecteurs des journaux.

« Je me suis même permis, parce que je trouvais le temps un peu long, d'écrire à M. Scheurer-Kestner pour lui demander de faire connaître publiquement, à la tribune ou ailleurs, les raisons pour lesquelles il affirmait l'innocence de M. Dreyfus.

« M. Scheurer-Kestner ne m'a pas répondu.

« Il était, je l'ai su plus tard, dans la période de quinze jours pendant laquelle il avait promis à M. le général Billot de garder le silence.

« Je suis donc resté dans cet état d'esprit jusqu'à la veille du jour où M. Mathieu Dreyfus a dénoncé à M. le ministre de la guerre M. le commandant Esterhazy comme l'auteur du bordereau.

« M. Mathieu Dreyfus est arrivé chez moi, au jour que j'indique, extrêmement ému ; il m'apportait cette écriture qui, en effet, est d'une ressemblance frappante avec celle du bordereau, et il me dit :

« M. Scheurer-Kestner m'a dit que mon devoir était de dénoncer, comme l'auteur du bordereau, M. Esterhazy, dont voici l'écriture. »

« Il est évident, je viens de le dire, que cette écriture était identique à celle du bordereau.

« J'ai — et je crois qu'en cela j'obéissais à un sentiment de prudence — j'ai dit à M. Mathieu Dreyfus :

« Faites ce que vous a dit M. Scheurer-Kestner, mais je souhaiterais qu'auparavant, vous priiez M. Scheurer-Kestner de vouloir bien dire publiquement qu'il a signalé à M. le ministre de la guerre, comme l'auteur du bordereau, celui que vous allez dénoncer ; parce que, de cette façon-là, on ne pourra pas mettre en doute votre bonne foi ; et, puisque vous n'avez que l'écriture, bornez-vous à dénoncer M. Estarhazy comme l'auteur du bordereau, et n'allez pas plus loin. »

« Voilà le conseil que je lui ai donné.

« A ce moment-là, j'étais aussi très ému, cela se comprend, n'est-ce pas ? puisque j'entrevoyais un recours possible pour la revision du procès Dreyfus.

« J'étais déjà résolu, d'ailleurs, à m'adresser à M. le ministre de la justice depuis que j'avais su, par M. Salles, qu'il y avait eu une violation de la loi.

« Mais je ne l'avais pas fait encore, pour une raison que je peux bien dire : c'est qu'avant d'employer le recours légal, et surtout celui qui m'appartenait, en vertu d'un article du Code d'instruction criminelle, c'est-à-dire l'annulation du jugement pour violation de la loi, je voulais être appuyé auprès de M. le ministre de la justice, c'est-à-dire que je voulais avoir l'assistance de ceux qui, portant la robe comme moi, sont soucieux des droits de la défense, et je voulais avoir aussi l'appui d'hommes politiques épris du droit et de la justice, ayant de l'autorité près du gouvernement.

« En effet, que pouvais-je faire ?

« Je pouvais dire à M. le ministre de la justice : j'ai la certitude morale qu'il y a eu violation de la loi.

« Mais une preuve juridique, je ne pouvais pas la lui apporter.

« Il fallait donc que je fisse ce que l'on fait dans les procès de revision, c'est-à-dire que je demandasse à M. le ministre de la justice une enquête ; je devais le prier de vérifier, de rechercher si l'assertion que je lui apportais était une assertion exacte.

« Donc, je ne voulais pas m'avancer tout seul ; et je dois dire qu'à ce moment-là, je n'ai pas trouvé l'assistance que je souhaitais, soit autour de moi au Palais, soit parmi les hommes politiques.

« On m'a dit : « Ah ! prenez garde. Ne réveillez pas en ce moment l'affaire Dreyfus ; c'est trop tôt, il faut attendre ! »

Félix Faure.

« J'attendais, lorsque se sont révélés les faits que M Scheurer-Kestner a portés à la connaissance du public.

« A ce moment-là, je me suis dit : « Eh bien ! j'ai maintenant deux recours possibles : la revision et l'annulation. »

« J'ai donc attendu l'issue du procès de M. Esterhazy.

« Il y avait deux cas de revision possibles.

« Comme ces jours passés, M. l'avocat général vous le signalait dans l'exposé de faits que j'ai entendu, si M. Esterhazy avait été condamné, il y avait deux personnes condamnées pour un même fait et, par conséquent, la revision s'imposait.

« Si M. Esterhazy était acquitté, ce qui a eu lieu, il restait le recours du fait nouveau.

« J'attendais donc très impatiemment les débats du procès Esterhazy.

« J'ai assisté à la partie publique ; j'avais même demandé une intervention pour qu'il y eût un contradicteur ; elle a été repoussée.

« Mais enfin, ce qui m'intéressait surtout, c'était la déposition des experts, parce que c'était là que je comptais trouver le fait nouveau ; en effet, puisque Dreyfus n'avait été condamné que sur le bordereau et sur l'écriture, l'expertise dans l'affaire de M. Esterhazy, en m'apportant des éléments, me permettait de dire à M. le ministre de la justice : « Eh bien ! voilà un fait nouveau ! »

« Il y avait là un élément sur lequel je n'avais pas de renseignements, par suite du huis clos ; de telle sorte que la voie de la revision m'était fermée.

« Il me restait, messieurs, la voie de l'annulation.

« Mais, comme je vous le disais tout à l'heure, je ne pouvais m'adresser à M. le ministre de la justice que si j'étais certain, en frappant à cette porte, de la voir s'ouvrir.

« Or, les conditions dans lesquelles s'est déroulé le procès de M. Esterhazy et sur lesquelles, moi, je n'ai rien à vous dire, m'avaient donné une conviction : c'est que le gouvernement ne désirait pas en ce moment faire la lumière sur l'affaire Dreyfus.

« Il y a M. le ministre de la justice, me dira-t-on ; c'est à lui seul que vous devez vous adresser.

« C'est entendu, mais enfin, n'est-ce pas ? il est bien certain que M. le ministre de la justice n'aurait pas pris de résolution tout seul, sans le concours de ses collègues du cabinet ; c'était donc en définitive au gouvernement que je devais m'adresser.

« Et j'avais besoin du gouvernement, vous entendez bien, pour arriver à faire admettre ma requête tendant à établir qu'il y avait eu violation de la loi.

« J'avais besoin, permettez-moi de l'ajouter aussi, du gouvernement, même dans le cas où ma requête aurait été accueillie et où il y aurait eu annulation du jugement par la Cour de cassation.

« J'avais besoin d'un gouvernement désireux de faire la lumière complète sur l'affaire Dreyfus, parce que, qu'il me soit permis de le dire, si cette revision devait se faire, ou plutôt si le jugement devait avoir lieu à nouveau, il fallait le grand jour, il ne fallait plus le huis clos.

« Vous entendez bien que quand sept officiers, qui sont la loyauté même, ont condamné un homme — pour moi, je crois qu'ils se sont trompés, mais enfin — pour le faire admettre par l'opinion publique, il faut qu'elle puisse toucher l'erreur du doigt.

« Par conséquent, il m'était nécessaire d'être certain que, si ce jugement devait de nouveau avoir lieu, j'aurais le plus grand jour, et pour cela il fallait le concours du gouvernement voulant la lumière complète.

« Eh bien ! j'étais convaincu qu'on ne la voulait pas et, dans cet état d'esprit, je me demandais ce que j'allais faire.

« Je me le demandais lorsque (c'est par cela que je vais terminer) se sont déchaînées les passions qui grondent encore aujourd'hui (au-dessus-desquelles certainement vous êtes), qui font qu'on ne pense plus à mon malheureux client.

« Maintenant, il ne s'agit plus de l'affaire Dreyfus ; c'est l'honneur de l'armée qu'on a mis en cause, c'est la lutte entre sémites et antisémites.

« Quant à moi, je ne me suis jamais préoccupé que des intérêts de M. Dreyfus, que j'ai défendu ; il n'y a que lui qui me préoccupe.

« Par conséquent, je me suis dit : « Il faut attendre encore, il faut de « l'apaisement. »

« Voilà pourquoi j'ai dit à M. Mathieu Dreyfus et à Mme Dreyfus : « Attendons

« un autre moment, attendons des « temps plus calmes ! »

« Et je suis heureux d'avoir une occasion de l'affirmer ici, car il y a dans votre exposé, monsieur l'Avocat général, permettez-moi de vous le dire, un passage qui m'a beaucoup touché.

« Vous avez dit à MM. les jurés qu'on n'avait pas voulu employer les voies légales et qu'on avait eu recours aux voies révolutionnaires.

« Mais, ce reproche-là, vous ne pouvez l'adresser à M. Zola parce que lui n'avait aucune qualité pour recourir aux voies légales, n'est-ce pas ?

« Il n'y avait absolument que la famille Dreyfus qui pût y recourir ; par conséquent, c'est à elle que s'adressait le reproche, et à moi, indirectement.

« Et je pourrais même vous dire à tous que, depuis longtemps, et surtout depuis que M. l'Avocat général vous a fait cet exposé, moi je reçois tous les matins des lettres, les unes qui sont signées, les autres qui ne le sont pas — les premières sont polies, les secondes ne le sont pas du tout — lettres dans lesquelles on me reproche d'avoir manqué à mon devoir.

« Eh bien ! moi j'estime que je n'y ai pas manqué.

« J'ai toujours mon devoir devant les yeux, et vous pouvez être certains que ma conscience ne me fera jamais reculer devant l'accomplissement d'un devoir !

« Mais je crois avoir été très prudent en conseillant à M. Mathieu Dreyfus d'attendre.

« Et ce qu'il faut que vous reteniez, c'est que certainement on ne peut pas reprocher à M. Zola de n'avoir pas recouru aux voies légales, puisque cela lui était impossible.

« Voilà ce que je tenais à dire en dégageant M. Zola.

« Et voilà comment l'affaire Esterhazy, qui m'avait fait espérer — puis-

que je reviens à elle — que je pouvais recourir aux voies légales pour obtenir la revision légale, me l'a en même temps fermée, cette voie, parce qu'elle m'a fait comprendre que le gouvernement ne voulait pas la lumière.

Voilà tout ce que j'ai à dire.

LABORI. — Mᵉ Demange voudrait-il dire ce qu'il pense de ce passage du rapport de M. le commandant Ravary, relatif à l'affaire Esterhazy :

« En résumé, que reste-t-il ? Une impression pénible qui aura un écho dans tous les cœurs vraiment français. Des acteurs mis en scène, les uns ont marché à découvert, les autres sont restés dans la coulisse ; mais tous les moyens employés avaient le même but : la revision d'un jugement *légalement* et justement rendu. »

« Qu'est-ce que Mᵉ Demange pense de cela ? Cela lui paraît-il exact ?

« N'a-t-il pas une observation de fait à présenter sur ce point ?

« DEMANGE. — Mais, puisque je voulais m'adresser au ministère de la justice pour faire annuler le jugement, c'er que je ne le considérais pas comme *légʳ lement* rendu.

LABORI. — Pourquoi ?

LE PRÉSIDENT. — La question ne sera pas posée.

LABORI. — Il s'agit de l'affaire Esterhazy.

DEMANGE. — Je l'ai dit tout à l'heure.

LABORI. — Dites-le encore.

DEMANGE. — J'avais su par M. Salles qu'il y avait eu violation de la loi : c'est pour cela que je voulais m'adresser au ministre.

LABORI. — Quelle violation ?

LE PRÉSIDENT. — Non, non, Maître Demange, ne répondez pas !

CLEMENCEAU. — Permettez-moi de poser une question ?

« Monsieur le président, je vous fais d'abord remarquer qu'un incident, qui a occupé un long moment de cette au-

Lecture du jugement (*Dessin de COUTURIER*).

dience, avec M. le colonel Henry, a porté exclusivement sur l'affaire Dreyfus.

« Sous le bénéfice de cette observavation, en vous faisant remarquer également qu'un très long et très vif incident a eu lieu tout à l'heure, à propos de faits qui s'étaient passés pendant le huis clos et de faits secrets, puisqu'il s'agissait de pièces secrètes, je vous fais observer qu'on a pu parler de tout cela, et je vous demande de poser à Mᵉ Demange la question suivante :

« Mᵉ Demange vient de nous dire — et il n'a pas à s'expliquer autrement, a dit M. le président — qu'il avait la certitude que le jugement n'avait pas été *légalement* rendu.

« Je lui demande s'il ne pourrait pas nous dire sur quoi il base cette certitude et, en particulier, voilà ma question : « Si ce n'est pas parce qu'un juge du conseil de guerre l'a affirmé à M. Salles, qui l'a répété à Mᵉ Demange? »

DEMANGE. — Mais oui, parbleu ! — (*Mouvements divers.*)

LE PRÉSIDENT. — Mᵉ Demange, vous n'avez pas la parole.

CLEMENCEAU. — Je vous demande, monsieur le président, de poser la question.

LE PRÉSIDENT. — Non, non, je ne poserai pas la question. (*Rires.*)

Ayant terminé son œuvre secrète et illégale, le conseil de guerre rentrait en séance. Conformément aux termes de l'article 136 du Code de justice militaire, le huis clos a été levé, le jugement devant être prononcé publiquement.

L'accusé n'est pas présent.

« A ce moment, dit un témoin oculaire, il règne dans la petite salle du conseil, au fond de laquelle on aperçoit, à la lueur dansante des lampes la silhouette d'un grand christ mourant, un silence de plomb. C'est que l'heure est solennelle. La qualité et la situation sociale de l'accusé, le mystère dont on

a entouré les débats, la simplicité imposante de l'appareil militaire, la sécurité de la France en jeu, tout contribue à émouvoir les assistants.

« Le colonel Maurel se lève et, d'une voix chevrotante, donne lecture du jugement dont voici le texte :

JUGEMENT

« Au nom du Peuple français (ici tous les officiers portent la main à leur képi) :

« Aujourd'hui 22 décembre 1894, le 1ᵉʳ Conseil de guerre du gouvernement militaire de Paris délibérant à huis clos, le président a posé la question suivante :

« M. *Dreyfus (Alfred), capitaine breveté au 14ᵉ régiment d'artillerie, est-il coupable d'avoir, en 1894, à Paris, livré des pièces et documents intéressant la défense nationale et de les avoir communiquées à une puissance étrangère, laquelle pourrait les utiliser contre la France en cas de guerre?*

« Les voix recueillies séparément, en commençant par le grade inférieur, le président ayant émis son opinion le dernier, le Conseil de guerre déclare, sur cette question unique, à l'unanimité des voix :

« OUI, L'ACCUSÉ EST COUPABLE.

« Sur quoi, attendu les conclusions prises par le commissaire du gouvernement dans ses réquisitions, le président a lu le texte de la loi mentionnant la peine et recueilli de nouveau les voix dans la forme sus-indiquée pour l'application de la peine.

« En conséquence, le conseil condamne le nommé Dreyfus (Alfred), capitaine au 14ᵉ régiment d'artillerie, à la peine de la *déportation perpétuelle* dans une enceinte fortifiée et à la *dégradamilitaire*, conformément aux articles 76 du Code pénal, 7 de la loi du 8 octobre 1830, 5, de la Constitution de 1848, et à l'article 1ᵉʳ de la loi du 8 juin 1850, et en plus aux articles 189 et 261 du Code de justice militaire, lesquels sont ainsi conçus :

« Art. 76. — Quiconque aura pratiqué des machinations ou entretenu des intelligences avec les puissances étrangères ou avec leurs agents, pour les engager à commettre des hostilités ou à entreprendre la guerre contre la France, ou pour leur en fournir les moyens, sera puni de mort. Cette disposition aura lieu dans le cas même où lesdites machinations ou intelligences n'auraient pas été suivies d'hostilités.

« Art. 4 de la Constitution de 1848. — La peine de mort est abolie en matière politique.

« Article 1ᵉʳ de la loi du 8 juin 1850. — **Dans** tous les cas où la peine de mort est abolie par l'article 5 de la Constitution, cette peine est remplacée par celle de la déportation dans une enceinte fortifiée, désignée par la loi, hors du territoire continental de la République. *Les déportés y jouiront de toute la liberté compatible avec la nécessité d'assurer la garde de leur personne.*

« Article 189 du Code militaire. — Les peines des travaux forcés, de la déportation, de la détention, de la réclusion et du bannissement sont appliquées conformément aux dispositions du Code pénal ordinaire. Elles ont les effets déterminés par le Code et comportent, en outre, la dégradation militaire.

« L'article 267 vise les frais.

« Prononce la destitution du capitaine Alfred Dreyfus, et ordonne qu'il sera procédé à la dégradation de cet officier à la première prise d'armes de la garnison de Paris.

« Le déclare déchu de ses décorations et privilèges, et du droit de porter à jamais les armes.

« Le condamne aux frais envers l'État.

« Enjoint au commissaire du gouvernement de donner immédiatement lecture au condamné du présent jugement, devant la garde assemblée sous les armes, et de l'informer qu'il a vingt-quatre heures pour se pourvoir en revision. »

Et le colonel Maurel ajoute vivement : « La séance est levée. »

Quelques minutes après et alors que le dernier journaliste avait quitté l'hôtel, le commissaire du gouvernement, descend dans la cour.

La garde se rassemble sous les armes.

Le lieutenant de service va prendre à l'infirmerie le capitaine Dreyfus.

Il apparaît sous la lueur indécise de deux ou trois candélabres à gaz.

Il s'arrête à trois pas devant la garde et se raidit dans l'attitude du soldat sans armes.

Le greffier s'avance et donne lecture du jugement.

Le condamné ne bronche pas. Le commandant Brisset l'avise alors qu'il a vingt-quatre heures pour exercer son droit de recours devant le Conseil de revision.

Puis l'accusé est reconduit à l'infirmerie.

Au dehors on interroge ceux qui sortent.

La sentence est accueillie avec étonnement. La peine est, par beaucoup de gens, estimée trop légère, dans l'ignorance où ils sont que le conseil a appliqué le châtiment le plus sévère dont il put disposer.

Et ce sentiment est si général, si unanimement exprimé, que la Chambre, pour se mettre à l'unisson, se prépare aussitôt, par sa Commission de l'armée, à rétablir la peine de mort en matière d'espionnage.

Cependant, Demange avait rejoint le condamné dans la salle basse où il venait d'être reconduit. Il le trouva très calme, lui serra la main et lui dit :

— Courage ; nous verrons en revision !

— Du courage, j'en ai et j'en aurai ! répliqua Alfred Dreyfus.

Quelques instants plus tard, la cour étant évacuée et les abords de l'hôtel des conseils de guerre dégagés par le service d'ordre, l'officier commandant vint chercher son prisonnier.

— Venez, *monsieur*, lui dit-il.

Alfred Dreyfus se leva. Un planton lui donna sa pèlerine.

— Mettez votre capuchon pour qu'on ne vous reconnaisse pas, reprit l'officier.

On entraîna le condamné. Entre deux haies d'agents, très vite, il traversa la cour et la rue du Cherche-Midi. La porte de la prison se referma sur lui. Personne n'avait pu voir son visage.

A peine revenu dans sa chambre :

— J'ai faim, dit-il.

Et pendant qu'on allait commander son dîner, très calme, il exprima à Forzinetti le désir de signer sans retard son pourvoi en revision. Ce qui fut fait aussitôt.

Il avait vingt-quatre heures pour signer son pourvoi, mais ne voulait pas perdre un seul jour, tant il était confiant dans le triomphe final de son innocence.

Au loin, dans la ville, les journaux du soir, par la voix de leurs crieurs, annonçaient la condamnation. Elle laissait la foule assez indifférente. Tout au plus quelques hommes exprimaient leur étonnement de la modération relative de la peine, dans l'ignorance où ils étaient des dispositions précises de la loi. Et toujours leur surprise se traduisait sous cette forme caractéristique :

— La déportation pour un officier qui a trahi, et la mort pour un soldat qui esquisse un geste trop vif contre son caporal !... Voilà la justice militaire !...

Presque tous les journaux se faisaient, le lendemain, l'écho de ce sentiment.

Personne ne songeait à suspecter le verdict des juges. Pour rencontrer une protestation isolée contre la forme du jugement, contre le fatal huis clos dont on ne savait rien — sinon qu'il pouvait et devait fatalement avoir couvert des iniquités — il eût fallu aller jusqu'au fond d'une Loge maçonnique du vieux faubourg Saint-Antoine, jusqu'à la Loge Diderot, où cette protestation se fit entendre et résonna, dans les jours suivants, de Loge en Loge. Et cette protestation isolée était le premier cri de la conscience populaire s'éveillant confusément encore, à la lumière de l'histoire, au sentiment d'une effroyable injustice.

Mais partout ailleurs, et principalement dans la presse, la note était uniforme : tristesse et douleur chez les uns, qu'il se fût trouvé dans les rangs de l'armée française un officier capable de trahir son pays ; chez les autres, joie bruyante et non dissimulée d'avoir *obtenu* la condamnation d'un Juif. Au premier rang de ceux-ci, naturellement, la *Libre Parole*, qui philosophait sur la fatalité inexorable qui entraînait logiquement tout israélite à la trahison. La légende de Judas n'étant pas oubliée, cela va de soi. Le *Petit Journal* allait s'en inspirer, pour lancer à tous les vents, parmi ses trois millions de lecteurs, une grande composition allégorique où le « nouveau Judas » était représenté, une bourse d'or à la main, roulant aux abîmes en uniforme d'officier d'État-Major.

D'aucuns renchérissaient encore et ne craignaient pas d'adresser une lettre de félicitations féroces à M. le capitaine Dreyfus, « en sa villa du Cherche-Midi ». On répandait aussi le bruit de son suicide, pour se donner le lendemain la joie de le démentir :

« Dreyfus ne se tuera pas, on peut en être sûr. Il a trop confiance dans la solidarité juive pour se résoudre jamais à un tel dénouement... Sil avait voulu se suicider, il n'aurait pas attendu si longtemps... Prévoyant les difficultés diplomatiques qui pouvaient naître du procès, le gouvernement, par deux fois, avait fait mettre des armes à la disposition du traître, dans sa prison. Le traître, par deux fois, feignit de ne pas comprendre... Bien loin de songer à mourir, Dreyfus ne songe, au contraire, qu'à entourer sa vie de toutes les douceurs compatibles avec la peine qui l'a frappé. Il continue à faire venir ses repas d'un restaurant voisin. Le patron de ce restaurant déclare qu'il mange de fort bon appétit. Ce n'est pas l'indice d'une âme inquiète... »

Singulier aveuglement de la haine ! Étrange déformation des images par une idée préconçue ! Le calme d'une conscience pure se transforme en cynisme, endurcissement et lâcheté ! Parce que le capitaine Dreyfus, ne pouvant prendre au sérieux l'atroce condamnation qui le frappe, l'accepte avec résignation ; parce qu'il oppose à l'infortune la confiance inébranlable d'un homme sûr de lui-même et résolu à vivre pour se justifier — on voit dans cette attitude même une cause nouvelle d'outrages et d'opprobre... Et partout où il passera désormais, au champ de dégradation comme au quai d'embarquement, la foule inconsciente lui reprochera, ainsi qu'un crime de plus ajouté à tous les autres, ce stoïcisme qui lui fait accepter avec calme les injures et les crachats. Mieux qu'avec calme, presque avec joie, avec la joie sereine d'un homme au patriotisme ardent et vivace, que ces injures ne sauraient atteindre, puisqu'elles s'adressent, non pas à lui-même, mais à un forfait imaginaire qu'il serait le premier à condamner chez un coupable.

Quand à lui, l'accusé d'hier, le condamné d'aujourd'hui, voici ce qu'il écrivait à sa femme à la veille du procès :

« Mardi, 18 décembre 1894.

« Ma bonne chérie,

« J'arrive enfin au terme de mes souffrances, au terme de mon martyre. Demain je paraîtrai devant mes juges, le front haut, l'âme tranquille.

« L'épreuve que je viens de subir, épreuve terrible s'il en fût, a épuré mon âme. Je te reviendrai meilleur que je n'ai été. Je veux consacrer à toi, à mes enfants, à nos chères familles, tout ce qui me reste encore à vivre.

Vallecalle.

« Comme je l'ai dit, j'ai passé par des crises épouvantables. J'ai eu de vrais moments de folie furieuse, à la pensée d'être accusé d'un crime aussi monstrueux.

« Je suis prêt à paraître devant des soldats, comme un soldat qui n'a rien à se reprocher. Ils verront sur ma figure, ils liront dans mon âme, ils acquerront la conviction de mon innocence comme tous ceux qui me connaissent.

« Dévoué à mon pays auquel j'ai consacré toutes mes forces, toute mon intelligence, je n'ai rien à craindre.

« Dors donc tranquille, ma chérie, et ne te fais aucun souci. Pense seulement à la joie que nous éprouverons à nous trouver bientôt dans les bras l'un de l'autre, à oublier bien vite ces jours tristes et sombres.

« A bientôt donc, ma bonne chérie, à bientôt le bonheur de t'embrasser ainsi que nos bons chéris.

« Mille baisers en attendant cet heureux moment.

« ALFRED. »

Et le jour de la condamnation :

« 23 décembre 1894.

« Ma chérie,

« Je souffre beaucoup, mais je te plains encore plus que moi. Je sais combien tu m'aimes ; ton cœur doit saigner. De mon côté, mon adorée, ma pensée a toujours été vers toi, nuit et jour.

« Être innocent, avoir eu une vie sans tache et se voir condamné pour le crime le plus monstrueux qu'un soldat puisse commettre, quoi de plus épouvantable ! Il me semble parfois que je suis le jouet d'un horrible cauchemar.

« C'est pour toi seule que j'ai résisté jusqu'aujourd'hui ; c'est pour toi seule, mon adorée, que j'ai supporté le long martyre. Mes forces me permettront-elles d'aller jusqu'au bout ? Je n'en sais rien. Il n'y a que toi qui puisses me donner du courage ; c'est dans ton amour que j'espère le puiser.

« Parfois, j'espère aussi que Dieu, qui m'a cependant bien abandonné jusqu'à présent, finira par faire cesser ce martyr d'un innocent, qu'il fera qu'on découvre le vrai coupable. Mais pourrai-je résister jusque là ?

« J'ai signé mon pourvoi en revision.

« Je n'ose te parler des enfants, leur souvenir m'arrache le cœur. Parle-m'en ; qu'ils soient ta consolation.

« Mon amertume est telle, mon cœur si ulcéré, que je me serais déjà débarrassé de cette triste vie, si ton souvenir ne m'arrêtait, si la crainte d'augmenter encore ton chagrin ne retenait mon bras.

« Avoir entendu tout ce qu'on m'a dit, quand on sait en son âme et conscience n'avoir jamais failli, n'avoir même jamais commis la plus légère imprudence, c'est la torture morale la plus épouvantable.

« J'essaierai donc de vivre pour toi, mais j'ai besoin de ton aide.

« Ce qu'il faut surtout, quoi qu'il advienne de moi, c'est chercher la vérité, c'est remuer ciel et terre pour la découvrir, c'est y engloutir s'il le faut notre fortune, afin de réhabiliter mon nom traîné dans la boue. Il faut à tout prix laver cette tache imméritée.

« Je n'ai pas le courage de t'écrire plus longuement. Embrasse tes chers parents, nos enfants, tout le monde pour moi.

« Mille et mille baisers,

« ALFRED.

« Tâche d'obtenir la permission de me voir. Il me semble qu'on ne peut te la refuser maintenant. »

« Lundi soir, 24 décembre 1894.

« Ma chérie,

« C'est encore à toi que j'écris, car tu es le seul fil qui me rattache à la vie. Je sais bien que toute ma famille, que toute la tienne m'aiment et m'estiment ; mais enfin, si je venais à disparaître, leur chagrin si grand finirait par disparaître avec les années.

« C'est pour toi seule, ma pauvre chérie, que j'arrive à lutter ; c'est ta pensée qui arrête mon bras. Combien je sens, en ce moment, mon amour pour toi ; jamais il n'a été si grand, si exclusif. Et puis, un faible espoir me soutient encore un peu : c'est de pouvoir un jour réhabiliter mon nom. Mais surtout, crois-le bien, si j'arrive à lutter jusqu'au bout contre ce calvaire, ce sera uniquement pour toi, ma pauvre chérie, ce sera pour t'éviter encore un nouveau chagrin ajouté à tous ceux que tu as supportés jusqu'ici Fais tout ce qui est

Réduction d'une grande composition publiée par le Supplément illustré du *Petit Journal* (janvier 1895)

humainement possible pour arriver à me voir.

« Je t'embrasse mille fois comme je t'aime,

« ALFRED. »

—————

« 24 décembre 1894. (Nuit de lundi à mardi.)

« Ma chère adorée,

« J'ai reçu tout à l'heure ta lettre ; j'espère que tu as reçu les miennes. Pauvre chérie, comme tu dois souffrir, comme je te plains ! J'ai versé bien des larmes sur ta lettre, je ne puis accepter ton sacrifice. Il faut que tu restes, il faut que tu vives pour les enfants. Songe

Madame Dreyfus.

à eux d'abord avant de penser à moi ; ce sont de pauvres petits qui ont absolument besoin de toi.

« Ma pensée me ramène toujours vers toi.

« Me Demange, qui est venu tout à l'heure, m'a dit combien tu étais admirable ; il m'a fait de toi un éloge auquel mon cœur faisait écho.

« Oui, ma chérie, tu es sublime de courage et de dévouement ; tu vaux mieux que moi. Je t'aimais de tout mon cœur et de toute mon âme ; aujourd'hui, je fais plus, je t'admire. Tu es certes une des plus nobles femmes qui

soient sur terre. Mon admiration pour toi est telle, que, si j'arrive à boire le calice jusqu'au bout, ce sera pour être digne de ton héroïsme.

« Mais ce sera bien terrible de subir cette honteuse humiliation ; j'aimerais mieux me trouver devant un peloton d'exécution. Je ne crains pas la mort ; je ne veux pas du mépris.

« Quoi qu'il en soit, je te prie de recommander à tous de lever la tête comme je le fais moi-même, de regarder le monde en face sans faiblir. Ne courbez jamais le front et proclamez bien haut mon innocence.

« Maintenant, ma chérie, je vais de nouveau laisser tomber ma tête sur l'oreiller et penser à toi.

« Je t'embrasse et te serre sur mon cœur.

« ALFRED.

« Embrasse bien, bien les petits pour moi.

—————

« 25 décembre 1894.

« Ma chérie,

« Je ne puis dater cette lettre, car je ne sais même pas quel jour nous sommes. Est-ce mardi ? Est-ce mercredi ? Je ne sais. Toujours est-il qu'il fait nuit. Comme le sommeil fuit mes paupières, je me lève pour t'écrire.

« Parfois il me semble que tout cela n'est pas arrivé, que je ne t'ai jamais quittée.

« Dans mes hallucinations, tout ce qui vient de nous arriver me paraît un mauvais cauchemar ; mais le réveil est terrible.

« Je ne puis plus croire à rien, sinon en ton amour, en l'affection de tous les nôtres.

« Il faut toujours chercher le véritable coupable ; tous les moyens sont bons. Le hasard seul ne suffit pas.

« Peut-être arriverai-je à surmonter l'horrible terreur que m'inspire la peine infamante que je vais subir. Être un homme d'honneur et se voir arracher, quand on est innocent, son honneur, quoi de plus épouvantable ? C'est le pire de tous les supplices, pire que la mort. Ah ! si j'arrive jusqu'au bout, ce sera bien pour toi, ma chère adorée, car tu es le seul fil qui me rattache à la vie.

« Comme nous nous aimions !

« C'est aujourd'hui surtout que je sens toute la place que tu as dans mon cœur. Mais, avant tout, soigne-toi, occupe-toi de ta santé. Il le faut, à tout prix, pour mes enfants, qui ont besoin de toi.

« Donc, poursuivez vos recherches à Paris comme là-bas. Tout est à tenter, il ne faut rien négliger. Le nom du coupable, il y a forcément des personnes qui le connaissent.

« Je t'embrasse,

« ALFRED. »

« 26 décembre 1894. (Mercredi, 2 heures.)

« Ma chérie,

« Je viens de recevoir tes deux lettres et celle de Marie.

« Tu es sublime, mon adorée, et j'admire ton courage et ton héroïsme. Je t'aimais déjà ; aujourd'hui, je me mets à deux genoux devant toi, car tu es une femme sublime. Mais ne te laisse pas abattre, je t'en supplie ; pense à nos enfants, qui ont besoin de toi.

« Peut-être arriverai-je à résister pour être à hauteur de toi. Ce ne sont pas les souffrances physiques que je crains ; celles-ci n'ont jamais pu m'abattre, elles glissent sur ma peau. Mais c'est cette torture morale de savoir mon nom traîné dans la boue, le nom d'un innocent, le nom d'un homme d'honneur. Crie-le bien haut, ma chérie ; criez tous que je suis un innocent, victime d'une fatalité épouvantable.

« Arriverons-nous à découvrir le vé-

ritable coupable ? Espérons-le, car ce serait à désespérer de tout.

« J'espère te voir bientôt, et c'est ce qui me console. Toute la journée, toute la nuit, mes pensées vont vers toi, vers vous tous. Je pense au bonheur dont nous jouissions et je me demande encore par quelle fatalité inexplicable il s'est brisé ainsi.

« C'est le drame le plus effroyable qu'il m'ait été donné de lire, et celui-ci est vécu, malheureusement.

« Enfin, soigne-toi bien, ma chérie, il te faut toute ta santé, toute ta vigueur physique, si tu veux mener à bien la tâche que tu as entreprise si noblement.

« Je t'embrasse, ainsi que mes pauvres chéris, auxquels je n'ose pas penser.

« Mille baisers.

« ALFRED. »

« 26 décembre 1894. (Mercredi, quatre heures.)

« Ma chérie,

« Tu me demandes ce que je fais toute la journée. Je pense à toi, je pense à vous tous. Si cette pensée consolante ne me soutenait pas, si je ne sentais pas, à travers les murs épais de ma prison le souffle puissant de votre sympathie, je crois que je me laisserais aller et que le désespoir entrerait dans mon âme. C'est ton amour, c'est votre affection à tous, qui me donnent le courage de vivre.

« M⁰ Demange vient de venir ; il est resté quelques instants avec moi. Sa foi en moi est complète et absolue ; c'est ce qui me donne également du courage.

« Ce ne sont pas les souffrances physiques qui m'effraient : je suis de taille à les supporter. Mais cette torture morale continuelle, ce mépris qui va me poursuivre partout, moi si fier, si sûr de mon honneur, c'est cela que je trouve terrible et épouvantable.

« Enfin, ma chérie, je ne veux pas te torturer plus l'âme. Ton chagrin est déjà assez grand.

« Je t'embrasse bien fort,

« ALFRED. »

———

« Mercredi, dix heures du soir.

« Je ne dors pas et c'est vers toi que je reviens encore. Suis-je donc marqué d'un sceau fatal, pour être abreuvé de tant d'amertume? Je suis calme en ce moment; mon âme est forte et s'élève dans le silence de la nuit. Comme nous étions heureux, ma chérie! Tout nous souriait dans la vie : fortune, amour, enfants adorables, famille unie, tout enfin; puis, ce coup de foudre épouvantable, effroyable. Achète, je te prie, des jouets aux enfants pour leur jour de l'an; dis-leur qu'ils viennent de leur père; il ne faut pas que ces pauvres âmes qui entrent dans la vie souffrent déjà de nos peines.

« Ah! ma chérie, si je ne t'avais, comme je quitterais la vie avec délices! Ton amour me retient, lui seul me permet de supporter la haine de tout un peuple.

« Et ce peuple a raison : on lui a dit que j'étais un traître. Ah! ce mot terrible de traître, comme il m'arrache le cœur!

« Moi... traître! Est-il possible qu'on ait pu m'accuser et me condamner pour un crime aussi monstrueux!

« Criez bien haut mon innocence; criez de toutes les forces de vos poumons; criez-le sur tous les toits, afin que les murs s'ébranlent.

« Et cherchez le coupable, c'est celui-là qu'il nous faudrait.

« Je t'embrasse comme je t'aime,

« ALFRED. »

———

27 décembre 1894.
(Jeudi, 6 heures du soir.)

« Ma chère Lucie,

« Ton héroïsme me gagne; fort de ton amour, fort de ma conscience et de l'appui inébranlable que je trouve dans nos deux familles, je sens mon courage renaître.

« Je lutterai donc jusqu'à mon dernier souffle, je lutterai jusqu'à ma dernière goutte de sang.

« Il n'est pas possible que la lumière ne se fasse quelque jour; sentant ton cœur battre près du mien, je supporterai tous les martyres, toutes les humiliations, sans courber la tête. Ta pensée, ma chérie, me donnera les forces nécessaires.

« Décidément, ma chère adorée, les femmes sont supérieures à nous; parmi elles, tu es une des plus belles et des plus nobles figures que je connaisse.

« Je t'aimais profondément, tu le sais; aujourd'hui, je fais plus, je t'admire et te vénère. Tu es une sainte, tu es une noble femme. Je suis fier de toi et essaierai d'être digne de toi.

« Oui, ce serait une lâcheté que de déserter la vie; ce serait mon nom, celui de mes chers enfants souillé et avili à jamais. Je le sens aujourd'hui; mais, que veux-tu, le coup était trop cruel et mon courage avait sombré; c'est toi qui l'as relevé.

« Ton âme fait tressaillir la mienne.

« Donc, nous appuyant l'un sur l'autre, fiers de nous, avec notre volonté, nous arriverons à réhabiliter notre nom; nous réhabiliterons notre honneur, qui n'a jamais failli.

« Je t'embrasse comme je t'aime,

« ALFRED. »

———

« Le 28 décembre 1894.
(Vendredi, 10 heures matin.)

« Ma chère Lucie,

« J'ai reçu ta bonne lettre datée d'hier à midi. Tu as raison, il faut que je vive, il faut que je vive pour toi, pour mes chers enfants dont il faut que je réhabilite le nom. Quelles que soient les épouvantables tortures morales que je vais éprouver, il faut que je résiste. Je n'ai pas le droit de déserter mon poste.

« Si j'étais seul en cause, je n'hésiterais pas; mais ton nom, le nom de ma famille, tout est atteint. Il faut donc s'armer de courage pour la lutte : à force d'énergie, de volonté, nous triompherons. On finira bien par parler. Appuyé sur ton inébranlable courage, nous réussirons.

Écris-moi souvent. Relayez-vous tour à tour. Chacune de vos lettres me sou-

L'École militaire.

lage; il me semble que je t'entends parler, que j'entends parler tes chers parents.

« Je t'embrasse ainsi que ta chère famille.

« Mille bons baisers aux enfants.

« ALFRED. »

« Vendredi, midi.

« Je reçois ta lettre datée de jeudi soir, ainsi que les quelques bons mots de Pierrot. Embrasse bien ce chéri pour moi, embrasse bien Jeanne. Oui, il faut que je vive, il faut que je rassemble toute mon énergie pour laver la tache qui pèse sur la tête de mes enfants. Je serais lâche si je désertais mon poste. Je vivrai, je le veux.

« Je t'embrasse.

« ALFRED. »

« Lundi, 31 décembre.

« Ma chère Lucie,

« J'ai aussi longuement pensé hier au soir à mon père, à toute ma famille; je ne te cacherai pas que j'ai beaucoup pleuré. Mais ces larmes m'ont soulagé. Notre consolation, c'est l'affection profonde qui nous lie tous, c'est l'affection que je rencontre aussi chez les tiens.

« Il est impossible, avec ce faisceau si puissant, avec l'aide de M⁰ Demange, qui se montre aussi d'un dévouement remarquable, que nous n'arrivions pas tôt ou tard à la découverte de la vérité. J'avais eu tort de vouloir déserter la vie, je n'en ai pas le droit. Je lutterai jusqu'à mon dernier souffle. Dans ces longues journées et ces tristes nuits, mon âme s'épure et se fortifie. Mon devoir est nettement tracé : il faut que je laisse à mes enfants un nom pur et sans tache.

« Travaillons à cela, ma chérie, sans trève ni repos. Aucune démarche, aucune tentative ne doit vous rebuter, il faut tout tenter.

« Les livres de M. Bayles que tu m'as envoyés sont suffisants pour le moment; plus tard il me faudra un ouvrage présentant exercices et corrigés en face, afin que je puisse travailler moi-même.

« Pour le moment, il faut que je rassemble toutes mes forces pour supporter l'horrible humiliation qui m'attend.

« Mais ne vous relâchez pas un seul instant. Vous pourrez peut-être tâter un terrain dont j'ai parlé ce soir à M⁰ Demange; il ne faut rien négliger et tout essayer.

« Je t'embrasse comme je t'aime.

« ALFRED. »

Le mémoire du commandant Forzinetti donne quelques détails précis sur ce que fut, au Cherche-Midi, la vie de son prisonnier au cours de cette semaine :

« Après le verdict, dit-il, Dreyfus fut ramené dans sa chambre où je l'attendais. A ma vue, il s'écria : « Mon seul crime est d'être né juif! Voilà où m'a conduit une vie de travail, de labeur. Pourquoi suis-je entré à l'École de guerre? Pourquoi n'ai-je pas donné ma démission tant désirée par les miens? » Son désespoir était tel que, craignant un dénouement fatal, je dus redoubler et faire redoubler de vigilance.

« Le lendemain, son défenseur vint le voir, Demange, en entrant dans la chambre, lui ouvrit les bras et, tout en larmes, le pressant sur sa poitrime, lui dit :

« — Mon enfant, votre condamnation est la plus grande infamie du siècle !

« J'en fus bouleversé, ajoute Forzinetti.

« A partir de ce jour, Dreyfus, qui était resté sans nouvelle des siens, fut autorisé pour la première fois à correspondre avec sa famille, mais sous le contrôle du commissaire du gouvernement, auquel on remettait toutes les lettres expédiées ou reçues. J'ai assisté aux deux seules entrevues autorisées qu'il a eues avec sa femme et à celle qu'il eut avec sa belle-mère. Elles furent émouvantes. »

Le pourvoi en revision laissait encore quelque espoir à Alfred Dreyfus. Il ne savait pas que c'est une simple formalité, où le condamné lui-même n'a aucun rôle.

Il est à peine nécessaire de dire que le pourvoi en revision fut rejeté sans examen. A peine Alfred Dreyfus avait-il reçu notification de ce rejet, que du Paty de Clam se présenta avec une autorisation spéciale du ministre ordonnant de le laisser communiquer librement avec Dreyfus. L'idée fixe du jésuite était d'obtenir un aveu de la victime, ou une parole quelconque qu'il pût interpréter comme un aveu. On verra bientôt comment n'ayant pas réussi à arracher cette parole au malheureux, même en venant le surprendre dans le désarroi d'une journée d'énervement, il ne craignit pas, cinq jours plus tard, de la fabriquer de toutes pièces.

Après s'être enquis de « l'état d'âme » du condamné, raconte Forzinetti, il se rendit près de lui, tout en enjoignant à l'agent principal de demeurer à portée de son premier appel, si besoin était.

Pendant cette dernière entrevue, il ressort d'une lettre écrite immédiatement par Dreyfus au ministre de la guerre que le commandant du Paty s'efforça d'obtenir un aveu de culpabilité ou, tout au moins, celui d'un « acte imprudent d'amorçage ».

Dreyfus répondit qu'il n'avait jamais amorcé personne, qu'il était innocent.

Il eut d'ailleurs l'excellente inspiration de le constater aussitôt par une *note à son avocat* que Demange remit à Mme Dreyfus, non sans y avoir pratiqué des coupures, au nombre de neuf, par un sentiment, a-t-il dit lui-même, « qu'on comprend parfaitement ». Voici ce document :

Note de Dreyfus à son avocat.

« Le commandant du Paty est venu aujourd'hui lundi, 31 décembre 1894, à 5 h. 1/2 du soir, après le rejet du pourvoi, me demander de la part du ministre si je n'avais pas été victime de mon imprudence, si je n'avais pas voulu simplement amorcer. . . . . puis que je me sois trouvé entraîné dans un engrenage fatal.

« Je lui ai répondu que je n'avais jamais eu de relations avec aucun agent ni attaché. . . . . que je ne m'étais livré à aucun amorçage, que j'étais innocent.

« Il me dit alors, de sa part personnelle, que sa conviction de ma culpabilité s'était faite, d'abord de l'examen de l'écriture de la pièce accusatrice et de la nature des documents qui y sont énumérés, puis des renseignements d'après lesquels la disparition des documents correspondait avec mon séjour à l'État-Major, qu'enfin un agent secret aurait dit que Dreyfus était un espion.. . .

L'adjudant arracha les galons,

sans toutefois affirmer que ce Dreyfus fût un officier.

« J'ai demandé au commandant du Paty à être confronté avec cet agent : il m'a répondu que c'était impossible.

« Le commandant du Paty a reconnu qu'on ne m'avait jamais soupçonné avant d'avoir reçu la pièce accusatrice.

« Je lui ai alors demandé pourquoi on n'avait pas exercé de surveillance sur les officiers dès le mois de février, puisque le commandant Henry est venu affirmer au conseil de guerre, avoir été prévenu à cette date qu'il y avait un traître parmi les officiers. (Ce rensei-

l'avance (Dessin du *Monde illustré*).

gnement, d'après le commandant du Paty, aurait été donné au commandant Henry par. . . . .)

Le commandant m'a répondu qu'il n'en savait rien, que ce n'était pas son affaire, mais celle du commandant Henry, qu'il était difficile de suivre tous les officiers de l'État-Major..., etc.; puis,

sentant qu'il en avait trop dit, il ajouta : « Nous parlons entre quatre murs, si on m'interroge sur tout cela, je nierai tout. »

« J'ai conservé tout mon calme, car je voulais connaître toute sa pensée.

« — En résumé, me dit-il, vous avez été condamné parce qu'il y avait un fil qui indiquait que le coupable était un officier, et la lettre saisie est venue mettre un point sur ce fil : le coupable, c'était vous.

« Le commandant a encore ajouté que depuis mon arrestation la fuite avait tari au ministère, que peut-être. . . .

. . . . .avaient laissé traîner exprès la lettre pour me brûler, afin de ne pas satisfaire mes exigences.

« Il m'a parlé ensuite de l'expertise si remarquable de M. Bertillon, d'après laquelle j'aurais calqué ma propre écriture et celle de mon frère, pour pouvoir, au cas où je serais arrêté porteur de la lettre, arguer d'une machination ourdie contre moi!!!

« Il m'a laissé entendre ensuite que ma femme et ma famille étaient mes complices, toute la théorie de Bertillon enfin.

« A ce moment-là, sachant ce que je voulais, et ne voulant pas lui permettre d'insulter ma famille, je l'ai arrêté en lui disant : « C'est assez, je « n'ai qu'un mot à vous dire, c'est que « je suis innocent et que votre devoir « est de poursuivre vos recherches. »

« — Si vous êtes vraiment innocent, s'est-il écrié alors, vous subissez le martyre le plus épouvantable de tous les siècles.

« — Je suis ce martyr, lui ai-je répondu, et j'espère que l'avenir le prouvera. »

« En résumé, de cette conversation, il résulte :

« 1° Qu'il y a eu des fuites au ministère.

« 2° Que . . . .
. . . . . a dû entendre dire et a répété au commandant Henry qu'il y avait un officier traître ; je ne pense pas qu'il l'ait inventé de son propre cru.

« 3° Que la lettre incriminée a été prise à. . . . .
. . . .

« J'en conclus les faits suivants :

« Le premier certain, les deux autres possibles.

« 1° Il existe réellement un espion... au ministère français, puisque des documents ont disparu ;

« 2° Peut-être cet espion s'est-il introduit dans la peau d'un officier, en imitant son écriture pour dérouter les soupçons ;

« 3°. . . . .
. . . .
Cette hypothèse n'exclut pas le fait n 1, qui semble certain. Cependant la teneur de la lettre ne rend pas cette troisième hypothèse très vraisemblable ; elle se rattacherait plutôt au premier fait et à la deuxième hypothèse, c'est-à-dire présence d'un espion au ministère et imitation de mon écriture par cet espion ou simplement similitude d'écriture.

« Quoi qu'il en soit, il me semble que si votre agent est habile, il doit pouvoir dénouer cet écheveau en tendant ses filets aussi bien du côté de. . . . .
que du côté de. . . . .

« Cela n'empêchera pas d'employer les autres procédés que j'ai indiqués, car il faut découvrir la vérité.

« Après le départ du commandant du Paty, j'ai écrit la lettre suivante au ministre :

« J'ai reçu par votre ordre la visite du
« commandant du Paty, auquel j'ai dé-

« claré encore que j'étais innocent et
« que je n'avais même jamais commis
« d'imprudence.

« Je suis condamné, je n'ai aucune
« grâce à demander.

« Mais, au nom de mon honneur qui,
« je l'espère, me sera rendu un jour,
« j'ai le devoir de vous prier de vouloir
« bien poursuivre vos recherches.

« Moi parti, qu'on cherche toujours,
« c'est la seule grâce que je sollicite.

« *Signé* : ALFRED DREYFUS. »

Le même jour, en recevant notification de ce qui s'était passé au conseil de revision, à cinq heures, il avait écrit à sa femme :

« 5 heures, soir.

« Le pourvoi est rejeté, comme il fallait s'y attendre. On vient de me le signifier. Demande de suite la permission de me voir.

« Envoie-moi ce que je t'ai demandé, c'est-à-dire sabre, ceinturon et valise d'effets. Le supplice cruel et horrible approche, je vais l'affronter avec la dignité d'une conscience pure et tranquille. Te dire que je ne souffrirai pas, ce serait mentir, mais je n'aurai pas de défaillance.

« Continuez de votre côté, sans trève ni repos. »

Et le lendemain :

« 1er janvier 1895.

« Ma chérie,

« Il n'est plus dimanche, il va être lundi.

« En effet, minuit sonne au moment précis où j'allume ma bougie. Je ne puis dormir ; je préfère dès lors me lever que de m'agiter dans mon lit, et quelle plus délicieuse occupation que de venir causer avec toi.

« Il me semble ainsi que tu es près de moi, comme dans ces bonnes soirées d'heureuse mémoire pendant lesquelles tu travaillais à mes côtés, alors que moi-même j'étais assis à mon bureau.

« Espérons que ce bonheur luira de nouveau pour nous. Il est impossible que la vérité ne se fasse pas jour. Je connais le caractère énergique de Mathieu ; j'ai pu apprécier le tien, ton profond dévouement, je dirais même ton héroïsme ; aussi je ne doute plus du succès de vos recherches.

« Vous avez raison d'agir avec calme, avec méthode, pour aboutir plus sûrement.

« D'ailleurs, j'espère causer bientôt de tout cela avec toi.

« C'est à partir de maintenant que le calvaire va devenir douloureux. D'abord cette cérémonie humiliante, puis les souffrances qui suivront. Je les supporterai avec calme, avec dignité, tu peux en être assurée.

L'épée brisée. (Dessin du *Graphic* de Londres.)

« Te dire que je n'ai pas parfois des mouvements de révolte violente, ce serait mentir ; l'injustice est par trop criante ; mais j'ai foi en l'avenir et j'espère avoir ma revanche.

« Je me plais alors à penser que je n'aurai plus d'autre souci que d'assurer mon bonheur, celui de nos chers enfants.

« J'ai reçu une charmante lettre de Marie, à laquelle je répondrai un de ces jours.

« Bon courage toujours, ma chérie, soigne bien ta santé, car tu auras besoin de toutes tes forces. Il ne faudra pas qu'elles te trahissent au moment décisif.

« Bonsoir et bonne nuit.

« Je t'embrasse comme je t'aime,

« ALFRED. »

« Mardi, 1er janvier 1895.

« Ma chérie,

« Je n'ai pas reçu de lettre de toi ce matin ; cela me manque. J'en ai reçu plusieurs autres, il est vrai, mais oserai-je te dire que ce n'est pas la même chose ?

« Hier, en me quittant, M⁰ Demange espérait venir passer aujourd'hui quelques heures avec moi ; mais, hélas ! peu après son départ, on me signifiait de suite le rejet de mon pourvoi, ce qui lui fermait dès lors la porte. Il a dû en être prévenu ce matin. Aussi, passerai-je ma journée tout seul.

« Quel triste jour de l'An, ma chérie ! Mais n'insistons pas sur un pareil sujet ; rien ne sert de pleurer et de gémir, cela n'ouvrira pas les portes de ma prison. Il faut, au contraire, conserver toute notre énergie physique et morale et ne pas arrêter un seul instant de lutter, de chercher à déchiffrer l'énigme. Que rien ne vous rebute, ne perdez jamais l'espoir. Tendez vos filets de tous côtés, le coupable finira bien par s'y faire prendre

« As-tu reçu une réponse au sujet de ta demande ? J'attends maintenant avec impatience le moment de te serrer dans mes bras.

« As-tu acheté des jouets aux enfants ? Ont-ils été contents ? Je ne pense qu'à toi et à eux, je ne vis que dans cette pensée de voir un jour cet épouvantable cauchemar s'évanouir. Il me semble impossible qu'il en soit autrement ; nous y aiderons, d'ailleurs, je te le promets.

« Je t'embrasse comme je t'aime.

« ALFRED. »

———

« Lundi 2 janvier 1895, 11 heures du soir.

« Ma chère amie,

« Une nouvelle année va bientôt commencer ! Que nous réserve-t-elle ? Espérons qu'elle sera meilleure que celle qui vient de finir, autrement la mort serait préférable. Dans cette nuit calme et profonde qui m'entoure, je pense à vous tous, à toi, à nos chers enfants. Quel coup épouvantable du sort, immérité et cruel !

« Laisse-moi m'épancher un peu, pleurer à mon aise dans tes bras. Ne crois pas pour cela que mon courage faiblisse ; je t'ai promis de vivre, je tiendrai ma parole. Mais il faut que je sente constamment ton âme vibrer près de la mienne, il faut que je me sente soutenu par ton amour.

« Il nous faut du courage, il nous faut une énergie presque surhumaine. Quant à moi, je ne puis que rassembler mes forces pour supporter encore toutes les tortures qui m'attendent.

« Bonsoir et baisers,

« ALFRED. »

———

« Jeudi midi.

« Ma chérie,

« On m'apprend que l'humiliation suprême est pour après-demain. Je m'y attendais, j'y étais préparé, le coup a cependant été violent. Je résisterai, je te l'ai promis. Je puiserai les forces qui me sont encore nécessaires dans ton amour, dans l'affection de vous tous, dans le souvenir de mes enfants chéris, dans l'espoir suprême que la vérité se fera jour. Mais il faut que je sente votre affection à tous rayonner autour de moi, il faut que je vous sente lutter avec moi. Continuez donc vos recherches sans trêve ni repos.

« J'espère te voir tout à l'heure et puiser des forces dans tes yeux. Soutenons-nous mutuellement envers et contre tous.

« Il me faut ton amour pour vivre, sans cela le grand ressort serait cassé.

« Moi parti, persuade bien à tout le monde qu'il ne faut pas s'arrêter.

« Fais faire de suite les démarches

nécessaires pour que tu puisses me voir dès samedi et les jours suivants à la prison de la Santé; c'est là surtout qu'il faut que je me sente soutenu.

« Informe-toi aussi de ce que je t'ai dit hier, époque de mon départ, de mon transport, etc.

« Il faut être préparé à tout, et ne pas se laisser surprendre.

« A tout à l'heure, chérie, je t'embrasse,

« ALFRED. »

A Maître Demange.

Le 3 janvier 1895.

« Cher maître, je viens d'être prévenu que je subirai demain l'affront le plus sanglant qui puisse être fait à un soldat.

« Je m'y attendais, je m'y étais préparé : le coup a cependant été terrible. Malgré tout, jusqu'au dernier moment, j'espérais qu'un hasard providentiel amènerait la découverte du vrai coupable.

« Je marcherai à ce supplice épouvantable, pire que la mort, la tête haute, sans rougir.

« Vous dire que mon cœur ne sera pas affreusement torturé, quand on m'arrachera les insignes de l'honneur que j'ai acquis à la sueur de mon front : ce serait mentir.

« J'aurais certes mille fois préféré la mort.

« Mais vous m'avez indiqué mon devoir, cher maître, et je ne puis m'y soustraire, quelles que soient les tortures qui m'attendent.

« Vous m'avez inculqué l'espoir : vous m'avez pénétré de ce sentiment qu'un innocent ne peut être éternellement condamné; vous m'avez donné la foi.

« Merci encore, cher maître, de tout ce que vous avez fait pour un innocent.

« Demain, je serai transféré à la Santé.

« Mon bonheur serait grand, si vous pouviez m'y apporter la consolation de votre parole chaude et éloquente, et ranimer mon cœur brisé.

« Je compte toujours sur vous, sur toute ma famille, pour déchiffrer cet épouvantable mystère.

« Partout où j'irai, votre souvenir me suivra; ce sera l'étoile d'où j'attendrai mon bonheur, c'est-à-dire une réhabilitation pleine et entière.

P. S. — J'apprends à l'instant que la dégradation n'aura lieu que samedi. Je vous envoie quand même cette lettre.

A. DREYFUS.

CHAPITRE XVII

La parade de dégradation.

La sentence avait prescrit la dégradation du condamné, à la première prise d'armes de la garnison de Paris.

L'horrible cérémonie eut lieu le samedi 5 janvier 1895. Dès 6 heures du matin, un détachement de gardes républicains venait prendre Alfred Dreyfus au Cherche-Midi.

Le commandant Forzinetti le leur remettait après lui avoir serré la main, et le condamné était conduit, menottes aux poings, à l'École militaire. Il attendit là, dans une salle basse, de 6 à 9 heures et c'est à cette longue attente que se rapporte l'incident des prétendus aveux, fabriqués de toutes pièces par les tortionnaires.

Alfred Dreyfus, on ne saura trop le redire, était résigné à son sort et ne pouvait réellement éprouver aucune humiliation de l'indigne traitement qui allait être le sien, puisque c'était enfin, pour lui, l'occasion tant attendue de crier publiquement son innocence. Il était donc très calme, parfaitement maître de de lui et ce calme se manifesta au courant de la matinée, par un incident caractéristique.

Un des officiers supérieurs chargés d'organiser la parade, connaissait per-

La foule. (Dessin du *Monde illustré*.)

sonnellement Alfred Dreyfus, pour avoir chevauché avec lui dans les allées du Bois de Boulogne.

« Mes instructions me prescrivaient, a-t-il raconté, de me rendre compte de tous les détails de la pénible cérémonie, après m'être assuré que les troupes occupaient les emplacements qui leur avaient été assignés. Je dus donc me rendre dans la pièce où le capitaine Dreyfus attendait l'heure de subir le plus épouvantable des supplices...

Qu'allait-il me dire ?... Éclaterait-il en protestations d'innocence, dont on avait déjà averti le général Darras ?...

« A ma vue, le capitaine Dreyfus se leva, me salua militairement sans mot dire et ne se départit pas de cette attitude muette pendant les quelques secondes que j'employai à l'inspection de la pièce. J'attendais un mot, un cri ; rien ne vint. Il demeura sans parole...

J'étais décontenancé, embarrassé, mécontent. Comment ne trouvait-il rien à dire ? Certes, j'aurais voulu un cri du cœur, spontané, ardent, passionné... Je n'eus pas cette satisfaction, et, comme l'heure avançait, je sortis.

« Je n'avais pas fait vingt pas dans la cour, que je m'entendis appeler. « Mon commandant... Mon commandant... » Je me retournai. C'était le capitaine Le-

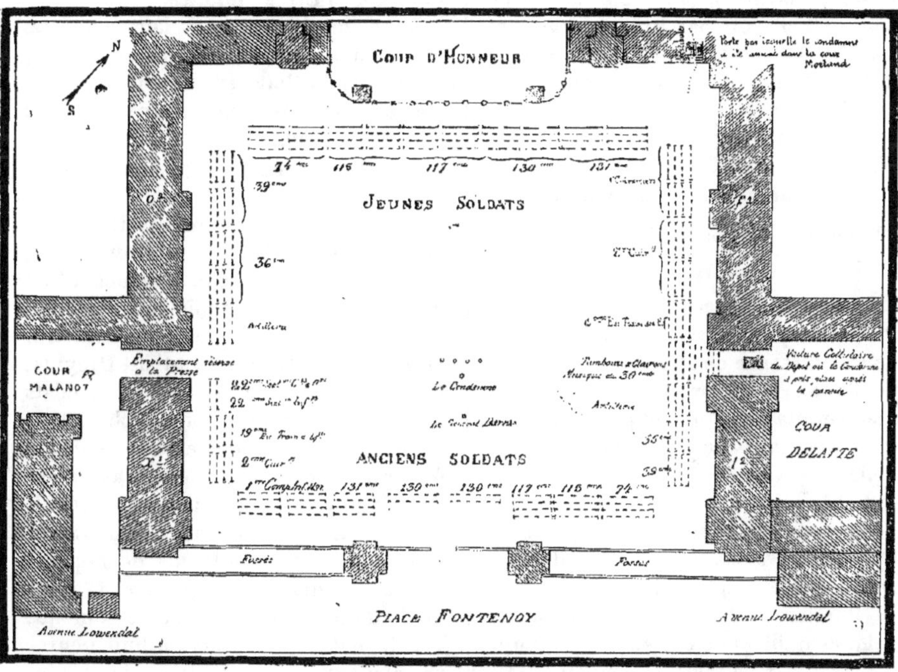

Plan de la cour de l'École militaire.

brun-Renaud à qui la garde du condamné était confiée. Il m'aborda par ces mots : « Mon commandant, le capitaine Dreyfus se plaint de la rigueur de la température et vous fait demander l'autorisation de conserver sa pèlerine pendant la cérémonie... L'étrangeté de la demande me surprit. Je fis remarquer au capitaine que les soldats sous les armes n'avaient pas de manteau et que, militairement, il

n'était pas possible d'accorder au capitain Dreyfus ce qu'il sollicitait. »

Et le commandant, réfléchissant sur ces incidents en conclut que Dreyfus n'était pas un martyr, puisqu'il ne le lui avait pas dit et ne s'occupait que du grand froid.

N'est-ce pas éminemment caractéristique des préventions auxquelles s'abandonnait ce témoin pointilleux, avec tous ses pareils? Il lui aurait fallu un cri mélodramatique pour son compte personnel et l'occasion de placer la réponse dédaigneuse qu'il avait sans doute en magasin. Il s'en allait mécontent, décontenancé (c'est lui qui le dit), par l'attitude si correcte et si digne du supplicié. Et parce que celui-ci — au lieu de faire pour un passant, dont il se souciait peu, une scène à effet (au moment même où il allait crier sa protestation à la Nation et au monde civilisé), parce que le damné songeait à n'avoir pas froid, et à *ne pas trembler* sous la bise — M. le commandant en tirait la conclusion qu'il était coupable.

O vanité des jugements humains!

Cependant, neuf heures sonnaient, et le supplice allait suivre son cours.

Voici le récit qu'en fit la *Libre Parole* :

« C'est un spectacle inoubliable, autant par sa puissance de simplicité que par sa puissance de symbole.

« Dans le décor magnifique de cette parade militaire, ce n'était pas un homme qu'on dégradait pour une faute individuelle, C'ÉTAIT TOUTE UNE RACE dont on mettait la honte à nu.

« Avec cela, les rumeurs vengeresses de la foule à la cantonade, pareilles au bruit d'une mer qui gronde.

« Derrière cette grille, au-delà de quelques milliers de curieux venus pour assister à la poignante cérémonie, mais qui n'en connurent les phases que par les sonneries des clairons et les roulements des tambours, il y avait tout un peuple, la France entière, qui mâchait son mépris, qui contenait son indignation, réservant pour d'autres que pour le traître, mis hors d'état de nuire, les fureurs de sa colère sainte.

« Il est sept heures et demie. Le jour se lève dans la brume. Sur la place Fontenoy, derrière le monument de la Défense Nationale, maintenus à distance par un double cordon de gardiens de la paix, des groupes compacts stationnent. L'air est froid et coupant. On n'aperçoit que nez rouges et figures violettes. Un bruit de terre foulée. C'est la foule, de plus en plus nombreuse, qui bat la semelle.

« Au-dessus des têtes émergent des faîtes d'échelles. On les voit remuer, puis disparaître. La police ne veut pas que le public regarde ce qui va se passer dans la cour de l'École militaire.

« Le jour est tout à fait venu. Le soleil, dans un ciel gris, apparaît, là-bas, au-dessus du Puits artésien, rouge, d'un rouge de fournaise. Ses rayons miroitent dans les vitraux de la galerie des machines. Des bandes de moineaux pépient dans les arbres.

Tout à coup, un remous. Une galopade s'entend dans le lointain. Puis, par l'avenue Lowendal, débouchent un escadron de gardes municipaux, puis un autre escadron. Entre les deux, sinistre, la voiture cellulaire qui contient Dreyfus. Les deux conducteurs sont des soldats du train, en grande tenue, plumet au képi. La voiture, flanquée de son escorte, franchit la grille. Un moment après, on en voit descendre le traître, très vite. Il disparaît au fond de la cour à droite, sous une porte, au-dessus de laquelle on lit : « Bureau de la place ». C'est là qu'il attendra que neuf heures sonnent.

« Il n'est guère plus de huit heures maintenant. Des officiers de toutes armes et des journalistes se promènent devant les grilles. Dans la cour, il y a des allées et venues de troupes. Des fantassins, des tringlots, des cuirassiers passent. On les voit se former en carré le long des bâtiments.

« Le soleil a déjà disparu. Une légère brume continue à flotter dans l'air, semée de ci de là, de quelques flocons de neige.

« Les journalistes ont pénétré dans la cour et sont allés se masser à gauche, entre deux détachements. Derrière eux, et en face, aux fenêtres des chambrées, closes, on entrevoit des têtes curieuses de soldats, collées aux vitres. Sur les terrasses du fond, des masses noires, piquées des taches rouges de quelques uniformes. Plus loin, sur la toiture de la Galerie des Machines, des silhouettes qui semblent des pygmées.

« Les détachements d'hommes en armes et de recrues les mains ballantes, continuent à arriver. Il n'y a plus un espace de vide dans les quatre côtés de l'immense carré. On entend des commandements, des « à droite, alignement », des « rentrez », des « sortez ».

« Il est neuf heures moins un quart. Tous les figurants du drame sont à leur poste. Le spectacle a quelque chose de grandiose. Il y a là des délégués de toute l'armée, des petits soldats de tous les coins de la France.

« Dans une caserne voisine, une sonnerie de trompettes. La foule, qu'on ne voit pas, la prend sans doute pour un signal. Une rumeur monte, coupée de sifflets.

« Une nuée de passereaux picorent à l'endroit où, tout à l'heure, le traître entendra la sentence et sera dégradé.

« L'horloge de l'École de Guerre marque neuf heures moins trois. Le général Darras, à cheval, apparaît au fond de la cour, suivi du colonel Fayet, major de la garnison, du capitaine-adjudant de l'École et de deux dragons, à cheval également. Ils avancent lentement, traversent les deux tiers du carré. Le général s'arrête, fait face à l'École, droit sur sa selle. Derrière lui, les deux officiers ; plus loin, les deux dragons.

« Le général met sabre au clair, et attend. A quelques pas de lui, le greffier du 1er conseil de guerre, dont la vaste pèlerine flotte, et un adjudant de la garde républicaine, en grande tenue, très haut, superbe !

« Le premier coup de neuf heures

tinte. Le général Darras lève son sabre. Un roulement de tambour, et tout le long des rangs on entend sur des tons différents : Portez vos armes. Portez armes !

« Un bruit de fusils et de sabres heurtés, précis, sec ; puis un silence solennel, un silence de mort, poignant.

« Tous les regards se sont portés dans la direction de la porte par où va apparaître le traître.

« Il apparaît, en effet, aussitôt, entouré de quatre canonniers, sabre au poing, commandés par un brigadier. On ne distingue pas encore le visage du condamné. Il marche d'une allure un peu saccadée, mais ferme. A mi-chemin, il perd le pas, s'y remet vite. On l'aperçoit mieux. Il est en petite tenue, sans aiguillettes. Il s'arrête, talons joints, devant le général. Les canonniers se reculent. Le voici seul, la tête haute, le dos un peu voûté.

« Dans cette vaste cour où il y a plus de quatre mille hommes, on n'entend pas un souffle.

« Le général lève de nouveau son sabre. Les tambours et les clairons ouvrent un ban ; puis le silence se fait, cette fois formidable.

« Le greffier avance de quelques pas, rejette en arrière un pan de sa pèlerine, déroule un large papier et lit le jugement du 1er conseil de guerre.

« Les paroles, enlevées dans le vent, ne nous arrivent que par bribes... Au nom du peuple français... à l'unanimité... déportation dans une enceinte fortifiée... Dégradation militaire...

« Dreyfus, la tête toujours droite, écoute cette lecture, sans un geste, en apparence impassible...

« Le greffier s'est tu. Une autre voix s'élève, solennelle, dans l'air vibrant, celle du général Darras, dressé sur ses étriers, l'épée frémissante à la main :

« — Dreyfus, vous êtes indigne de porter les armes. Au nom du Prési-

dent de la République, nous vous dé-
gradons. »

« Alors Dreyfus crie :

« — Je suis innocent, je le jure sur la
tête de ma femme et de mes enfants.
Vive la France !

« Vive la France ! Il a osé crier :
Vive la France ! A ce moment, une clameur retentit sur la place Fontenoy.
Des cris, des sifflets, parmi lesquels ces
mots volent comme des balles : A mort !
à mort ! à mort !

« Le bruit s'apaise. L'adjudant de la
garde s'approche du traître.

La promenade au front des troupes. (Dessin de l'*Illustrated London News*.)

« Il est vraiment beau cet adjudant
de la garde, avec son casque qui luit,
sa crinière qui flotte, sa haute stature.
Le voici penché sur le condamné qui
semble un gringalet à côté de lui. Il arrache les galons d'or du képi. Dreyfus
lève les bras, maintient des deux mains
sa coiffure sur sa tête, la renfonce.

« L'adjudant arrache ensuite les galons des manches, les boutons du dolman, la bande rouge du pantalon. Il va
vite, très vite, comme en colère, et cependant, on dirait que cela dure des
minutes — des siècles.

« Dreyfus ne tressaille pas.

« C'est le tour de l'épée maintenant ;

d'uu coup sec, le sous-officier la brise contre son genou droit, et en jette les tronçons.

« Puis il **dénoue** le ceinturon et, le prenant par le fourreau de l'épée, le laisse tomber parmi les autres insignes en tas.

« C'est fini. Dreyfus n'a pas bronché. L'angoisse de tous est à son comble.

« La foule se remet à gronder. Dreyfus, comme un défi, répète :

« Vive la France ! On dégrade un innocent.

« Et la grande voix du dehors reprend :

« A mort ! à mort !

« **Dreyfus** s'est reculé de quatre pas et a repris sa place, entre les canonniers. Entre ces quatre hommes, manteau en sautoir, pistolet à la ceinture, sabre au poing, il va défiler devant les troupes.

« Il part du pied gauche, s'avance au pas cadencé, toujours très droit, raidi.

« Arrivé près de la grille, il aperçoit la foule. Il crie encore :

« — Je suis innocent. Vive la France !

« La foule hurle : « A mort ! à mort ! » C'est sinistre.

« Il continue à défiler. Pendant ce temps, deux gendarmes ramassent ses galons d'or, son ceinturon, les tronçons de son épée.

« Il fait demi-tour à droite. Il longe maintenant la ligne où se trouvent les représentants de la presse. Arrivé près de leur groupe, il rejette la tête en arrière, et les yeux droits, crie :

« — Vous direz demain à la France entière que je suis innocent.

« Des voix répondent :

« — Misérable ! Judas ! Vive la France, sale Juif !

« Un monsieur, ancien candidat aux élections municipales dans le neuvième arrondissement, veut protester contre ces diverses indignations. Il est remis à sa place vertement. Il disparaît.

« Dreyfus continue sa promenade, toujours aussi arrogant, le pas aussi sûr. Son visage n'est ni crispé, ni pâli. Il semble marcher, comme à la manœuvre, de cette allure un peu apprêtée qu'ont les gens qui sentent qu'on les regarde.

« La promenade s'achève. Le condamné disparaît dans un groupe d'uniformes, derrière lesquels on aperçoit la voiture cellulaire. Deux secondes s'écoulent.

« La porte de la voiture s'ouvre. On voit un instant la silhouette du traître s'y encadrer. La porte se referme lourdement. Le cocher fouette son cheval.

« La voiture s'éloigne par l'avenue Lamothe-Piquet. On entend, plus éloignée, une dernière fois, la rumeur de la foule : « A mort ! à mort ! à mort ! »

« Il est neuf heures dix.

« Des commandements sillonnent l'espace. Les troupes prennent leurs dispositions pour défiler devant le général Darras.

« La musique du 39e d'infanterie joue la marche de *Sambre-et-Meuse*.

« Il semble que, tout à coup, l'angoisse funèbre qui emplissait la vaste cour s'envole.

« Le contraste a quelque chose de ranimant.

« Les visages rayonnent.

« Nos soldats passent, d'un air léger, comme soulagés d'un grand poids. Le cliquetis des armes, le bruit des pas, la musique mettent de la joie partout.

« Dehors, la foule applaudit les détachements qui, un à un, après le défilé, regagnent leur caserne.

« On cause. On échange des impressions. Les officiers se mêlent aux journalistes.

Un commandant nous raconte que Dreyfus aurait dit au capitaine de gendarmerie qui se tenait près de lui, dans la pièce où il attendait l'heure de l'expiation :

— Si j'ai livré des documents à l'Allemagne, c'était pour l'amorcer et en avoir de plus importants. Avant trois ans, on saura la vérité et le ministre de la guerre lui-même s'occupera de mon affaire.

« Nous avons franchi la grille, et nous voici sur la place Fontenoy.

L'adjudant cassa l'épée. (*Dessin de COUTURIER.*)

« Soudain, une clameur. C'est la foule qui a rompu la digue des gardiens de la paix. D'un même mouvement, elle se précipite sur la grille de l'École militaire, derrière laquelle il n'y a plus rien que le vide.

« Puis, lentement, elle se disperse. Il y a des ouvriers, des bourgeois, des paletots, des blouses. Beaucoup de femmes, émues encore de ce qui vient de se passer, et qui interrogent curieusement les journalistes.

« La neige tombe.

« De ces notations successives, il faut dégager l'impression générale — tout au moins la sensation la plus forte. Pour moi, dans ce drame lugubre dont les péripéties n'ont pas duré plus de dix minutes, ce qui m'a frappé le plus vivement, c'est l'incroyable sang-froid du premier rôle. »

Le lecteur a noté, dans ce récit, le renseignement souligné que donne « un commandant ».

Quel était ce commandant qui suivait avec le rédacteur de la *Libre Parole* les péripéties de l'affreuse cérémonie?

C'était le commandant du Paty de Clam, venu là pour savourer le supplice du Juif et profitant de l'occasion propice pour créer la légende des aveux...

Il est pris sur le fait. On ne le fait pas dire à la *Libre Parole*. La légende va germer, grandir et fructifier. Avant de la suivre dans son développement, depuis sa naissance jusqu'à son épanouissement sur les lèvres de Cavaignac (cousin de du Paty de Clam), il faut accompagner le martyr jusqu'au terme de son supplice. Car il n'est pas au bout.

Après avoir subi l'adjudant Boursin, il lui reste à subir Bertillon — Bertillon redevenu bourreau, de témoin à charge.

Les gendarmes ont fait monter Alfred Dreyfus en voiture cellulaire. La voiture est partie au grand trot et a pris le che-

min du Dépôt de la Préfecture de police.

Quelques instants après son arrivée, deux gardes républicains, accompagnant le directeur du Dépôt, ont conduit le condamné au service anthropométrique.

Dreyfus a suivi le chemin que prennent les détenus ordinaires.

Il n'avait pas les menottes; il marchait librement. Il était toujours revêtu des vêtements d'officier, lacérés au cours de la dégradation.

Il se trouvait que le nombre des détenus à mensurer était très élevé.

Dreyfus a passé à son tour; mais, afin de prévenir la curiosité des autres détenus, il a été mensuré dans une salle spéciale.

Cette opération a duré dix minutes. Le condamné s'est, du commencement à la fin, montré fort calme; il a gardé un silence absolu et s'est prêté docilement à tout ce que l'on a demandé de lui.

La mensuration terminée, il a été mené à la salle de photographie.

Là, on a pris plusieurs épreuves de face et de profil; il a été photographié avec son uniforme en lambeaux.

Ensuite Dreyfus, restant toujours dans un complet mutisme, a été réintégré au Dépôt.

Mais là il a de nouveau protesté de son innocence.

CHAPITRE XVIII

La Légende des aveux.

Le jour même, Alfred Dreyfus était transféré du Dépôt de la Préfecture de police à la prison de la Santé. Et aussitôt il écrivait la lettre suivante à son défenseur :

« *A Maître Demange*.

« (Prison de la Santé.) Samedi, 5 janvier 1895.

« Cher Maître,

« J'ai tenu la promesse que je vous avais faite.

« Innocent, j'ai affronté le martyre le plus épouvantable qu'on puisse infliger à un soldat; j'ai senti autour de moi le mépris de la foule; j'ai souffert la torture la plus terrible qu'on puisse imaginer. Et que j'eusse été plus heureux dans la tombe! Tout serait fini, je n'entendrais plus parler de rien, ce serait le calme, l'oubli de toutes mes souffrances.

« Mais, hélas! le devoir ne me le permet pas, comme vous me l'avez si bien montré.

« Je suis obligé de vivre, je suis obligé de me laisser encore martyriser pendant de longues semaines pour arriver à la découverte de la vérité, à la réhabilitation de mon nom.

« Hélas ! quand tout cela sera-t-il fini, quand serai-je de nouveau heureux ?

« Enfin, je compte sur vous, cher Maître. Je tremble encore au souvenir de tout ce que j'ai enduré aujourd'hui, à toutes les souffrances qui m'attendent encore.

« Soutenez-moi, cher Maître, de votre parole chaude et éloquente ; faites que ce martyre ait une fin, qu'on m'envoie le plus vite possible là-bas où j'attendrai patiemment, en compagnie de ma femme, que l'on fasse la lumière sur cette lugubre affaire et qu'on me rende mon honneur.

« Pour le moment, c'est la seule grâce que je sollicite. Si l'on a des doutes, si l'on croit à mon innocence, je ne demande qu'une seule chose pour le moment : c'est de l'air, c'est la société de ma femme, et alors j'attendrai que tous ceux qui m'aiment aient déchiffré cette lugubre affaire. Mais qu'on fasse le plus vite possible, car je commence à être à bout de résistanc. C'est vraiment trop tragique, trop cruel, d'être innocent et d'être condamné pour un crime aussi épouvantable.

« Pardon de ce style décousu, je n'ai pas encore mes idées à moi, je suis profondément abattu physiquement et moralement. Mon cœur a trop saigné aujourd'hui.

« Pour Dieu donc, cher Maître, qu'on abrège mon supplice immérité.

« Pendant ce temps, vous chercherez et, j'en ai la foi, la conviction intime, vous trouverez.

« Croyez-moi toujours votre dévoué et malheureux

« A. DREYFUS. »

D'autre part, il écrit :

« *A Madame Alfred Dreyfus.*

« Prison de la Santé, samedi 5 janvier 1875.

« Ma chérie,

« Te dire ce que j'ai souffert aujourd'hui, je ne le veux pas, ton chagrin est déjà assez grand pour que je ne vienne pas encore l'augmenter.

« En te promettant de vivre, en te promettant de résister jusqu'à la réhabilitation de mon nom, je t'ai fait le plus grand sacrifice qu'un homme de cœur, qu'un honnête homme, auquel on vient d'arracher son honneur, puisse faire. Pourvu, mon Dieu, que mes forces physiques ne m'abandonnent pas ! Le moral tient, ma conscience qui ne me reproche rien me soutient, mais je commence à être à bout de patience et de forces. Avoir consacré toute sa vie à l'honneur, n'avoir jamais démérité et me voir où je suis, après avoir subi l'affront le plus sanglant qu'on puisse infliger à un soldat !...

« Donc, ma chérie, faites tout au monde pour trouver le véritable coupable, ne vous ralentissez pas un instant, c'est mon seul espoir dans le malheur épouvantable qui me poursuit. Pourvu que je sois bientôt là-bas et que nous soyons bientôt réunis ! Tu me redonneras des forces et du courage, j'en ai besoin. Les émotions d'aujourd'hui m'ont brisé le cœur, ma cellule ne me procure aucune consolation.

« Figure-toi une petite pièce toute nue, de 4^m,20 peut-être, fermée par une lucarne grillée... un lit replié contre le mur, etc., non, je ne veux pas t'arracher le cœur, ma pauvre chérie.

« Je te raconterai plus tard, quand nous serons de nouveau heureux, ce que j'ai souffert aujourd'hui, combien de fois, au milieu de ces nombreuses pérégrinations parmi de vrais coupables, mon cœur a saigné. Je me demandais

ce que je faisais là, pourquoi j'étais là...
il me semblait que j'étais le jouet d'une
hallucination ; mais, hélas! mes vêtements déchirés, souillés, me rappelaient
brutalement à la vérité, des regards de
mépris qu'on me jetait me disaient trop
clairement pourquoi j'étais là.

« Ah! hélas! pourquoi ne peut-on pas
ouvrir avec un scapel le cœur des gens
et y lire! Tous les braves gens qui me
voyaient passer y auraient lu, gravé en
lettres d'or : « Cet homme est un homme
d'honnenr. » Mais comme je les comprends! A leur place je n'aurais pas
non plus pu contenir mon mépris à la
vue d'un officier qu'on leur dit être
traître... Mais, hélas! c'est là ce qu'il y
a de tragique, c'est que ce traître, ce
n'est pas moi!

« Écrivez-moi vite tous, faites tout
au monde pour que je vous voie bien
vite, car mes forces m'abandonneront,
et il me faut du soutien, fais enfin que
nous soyons réunis le plus tôt possible
et que je retrouve dans ton cœur les
forces qui me sont nécessaires.

« Je t'embrasse comme je t'aime,

« (Samedi, après-midi.)

« ALFRED. »

« Janvier 1895, samedi 6 heures.

« Dans ma pauvre cellule, dans les
tortures de mon âme qui se refuse à
comprendre pourquoi je souffre ainsi,
pour quelle cause enfin Dieu me punit
ainsi, c'est toujours vers toi que je
reviens, ma chère femme, c'est vers
toi qui, dans ces tristes et terribles circonstances, a été pour moi d'un dévouement sans bornes, d'une affection sans
limites.

« Tu as été et tu es sublime ; dans
mes moments de faiblesse, j'ai honte
de ne pas être à la hauteur de ton héroïsme. Mais ce chagrin finit par ron-
ger les âmes les mieux trempées, le
chagrin de voir tant d'efforts, tant d'années d'honneur, de dévouement à son

pays perdues par une machination qui
procède bien plus du fantastique que du
réel. A certains moments je ne puis y
croire ; mais ces moments, hélas ! sont
rares ici, car, soumis au régime cellulaire le plus strict, tout me ramène à la
sombre réalité.

« Continue à me soutenir de ton profond amour, ma chérie, aide-moi dans
cette lutte épouvantable pour mon honneur, que je sente ta belle âme vibrer
près de la mienne.

« Quand pourrai-je te voir?

« J'ai cependant besoin d'affection et
de consolation dans ma triste infortune.

« Hélas ! j'ai bien l'âme courageuse
du soldat, je me demande si j'ai l'âme
héroïque du martyr !

« Mille bons baisers pour toi, pour
nos chéris !

« Que ces derniers soient ta consolation.

« A. DREYFUS.

« Écrivez-moi souvent et beaucoup.
Songez qu'ici je suis seul du matin au
soir et du soir au matin ; pas une âme
sympathique ne vient adoucir mon sombre chagrin. Aussi me tarde-t-il d'être
là-bas avec toi, ma chérie, et d'attendre
dans la paix et la tranquillité que l'on
me réhabilite, qu'on me rende mon
honneur. »

« 5 janvier 1895. (Samedi 7 heures, soir.)

. « Je viens d'avoir un moment de dé-
tente terrible, des pleurs entremêlés de
sanglots, tout le corps secoué par la
fièvre. C'est la réaction des horribles
tortures de la journée, elle devait fatalement arriver ; mais, hélas ! au lieu de
pouvoir sangloter dans tes bras, au lieu
de pouvoir m'appuyer sur toi, mes sanglots ont résonné dans le vide de ma
prison.

« C'est fini, haut les cœurs ! Je con-
centre toute mon énergie. Fort de ma

conscience pure et sans tache, je me dois à ma famille, je me dois à mon nom. Je n'ai pas le droit de déserter tant qu'il me restera un souffle de vie ; je lutterai avec l'espoir prochain de voir la lumière se faire Donc, poursuivez vos recherches. Quant à moi, la seule chose que je demande c'est de partir au plus vite, de te retrouver là bas, de nous installer, pendant que nos amis, nos familles, s'occuperont ici de rechercher le véritable coupable, afin que nous puissions un jour rentrer dans notre chère patrie, en martyrs qui ont supporté la plus terrible, la plus émouvante des épreuves. »

« Samedi, 7 heures et demie.

« C'est l'heure à laquelle il faut se coucher. Que vais-je devenir? Que vais-je faire dans mon lit qui se compose d'une paillasse portée par des tringles de fer. Les souffrances physiques ne sont rien, tu sais que je ne les crains pas, mais mes tortures morales sont loin d'être finies. O ! ma chérie, qu'ai-je fait le jour où je t'ai promis de vivre ! Je croyais vraiment avoir l'âme plus forte. Être résigné toujours quand on est innocent, c'est facile à dire, mais dur à digérer.

« Écris-moi bien vite, ma chérie, tâche de me voir, j'ai besoin de puiser de nouvelles forces dans tes yeux chéris.

« Mille bons baisers,

« Alfred. »

« 6 Janvier 1895. (Dimanche 5 heures.)

« Pardon, mon adorée, si dans mes lettres d'hier j'ai exhalé ma douleur, étalé ma torture. Il fallait bien que je les confie à quelqu'un! Quel cœur est plus préparé que le tien à recevoir le trop-plein du mien! C'est ton amour qui m'a donné le courage de vivre; il faut qus je le sente vibrer près du mien. Montrons que nous sommes dignes l'un de l'autre, que tu es une femme noble et sublime.

« Courage donc, ma chérie. Ne pense pas trop à moi, tu as d'autres devoirs à remplir. Tu te dois à nos chers enfants, à notre nom qu'il faut réhabiliter. Pense donc à toutes les nobles missions qui t'incombent ; elles sont lourdes, mais je te sais capable de les entreprendre à condition de ne pas te laisser abattre, à condition de conserver tes forces.

« Il faut donc lutter contre toi-même, rassembler toute ton énergie et ne penser qu'à tes devoirs.

« Quant à moi, ma chérie, tu sais si j'ai beaucoup souffert hier; plus encore que tu ne peux te l'imaginer. Je te raconterai cela quelque jour, quand nous serons de nouveau réunis et heureux.

« Pour le moment, je ne souhaite qu'une chose. Puisque je vous suis inutile ici, que, d'autre part, les recherches pour trouver le coupable seront, je le crains, longues et minutieuses, c'est d'être envoyé le plus tôt possible et dans les meilleures conditions possibles làbas, et d'y attendre avec toi que les recherches combinées de toutes nos familles aient abouti. Le régime cellulaire m'épuise beaucoup et je ne demande qu'une chose : c'est d'être expédié au plus tôt là-bas.

« J'étais très navré ce matin de n'avoir pas encore reçu de lettres. A deux heures, heureusement, M. le Directeur de la prison est venu m'apporter un paquet de bonnes lettres qui m'a bien fait plaisir ; elles ont été le rayon de joie de ma triste cellule.

« Veux-tu être assez bonne pour m'envoyer une couverture de voyage ; il fait, en effet, très froid dans nos cellules.

« Tâche d'obtenir le plus tôt possible la permission de me voir.

« Je t'embrasse mille fois.

« Bons baisers à ces pauvres chéris!

« Alfred. »

« Mon Dieu! que mon âme est triste. Qu'ai-je donc fait dans la vie pour être puni ainsi? Le misérable qui a commis ce crime de trahir et de me perdre, mérite, s'il y a un Dieu, un châtiment épouvantable. Il mérite d'être puni dans tous les siens. Au nom de mes pauvres enfants, je le maudis. »

Toutes ces lettres, il est à peine besoin de le dire, sont revêtues du visa du directeur de la prison, elles ont passé sous ses yeux, sous les yeux du directeur des services pénitentiaires, sous ceux du ministre de l'intérieur Dupuy, et du ministre de la guerre Mercier, soit en original, soit en copie, avant d'arriver à leur adresse.

De même, le ministre de la guerre avait eu communication de toutes les lettres antérieures datées du Cherche-Midi.

Il ne pouvait donc y avoir dans son esprit aucun doute sur les prétendus aveux attribués par la *Libre Parole* à Dreyfus. Mieux que personne il connaissait les véritables déclarations que le condamné pouvait avoir faites à l'officier de la garde républicaine, le capitaine Lebrun-Renaud, qui le gardait dans la salle d'attente, avant la parade d'exécution; car ces déclarations étaient la reproduction exacte de la thèse propre à Mercier lui-même, apportée de sa part et obstinément suggérée par du Paty de Clam, thèse formulée comme suit :

« Le ministre de la guerre *est convaincu* que, si vous avez livré des documents, d'ailleurs peu importants, c'est dans un but d'amorçage et pour vous en procurer de plus importants. »

Cette opinion, attribuée à tort ou à raison, par le tortionnaire du Paty de Clam, au général Mercier, d'abord au cours de l'enquête, puis au moment de la dernière visite qu'il avait faite à sa victime, le 31 décembre, était la perche apparente de salut qu'il lui tendait sans cesse, pour l'amener à s'en saisir.

Et toujours Alfred Dreyfus s'y était refusé. Constamment — avant le procès comme après, avant la condamnation comme après, pendant la parade d'exécution comme après — il avait hautement affirmé son innocence absolue et refusé d'entrer dans la voie qui lui était perfidement ouverte.

Comment admettre un instant qu'au moment même où il raidissait toutes les énergies de son être pour crier au peuple assemblé cette innocence qui restait désormais son seul bien et sa seule raison de vivre, comment admettre qu'à ce moment même il se fût démenti d'avance pour dire au capitaine Lebrun-Renault :

« Le ministre de la guerre *sait* que si j'ai livré des documents, d'ailleurs peu importants à l'Allemagne, c'est dans un but d'amorçage et pour m'en procurer de plus importants... »

Il est aussi clair que le jonr qu'Alfred Dreyfus n'a rien dit, n'a rien pu dire de tel.

Ce qu'il est possible d'admettre, ce qui est parfaitement vraisemblable et conforme à la nature des choses, encore que cela ne soit nullement établi, c'est que seul avec le capitaine Lebrun-Renault et causant de son propre cas, il a pu dire à cet officier de gendarmerie (présentement commandant à Melun, par un avancement tardif, mais sans nul doute justifié) :

« Le ministre de la guerre *croit* que j'aurais livré des documents, d'ailleurs peu importants, à l'Allemagne, dans un but d'amorçage et pour m'en procurer d'autres. »

Cela se tient, cela s'accorde avec la constante attitude du condamné, cela s'adapte exactement à la lettre même qu'il adressait le 31 décembre, jour du rejet de son pourvoi en revision au ministre de la guerre.

Prison militaire du Cherche-Midi,
31 décembre 1894.

Monsieur le ministre,

J'ai reçu par votre ordre la visite du commandant du Paty de Clam, auquel j'ai déclaré encore que j'étais innocent et que je n'avais même jamais commis la moindre imprudence. Je suis condamné, *je n'ai aucune* GRACE *à demander, mais, au nom de mon honneur qui, je l'espère, me sera rendu un jour, j'ai le devoir de vous prier de vouloir bien continuer vos recherches.*

Moi parti, qu'on cherche toujours, c'est la seule GRACE *que je sollicite.*

ALFRED DREYFUS.

Vive la France !... Messieurs, je suis innocent !... (*Dessin de* COUTURIER.)

Il résulte, d'ailleurs, de cette lettre même que du Paty de Clam offrait à l'infortuné, en même temps que l'hypothèse ministérielle et la suggestion d'une « imprudence » commise, l'appât d'une grâce possible ou d'un adoucissement de sa condamnation. Le mot GRACE, répété par deux fois dans cette réponse si fière, si décisive, ne peut être que la contrepartie d'une proposition directe apportée par du Paty.

Devant cette évidence, on aurait peine à comprendre comment la légende des prétendus aveux faits par le condamné au capitaine de gendarmerie Leb.un-Renaud a jamais pu prendre une importance quelconque dans les polémiques ultérieures — s'il n'était certain que les défenseurs même de Dreyfus se sont trompés sur un point de première importance.

Ils ont cru et admis jusqu'à ce jour

Prison de la Santé.

que l'allégation relative à ces prétendus aveux avait été mise en circulation le 5 janvier au soir par le journal *le Temps*, puis reproduite le lendemain par d'autres journaux.

Or c'est là une erreur positive.

Le véritable auteur de l'allégation est « le commandant » dont parle la *Libre Parole*, qui assistait, avec son rédacteur, à la parade d'exécution ; on a noté et souligné le fait ci-dessus, dans le récit même.

Or, la *Libre Parole*, paraissant le matin, ne pouvait, naturellement, imprimer son récit que le lendemain, 6 janvier (sous la date du 7), et son rédacteur s'empressa de faire part de la prétendue nouvelle à son collègue du *Temps*, qui la nota le 5, au soir. C'est ainsi qu'elle arriva d'abord au public, pour être, d'ailleurs, immédiatement démentie par l'*Agence Havas :*

« Le ministre de la guerre a interrogé

le capitaine de la garde républicaine Lebrun-Renaud sur les affirmations qui lui sont attribuées par certains journaux relativement à une conversation avec l'ex-capitaine Dreyfus. Le capitaine Lebrun-Renaud a certifié au ministre qu'il n'avait fait aucune communication à aucun organe ni représentant de la presse. »

Note officielle que le *Figaro*, (parfaitement informé à ce sujet, par la raison qu'on donne ci-après), faisait suivre des lignes suivantes :

« C'est absolument exact et le capitaine a dit la vérité en affirmant à son ministre qu'il n'avait fait aucune communication à aucun organe ni représentant de la presse. Ce qui est vrai, c'est qu'il y a eu seulement une conversation tenue par ce brave officier, de la meilleure foi du monde, devant des personnes qu'il ne soupçonnait pas devoir la rapporter. »

Mais quel était donc ce « commandant » qui, cinq minutes après la parade, avait déjà un renseignement précis sur les prétendus aveux faits par Alfred Dreyfus, qui les tenait, disait-il, de Lebrun-Renaud lui-même, et qui les apportait aussitôt au rédacteur de la *Libre Parole*, aux abords du champ d'exécution? Quel était ce « commandant » dépositaire instantané d'un fait important, dont le général Darras, ni aucun officier supérieur en fonction, n'avait eu connaissance?

C'était évidemment un officier répondant à cette double définition : il avait accès dans les coulisses de la lugubre cérémonie, puisqu'il y avait déjà vu Lebrun-Renaud, et il savait où retrouver aussitôt le rédacteur de la *Libre Parole* pour lui apporter sa nouvelle.

Ce « commandant » était le commandant du Paty de Clam.

Non seulement lui seul répondait à cette double définition, mais lui seul pouvait à ce moment avoir aux lèvres le mot d'« *amorçage* », avec les mots « docu-

ments peu importants livrés pour en obtenir d'autres » qu'il avait cinq jours plus tôt apportés à Dreyfus dans sa prison. Lui seul avait déjà introduit ce mot dans l'acte d'accusation de Boxon-d'Ormescheville, sans qu'il y correspondît à rien ; lui seul avait la monomanie jésuitique de la confession, de l'aveu qu'il tentait vainement depuis trois mois d'arracher à Dreyfus...

L'auteur de la nouvelle, c'est lui. L'a-t-il basée sur une simple altération de verbe : « le ministre *sait* », au lieu de « ministre *croit?* » Avait-il suggéré d'avance à Lebrun-Renaud quelque question de nature à amener aux lèvres du condamné une réponse dont il fût possible de tirer un parti frauduleux ? ou plus simplement l'avait-il inventée de toutes pièces? Peu importe. Il suffit, pour annuler le témoignage, qu'il soit venu de cette source empoisonnée.

Mais la troisième hypothèse est de beaucoup la plus vraisemblable, si l'on se rapporte au témoignage, si important à cet égard, d'Eugène Clisson, rédacteur du *Figaro*. Les faits sont notoires et il suffit de les rappeler. Eugène Clisson, se trouvant le soir même du 5 janvier 1895 dans un bal public de Montmartre, eut l'occasion d'y rencontrer le capitaine Lebrun-Renaud, qu'il ne connaissait pas et qui lui fut présenté comme « l'officier qui avait, le matin », conduit Dreyfus au supplice. Le capitaine n'était pas avare de détails et contait par le menu tout ce qui s'était passé. Il ignorait d'ailleurs la qualité de Clisson, qui s'empressa, en bon journaliste, et comme il l'a dit lui-même, en bon « phonographe », de reproduire la conversation dans le *Figaro*. Il n'y est en aucune façon question des prétendus aveux.

« Dreyfus, dit-il, d'après le capitaine Lebrun-Renaud, fut conduit dans une des salles de l'École militaire et laissé sous la garde du capitaine Lebrun-Renaud. C'est là dans cette pièce, que la conversation suivante s'engagea :

« — Vous n'avez pas songé au suicide, Monsieur Dreyfus ? demanda le capitaine Lebrun-Renaud.

« — Si, mon capitaine, répondit Dreyfus, mais seulement le jour de ma condamnation. Plus tard, j'ai réfléchi. Je me suis dit qu'innocent comme je suis, je n'avais pas le droit de me tuer. On verra, dans trois ans, quand justice me sera rendue.

« — Alors, vous êtes innocent ?

« — Voyons, mon capitaine, écoutez : on trouve dans un chiffonnier d'une ambassade un papier annonçant l'envoi de quatre pièces. On soumet le papier à des experts : trois reconnaissent mon écriture, deux déclarent que l'écriture n'est pas de ma main, et c'est là-dessus qu'on me condamne !

« A dix-huit ans, j'entrais à l'École Polytechnique, j'avais devant moi un magnifique avenir militaire, 300,000 fr, de fortune et la certitude d'avoir dans l'avenir 50,000 francs de rentes. Je n'ai jamais été un coureur de filles. Je n'ai jamais touché une carte de ma vie, donc je n'ai pas besoin d'argent. Pourquoi aurais-je trahi ? Pour de l'argent ? Non, alors quoi ?

« — Et qu'est-ce que c'était que ces pièces dont on annonçait l'envoi ?

« — Une très confidentielle, et trois autres moins importantes.

« — Comment le savez-vous ?

« — Parce qu'on me l'a dit au procès. Ah ! ce procès à huis clos, comme j'aurais voulu qu'il fût public et qu'il eût lieu au grand jour ! il y aurait eu certainement un revirement d'opinion.

« — Lisiez-vous les journaux en prison ?

« — Non, aucun ; on m'a bien dit que la presse s'occupait beaucoup de moi, et que certains journaux profitaient de cette accusation ridicule pour se livrer à une campagne antisémite. Je n'ai rien voulu lire.

« Puis, raide et comme insensible, il ajoute : A présent, c'est fini. On va m'expédier à la presqu'île Ducos ; dans trois mois ma femme viendra m'y rejoindre.

« — Et, reprit le capitaine Lebrun-Renaud, avez-vous l'intention de prendre la parole tout à l'heure ?

« — Oui, je veux protester publiquement de mon innocence. »

Devant cette déclaration nettement formulée, le capitaine fit informer le général Darras de la résolution de Dreyfus. Elle avait d'ailleurs été prévue, et un roulement de tambours devait lui couper la parole en cas de besoin. Il était neuf heures moins dix lorsque quatre artilleurs entrèrent dans la salle.

« — Voici les hommes qui viennent vous prendre, monsieur, dit le capitaine Lebrun-Renaud.

« — Bien, mon capitaine, je les suis, mais je vous le répète, les yeux dans les yeux, je suis innocent.

« Et il suivit les soldats. »

Au moment où il parut, ce récit si visiblement véridique sembla définitif à tout le monde. Personne, pas même la *Libre Parole*, ne parla plus des prétendus aveux de Dreyfus. Pour ressusciter cette fable, il ne fallait rien moins que l'incroyable aveuglement et l'insondable inconscience de Cavaignac.

Or, ici encore, faut-il remonter à la source et rechercher l'inspiration ?

Du Paty de Clam est le cousin germain et familier de Cavaignac.

La légende des aveux est donc jugée. Il importe néanmoins de signaler un même fait qui a son importance à plus d'un titre.

Au lendemain de la parade, le capitaine Lebrun-Renaud ne fut pas seulement interrogé par le ministre de la guerre, comme le disait la note officielle de l'*Agence Havas*. Il fut appelé chez le ministre de l'intérieur, Dupuy, et rudement tancé pour son indiscrétion, « indigne d'un officier de gendarmerie ».

Pense-t-on qu'il s'agit des prétendus aveux de Dreyfus et de son innocence ou de sa culpabilité? Pas le moins du monde, et Dupuy n'en avait cure. Ce qui l'épouvantait, ce qui l'avait mis hors des gonds et lui dictait cette algarade insolite, avant de lui dicter la note de l'*Agence Havas*, c'était le nom de l'Allemagne, énoncé tout au long dans les prétendues paroles attribuées à Alfred Dreyfus, et qu'on supposait communiquées à la presse par Lebrun-Renaud. De quoi s'avisait donc ce gendarme, après qu'on était convenu de ne pas prononcer le nom de la puissance étran-gère en cause? Allait-il donc, par sa sottise, rouvrir l'incident diplomatique si péniblement fermé, et remettre sur le tapis les soustractions de pièces officiellement enterrées?

Oncques officier ne fut si près du Cherche-Midi que Lebrun-Renaud en cette mémorable circonstance.

Mais, tout bien pesé, on lui tint compte de sa docilité, et c'est ainsi qu'au lieu de la prison militaire, il finit par avoir le commandement d'un escadron, près de Paris.

Au demeurant, Dupuy allait avoir d'autres affaires, et à son tour, être bousculé comme il avait bousculé le gendarme. Moins heureux que Lebrun-Renaud, il devait perdre son portefeuille à la bataille.

CHAPITRE XVIII

La démission de Casimir-Perier.

Le 9 janvier 1894, l'ambassadeur d'Allemagne se présentait à l'Élysée après avoir demandé audience au Président de la République pour affaire grave. Il savait de source certaine que le pacte conclu avait été violé, que le procès du capitaine Dreyfus avait uniquement roulé sur l'Allemagne et que les pièces officiellement supprimées d'un commun accord avaient été sinon montrées, au moins mises à la disposition du conseil de guerre, en chambre du conseil.

Comment le savait-il? Ce ne peut avoir été que par les auteurs mêmes des faux papiers, seuls intéressés à leur suppression définitive, après qu'ils s'en étaient servi pour obtenir la condamnation. Il faut songer qu'Henry, et surtout Esterhazy, ne pourraient pas vivre tranquilles tant que les photographies apocryphes restaient au portefeuille de Boisdeffre ou de Gonse. Tout accident, toute expertise les perdaient sans retour!...

D'autre part, Esterhazy n'avait jamais avoué à Schwarzkoppen la saisie du bordereau : en style de police, il eût été désormais « brûlé » chez l'attaché allemand, puisqu'il eût nécessairement paru dangereux. On sait par l'attaché allemand lui-même qu'il apprit seulement le fait en 1896, au moment de la publication du *Matin* et de la fameuse visite de l'espion, venant le menacer de le tuer ou de se tuer chez lui s'il ne le tirait d'affaire. Selon toute apparence, une copie du bordereau décalqué lui était revenue sans qu'il eût soupçonné ses aventures.

Enfin, il avait bien fallu qu'Esterhazy lui donnât des renseignements sur l'affaire Dreyfus et, comme il était mieux placé qu'un autre pour les donner complets, il en tira plusieurs moutures. D'abord, les préliminaires du procès (débarrassés du précieux bordereau) et où force détails exacts se mêlaient à force mensonges ; si bien que Schwarzkoppen put rentrer en grâce auprès de ses chefs, d'abord furieux contre lui, expliquer qu'il y avait méprise absolue et que les Français se trompaient du tout au tout ; se faire, en un mot, honneur de l'imbroglio même, par les informations qu'il avait, et rester à Paris, ce qui était l'essentiel à ses yeux. Puis, le procès bouclé, l'affaire du manquement à la parole donnée, autre précision de nature à faire vivement goûter les renseignements de Schwarzkoppen, encore qu'on désapprouvât plus que jamais l'espionnage diplomatique, au moins pour la forme. Mais un ambassadeur est un homme, après tout, même s'il est homme d'honneur : et quand des faits de telle nature viennent à sa connaissance sans qu'il en ait provoqué l'achat, toute la vertu du monde ne pourrait pas lui faire blâmer celui qui les apporte, avec noms et preuves à l'appui.

Ces noms et ces preuves, le comte de Münster, en loyal et galant homme, les donnait à Casimir-Perier, qui ne put pas révoquer les faits en doute et promit de s'en enquérir, ajoutant qu'il en était personnellement atteint, après la parole donnée.

Et, en effet, la situation qui lui était faite devenait intolérable.

Élevé à la présidence de la République, six mois plus tôt, par la coalition de toutes les forces réactionnaires des deux Chambres, Casimir-Perier avait apporté dans sa fonction des visées et des habitudes impérieuses qui devaient nécessairement le conduire au naufrage. Il ne pouvait se faire à l'idée que son rôle constitutionnel fût purement mécanique et rêvait de le transformer en pouvoir personnel. Or, dans cette tentative même, il se heurtait chaque jour à des humiliations qui eussent dû lui en

faire apercevoir le néant et qui ne lui e laissaient que la rancœur.

Les ministres, en qui il voulait à tout prix voir *ses* ministres, ne jugeaient pas toujours utile de l'informer des affaires de leur département, et la puérilité même qu'il mettait à s'en mêler obstinément les froissait comme un manque de goût. Il avait la faiblesse de se plaindre qu'on lui donnât à signer des décrets sur lesquels on n'avait pas pris son avis. Très sensible aux attaques de la presse, il exigeait des poursuites qui avaient régulièrement pour résultat des acquittements et soulignaient ainsi l'outrage en lui donnant le contreseing du jury national. Il voulut les « lois scélérates », qui soulevèrent à la Chambre une résistance héroïque, pour aboutir à l'avortement du Procès des Trente. Il venait, il est vrai, d'obtenir la condamnation de Gérault-Richard, dans un véritable procès en lèse-majesté ; mais le fulgurant plaidoyer de Jaurès était allé atteindre, par-dessus la personne du Président, la dynastie même des Perier et, par-dessus les Perier, la ploutocratie tout entière, avec l'exploitation de l'homme par l'homme. Pour comble, le peuple de Paris endossait le plaidoyer de Jaurès en envoyant le condamné siéger à la Chambre !

Malchanceux dans la vie publique, Casimir Perier ne l'était pas moins dans le secret de sa conspiration latente contre les lois de l'État et n'y trouvait point de compensations suffisantes aux déboires qui ulcéraient déjà son âme vaniteuse.

A droite, les ralliés, qui l'avaient fait président, ne lui cachaient pas qu'à leurs yeux il n'était qu'un pis-aller provisoire et sa magistrature un pont vers la monarchie. A gauche, il sentait une répugnance insurmontable à prendre au sérieux son républicanisme de fraîche date. Et quant au grand projet, formé avec Dupuy (son concurrent d'hier), de

Après le verdict (*Dessin de COUTURIER*).

procéder à une épuration parlementaire en frappant à la fois le vieux parti panamiste, grâce aux scandales récents ou en cours, et le jeune parti socialiste, grâce aux lois d'exception — force était bien de s'avouer qu'il s'en allait à la dérive.

Dupuy n'était plus d'humeur à travailler pour son chef de file. Constans, qui le tenait par des dossiers anciens, en attendant qu'il se fît nommer ambassadeur par lui — l'obligeait à ruer dans les brancards du fiacre réactionnaire. Le président du Conseil avait dû venir humblement l'avouer au président de la République : le pacte ne tenait plus et l'entreprise était impossible... Il poussait même l'incorrection jusqu'à avertir Raynal et consorts d'une perquisition projetée chez eux pour l'affaire des Chemins de fer du Sud. Et cette rupture d'alliance, prenant aux yeux de Casimir-Perier le caractère d'une trahison, venait de donner lieu à l'Élysée — entre Dupuy et lui — à une scène de violence tragicomique dont les échos étaient arrivés jusqu'aux couloirs du Parlement.

Casimir Perier se trouvait donc dans un accès de découragement aiguisé, s'il fallait en croire les bruits de la ville, par des difficultés d'ordre domestique et la menace d'un divorce imminent.

C'est en ce mode moral que le trouvait la démarche de M. de Munster, qui lui révélait ce qui se passait au ministère de la guerre et lui montrait tout à coup un gouffre ouvert sous ses pas.

Sorti de ses attributions constitutionnelles en prenant un engagement formel au sujet d'un document judiciaire (et quel document !) dénoncé comme apocryphe au nom du souverain même dont il portait la signature contrefaite — il n'avait même pas réussi à faire respecter sa promesse ! Et, chose plus terrifiante encore, la puissance intéressée lui révélait elle-même, par son ambassadeur, la violation du pacte — comme elle lui avait, un mois plus tôt, révélé le fait même de l'existence du document apocryphe....

Il se voyait entouré de trahisons et de pièges, aux prises avec une énigme aussi menaçante pour la patrie que pour son propre honneur. Était-ce le Président de la République, était-ce le pays, ou les deux ensemble, que visaient les soldats félons? Il ne savait plus. Mais, par le désordre moral qui dénonçait la félonie, en montrant l'espionnage au cœur même de la défense nationale, de quels désastres sans nom n'était-elle pas l'avant-courrière?...

Vainement, au cours d'une enquête hâtive et fiévreuse, le président du Conseil et le ministre de la guerre plaidèrent la désobéissance de leurs subordonnés et les excès d'un zèle qu'ils n'auraient pu contenir — c'en était trop, et la coupe d'amertume débordait !...

Vainement, au premier signal d'alarme, Barthou avait abandonné le radeau ministériel (13 janvier) et, dès le lendemain, le cabinet tout entier se laissait choir sous le premier prétexte venu : le 15 janvier, à la première heure, Casimir-Perier manda le président du Conseil, lui-même démissionnaire de la veille, et lui signifia son intention formelle de résigner le pouvoir. Dans la journée, il allait en personne la notifier à M. de Münster, comme gage de sa sincérité.

La lettre de démission lue le lendemain 16 aux deux Chambres invoquait des motifs un peu différents, mais paraît aujourd'hui plus claire qu'elle ne pouvait l'être alors :

« Je ne me résigne pas, disait Casimir-Perier, à comparer le poids des *responsabilités morales* qui pèsent sur moi et l'*impuissance* à laquelle je suis condamné... Peut-être me comprendra-t-on si j'affirme que les fictions constitutionnelles *ne peuvent faire taire les exigences de la conscience politique;*

peut-être, en me démettant de mes fonctions, aurai-je tracé leur *devoir* à ceux qui ont le souci de la *dignité du pouvoir* et du *bon renom de la France dans le monde...* Je demeure convaincu que les réformes ne se feront qu'avec le concours actif d'un gouvernement résolu à *assurer le respect des lois* et à *se faire obéir de ses subordonnés...* J'ai foi, malgré les *tristesses de l'heure présente,* dans un avenir] de progrès et de justice sociale... »

Et le lendemain, tous les journaux de l'univers cherchaient, sans la trouver, la cause de cette brusque démission ; seule, la *Germania*, mieux informée que les autres, disait :

« Il est inadmissible que M. Casi-« mir-Perier ait exposé son pays aux « aventures, rien que sous l'influence

Le port de la Rochelle.

« d'une *coupable* susceptibilité. Il doit « avoir des RAISONS PUISSANTES pour jus-« tifier sa conduite. »

Cette détermination devait, d'ailleurs, être rendue publique dans la soirée.

La journée se passa tout entière en efforts tentés pour amener Casimir-Perier à renoncer à sa résolution. Tous les ministres démissionnaires étaient venus successivement renouveler les instances qu'avait faites Dupuy.

A une heure et demie Casimir-Perier reçut Challemel-Lacour, président du Sénat, qu'il avait fait appeler, sous le prétexte apparent de le consulter, comme dans toutes les crises ministérielles, sur la situation. Mais, en réalité, le président de la République fit connaître à Challemel-Lacour sa résolution de se retirer.... Le président du Sénat essaya de le faire revenir sur cette décision.

L'entrevue ne dura pas moins d'une heure et demie, mais, comme les précédentes, elle fut sans effet.

Durant tout l'après-midi, les députés s'étaient rendus très nombreux dans les couloirs de la Chambre pour recueillir quelques informations sur la crise qu'on croyait purement ministérielle. Les formations de cabinet allaient leur train, se faisant et se défaisant alternativement, comme dans toutes les circonstances analogues, mais sans aucune donnée sérieuse, car personne ne se doutait qu'une crise présidentielle allait éclater comme un coup de théâtre.

Toutefois, les personnes initiées aux choses parlementaires étaient frappées de la série de visites des ministres démissionnaires faites dans la matinée à l'Elysée, contre tout usage.

Une autre chose commençait à préoccuper les esprits : on apprenait avec surprise que le président de la Chambre, qui était resté toute la journée dans son cabinet, s'attendant à être appelé en consultation par le président de la République, n'avait reçu aucune invitation à se rendre à l'Élysée. On s'étonnait de cette abstention à l'égard de Brisson. Les conjectures se donnaient carrière, et les plus diverses comme les plus invraisemblables étaient formulées. Mais l'idée n'était venue à personne que Casimir-Perier songeât à se retirer.

Pendant ce temps, les visites s'étaient succédé durant tout l'après-midi à l'Élysée. Les dernières furent, entre sept et huit heures du soir, celles de Poincaré et Leygues, puis celle de Dupuy. A huit heures et quart le président du conseil rentrait au ministère de l'intérieur, mais le secret était encore gardé formellement. On pensait qu'une dernière tentative, faite par la mère du président de la République pourrait peut-être avoir un résultat.

Enfin, à neuf heures et demie, Dupuy recevait un billet de quelques lignes, où Casimir-Perier lui disait que sa résolution de se retirer était *irrévocable*, en le priant d'aviser les présidents des deux Chambres.

En conséquence, Challemel-Lacour et Brisson furent informés de la nouvelle, et le Parlement convoqué pour le lendemain mercredi, puis l'*Agence Havas* communiqua aux journaux la note suivante :

« M. le président de la République a pris la résolution de résigner ses fonctions.

« La séance et le vote d'hier ne sont, à ses yeux, qu'un incident secondaire. Une lutte est engagée contre le régime parlementaire et contre les libertés publiques. Il avait espéré que la présidence de la République, dépourvue de moyens d'action, demeurerait hors des atteintes des partis, que la confiance politique de tous les républicains lui donnerait force et autorité ; il avait espéré que ceux qui l'avaient, malgré lui, placé à un poste où il ne peut se défendre lui-même, prendraient la défense de la première magistrature de l'État.

« Il a prié les ministres de reprendre provisoirement leur démission pour assurer la transmission des pouvoirs.

« M. Ch. Dupuy, président du Conseil, a fait connaître la détermination du président de la République au président du Sénat et au président de la Chambre, qui vont convoquer le Parlement d'urgence. »

ÉPILOGUE

Le jeudi 17 janvier 1895, à l'heure même où le nom du nouveau président, Félix Faure, venait de sortir des urnes du Congrès et d'obtenir, à quelques voix près, les mêmes votes qui avaient six mois plus tôt placé Casimir-Perier à l'Elysée, — une voiture cellulaire emportait Alfred Dreyfus de la prison de la Santé à la gare d'Orléans, en route pour l'île de Ré.

Dès l'arrivée du véhicule et aussitôt la levée d'écrou signée, il avait été remis par les geôliers entre les mains des gendarmes.

A la gare d'Orléans, Dreyfus était dirigé, par l'entrée de la petite messagerie, sur le quai de départ, où se trouvait le wagon spécial des prisonniers. Il montait en ce wagon et, quelques instants après, quittait Paris.

En gare de Poitiers, ce wagon changeait de train pour être dirigé sur la Rochelle, où il arrivait à midi 57.

Aucune mesure d'ordre n'avait été prise, les autorités de la Rochelle ne soupçonnant pas que des manifestations pourraient se produire.

Cependant, une foule nombreuse stationnait devant la gare — foule de curieux et d'indifférents, désireuse seulement de voir débarquer les détenus en partance pour l'île de Ré — très calme naturellement.

Et, pourtant, le singulier manège des gardiens de la prison l'intriguait. Ils allaient, venaient, se parlaient à l'oreille et prenaient des allures mystérieuses.

Ils avaient à coup sûr la garde d'un très important prisonnier.

Bientôt une indiscrétion fut commise : « Dreyfus est là ! » dit quelqu'un.

Cette nouvelle causa dans toute la ville une vive émotion et des groupes nombreux se massèrent aussitôt autour de la prison. Tous croyaient que le condamné serait conduit à cet endroit.

Pour donner le change, les postes furent doublés, les soldats firent la haie, baïonnette au canon.

De tous côtés, on entendait déjà des cris de mort contre le condamné.

Aux environs de la gare, des milliers de personnes stationnaient. Le public maintenant était houleux et surexcité. Dreyfus, dans sa voiture, entendait les clameurs de la foule. Le transfert devenait dangereux.

Pour éviter toute attaque, on décida de faire passer Dreyfus par la cour du départ et non par la cour d'arrivée.

Il descendit de wagon. La nuit était complètement tombée.

Au dehors, les habitants de la Rochelle, d'instant en instant plus nombreux, s'énervaient et poussaient d'effroyables clameurs : « A l'eau ! A mort le traître ! A mort le Juif ! »

Dreyfus marchait entre plusieurs agents de la sûreté qui le conduisirent d'abord à la galerie de l'Économat. La porte, un peu dérobée, était fermée : on la força.

Dreyfus sortit. Une barrière seule le séparait du public. Immédiatement une poussée énorme se produisit et la foule se porta de son côté. Les clameurs redoublèrent et devinrent effroyables. Des personnes allumèrent des allumettes-bougies afin de voir la figure du condamné.

« A mort, à mort ! à l'eau ! » criaient-elles.

Dreyfus, enveloppé dans un grand caban, ne disait rien. Sous le capuchon qui laissait le visage dans l'ombre, on voyait, aux faibles lueurs des allumettes, ses traits contractés, son teint pâle.

La barrière ne put être ouverte. Dreyfus fit demi-tour et revint à la salle d'arrivée.

Alors, il y eut une effroyable bousculade. Le malheureux, un instant, se trouva presque seul au milieu de la foule. « A l'eau ! A mort le traître ! » criait celle-ci toujours, et des mains se tendaient pour empoigner Dreyfus.

Les gendarmes, du mieux qu'ils purent, s'efforcèrent de le défendre et de le protéger. Dure besogne.

La situation devenait critique. Il fallait prendre une mesure énergique. Alors, les deux gendarmes empoignèrent aux épaules l'ex-capitaine d'artillerie et ils le traînèrent jusqu'à un omnibus de la gare, où ils le jetèrent.

La foule cependant ne désarmait pas. La voiture était partie au grand galop ; des furieux la suivirent en courant, ramassant des pierres et les jetant sur les carreaux de l'omnibus qui volèrent en éclats.

Enfin le véhicule put arriver au port de La Pallice, et là Dreyfus fut embarqué sur le vapeur le *Nénuphar*, qui le conduisit immédiatement à l'île de Ré.

Mais sur les quais la foule stationna longtemps encore et le bateau était déjà loin qu'elle continuait à crier : « A mort ! à mort le traître ! »

A la citadelle de Saint-Martin-de-Ré, il allait attendre son départ pour la Guyane. Le lendemain de son arrivée, il écrivait à sa femme :

« 19 janvier 1895.

« Ma chérie,

« Jeudi soir, vers dix heures, on est venu me réveiller pour m'emmener ici, où je suis seulement arrivé hier soir. Je ne veux pas te raconter mon voyage pour ne pas t'arracher le cœur ; sache seulement que j'ai entendu *les cris légi-* *times d'un peuple vaillant et généreux contre celui qu'il croit un traître*, c'est-à-dire le dernier des misérables. Je ne sais plus si j'ai un cœur.

« Ah ! quel sacrifice vous ai-je fait en vous promettant, le soir de ma condamnation, de ne pas me tuer ! Quel sacrifice fais-je au nom que portent mes pauvres chers petits, pour supporter tout ce que je subis ! S'il y a une justice divine, il faut espérer que je serai récompensé de cette longue et effroyable torture, de ce martyre de toutes les minutes et de tous les instants. L'autre jour, ton père me disait qu'il eût préféré être mort. Et moi donc ! Je préférerais cent mille fois être mort. Mais ce droit, nous ne l'avons ni les uns ni les autres ; plus je souffre et plus cela doit activer votre courage et votre résolution pour trouver la vérité. Cherchez donc, sans trêve ni repos, en proportion de toutes les souffrances que je m'impose. Veux-tu être assez bonne pour demander ou faire demander au ministre les autorisations suivantes que lui seul peut accorder : 1° le droit d'écrire à tous les membres de ma famille, père, mère, frères et sœurs ; 2° le droit d'écrire et de travailler dans ma cellule. Actuellement je n'ai ni *papier*, ni *plume*, ni *encre*. On me remet seulement la feuille de papier sur laquelle je t'écris, puis on me retire plume et encre ; 3° la permission de fumer.

« Je ne te conseille pas de venir avant que tu ne sois complètement guérie. Le climat est très rigoureux et tu as besoin de toute ta santé pour nos chers enfants d'abord, pour le but que tu poursuis ensuite. *Quant à mon régime ici, il m'est interdit d'en parler.*

« Je te rappelle enfin qu'avant de venir ici, il faut que tu te munisses de toutes les autorisations nécessaires *pour me voir*, demander le *droit de m'embrasser*, etc.

« Quand serons-nous réunis, ma chérie ? Je vis dans cet espoir et dans celui bien plus grand de la réhabilitation future ; mais que je souffre mo-

La bagarre,

ralement !... Dis à toute la famille qu'il faut travailler sans trève ni repos, car tout cela est épouvantable et tragique. Écris-moi bien vite. Je t'embrasse comme je t'aime.

« ALFRED. »

21 janvier 1895.
(Mardi, 9 heures du matin.)

« Comme tu dois souffrir !... Le drame dont nous sommes les victimes est certainement le plus épouvantable de ce siècle. Avoir tout pour soi, bonheur, avenir, intérieur charmant, et puis, tout à coup, se voir accusé et condamné pour un crime monstrueux !

« Ah ! le monstre qui a jeté ainsi le déshonneur dans une famille, aurait mieux fait de me tuer, au moins il n'y aurait que moi qui aurait souffert.

« Vois-tu, ce qui me torture, c'est cette pensée du mot infâme qui est accolé à mon nom. Si je n'avais à supporter que des souffrances physiques, ce ne serait rien, les souffrances supportées pour une noble cause vous grandissent ; mais souffrir parce que je suis condamné pour un crime infâme, ah ! non, vois-tu, c'est de trop, même pour une énergie comme la mienne.

« Ah pourquoi ne suis-je pas mort, je n'ai même pas le droit de déserter de mon plein gré la vie ; ce serait une lâcheté, je n'aurai le droit de mourir, de chercher l'oubli que lorsque j'aurai mon honneur.

« L'autre jour, quand on m'insultait

Le fort Boyard et Saint-Martin-de-Ré.

à la Rochelle, j'aurais voulu m'échapper des mains de mes gardiens et me présenter la poitrine découverte à ceux pour lesquels j'étais un juste objet d'indignation et leur dire : « Ne m'insultez « pas, mon âme que vous ne pouvez pas « connaître est pure de toute souillure, « mais si vous me croyez coupable, « tenez, prenez mon corps, je vous le « livre sans regrets. » Au moins alors, sous l'âpre morsure de souffrances physiques, quand j'aurais encore crié :

« Vive la France ! » peut-être qu'alors eût-on cru à mon innocence !

« Enfin, qu'est-ce que je demande nuit et jour ? Justice, justice ! Sommes-nous au XIXe siècle ou faut-il retourner de quelques siècles en arrière ? Est-il possible que l'innocence soit méconnue dans un siècle de lumière et de vérité ? Qu'on cherche, je ne demande aucune grâce, mais je demande la justice qu'on doit à tout être humain. Qu'on poursuive les recherches ; que ceux qui possèdent de puissants moyens d'investigation les utilisent dans ce but, c'est pour eux un devoir sacré d'humanité et de justice. Il est impossible alors que la lumière ne se fasse pas autour de ma mystérieuse et tragique affaire.

« O Dieu! qui me rendra mon honneur qu'on m'a volé, qu'on m'a dérobé?

« Ah! quel sombre drame, ma pauvre chérie! Il est certain qu'il dépasse, comme tu le dis si bien, tout ce qu'on peut imaginer.

« Je n'ai que deux moments heureux dans la journée, mais si courts. Le premier, quand on m'apporte cette feuille de papier afin de pouvoir t'écrire; je passe ainsi quelques instants à causer avec toi. Le second, quand on m'apporte ta lettre journalière. Le reste du temps, je suis en tête à tête avec mon cerveau, et Dieu sait si mes réflexions sont tristes et sombres.

« Quand cet horrible drame finira-t-il? Quand aura-t-on enfin découvert la vérité? Ah, ma fortune tout entière à celui qui sera assez habile et adroit pour déchiffrer cette lugubre énigme! »

ALFRED.

Le 25 janvier 1895. (Vendredi.)

« Ma chère Lucie,

« Ta lettre d'hier m'a navré, la douleur y perçait à chaque mot.

« Jamais, vois-tu, deux infortunés n'ont souffert comme nous. Si je n'avais foi en l'avenir, si ma conscience nette et pure ne me disait pas qu'une pareille erreur ne peut subsister éternellement, je me laisserais certes aller aux plus sombres idées. J'ai déjà, comme tu le sais, résolu une fois de me tuer; j'ai cédé à vos remontrances, je vous ai promis de vivre, car vous m'aviez fait comprendre que je n'avais pas le droit de déserter, qu'innocent je devais vivre. Mais, hélas! si tu savais combien parfois il est plus difficile de vivre que de mourir!

« Mais sois tranquille, ma chérie, malgré toutes mes tortures, je ne démentirai pas vos généreux efforts, je vivrai… tant que mes forces physiques et surtout morales le permettront.

« Toute la nuit j'ai pensé à toi, mon adorée, j'ai souffert avec toi. Je t'ai écrit chaque jour depuis samedi dernier, j'espère que mes lettres te seront parvenues à l'heure qu'il est.

« Je ne sais ni sur qui ni sur quoi fixer mes idées. Quand je regarde le passé, la colère me monte au cerveau, tant il me semble impossible que tout me soit ainsi ravi; quand je regarde le présent, ma situation est si misérable que je pense à la mort comme à l'oubli de tout; il n'y a que lorsque je regarde l'avenir que j'ai un moment de soulagement, car, comme je le disais déjà plus haut, l'espoir seul me fait vivre.

« Tout à l'heure, j'ai regardé pendant quelques instants le portrait de nos chers enfants; mais je n'ai pu supporter leur vue longtemps tant les sanglots m'étreignaient la gorge. Oui, ma chérie, il faut que je vive, il faut que je supporte mon martyre jusqu'au bout pour le nom que portent ces chers petits. Il faut qu'ils apprennent un jour que ce nom est digne d'être honoré, d'être respecté, il faut qu'ils sachent que je mets l'honneur de beaucoup de personnes au-dessous du mien, je n'en mets aucun au-dessus.

« Ah! mais il serait vraiment grand temps que cet horrible martyre que nous subissons tous prît fin. Je n'ose y penser, tout en moi se gonfle, prêt à éclater.

« ALFRED. »

Vendredi, 4 heures.

« On me remet ta lettre d'hier vendredi dans laquelle tu m'annonces avoir reçu ma première lettre. Tu es priée de t'abstenir de faire aucune réflexion sur les mesures prises à notre égard. *Je n'aurai plus dorénavant le droit de t'écrire que deux fois par semaine.* Tu pourras m'écrire chaque jour ; fais-le, ma chérie, car c'est la seule chose qui me donne le courage de vivre. Si je ne sentais pas ta chaude affection, celle de tous les miens, lutter avec moi pour mon honneur, je n'aurais pas le courage de poursuivre cette tâche presque surhumaine. De même *on ne me donne aucune lettre d'aucun membre de la famille, et je n'ai pas le droit de leur écrire.*

« Le ministre seul peut modifier cet état de choses.

« Tu ne peux te figurer, ma pauvre enfant, comme je suis malheureux ; nuit et jour je pense à cet horrible mot accolé à mon nom, mon cerveau parfois se refuse à admettre pareille chose. Je me demande dans mes nuits agitées si je suis réveillé ou si je dors. Avec cela, aucune occupation qui me permette de me distraire de mes sombres pensées.

« ALFRED. »

Et cependant les haines acharnées contre le capitaine Dreyfus ne désarmaient pas. Tandis qu'il attendait à Saint-Martin-de-Ré le navire qui devait l'emporter à l'île du Diable, les mêmes influences qui avaient si activement travaillé à obtenir sa condamnation, travaillaient maintenant à hâter son départ et à lui faire appliquer contre la loi, contre la justice et l'humanité, un régime d'exceptionnelle rigueur, de secret absolu.

La loi sur la déportation est très nette : elle n'assimile nullement le condamné à un forçat, ne lui impose aucun travail, lui laisse toute la liberté compatible avec la garde de sa personne, stipule pour sa famille le droit de le rejoindre et de s'établir avec lui au lieu de son internement.

Grâce aux excitations forcenées de la presse antisémite, cette loi allait être outrageusement violée. A peine Alfred Dreyfus avait-il quitté la prison de la Santé, que la *Libre Parole* mettait en circulation et cultivait assidûment chaque jour, par des articles réitérés, un prétendu projet d'évasion combiné par la « haute juiverie » et les amis du condamné. La bagarre même de la Rochelle, si navrante et si honteuse, était transformée en tentative de coup de main pour enlever le prisonnier. La tentative a échoué, disaient les jésuites, mais c'est par hasard ou parce que les juifs n'ont pas eu le temps d'organiser l'enlèvement projeté :

« Il y eut commencement d'exécution, et les prétendues manifestations hostiles de la Rochelle étaient provoquées par les amis du juif, qui se ruaient sur lui, non pour le lyncher, comme il apparaissait, mais bien pour l'arracher aux mains des gendarmes. » (*Libre Parole*, 19 février 1895.)

Et sous ce prétexte fantastique, les antisémites faisaient campagne à nouveau pour que le départ du condamné ne fût pas ajourné et que des mesures exceptionnelles fussent prises à son égard. Vit-on jamais pareil acharnement contre un condamné, et cet acharnement même ne montre-t-il pas à quel point ses bourreaux craignaient la lumière ? Chaque jour amenait un incident nouveau. Tantôt c'était un ami de la famille Dreyfus qui se voyait expulsé du ministère des colonies sous prétexte qu'il y poursuivait l'œuvre du « traître », tantôt cette famille elle-même était prise à partie, parce qu'elle osait faire des démarches pour obtenir un sursis, en alléguant (ce qui était, certes, assez évident) que la présence du condamné pouvait être indispensable pour prouver son innocence, comme elle en avait le ferme espoir...

Or, c'est précisément ce que la coterie jésuitique de l'État-major ne voulait à aucun prix. Elle agit avec tant d'ardeur, qu'un mois à peine après son transfert à l'île de Ré, Alfred Dreyfus était embarqué pour la Guyane.

Dans ce séjour à la forteresse de Saint-Martin, il avait donné à tous ses gardiens, comme au directeur de la prison de la Santé et au commandant du Cherche-Midi, l'impression très nette d'un homme injustement condamné, victime d'une fatalité inexplicable.

Le 21 février, Alfred Dreyfus, sur

L'embarquement (*Dessin de COUTURIER*).

l'ordre formel du ministre de l'intérieur, Ribot, était embarqué à bord de la *Ville de Saint-Nazaire*, transport spécialement aménagé pour les forçats à destination de Cayenne. Ainsi qu'on l'avait fait jusqu'à ce jour, ainsi qu'il devait en être jusqu'au terme de son atroce captivité, on l'isolait au secret, dans une des cages de fer du navire. De Cayenne, il allait être transféré à l'île du Diable, dans le petit groupe des îles du Salut, où une installation spéciale se préparait pour le garder *à vue*. Car, déjà. l'organe officiel de la Société de Jésus annonçait « que tout serait tenté pour son évasion », et ce prétexte commode servait pour le bâillonner, après le verdict comme avant.

Ainsi se consommait, sous la présidence de Félix Faure, ex-ministre du cabinet Dupuy, et sous le ministère Ribot, le crime abominable perpétré sous Casimir-Perier, Dupuy, Mercier, Hanotaux et consorts, sur la personne d'un officier alsacien, innocent de toute trahison et même de toute imprudence —

par le seul motif qu'il était israélite et qu'il avait été livré en pâture, par les véritables traîtres, aux passions jésuitiques de l'État-Major catholique e royal.

Ce crime, prémédité par les éternels ennemis de la raison et de l'esprit moderne contre toute une classe de citoyens, ne pouvait pas rester impuni. La Nation française, coupable de l'avoir toléré et subi, en laissant violer, dans la personne d'Alfred Dreyfus, les principes élémentaires de son droit public, devait logiquement en porter la peine. Une crise humiliante et ruineuse allait en sortir. On en fera ultérieurement l'histoire ; on dira au prix de quels efforts la Vérité et la Justice ont fini par triompher de tous les obstacles amoncelés pour arrêter leur marche victorieuse.

APPENDICE

L'auteur de la présente étude a adressé la lettre suivante au Procureur général près la Cour de Cassation :

Paris, le 4 janvier 1899.

Monsieur le Procureur général,

Le dossier officiel de l'affaire Dreyfus est enfin communiqué à la Cour suprême, après des résistances qui seraient outrageantes pour elle, si elles n'étaient avant tout frauduleuses et destinées à donner le change à l'opinion sur les dangers chimériques allégués depuis quatre ans pour couvrir le pire des crimes.

Une pièce essentielle manque à ce dossier : la fausse lettre de l'empereur allemand.

Pour l'honneur de la Nation devant le monde civilisé, il faut que cette pièce apocryphe soit produite ou que la police militaire en fournisse le procès-verbal régulier d'entrée et de sortie. Car

le monde civilisé en sait l'existence éphémère. Affecter de l'ignorer serait ajouter une honte suprême à tant d'ignominies, en infirmant d'avance un arrêt qui doit être définitif.

Le moment est donc venu, pour quiconque détient à cet égard une parcelle de vérité, de la faire connaître publiquement.

Personnellement convaincu dès la première heure, par les circonstances générales de la cause, qu'il y avait, dans la mystérieuse condamnation du capitaine Dreyfus, — *présomption d'erreur ou d'injustice* — j'ai poursuivi depuis lors une enquête assidue, en France et à l'étranger. Comme citoyen et comme député, j'ai le devoir d'apporter au parquet de la Cour les résultats de cette enquête. Je viens remplir ce devoir.

Les faits que je vais énumérer sont connus d'un certain nombre de personnages européens, parmi lesquels il suffira de nommer : le tsar, la reine d'Angleterre, l'empereur d'Autriche, le roi d'Italie et leurs conseillers immédiats, le pape Léon XIII, le roi des Belges, plusieurs membres du corps diplomatique français et étranger, l'ex-impératrice Eugénie, la duchesse d'Orléans. C'est pourquoi les membres des anciennes familles régnantes et leurs représentants attitrés se sont abstenus de participer à une souscription récente qui a été comme la revue générale des forces de réaction.

Avant de publier les circonstances qui me sont venues de deux sources distinctes, également sûres, également amies de la France, j'ai voulu les contrôler dans la mesure de ce qui m'était possible. Je parlerai en premier lieu des confirmations que j'ai pu en obtenir à Paris même.

Tout d'abord je citerai le témoignage notoire de M. Louis de Turenne, corroboré par un député de la droite, qui a reçu de M. de Munster, ambassadeur d'Allemagne, l'assurance suivante :

— Je vous donne ma parole d'honneur, comme je l'ai donnée à M. Casimir-Perier, que ni moi ni personne, à l'ambassade ou au gouvernement allemand, n'avons jamais connu l'existence du capitaine Dreyfus avant son arrestation.

Je citerai ensuite l'affirmation non moins notoire de M. Henri Rochefort, ancien membre du gouvernement de la Défense nationale, parlant, les 13 et 17 décembre 1897, au nom de M. de Boisdeffre, de la lettre attribuée à l'empereur allemand. Je rappellerai qu'à la veille du 31 octobre 1870, il avait, de même, connu par le général Trochu et annoncé le premier à Gustave Flourens la trahison de Bazaine.

Puis sont venus deux faits plus récents : les paroles de M. Charles Dupuy dans la séance du 12 décembre à la Chambre et les paroles plus significa-

tives encore d'un de ses collègues au ministère de 1894-95.

Le 28 novembre dernier, M. Poincaré « libérait sa conscience » à la tribune en parlant des *abus intolérables* qui s'étaient commis en 1894 dans les bureaux de la guerre. Le lendemain, il complétait, dans la salle Casimir-Perier, ses déclarations publiques, en contant comment il avait appris par les journaux l'arrestation du capitaine Dreyfus. C'était, au milieu d'un groupe de trente à quarante députés de toutes les opinions, à deux pas du haut-relief de Dalou, une sorte de petite séance après la grande. J'en étais et, j'écoutais avec un vif intérêt les détails fournis par M. Poincaré. Quand il s'arrêta, je lui dis :

— Mon collègue, voulez-vous me permettre une question ?

— Volontiers.

— N'y répondez pas si elle vous gêne en quelque façon, car je ne voudrais pas vous surprendre... N'est-il pas à votre connaissance qu'il y eut, dans les derniers jours du cabinet Dupuy (janvier 1895), un très gros incident diplomatique !

M. Poincaré n'hésita qu'une fraction de seconde, prit son parti et, très loyalement :

— C'est vrai ! dit-il. Il y eut alors une heure d'anxiété, ou pour mieux dire une nuit — *ma nuit historique à moi* — que je passai avec M. Charles Dupuy à attendre une dépêche, puis à essayer de la déchiffrer, *comptant les groupes* (de signes), *cherchant à démêler ce qu'ils apportaient*, car nous n'avions pas la clef.

Je n'insistai pas; c'était la confirmation formelle du fait matériel, confirmation que M. Charles Dupuy devait donner de son côté par deux interventions successives dans le débat relatif aux menées antinationales de certains fonctionnaires du département de la guerre.

A noter qu'en janvier 1895, M. Hanotaux était absent et se trouvait en villégiature dans le Midi, chez M. Paul Bourget. Ce qui explique comment MM. Charles Dupuy et Poincaré avaient la charge des affaires étrangères dans la « nuit historique ».

Donc, le gros incident diplomatique de janvier 1895 n'était pas un mythe : il est désormais reconnu, consacré par deux membres du gouvernement d'alors.

Cet incident, j'aurais pu en préciser la date, 9 janvier 1895, quatre jours après la parade de la dégradation du capitaine Dreyfus. La nuit historique fut celle du 9 au 10 janvier.

Historique, elle devait l'être en plus d'un sens. Dans les trois jours qui la suivirent on vit tour à tour :

1° M. Barthou abandonner le radeau ministériel à propos des garanties d'intérêt des Compagnies d'Orléans et du Midi (13 janvier) ;

2° Les autres membres du cabinet Dupuy tomber le lendemain sur la même affaire, à la façon des athlètes de foire qui se laissent choir au moment opportun (14 janvier) :

3° M. Casimir-Perier se démettre de ses fonctions de Président de la République, à la stupéfaction de l'univers (15 janvier).

Tels étaient les contre-coups immédiats et successifs de l'incident du 9 janvier. Et quelle en fut la cause ? Je réponds : l'existence au dossier de l'affaire Dreyfus d'une lettre apocryphe de l'empereur allemand, soi-disant adressée à son ambassadeur, et où le capitaine Dreyfus était nommé comme son agent secret. Fausse lettre *aussitôt connue par M. de Munster* et au sujet de laquelle il s'était déjà personnellement expliqué avec M. Casimir-Perier. D'un commun accord, il avait été convenu qu'elle serait supprimée, qu'elle n'existait pas, qu'il n'en serait point fait compte au procès du capitaine Dreyfus, si ce procès suivait son cours.

Or, cette pièce apocryphe, et reconnue telle avait été apportée, sous pli scellé, le 23 décembre 1894, dans la chambre des délibérations du premier conseil de guerre et mise à la disposition du colonel Maurel. Celui-ci ne l'avait pas, il est vrai, montrée aux membres du tribunal militaire, mais il la leur avait décrite en ajoutant que le pli scellé « contenait la guerre », qu'il s'offrait à l'ouvrir devant ses collègues si leur conviction n'était pas faite. Sur quoi, le conseil, à l'unanimité, avait décliné la communication, puis condamné le capitaine Dreyfus.

Et le 9 janvier 1895, moins de deux semaines plus tard, *le fait était connu de M. de Munster*, qui venait s'en plaindre à l'Élysée comme d'une violation positive de la parole donnée !

L'émotion de M. Casimir-Perier se comprend de reste. D'une part, il était sorti de ses attributions constitutionnelles, en prenant un engagement personnel au sujet d'un document judiciaire dénoncé comme faux par l'ambasdeur allemand, au nom de son maître. D'autre part, l'engagement avait été violé par les bureaux de la guerre. Enfin la puissance intéressée connaissait aussitôt le fait de la violation de promesse, comme elle avait connu aussitôt l'existence même du documeut apocryphe.

M. Casimir-Périer, déjà profondément ulcéré par de graves mécomptes, se voyait subitement entouré de trahisons et de pièges. Il se trouvait aux prises avec une énigme aussi menaçante pour la Patrie que pour son propre honneur. Était-ce le Président de la République, était-ce le pays, ou les deux ensemble, que trahissaient des soldats félons, portés aux grades dirigeants par ceux-là mêmes qui avaient mis Casimir-Périer à l'Élysée et qui ne lui cachaient pas dans quel but ?... Il ne savait plus...

Mais la décomposition morale que révélait la félonie — en montrant l'espionnage au cœur de la défense nationale — de quels désastres sans nom

En route (*Dessin de COUTURIER*).

n'était-elle point l'avant-courrière?... Vainement, au cours d'une enquête rapide et fiévreuse, le ministre Mercier plaida la désobéissance de ses subordonnés, les excès d'un zèle qu'il n'avait pu contenir... c'en était trop. La coupe d'amertume débordait!...

Le 15 janvier, à la première heure, M. Casimir-Perier annonçait sa démission au président du Conseil, lui-même démissionnaire de la veille. Dans la journée, il allait en personne la notifier à M. de Munster, comme la rançon de sa parole violée. Le soir, il la rendait publique. Et le lendemain, il la faisait officiellement déposer sur le bureau des deux Chambres, par une lettre bien connue.

Ce message ne donnait point les motifs réels de sa démission. Et pourtant, à le relire, aujourd'hui, quelles indications on y trouve !

« Je ne me résigne pas, disait le président démissionnaire, à comparer le poids des *responsabilités morales* qui pèsent sur moi et l'impuissance à laquelle je suis condamné. Peut-être me comprendra-t-on, si j'affirme que les fictions constitutionnelles ne peuvent faire taire *les exigences de la conscience politique ;* peut-être, en me démettant de mes fonctions, aurai-je *tracé leur devoir* à ceux qui ont le souci de la *dignité du pouvoir* et du *bon renom de la France dans le monde*... Je demeure convaincu que les réformes ne se feront qu'avec le concours actif d'un gouvernement résolu à assurer le *respect des lois* et à *se faire obéir de ses subordonnés*... »

Le lendemain, toute l'Europe cherchait les motifs de cette retraite inopinée, sans les démêler. Seul, l'organe féodal allemand, la *Germania*, disait : « Aucune de ces raisons n'est la bonne, et le véritable motif doit être autrement impérieux. »

Au demeurant, quel était le mot de l'énigme ? Pourquoi la fausse lettre de l'empereur allemand était-elle entrée au dossier de l'affaire Dreyfus ? Pourquoi en est-elle sortie ? Le voici :

Le bordereau est un décalque fait après l'arrivée de l'original au ministère de la guerre.

La pièce initiale de l'affaire était le bordereau soustrait à l'ambassade allemande. Ce bordereau, autographe du commandant Esterhazy, fut aussitôt reconnu pour tel par un officier au moins du deuxième bureau, qui connaissait l'écriture de l'auteur et connivait à ses rapports criminels avec l'ambassade allemande. L'un et l'autre avaient à l'État-Major général un complice plus élevé en grade, car ils ne pouvaient avoir accès direct à des pièces de première importance, livrées par eux de 1893 à 1896.

Le bordereau allait ruiner l'œuvre de trahison au ministère de la guerre, si le véritable auteur en était découvert. D'autre part, la saisie même de la pièce, si elle était connue à l'ambassade allemande, y « brûlait » sans retour le commandant Esterhazy.

Il s'agissait donc à la fois pour les traîtres de détourner les recherches sur une fausse piste et de donner le change à l'Allemagne sur la véritable pièce interceptée.

Le capitaine Dreyfus, dont l'écriture, par son inclinaison particulière et par ses caractères généraux, n'était pas sans ressemblance avec celle d'Esterhazy, fut choisi comme bouc émissaire, en raison même de sa religion. Il suffisait de le désigner à l'antisémitisme d'un Sandherr, d'un Fabre ou d'un Dupaty pour lancer toute la meute sur le juif. Et, le bordereau n'étant connu encore que d'un nombre restreint de confidents, il était possible de le reprendre, pour introduire dans la pièce accusatrice des falsifications presque insensibles à première vue.

Il fallait qu'elles fussent telles pour ne pas trahir la retouche et néanmoins suffisantes pour dénoncer deux écritures artificiellement agglutinées.

Esterhazy était là et possédait des provisions de papier « de la même cuvée ». Il refit le bordereau de manière à lui laisser l'apparence de l'original, mais en y réservant cinq ou six *blancs* où furent décalqués des chiffres, lettres et syllabes empruntés à l'écriture du capitaine Dreyfus. L'opération accomplie, on avait désormais au deuxième bureau, au lieu du bordereau primitif, un bordereau en apparence identique et de la même main, mais portant à la fois les caractères d'une écriture courante et, par endroits, les indices d'un décalque, avec des traces de l'écriture d'Alfred Dreyfus... Enfin, l'original était renvoyé à M. de Schwarzkoppen ; aussi ignora-t-il la soustraction jusqu'en 1896, au moment de la publication du fac-similé par le journal *le Matin*.

Les chiffres, lettres et syllabes empruntés au capitaine Dreyfus sont les suivants : **2** de **120** (cinquième ligne) ; **2°** (septième ligne) ; *cier* dans *officier* (dix-huitième ligne) ; *z* dans *vouliez* (vingt-septième ligne) ; *in exte* dans *in extenso* vingt-huitième ligne) ; *œuvres* dans *manœuvres* (vingt-quatrième ligne).

Tous ces chiffres, lettres et syllabes se superposent exactement à des chiffres, lettres ou syllabes provenant authentiquement, soit des documents saisis chez Dreyfus, soit des dictées qui lui furent imposées au cours de l'instruction. Et la superposition parfaite est une preuve de décalquage, aucun individu dans le monde n'écrivant deux fois dans sa vie le même mot, et surtout la même série de mots, exactement de la même façon.

Le commandant Esterhazy pouvait désormais plaider le décalquage de deux écritures ; il n'y manqua point à l'occasion. Et pourtant sa main se décèle, même au bordereau frauduleux, par deux ou trois *tics* caractéristiques et que tout autre copiste aurait négligés : par exemple, sa manière toute personnelle de barrer les doubles *t*, en écrivant d'abord le premier *t*, puis la barre, puis le se-

cond *t* à cheval sur la barre (particularité qui ne se retrouve pas deux fois sur cent millions d'hommes) ; par exemple encore sa manière d'écrire *texir* pour *tenir*, par déformation de l'*n*.

La fausse lettre de Guillame II. Les altérations introduites au bordereau original par les faussaires étaient nécessairement trop peu importantes pour entraîner conviction absolue contre le capitaine Dreyfus. Les experts se trouvaient en désaccord. Aucune preuve morale ne venait s'ajouter à ces cinq ou six syllabes, pour corroborer la culpabilité de l'officier israélite. Le général Mercier hésitait à ouvrir le procès : C'est alors que les traîtres eurent l'idée géniale d'introduire au dossier une prétendue lettre de l'empereur allemand, expliquant benoîtement à son ambassadeur que le capitaine Dreyfus était depuis longtemps déjà à son service personnel et joignant à cet aveu plein d'à-propos un certain nombre de prétendues lettres du capitaine lui-même.

On aurait peine à croire qu'une fable aussi grossière ait pu trouver créance, si l'on n'avait entendu M. Cavaignac lire à la tribune, aux applaudissements de la Chambre, le billet immortel qu'il attribuait, avec deux ou trois couches successives de ministres, au colonel Panizzardi. Toujours est-il que l'imposture fut acceptée d'enthousiasme non seulement par les bureaux de la guerre, mais par les spécialistes les plus galonnés du quai d'Orsay. Plus tard, on devait aller jusqu'à créer pour ces misérables documents un état civil artificiel, par la désignation d'un parrainage de diplomates chargés de présider à leur naissance posthume et par de fausses confidences faites à l'honorable M. Gabriel Monod, de l'Institut, pour lui donner à penser que cette floraison de pièces apocryphes fut postérieure au procès Dreyfus. Peut-être, au surplus, les avait-on retouchées aussi, car il est impossible de dire, en cette

Prions pour ce malheureux Dreyfus, mon Révérend Père ! (*Dessin de H.-G. IBELS*)

affaire, où s'arrête le faux moral, après le faux matériel.

Mais il ne suffisait pas aux imposteurs d'avoir placé à beaux deniers comptant leur dossier apocryphe, et fait éclater aux yeux du général Mercier la culpabilité de Dreyfus. Il restait à en tirer une seconde mouture et du même coup à empêcher l'examen des pièces dans un débat public. Il n'y avait, à cet effet, qu'à en dénoncer l'existence à l'attaché allemand, contre monnaie sonnante.

La nouvelle venait à point pour le justifier auprès de son ambassadeur, très mécontent des bruits qui couraient sur l'affaire Dreyfus, en violation des engagements pris par lui depuis l'incident Borup. M. de Schwarzkoppen démontra victorieusement à M. de Munster que les espions avaient du bon, puisqu'ils le mettaient en possession d'un aussi fin morceau. M. de Munster courut chez M. Casimir-Perier, qui n'eut pas de peine à démontrer la fausseté des prétendus documents ; d'accord formel il fut convenu qu'ils seraient supprimés.

Mais le double objet des faussaires une fois atteint par la condamnation du capitaine Dreyfus, il fallait empêcher à jamais la divulgation et l'examen des pièces. Et pour cela il suffirait encore de dénoncer à l'ambassade allemande l'usage qui en avait été fait, à l'encontre d'une promesse formelle. D'où la crise. D'où la suppression provisoire du dossier « ultra secret ». *Tout cela n'est-il donc pas brûlé ?* deman-

dait un jour le général de Boisdeffre au commandant Henry. (Procès Zola.)

Les choses fussent restées à ce point, si plus tard, à la suite de l'enquête ouverte par le colonel Picquart, de la publication du *fac-simile* et des révélations partielles apportées par la presse, la police militaire n'avait jugé indispensable de couvrir à tout prix Esterhazy. S'il se voyait acculé, il allait parler et n'en faisait point mystère. D'où la protection acharnée qui lui fut accordée, les nouveaux faux, le document libérateur, la dame voilée et le reste. En un mot, Esterhazy dit vrai quand il affirme avoir été *l'homme de l'État-Major.* Il fut, à coup sûr, l'homme d'une coterie jésuitique et criminelle, coalisée, à l'État-Major, pour masquer la trahison en la rejetant sur un officier innocent.

A cette phase de l'affaire, le gouvernement allemand aurait pu parler. Il se crut lié par la promesse commune et se contenta de faire dire par ses organes qu'il ne voyait, pour son compte, aucun inconvénient à la divulgation pleine et entière de la vérité. Aussi bien, il ne pouvait lui déplaire de voir l'Alsace-Lorraine journellement outragée dans la personne des meilleurs et des plus purs de ses fils. Le général de Boisdeffre put donc librement tantôt évoquer le spectre du dossier ultra-secret et tantôt le faire rester dans l'ombre, selon les besoins de son exécrable cause.

PASCHAL GROUSSET,

député de Paris.

FIN

Première Livraison.

10 Centimes.

L'AFFAIRE DREYFUS

Et ses Ressorts secrets

HISTOIRE DOCUMENTAIRE

PAR PASCHAL GROUSSET

La Promenade des Jésuites (*Dessin de GAVARNI*)

Liv. 1. *L'Affaire Dreyfus.*

Seconde Livraison.   16 Pages   10 Centimes.

L'AFFAIRE DREYFUS

ILLUSTRÉE

Et ses Ressorts secrets

HISTOIRE DOCUMENTAIRE

PAR PASCHAL GROUSSET

La Parade d'éxécution du capitaine Dreyfus (Dessin du *Graphic*, de Londres).

A. GODET et Cᵉ, ÉDITEURS
51, rue Vivienne — PARIS.

AVIS
Pour MM. les Brocheurs

La couverture ne doit pas être brochée avec le texte, où son dessin est toujours répété tôt ou tard.

La page 13 fait suite au texte de la livraison n° 1, précédée du titre et de l'avant-propos.

L'AFFAIRE DREYFUS
HISTOIRE DOCUMENTAIRE
PAR
PASCHAL GROUSSET
(Suite)

CHAPITRE Ier

Le Bordereau

(Voir la livraison n° 1)

(Rappel de la fin de la page 12, livr. 1)

L'imprudence de la police militaire française, en cette occasion, a suscité des commentaires variés. On a voulu y voir soit l'indice de complicités positives avec le correspondant de Schwarzkoppen, soit la volonté de faire éclater le scandale. Il semble que l'explication est plus simple et se réduit à l'inadvertance de l'un des deux agents secrets, qui avait détruit l'enveloppe après l'avoir ouverte, pour les besoins de la

(La suite à la 3e livraison).

On se procure la première livraison
Au prix de 10 Centimes

**chez tous les libraires et marchands
de journaux; ou par la poste, franco,
en adressant un timbre de 15 centimes à M. A. Godet, administrateur,
51, rue Vivienne.**

---

*Il n'est plus permis désormais à un seul Français
de ne pas prendre une connaissance détaillée de
l'affaire qui a si profondément ébranlé la conscience
publique. Chacun doit se faire une opinion personnelle en la puisant aux sources mêmes de l'histoire.*

*Par l'ampleur et par l'intérêt dramatique du récit,
par la haute exactitude des précisions, par le nombre
et la beauté des dessins originaux, portraits authentiques et reproductions des meilleures images françaises ou étrangères, nous nous sommes proposé de
donner au pays, dans l'AFFAIRE DREYFUS
ILLUSTRÉE, le véritable musée historique de cette
grande crise nationale, et cela sous la forme accessible à tous de la livraison d'amateur à 10 centimes,
que chacun peut lire et collectionner au foyer de la
famille.*

LES ÉDITEURS.

L'AFFAIRE DREYFUS

Et ses Ressorts secrets

HISTOIRE DOCUMENTAIRE

Par PASCHAL GROUSSET

A. GODET et Cᵉ, Éditeurs, 51, rue Vivienne

SOMMAIRE DE LA PREMIÈRE LIVRAISON :

AVANT-PROPOS

CHAPITRE Iᵉʳ

Le Bordereau

ILLUSTRATIONS : **La Promenade des Jésuites.**
La Boîte aux lettres de l'Ambassade allemande.
Les Bureaux de la Guerre.
Portraits de Boisdeffre, Mercier, du Paty de Clam.

SOMMAIRE DE LA SECONDE LIVRAISON :

CHAPITRE II

Le Pape, les Jésuites et la haute armée

ILLUSTRATIONS : **La Parade d'exécution** (dessin du *Graphic*)
Un Jésuite de robe courte.
La dictée (dessin de COUTURIER).
Portraits d'Henry, Gonse, Lauth.

LA TROISIÈME LIVRAISON PARAITRA LE 4 NOVEMBRE

SOMMAIRE :

CHAPITRES III ET IV

L'Enquête et l'Arrestation

ILLUSTRATIONS : **Dessin d'Ibels.**
Dessin de Couturier.
Portraits d'Alfred Dreyfus (élève à l'Ecole de
Fontainebleau, lieutenant, capitaine).

A partir du Nᵒ 5, deux livraisons par semaine

Les Mardis et Vendredis

LA LIVRAISON ILLUSTRÉE, PARTOUT 10 CENTIMES

PAR ABONNEMENT :

La série de vingt livraisons illustrées, FRANCO
France . . . . . 3 francs
Union postale . . 4 francs

On s'abonne sans frais dans tous les bureaux de poste ou par mandat adressé
à l'administrateur A. GODET, 51, rue Vivienne, PARIS.

L'AFFAIRE DREYFUS, Publication périodique bi-hebdomadaire

Nᵒ 2, 28 octobre 1898.

L'Auteur-Gérant :
PASCHAL GROUSSET.

Paris. — Imprimerie de l'*Affaire Dreyfus.* — Albert GODET, 51, rue Vivienne.

L'AFFAIRE DREYFUS

Et ses Ressorts secrets

HISTOIRE DOCUMENTAIRE

Par PASCHAL GROUSSET

SOMMAIRE DE LA PREMIÈRE LIVRAISON ·

AVANT-PROPOS

CHAPITRE Iᵉʳ

Le Bordereau

ILLUSTRATIONS : **La Promenade des Jésuites.**
La Boîte aux lettres de l'Ambassade allemande.
Les Bureaux de la Guerre.
Portraits de Boisdeffre, Mercier, du Paty de Clam.

LA DEUXIÈME LIVRAISON PARAITRA LE 28 OCTOBRE

SOMMAIRE :

CHAPITRE II

Le Pape, les Jésuites et la haute armée

ILLUSTRATIONS : **Souvenez-vous du Masque de Fer!**
Jésuite de robe courte.
L'Ambassade d'Allemagne à Paris.
Portraits d'Henry, Gonse, Lauth.

A partir du 28 Octobre, deux livraisons par semaine

Les Mardis et Vendredis

LA LIVRAISON ILLUSTRÉE, PARTOUT

10 centimes

PAR ABONNEMENT :

La série de vingt livraisons illustrées, FRANCO

France . . . . . . 3 francs
Union postale . . 4 francs

*On s'abonne sans frais dans tous les bureaux de poste ou par mandat adressé
à l'administrateur A. GODET, 51, rue Vivienne, PARIS.*

L'AFFAIRE DREYFUS, Publication périodique bi-hebdomadaire

Nᵒ 1, 21 octobre 1898.

L'Auteur-Gérant :
PASCHAL GROUSSET.

Paris. — Imprimerie de l'*Affaire Dreyfus*. — Albert GODET, 51, rue Vivienne.

Troisième Livraison.   16 Pages.   10 Centimes.

L'AFFAIRE DREYFUS

ILLUSTRÉE

Et ses Ressorts secrets

HISTOIRE DOCUMENTAIRE

Par PASCHAL GROUSSET

L'Épée brisée (Dessin de l'*Illustrated London News*, de Londres).

(Tous droits réservés.)

A. GODET et C°, Éditeurs

51, rue Vivienne — Paris.

AVIS

Pour MM. les Brocheurs

La couverture ne doit pas être brochée avec le texte, où son dessin est toujours répété tôt ou tard.

La page 25 fait suite au texte de la livraison n° 2.

On se procure les livraisons antérieures

Au prix de 10 Centimes

chez tous les libraires et marchands de journaux; ou par la poste, franco, en adressant un timbre français de 15 centimes à M. A. Godet, administrateur, 51, rue Vivienne.

L'AFFAIRE DREYFUS

HISTOIRE DOCUMENTAIRE

par

PASCHAL GROUSSET

(Suite)

CHAPITRE III

L'Enquête

(Voir la livraison n° 2)

(Rappel de la fin de la page 24, livr. 2)

Les nombreux jésuites du service évitaient déjà, selon l'engagement pris chez les Révérends Pères, d'adresser la parole au camarade juif. On commence à chuchoter qu'il est suspect, qu'il faut ouvrir l'œil, que des « fuites » ont été

CHAPITRE V

L'Instruction préliminaire.

Il partit avec Cochefert, sur cette noble et généreuse réponse, laissant la malheureuse femme dans une abîme de perplexités et de désespoir.

(La suite à la 4e livraison).

On se procure les livraisons antérieures

Au prix de 10 Centimes

chez tous les libraires et marchands de journaux; ou par la poste, franco, en adressant un timbre français de 15 centimes à M. A. Godet, administrateur, 51, rue Vivienne.

Il n'est plus permis désormais à un seul Français de ne pas prendre une connaissance détaillée de l'affaire qui a si profondément ébranlé la conscience publique. Chacun doit se faire une opinion personnelle en la puisant aux sources mêmes de l'histoire.

Par l'ampleur et par l'intérêt dramatique du récit, par la haute exactitude des précisions, par le nombre et la beauté des dessins originaux, portraits authentiques et reproductions des meilleures images françaises ou étrangères, nous nous sommes proposé de donner au pays, dans l'AFFAIRE DREYFUS ILLUSTRÉE, le véritable Musée historique de cette grande crise nationale, et cela sous la forme accessible à tous de la livraison d'amateur à 10 centimes, que chacun peut lire et collectionner au foyer de la famille.

LES ÉDITEURS.

L'AFFAIRE DREYFUS
Et ses Ressorts secrets
HISTOIRE DOCUMENTAIRE
Par PASCHAL GROUSSET

A. GODET et C*, Éditeurs, 51, rue Vivienne

SOMMAIRE DE LA PREMIÈRE LIVRAISON:

AVANT-PROPOS

CHAPITRE I*er*

Le Bordereau

ILLUSTRATIONS : **La Boîte aux lettres de l'Ambassade alleman'e.
Les Bureaux de la Guerre.
Portraits de Boisdeffre, Mercier, du Paty de Clam.**

SOMMAIRE DE LA SECONDE LIVRAISON

CHAPITRE II

Le Pape, les Jésuites et la Haute armée

ILLUSTRATIONS : **La Parade d'exécution** (dessin du *Graphic*).
**Un Jésuite de robe courte.
La dictée** (dessin de COUTURIER).
Portraits d'Henry, Gonse, Lauth.

SOMMAIRE DE LA TROISIÈME LIVRAISON:

CHAPITRES III et IV

L'Enquête et l'Arrestation

ILLUSTRATIONS : **L'Épée brisée** (dessin de l'*Illustrated London news*).
**Le Domicile du capitaine Dreyfus.
L'Arrestation** (Dessin de COUTURIER).
La Prison du Cherche-Midi.

La quatrième livraison paraîtra le 11 Novembre.

LA LIVRAISON ILLUSTRÉE :

Partout, France continentale : 10 centimes.

Outre-mer, Étranger : 15 centimes.

PAR ABONNEMENT :

**La série de vingt livraisons illustrées, FRANCO
France . . . . . . 3 francs
Union postale . 4 fr. 50**

*Ou s'abonne sans frais dans tous les bureaux de poste ou par mandat
adressé à l'administrateur A. GODET, 51, rue Vivienne, PARIS.*

L'AFFAIRE DREYFUS, Publication périodique bi-hebdomadaire

N° 3, 4 novembre 1898.

L'Auteur-Gérant :
PASCHAL GROUSSET.

Paris. — Imprimerie de l'*Affaire Dreyfus*. — Albert GODET, 51, rue Vivienne.

L'AFFAIRE DREYFUS
ILLUSTRÉE
Et ses Ressorts secrets
HISTOIRE DOCUMENTAIRE
Par PASCHAL GROUSSET

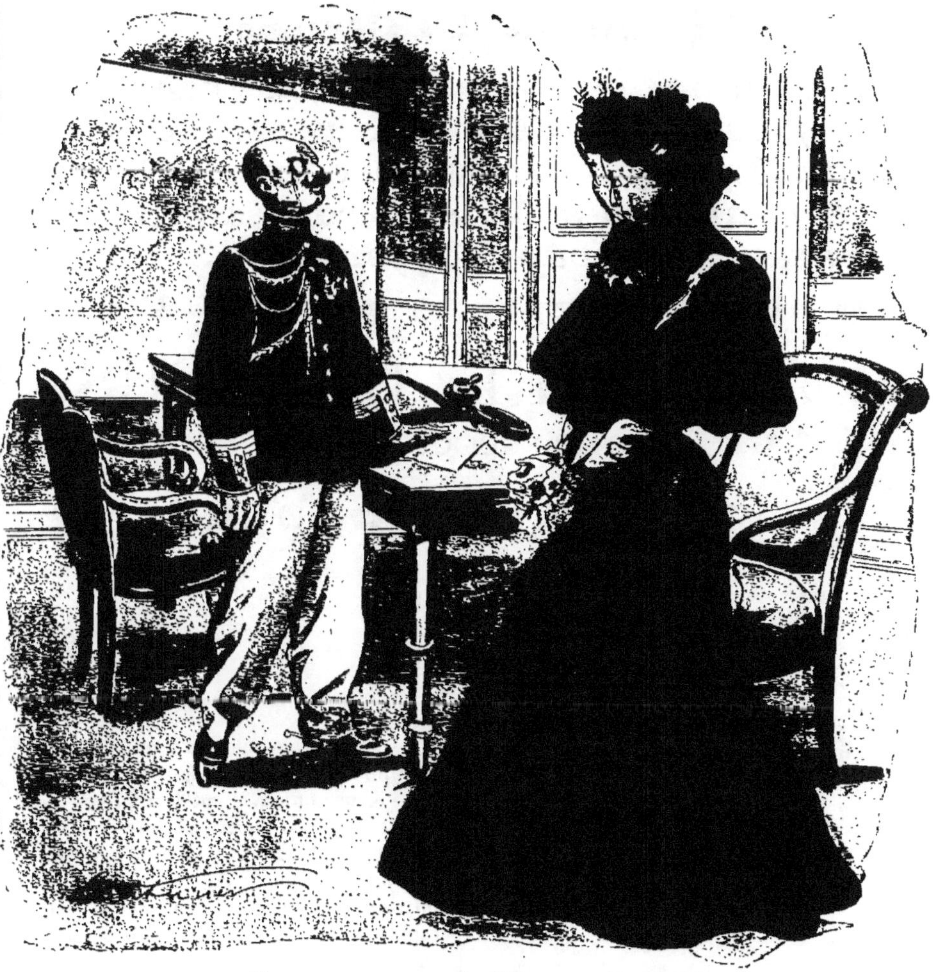

Souvenez-vous du Masque de Fer !

Liv. 4. *L'Affaire Dreyfus illustrée.*

A. GODET et C°, Éditeurs
51, rue Vivienne — PARIS.

AVIS pour MM. les Brocheurs:

La couverture ne doit pas être brochée avec le texte,
où son dessin est toujours répété tôt ou tard.

La page 37 fait suite au texte de la livraison nº 3.

---

*On se procure les livraisons anté-
rieures*

Au prix de 10 Centimes

*chez tous les libraires et marchands
de journaux; ou par la poste, franco,
en adressant un timbre français de
15 centimes à M. A. Godet, administrateur, 51, rue Vivienne.*

L'AFFAIRE DREYFUS

HISTOIRE DOCUMENTAIRE

PAR

PASCHAL GROUSSET

(Suite)

CHAPITRE IV

L'Arrestation

(Voir la livraison nº 3)

(Rappel de la fin de la page 36, livr. 3)

— Quoi?... même à sa famille et à la
mienne?... même à ses frères?...

— A personne... Sauf le ministre de
la guerre et les officiers chargés de l'instruction, nul ne doit savoir ce qu'il est
devenu!... Dites qu'il est absent, en
mission, mais pas un mot sur la triste
réalité. *Il y va de sa vie...* En parlant,
vous la mettriez en danger. Une parole de vous serait sa perte!...

« beaucoup. Au cours de son interro-
« gatoire, il nous a bien déclaré être
« allé au Cercle de la Presse — une
« seule fois — mais comme invité, pour
« y dîner : il a affirmé n'y avoir pas
« joué.

(La suite à la 4ᵉ livraison).

---

*On se procure les livraisons anté-
rieures*

Au prix de 10 Centimes

*chez tous les libraires et marchands
de journaux; ou par la poste, franco,
en adressant un timbre français de
15 centimes à M. A. Godet, administrateur, 51, rue Vivienne.*

---

*Il n'est plus permis désormais à un seul Français
de ne pas prendre une connaissance détaillée de
l'affaire qui a si profondément ébranlé la conscience
publique. Chacun doit se faire une opinion personnelle en la puisant aux sources mêmes de l'histoire.*

*Par l'ampleur et par l'intérêt dramatique du récit,
par la haute exactitude des précisions, par le nombre
et la beauté des dessins originaux, portraits authentiques et reproductions des meilleures images françaises ou étrangères, nous nous sommes proposé de
donner au pays, dans l'AFFAIRE DREYFUS
ILLUSTRÉE, le véritable Musée historique de cette
grande crise nationale, et cela sous la forme accessible à tous de la livraison d'amateur à 10 centimes,
que chacun peut lire et collectionner au foyer de la
famille.*

LES ÉDITEURS.

L'AFFAIRE DREYFUS
Et ses Ressorts secrets
HISTOIRE DOCUMENTAIRE
Par PASCHAL GROUSSET

A. GODET ET C°, ÉDITEURS, 51, rue Vivienne

SOMMAIRE DE LA PREMIÈRE LIVRAISON:
AVANT-PROPOS
CHAPITRE Ier
Le Bordereau

ILLUSTRATIONS : **La Boîte aux lettres de l'Ambassade alleman'e.**
Les Bureaux de la Guerre.
Portraits de Boisdeffre, Mercier, du Paty de Clam.

SOMMAIRE DE LA SECONDE LIVRAISON
CHAPITRE II
Le Pape, les Jésuites et la Haute armée

ILLUSTRATIONS : **La Parade d'exécution** (dessin du *Graphic*).
Un Jésuite de robe courte.
La dictée (dessin de COUTURIER).
Portraits d'Henry, Gonse, Lauth.

SOMMAIRE DE LA TROISIÈME LIVRAISON:
CHAPITRES III ET IV
L'Enquête et l'Arrestation

ILLUSTRATIONS : **L'Épée brisée** (dessin de l'*Illustrated London news*).
Le Domicile du capitaine Dreyfus.
L'Arrestation (Dessin de COUTURIER).
La Prison du Cherche-Midi.

SOMMAIRE DE LA QUATRIÈME LIVRAISON:
CHAPITRES V ET VI
L'Enquête préliminaire. Mercier hésite

ILLUSTRATIONS : **Souvenez-vous du Masque de Fer !**
Portraits du Commandant Forzinetti, d'Alfred Dreyfus
A l'École Fontainebleau, d'Alfred Dreyfus en 1889.

La cinquième livraison paraîtra le 18 Novembre.

LA LIVRAISON ILLUSTRÉE :

France et pays limitrophes, Algérie, Tunisie : 10 centimes

PAR ABONNEMENT :

La série de vingt livraisons illustrées, FRANCO
France . . . . . 3 francs
Union postale . 4 fr. 50

On s'abonne sans frais dans tous les bureaux de poste ou par mandat
adressé à l'administrateur A. GODET, 51, rue Vivienne, PARIS.

L'AFFAIRE DREYFUS, Publication périodique bi-hebdomadaire

N° 4, 11 novembre 1898.

L'Auteur-Gérant :
PASCHAL. GROUSSET.

Paris — Imprimerie de l'Affaire Dreyfus. — Albert GODET, 51, rue Vivienne — 2515-98.

Cinquième Livraison.   16 Pages   10 Centimes.

L'AFFAIRE DREYFUS

ILLUSTRÉE

Et ses Ressorts secrets

HISTOIRE DOCUMENTAIRE

Par PASCHAL GROUSSET

La Dictée.

A. GODET et Cᵉ, Éditeurs
51, rue Vivienne — PARIS.

AVIS pour MM. les Brocheurs :

La couverture ne doit pas être brochée avec le texte, où son dessin est toujours répété tôt ou tard.

La page 49 fait suite au texte de la livraison n° 4.

On se procure les livraisons antérieures

Au prix de **10 Centimes**

chez tous les libraires et marchands de journaux ; ou par la poste, franco, en adressant un timbre français de 15 centimes à M. A. Godet, administrateur, 51, rue Vivienne.

L'AFFAIRE DREYFUS

HISTOIRE DOCUMENTAIRE

PAR

PASCHAL GROUSSET

(Suite)

CHAPITRE VII

Mobiles attribués

au

capitaine Dreyfus.

(Voir la livraison n° 4)

(Rappel de la fin de la page 48. livr. 4)

« Bien que le capitaine Dreyfus nous
« ait déclaré *n'avoir jamais eu le goût*
« *du jeu*, il appert cependant des ren-
« seignements que nous avons recueillis
« à ce sujet qu'il aurait fréquenté plu-
« sieurs cercles de Paris où l'on joue

point où en sont les choses, il faut détruire les Juifs, les chasser jusqu'au
dernier de chez nous, ou bien périr par
eux !... »

(La suite à la 6e livraison).

On se procure les livraisons anté-rieures

Au prix de 10 Centimes

chez tous les libraires et marchands de journaux; ou par la poste, franco, en adressant un timbre français de 15 centimes à M. A. Godet, administrateur, 51, rue Vivienne.

Il n'est plus permis désormais à un seul Français de ne pas prendre une connaissance détaillée de l'affaire qui a si profondément ébranlé la conscience publique. Chacun doit se faire une opinion personnelle en la puisant aux sources mêmes de l'histoire.

Par l'ampleur et par l'intérêt dramatique du récit, par la haute exactitude des précisions, par le nombre et la beauté des dessins originaux, portraits authentiques et reproductions des meilleures images françaises ou étrangères, nous nous sommes proposé de donner au pays, dans l'AFFAIRE DREYFUS ILLUSTRÉE, le véritable Musée historique de cette grande crise nationale, et cela sous la forme accessible à tous de la livraison d'amateur à 10 centimes, que chacun peut lire et collectionner au foyer de la famille.

LES ÉDITEURS.

L'AFFAIRE DREYFUS

Et ses Ressorts secrets

HISTOIRE DOCUMENTAIRE
Par PASCHAL GROUSSET

A. GODET ET Cᵉ, Éditeurs, 51, rue Vivienne

La sixième livraison paraîtra le 25 Novembre.

LA LIVRAISON ILLUSTRÉE :

France et pays limitrophes, Algérie, Tunisie : 10 centimes

PAR ABONNEMENT :

La série de vingt livraisons illustrées, FRANCO

France . . . . . 3 francs   Union postale . 4 fr. 50

*Ou s'abonne sans frais dans tous les bureaux de poste ou par mandat
adressé à l'administrateur A. GODET, 51, rue Vivienne, PARIS.*

L'AFFAIRE DREYFUS, Publication périodique bi-hebdomadaire

Nº 5, 18 novembre 1898.   L'Auteur-Gérant: PASCHAL GROUSSET.

Paris. — Imprimerie de l'*Affaire Dreyfus*. — Albert GODET, 51, rue Vivienne — 2558-98.

Sixième Livraison.　　　16 Pages　　　10 Centimes.

L'AFFAIRE DREYFUS

ILLUSTRÉE

Et ses Ressorts secrets

HISTOIRE DOCUMENTAIRE

Par PASCHAL GROUSSET

L'Arrestation ne fut ni digne ni militaire.

A. GODET et Cᵉ, ÉDITEURS
51, rue Vivienne — Paris.

Liv. 6. *L'Affaire Dreyfus illustrée.*

(Tous droits réservés.

L'AFFAIRE DREYFUS

HISTOIRE DOCUMENTAIRE

PAR

PASCHAL GROUSSET

(Suite)

CHAPITRE VII

Mobiles attribués

au

capitaine Dreyfus.

(Voir la livraison n° 5)

(Rappel de la fin de la page 60, livr. 5)

« Oui, mères françaises, pour se venger de notre patriotisme, les chefs occultes du judaïsme ont décidé qu'en la prochaine année Israël mangerait des azymes saturés de *ce sang que le sacrificateur tire des pauvres bébés chrétiens qui disparaissent de temps à autre d'une façon mystérieuse.* Seulement, cette fois, ce sera une hécatombe, et ce sera par centaines qu'on saignera des enfants chrétiens pour la Pâque prochaine. Au

trahison, surpris par un détournement
de correspondances à la porte d'une ambassade étrangère et sur lequel le service de contre-espionnage prétend avoir
des renseignements positifs et secrets,
qui ne sauraient être mis devant le public en raison de leur nature même et
de l'intérêt sacré de la défense nationale !

(La suite à la 7e livraison).

On se procure les livraisons antérieures

Au prix de 10 Centimes

chez tous les libraires et marchands
de journaux; ou par la poste, franco,
en adressant un timbre français de
15 centimes à M. A. Godet, administrateur, 51, rue Vivienne.

---

*Il n'est plus permis désormais à un seul Français
de ne pas prendre une connaissance détaillée de
l'affaire qui a si profondément ébranlé la conscience
publique. Chacun doit se faire une opinion personnelle en la puisant aux sources mêmes de l'histoire.*

*Par l'ampleur et par l'intérêt dramatique du récit,
par la haute exactitude des précisions, par le nombre
et la beauté des dessins originaux, portraits authentiques et reproductions des meilleures images françaises ou étrangères, nous nous sommes proposé de
donner au pays, dans l'AFFAIRE DREYFUS
ILLUSTRÉE, le véritable Musée historique de cette
grande crise nationale, et cela sous la forme accessible à tous de la livraison d'amateur à 10 centimes,
que chacun peut lire et collectionner au foyer de la
famille.*

LES ÉDITEURS.

A dater de la présente livraison, L'AFFAIRE DREYFUS paraîtra deux fois par semaine, le Mardi et le Vendredi.

L'AFFAIRE DREYFUS
ET SES RESSORTS SECRETS
Histoire documentaire
Par PASCHAL GROUSSET
A. GODET et Cᵉ, ÉDITEURS, 51, rue Vivienne

LA LIVRAISON ILLUSTRÉE :
France et pays limitrophes, Algérie, Tunisie : 10 centimes

PAR ABONNEMENT :
La série de vingt livraisons illustrées, FRANCO

France . . . . . . **3 francs** — **Union postale** . **4 fr. 50**

On s'abonne sans frais dans tous les bureaux de poste ou par mandat adressé à l'administrateur A. GODET, 51, rue Vivienne, PARIS.

L'AFFAIRE DREYFUS, Publication périodique bi-hebdomadaire

Nº 6, 25 novembre 1898. *L'Auteur-Gérant :* **PASCHAL GROUSSET.**

Paris. — Imprimerie de l'*Affaire Dreyfus*. — Albert GODET, 51, rue Vivienne — 2623-98.

Septième Livraison.   16 Pages   **10** Centimes.

L'AFFAIRE DREYFUS

ILLUSTRÉE

Et ses Ressorts secrets

HISTOIRE DOCUMENTAIRE

Par PASCHAL GROUSSET

Le Général des Jésuites

Liv. 7. *L'Affaire Dreyfus illustrée.*

A. GODET ET C°, ÉDITEURS
51, rue Vivienne — PARIS.

(*Tous droits réservés.*

L'AFFAIRE DREYFUS

HISTOIRE DOCUMENTAIRE

PAR

PASCHAL GROUSSET

(Suite)

CHAPITRE IX

Mercier et Dupuy

ont

signé le revers.

(Voir la livraison n° 6)

(Rappel de la fin de la page 72, livr. 6)

La constatation seule du mode de recrutement des parquets militaires montre ce que peuvent être ces parquets devant la Haute Armée : des instruments de règne, asservis d'avance aux moindres caprices des grands chefs. Toute indication venue de l'État-Major et endossée par le ministre de la guerre est un ordre qu'on ne songe même pas à discuter : on l'exécute à la lettre. Ce serait vrai en toute matière disciplinaire. Combien plus vrai quand il s'agit d'un fait de haute

qu'il n'y a pas eu une seule pièce détournée et que les renseignements livrés n'ont pas l'importance qu'on leur
attribue.

(La suite à la 8ᵉ livraison).

On se procure les livraisons anté-
rieures

Au prix de 10 Centimes

chez tous les libraires et marchands
de journaux; ou par la poste, franco,
en adressant un timbre français de
15 centimes à M. A. Godet, administrateur, 51, rue Vivienne.

L'AFFAIRE DREYFUS
ET SES RESSORTS SECRETS
Histoire documentaire
Par PASCHAL GROUSSET
A. GODET et Cᵉ, ÉDITEURS, 51, rue Vivienne

SOMMAIRE DE LA PREMIÈRE LIVRAISON :

AVANT-PROPOS

CHAPITRE Iᵉʳ — Le Bordereau

ILLUSTRATIONS : **La Boîte aux lettres de l'Ambassade allemande.**
Les Bureaux de la Guerre.
Portraits de Boisdeffre, Mercier, du Paty de Clam.

SOMMAIRE DE LA SECONDE LIVRAISON

CHAPITRE II. — Le Pape, les Jésuites et la Haute armée

ILLUSTRATIONS : **La Parade d'exécution** (dessin du *Graphic*).
Un Jésuite de robe courte.
La dictée (dessin de COUTURIER).
Portraits d'Henry, Gonse, Lauth.

SOMMAIRE DE LA TROISIÈME LIVRAISON :

CHAPITRES III et IV. — L'Arrestation

ILLUSTRATIONS : **L'Épée brisée** (dessin de l'*Illustrated London news*).
Le Domicile du capitaine Dreyfus.
L'Arrestation (Dessin de COUTURIER).
La Prison du Cherche-Midi.

SOMMAIRE DE LA QUATRIÈME LIVRAISON :

CHAPITRES V et VI. — L'Enquête préliminaire. Mercier hésite

ILLUSTRATIONS : **Souvenez-vous du Masque de Fer !**
**Portraits du Commandant Forzinetti, d'Alfred Dreyfus à
l'École de Fontainebleau, d'Alfred Dreyfus en 1889.**

Il n'est plus permis désormais à un seul Français de ne pas prendre une connaissance détaillée de l'affaire qui a si profondément ébranlé la conscience publique. Chacun doit se faire une opinion personnelle en la puisant aux sources mêmes de l'histoire.

*Par l'ampleur et par l'intérêt dramatique du récit, par la haute exactitude des précisions, par le nombre et la beauté des dessins originaux, portraits authentiques et reproductions des meilleures images françaises ou étrangères, nous nous sommes proposé de donner au pays, dans l'**AFFAIRE DREYFUS ILLUSTRÉE**, le véritable Musée historique de cette grande crise nationale ; et cela sous la forme accessible à tous de la livraison d'amateur à 10 centimes, que chacun peut lire et collectionner au foyer de la famille.*

LES ÉDITEURS.

A dater de la présente livraison, L'AFFAIRE DREYFUS paraîtra deux fois par semaine, le Mardi et le Vendredi.

La huitième livraison paraîtra le vendredi 2 Décembre.

LA LIVRAISON ILLUSTRÉE :

France et pays limitrophes, Algérie, Tunisie : 10 centimes

PAR ABONNEMENT :

La série de vingt livraisons illustrées, FRANCO
France . . . . . **3 francs** — **Union postale** · **4 fr. 50**

On s'abonne sans frais dans tous les bureaux de poste ou par mandat adressé à l'administrateur A. GODET, 51, rue Vivienne, PARIS.

L'AFFAIRE DREYFUS, Publication périodique bi-hebdomadaire
N° 7, mardi 29 novembre 1898.   *L'Auteur-Gérant :* **PASCHAL GROUSSET.**

Paris. — Imprimerie de l'*Affaire Dreyfus.* — Albert GODET, 51, rue Vivienne. — 2667-93.

Huitième Livraison.   16 Pages   10 Centimes.

L'AFFAIRE DREYFUS

ILLUSTRÉE

Et ses Ressorts secrets

HISTOIRE DOCUMENTAIRE

Par PASCHAL GROUSSET

Mercier en a assez.

Liv. 8. *L'Affaire Dreyfus illustrée.*

A. GODET ET Cᵉ, ÉDITEURS
51, rue Vivienne — PARIS.

(*Tous droits réservés.*)

L'AFFAIRE DREYFUS

HISTOIRE DOCUMENTAIRE

PAR

PASCHAL GROUSSET

(Suite)

CHAPITRE IX

Henry.

(Voir la livraison n° 7)

(Rappel de la fin de la page 84, livr. 7)

Mercier ajoutait :

« Assurément, le champ reste ainsi ouvert à toutes les inventions. Mais je suis impuissant à les arrêter, et, du reste, c'est à l'instruction judiciaire qu'incombe le soin d'établir la vérité. Toutefois, et pour rassurer l'opinion publique, je n'hésite pas à vous affimer

(*La suite à la 9e livraison*).

Même journal, 10 décembre :
« Si, pour les raisons que nous avons
« dites, les deux pièces principales, éta-
« blissant la culpabilité de Dreyfus, sont
« soustraites aux débats, *il est à présu-*
« *mer qu'on les publiera.* Que les com-
« plices du traître se le tiennent pour
« dit. On ne peut que féliciter le géné-
« ral Mercier de sa prudence. Bien
« joué ! »

On se procure les livraisons antérieures

Au prix de 10 Centimes

chez tous les libraires et marchands de journaux; ou par la poste, franco, en adressant un timbre français de 15 centimes à M. A. Godet, administrateur, 51, rue Vivienne.

L'AFFAIRE DREYFUS

ET SES RESSORTS SECRETS

Histoire documentaire

Par PASCHAL GROUSSET

A. GODET ET Cᵉ, ÉDITEURS, 51, rue Vivienne

*Il n'est plus permis désormais à un seul Français de ne pas prendre une
connaissance détaillée de l'affaire qui a si profondément ébranlé la conscience
publique. Chacun doit se faire une opinion personnelle en la puisant aux sources
mêmes de l'histoire.*

*Par l'ampleur et par l'intérêt dramatique du récit, par la haute exactitude
des précisions, par le nombre et la beauté des dessins originaux, portraits
authentiques et reproductions des meilleures images françaises ou étrangères, nous
nous sommes proposé de donner au pays, dans l'**AFFAIRE DREYFUS
ILLUSTRÉE**, le véritable Musée historique de cette grande crise nationale;
et cela sous la forme accessible à tous de la livraison d'amateur à 10 centimes,
que chacun peut lire et collectionner au foyer de la famille.*

LES ÉDITEURS.

L'AFFAIRE DREYFUS *paraît deux fois par semaine,* le **Mardi**
et le **Vendredi.**

La neuvième livraison paraîtra le mardi 6 Décembre.

LA LIVRAISON ILLUSTRÉE :

France et pays limitrophes, Algérie, Tunisie : 10 centimes

PAR ABONNEMENT :

La série de vingt livraisons illustrées, FRANCO
France . . . . . **3 francs** — **Union postale** · **4 fr. 50**

*Ou s'abonne sans frais dans tous les bureaux de poste ou par mandat
adressé à l'administrateur A. GODET, 51, rue Vivienne, PARIS.*

L'AFFAIRE DREYFUS, Publication périodique bi-hebdomadaire
N° 8, vendredi 2 décembre 1898.   L'Auteur-Gérant: **PASCHAL GROUSSET.**

Paris. — Imprimerie de l'*Affaire Dreyfus*. — Albert GODET, 51, rue Vivienne. — 2722-98.

L'AFFAIRE DREYFUS

ILLUSTRÉE

Et ses Ressorts secrets

HISTOIRE DOCUMENTAIRE

Par PASCHAL GROUSSET

Pour paraître le 9 décembre :

Premier Volume

DE

L'AFFAIRE DREYFUS

et ses Ressorts secrets

PAR

PASCHAL GROUSSET

Contenant dix livraisons

347,000 lettres, 50 photogravures

Prix : UN FRANC

Franco par poste : 1 fr. 30

CHEZ TOUS LES LIBRAIRES

L'AFFAIRE DREYFUS

HISTOIRE DOCUMENTAIRE

PAR

PASCHAL GROUSSET

(Suite)

CHAPITRE X

Vers les Ténèbres.

La lettre de Guillaume II.

(Voir la livraison n° 8)

(Rappel de la fin de la page 96, livr. 8)

Libre Parole, 8 décembre :

« A noter, un bruit qui a couru hier « au ministère de la guerre, et d'après « lequel une des pièces les plus impor- « tantes du dossier aurait été remplacée « par un document apocryphe. Cette « pièce serait précisément la lettre « trouvée dans les papiers de l'attaché « militaire d'une puissance de la Triple- « Alliance. La disparition de cette pièce « n'aurait pas d'ailleurs l'importance « qu'on pourrait supposer. Le général « Mercier, qui l'a eue le premier entre « les mains, en possède, nous dit-on, « une photographie. »

l'amenait à soupçonner, derrière le dossier avoué et légal, QUELQUE CHOSE DE LOUCHE ET D'ILLÉGAL, *tenait par dessus tout à constater qu'il n'avait eu connaissance, comme défenseur, que d'une* PIÈCE UNIQUE. *C'est pourqvoi il s'était hâté de prononcer ce mot décisif et justicier, ce mot désormais acquis, ce mot ineffaçable, qui établit la* FORFAITURE DES JUGES, *coupables d'avoir accepté communication de documents, qui étaient d'ailleurs des* FAUX, *et dont ni l'accusé ni la défense ne furent admis à prendre connaissance. Quant à l'attitude du président et du commissaire Brisset, elle prouue surabondamment quels ordres ils avaient reçus :* COUPER LA PAROLE AU DÉFENSEUR ET PRONONCER LE HUIS CLOS. *Et l'horreur qu'ils ont à entendre parler de l'*UNIQUE PIÈCE *prouve surabondamment aussi la préméditation de cette forfaiture.*

(*La suite à la 10e livraison*).

On se procure les livraisons antérieures

Au prix de 10 Centimes

chez tous les libraires et marchands de journaux; ou par la poste, franco, en adressant un timbre français de 15 centimes à M. A. Godet, administrateur, 51, rue Vivienne.

L'AFFAIRE DREYFUS

ET SES RESSORTS SECRETS
Histoire documentaire
Par PASCHAL GROUSSET

A. GODET ET Cᵉ, ÉDITEURS, 51, rue Vivienne

SOMMAIRE DE LA PREMIÈRE LIVRAISON:
AVANT-PROPOS
CHAPITRE Iᵉʳ — **Le Bordereau**
ILLUSTRATIONS : **La Boîte aux lettres de l'Ambassade allemande.**
Les Bureaux de la Guerre.
Portraits de Boisdeffre, Mercier, du Paty de Clam.

SOMMAIRE DE LA SECONDE LIVRAISON
CHAPITRE II. — **Le Pape, les Jésuites et la Haute armée**
ILLUSTRATIONS : **La Parade d'exécution** (dessin du *Graphic*).
Un Jésuite de robe courte.
La dictée (dessin de COUTURIER).
Portraits d'Henry, Gonse, Lauth.

SOMMAIRE DE LA TROISIÈME LIVRAISON:
CHAPITRES III et IV. — **L'Arrestation**
ILLUSTRATIONS : **L'Épée brisée** (dessin de l'*Illustrated London news*).
Le Domicile du capitaine Dreyfus.
L'Arrestation (Dessin de COUTURIER).
La Prison du Cherche-Midi.

SOMMAIRE DE LA QUATRIÈME LIVRAISON :
CHAPITRES V et VI.— **L'Enquête préliminaire. Mercier hésite**
ILLUSTRATIONS : **Souvenez-vous du Masque de Fer !**
Portraits du Commandant Forzinetti, d'Alfred Dreyfus à l'École de Fontainebleau, d'Alfred Dreyfus en 1889.

SOMMAIRE DE LA CINQUIÈME LIVRAISON
CHAPITRE VII. — **Première campagne de presse ouverte par l'État-Major**
ILLUSTRATIONS : **Allo !.. *Libre Parole?*...** (Dessin de H. G. IBELS).
Drumont et Rochefort à Bruxelles. (Dessin de COUTURIER).
Portrait de Judet.

Il n'est plus permis désormais à un seul Français de ne pas prendre une connaissance détaillée de l'affaire qui a si profondément ébranlé la conscience publique. Chacun doit se faire une opinion personnelle en la puisant aux sources mêmes de l'histoire.

*Par l'ampleur et par l'intérêt dramatique du récit, par la haute exactitude des précisions, par le nombre et la beauté des dessins originaux, portraits authentiques et reproductions des meilleures images françaises ou étrangères, nous nous sommes proposé de donner au pays, dans l'**AFFAIRE DREYFUS ILLUSTRÉE**, le véritable Musée historique de cette grande crise nationale; et cela sous la forme accessible à tous de la livraison d'amateur à 10 centimes, que chacun peut lire et collectionner au foyer de la famille.*

LES ÉDITEURS.

L'AFFAIRE DREYFUS paraît deux fois par semaine, le Mardi et le Vendredi.

La dixième livraison paraîtra le vendredi 9 Décembre.

LA LIVRAISON ILLUSTRÉE :

France et pays limitrophes, Algérie, Tunisie : 10 centimes

PAR ABONNEMENT :

La série de vingt livraisons illustrées, FRANCO

France . . . . . **3 francs** — **Union postale** . **4 fr. 50**

Ou s'abonne sans frais dans tous les bureaux de poste ou par mandat adressé à l'administrateur A. GODET, 51, rue Vivienne, PARIS.

L'AFFAIRE DREYFUS, Publication périodique bi-hebdomadaire

Nº 9, mardi 6 décembre 1898. *L'Auteur-Gérant:* **PASCHAL GROUSSET.**

Paris. — Imprimerie de l'*Affaire Dreyfus*. — Albert GODET, 51, rue Vivienne. — 2746-98.

L'AFFAIRE DREYFUS

ILLUSTRÉE

Et ses Ressorts secrets

HISTOIRE DOCUMENTAIRE

Par PASCHAL GROUSSET

AUJOURD'HUI PARAIT

Premier Volume

DE

L'AFFAIRE DREYFUS

et ses Ressorts secrets

PAR

Paschal GROUSSET

Contenant dix livraisons

347,000 lettres, 50 photogravures

Prix : UN FRANC

Franco par poste : 1 fr. 30

CHEZ TOUS LES LIBRAIRES

P.-V. STOCK, Éditeur, 9, Galerie du Théâtre-Français. PARIS.

Liv. 10. *L'Affaire Dreyfus illustrée.*

A. GODET et Cᵉ, ÉDITEURS
51, rue Vivienne — PARIS.

(Tous droits réservés.)

L'AFFAIRE DREYFUS

HISTOIRE DOCUMENTAIRE

PAR

PASCHAL GROUSSET

(Suite)

CHAPITRE XII

Procès du capitaine Dreyfus.

(Voir la livraison n° 9)

(Rappel de la fin de la page 108, livr. 9)

REMARQUE. — *Il est impossible de lire l'acte d'accusation du procès Dreyfus, aujourd'hui connu, sans reconnaître l'en-tière justesse de l'affirmation du défenseur. Pas un seul élément de ce rapport ne légitime le huis clos. Il n'y a pas un seul fait, une seule allégation de nature à mettre en danger les bonnes mœurs, l'ordre public ou la sécurité de l'État. Tout ce qui s'y trouve pourrait être discuté au grand jour, sans inconvénient d'aucun genre. Mais ce qu'il ne fallait pas, ce que l'État-Major ne voulait pas, c'est précisément que le pays connût le néant de l'accusation, le vide du dossier. Et le défenseur, frappé de ce vide, qui*

Rapport.

Observations.

son amour-propre de spécialiste. Il ne se rend pas à l'appel du photographe de la sûreté. Sa conclusion est qu'il n'y a pas identité d'origine entre les pièces qui lui ont été soumises.

(La suite à la 11ᵉ livraison).

On se procure les livraisons antérieures

Au prix de 10 Centimes

chez tous les libraires et marchands de journaux; ou par la poste, franco, en adressant un timbre français de 15 centimes à M. A. Godet, administrateur, 51, rue Vivienne.

L'AFFAIRE DREYFUS
ET SES RESSORTS SECRETS
Histoire documentaire
Par PASCHAL GROUSSET
A. GODET ET Cᵉ, ÉDITEURS, 51, rue Vivienne

*Il n'est plus permis désormais à un seul Français de ne pas prendre une
connaissance détaillée de l'affaire qui a si profondément ébranlé la conscience
publique. Chacun doit se faire une opinion personnelle en la puisant aux sources
mêmes de l'histoire.*

*Par l'ampleur et par l'intérêt dramatique du récit, par la haute exactitude
des précisions, par le nombre et la beauté des dessins originaux, portraits
authentiques et reproductions des meilleures images françaises ou étrangères, nous
nous sommes proposé de donner au pays, dans l'**AFFAIRE DREYFUS
ILLUSTRÉE**, le véritable Musée historique de cette grande crise nationale;
et cela sous la forme accessible à tous de la livraison d'amateur à 10 centimes,
que chacun peut lire et collectionner au foyer de la famille.*

LES ÉDITEURS.

L'AFFAIRE DREYFUS paraît deux fois par semaine, le Mardi et le Vendredi.

La onzième livraison paraîtra le mardi 13 Décembre.

LA LIVRAISON ILLUSTRÉE :

France et pays limitrophes, Algérie, Tunisie : 10 centimes

PAR ABONNEMENT :

La série de vingt livraisons illustrées, FRANCO

France . . . . . 3 francs — Union postale . 4 fr. 50

*Ou s'abonne sans frais dans tous les bureaux de poste ou par mandat
adressé à l'administrateur A. GODET, 51, rue Vivienne, PARIS.*

L'AFFAIRE DREYFUS, Publication périodique bi-hebdomadaire

N° 10, vendredi 9 décembre 1898.   *L'Auteur-Gérant:* **PASCHAL GROUSSET.**

Paris. — Imprimerie de l'*Affaire Dreyfus*. — Albert GODET, 51, rue Vivienne. — 2775-98.

L'AFFAIRE DREYFUS

HISTOIRE DOCUMENTAIRE

PAR

PASCHAL GROUSSET

(Suite)

CHAPITRE XII

Procès

du

capitaine Dreyfus.

(Voir la livraison n° 10)

(Rappel de la fin de la page 120, livr. 10)

Observations.

Le troisième, Pelletier, juge de cette
convocation insolite et blessante pour

<table>
<tr><td>Rapport.</td><td>Observations.</td></tr>
<tr><td>« Mais il est permis de penser que si aucune lettre, même de famille, sauf celles des fiançailles adressées à Mme Dreyfus, aucune note, même de fournisseurs, n'ont été trouvées dans cette perquisition. C'est que tout ce qui aurait pu être, en quelque façon compromettant, avait été ou caché, ou détruit de tout temps.</td><td>Hypothèse odieuse, sans preuve aucune et, par conséquent, négligeable. L'absence de tout papier compromettant chez un officier laborieux considéré comme un élément de suspicion et de culpabilité !... Un Laubardemont ou un Jefferies n'eussent pas trouvé mieux.

(La suite à la 12e livraison).</td></tr>
</table>

On se procure les livraisons antérieures

Au prix de 10 Centimes

chez tous les libraires et marchands de journaux; ou par la poste, franco, en adressant un timbre français de 15 centimes à M. A. Godet, administrateur, 51, rue Vivienne.

L'AFFAIRE DREYFUS

ET SES RESSORTS SECRETS

Histoire documentaire

Par PASCHAL GROUSSET

A. GODET ET Ce, ÉDITEURS, 51, rue Vivienne

SOMMAIRE DE LA PREMIÈRE LIVRAISON:

AVANT-PROPOS

CHAPITRE Ier — Le Bordereau

ILLUSTRATIONS : **La Boîte aux lettres de l'Ambassade allemande. Les Bureaux de la Guerre. Portraits de Boisdeffre, Mercier, du Paty de Clam.**

SOMMAIRE DE LA SECONDE LIVRAISON

CHAPITRE II. — Le Pape, les Jésuites et la Haute armée

ILLUSTRATIONS : **La Parade d'exécution** (dessin du *Graphic*). **Un Jésuite de robe courte. La dictée** (dessin de COUTURIER). **Portraits d'Henry, Gonse, Lauth.**

SOMMAIRE DE LA TROISIÈME LIVRAISON:

CHAPITRES III et IV. — L'Arrestation

ILLUSTRATIONS : **L'Épée brisée** (dessin de l'*Illustrated London news*). **Le Domicile du capitaine Dreyfus. L'Arrestation** (Dessin de COUTURIER). **La Prison du Cherche-Midi.**

SOMMAIRE DE LA QUATRIÈME LIVRAISON :

CHAPITRES V et VI. — L'Enquête préliminaire. Mercier hésite

ILLUSTRATIONS : **Souvenez-vous du Masque de Fer ! Portraits du Commandant Forzinetti, d'Alfred Dreyfus à l'École de Fontainebleau, d'Alfred Dreyfus en 1889.**

SOMMAIRE DE LA CINQUIÈME LIVRAISON

CHAPITRE VII. — Première campagne de presse ouverte par l'État-Major

ILLUSTRATIONS : **Allo !...** *Libre Parole ?*... (Dessin de H. G. IBELS). **Drumont et Rochefort à Bruxelles.** (Dessin de COUTURIER). **Portrait de Judet.**

*Il n'est plus permis désormais à un seul Français de ne pas prendre une
connaissance détaillée de l'affaire qui a si profondément ébranlé la conscience
publique. Chacun doit se faire une opinion personnelle en la puisant aux sources
mêmes de l'histoire.*

*Par l'ampleur et par l'intérêt dramatique du récit, par la haute exactitude
des précisions, par le nombre et la beauté des dessins originaux, portraits
authentiques et reproductions des meilleures images françaises ou étrangères, nous
nous sommes proposé de donner au pays, dans l'**AFFAIRE DREYFUS
ILLUSTRÉE**, le véritable Musée historique de cette grande crise nationale;
et cela sous la forme accessible à tous de la livraison d'amateur à 10 centimes,
que chacun peut lire et collectionner au foyer de la famille.*

LES ÉDITEURS.

**L'AFFAIRE DREYFUS paraît deux fois par semaine, le Mardi
et le Vendredi.**

La douzième livraison paraîtra le vendredi 16 Décembre.

LA LIVRAISON ILLUSTRÉE :

France et pays limitrophes, Algérie, Tunisie : 10 centimes

PAR ABONNEMENT :

**La série de vingt livraisons illustrées, FRANCO
France . . . . . 3 francs — Union postale · 4 fr. 50**

*Ou s'abonne sans frais dans tous les bureaux de poste ou par mandat
adressé à l'administrateur A. GODET, 51, rue Vivienne, PARIS.*

L'AFFAIRE DREYFUS, Publication périodique bi-hebdomadaire

N° 11, mardi 13 décembre 1898. *L'Auteur-Gérant:* **PASCHAL GROUSSET.**

Paris. — Imprimerie de l'*Affaire Dreyfus*. — Albert GODET, 51, rue Vivienne. — 2817-98.

L'AFFAIRE DREYFUS

ILLUSTRÉE

Et ses Ressorts secrets

HISTOIRE DOCUMENTAIRE

Par PASCHAL GROUSSET

VIENT DE PARAITRE

Premier Volume

DE

L'AFFAIRE DREYFUS

et ses Ressorts secrets

PAR

Paschal GROUSSET

Contenant dix livraisons

347,000 lettres, 50 photogravures

Prix : UN FRANC

Franco par poste : 1 fr. 30

CHEZ TOUS LES LIBRAIRES

P.-V. STOCK, Éditeur, 9, Galerie du Théâtre-Français. PARIS.

Liv. 12. *L'Affaire Dreyfus illustrée.*

A. GODET ET Cⁱᵉ, ÉDITEURS
51, rue Vivienne — PARIS.

(Tous droits réservés.)

L'AFFAIRE DREYFUS

HISTOIRE DOCUMENTAIRE

PAR

PASCHAL GROUSSET

(Suite)

CHAPITRE XII

Procès du capitaine Dreyfus.

(Voir la livraison nᵒ 11)

Rapport.

« La perquisition, qui a été pratiquée à son domicile, a amené, ou à peu de choses près, le résultat indiqué par lui. »

(Rappel de la fin de la page 132, livr. 11)

Observations.

Mensonge abominable. Un très grand nombre de lettres, toutes les notes de fournisseurs depuis le mariage (1890), tous les titres et comptes de ménage ont été trouvés et sᴀɪsɪs par du Paty de Clam et Cochefert, dans le tiroir du capitaine Dreyfus. Et ces comptes, de l'aveu même de du Paty de Clam, montrent sa fortune intacte, les dépenses au-dessous du revenu.

*Il n'est plus permis désormais à un seul Français de ne pas prendre une
connaissance détaillée de l'affaire qui a si profondément ébranlé la conscience
publique. Chacun doit se faire une opinion personnelle en la puisant aux sources
mêmes de l'histoire.*

*Par l'ampleur et par l'intérêt dramatique du récit, par la haute exactitude
des précisions, par le nombre et la beauté des dessins originaux, portraits
authentiques et reproductions des meilleures images françaises ou étrangères, nous
nous sommes proposé de donner au pays, dans l'**AFFAIRE DREYFUS
ILLUSTRÉE**, le véritable Musée historique de cette grande crise nationale;
et cela sous la forme accessible à tous de la livraison d'amateur à 10 centimes,
que chacun peut lire et collectionner au foyer de la famille.*

LES ÉDITEURS.

L'AFFAIRE DREYFUS paraît deux fois par semaine, le Mardi et le Vendredi.

La treizième livraison paraîtra le Mardi 20 Décembre.

LA LIVRAISON ILLUSTRÉE :

France et pays limitrophes, Algérie, Tunisie : 10 centimes.

PAR ABONNEMENT :

La série de vingt livraisons illustrées, FRANCO

France . . . . . **3 francs** — Union postale . **4 fr. 50**

On s'abonne sans frais dans t⁵ les bureaux de poste ou p⁵ mandat adressé à l'administr⁵ A. GODET, 51, rue Vivienne, PARIS.

L'AFFAIRE DREYFUS, Publication périodique bi-hebdomadaire

N° 12, vendredi 16 décembre 1898.   *L'Auteur-Gérant :* **PASCHAL GROUSSET.**

Paris — Imprimerie de l'*Affaire Dreyfus*. — Albert GODET, 51, rue Vivienne. — 2840-98.

Treizième Livraison.　　16 Pages　　10 Centimes.

L'AFFAIRE DREYFUS

ILLUSTRÉE

Et ses Ressorts secrets

HISTOIRE DOCUMENTAIRE

Par PASCHAL GROUSSET

VIENT DE PARAITRE

Premier Volume

DE

L'AFFAIRE DREYFUS

et ses Ressorts secrets

PAR

Paschal GROUSSET

Contenant dix livraisons

347,000 lettres, 50 photogravures

Prix : UN FRANC

Franco par poste : 1 fr. 30

CHEZ TOUS LES LIBRAIRES

P.-V. STOCK, Éditeur, 9, Galerie du Théâtre-Français. PARIS.

Liv. 13. *L'Affaire Dreyfus illustrée.*

(Tous droits réservés.)

L'AFFAIRE DREYFUS

HISTOIRE DOCUMENTAIRE

PAR

PASCHAL GROUSSET

(Suite)

CHAPITRE XII

Procès du capitaine Dreyfus.

(Voir la livraison n° 12)

Rapport.

... Ensuite il l'a traitée de sale espionne. Et, après son arrestation, son esprit est hanté par l'idée qu'elle l'a trahi.

(Rappel de la fin de la page 144, livr. 12.)

Observations.

. . . .
Le capitaine Dreyfus est moins bien renseigné. Mais la supposition même qui le hante, montre combien il est loin de soupçonner la vérité. Très sottement, le rapporteur fournit donc le meilleur argument qu'il puisse apporter à la défense.

confirmait au cours de l'enquête : ces
mots qu'on lui faisait écrire dans vingt
attitudes diverses, ces bouts de ligne
photographiés, qu'on lui présentait et
qui lui faisaient dire : *On m'a volé mon
écriture !...*

(*La suite à la 14e livraison*).

Il n'est plus permis désormais à un seul Français de ne pas prendre une connaissance détaillée de l'affaire qui a si profondément ébranlé la conscience publique. Chacun doit se faire une opinion personnelle en la puisant aux sources mêmes de l'histoire.

*Par l'ampleur et par l'intérêt dramatique du récit, par la haute exactitude des précisions, par le nombre et la beauté des dessins originaux, portraits authentiques et reproductions des meilleures images françaises ou étrangères, nous nous sommes proposé de donner au pays, dans l'***AFFAIRE DREYFUS ILLUSTRÉE,** *le véritable Musée historique de cette grande crise nationale; et cela sous la forme accessible à tous de la livraison d'amateur à 10 centimes, que chacun peut lire et collectionner au foyer de la famille.*

LES ÉDITEURS.

L'AFFAIRE DREYFUS paraît deux fois par semaine, le Mardi et le Vendredi.

La quatorzième livraison paraîtra le Vendredi **23 Décembre.**

LA LIVRAISON ILLUSTRÉE :

France et pays limitrophes, Algérie, Tunisie : 10 centimes

PAR ABONNEMENT :

La série de vingt livraisons illustrées, **FRANCO**

France . . . . . **3 francs** — Union postale . **4 fr. 50**

On s'abonne sans frais dans t^s les bureaux de poste ou p^r mandat adressé à l'administr^r A. GODET, 51, rue Vivienne, PARIS.

L'AFFAIRE DREYFUS, Publication périodique bi-hebdomadaire

N° 13, mardi 20 décembre 1898.   L'Auteur-Gérant : **PASCHAL GROUSSET.**

Paris. — Imprimerie de l'Affaire Dreyfus. — Albert GODET, 51, rue Vivienne. — 2860-98.

Quatorzième Livraison. 16 Pages 10 Centimes.

L'AFFAIRE DREYFUS

ILLUSTRÉE

Et ses Ressorts secrets

HISTOIRE DOCUMENTAIRE

Par PASCHAL GROUSSET

Liv. 14. *L'Affaire Dreyfus illustrée.*

A. GODET et Cᵉ, ÉDITEURS
51, rue Vivienne — PARIS.

(Tous droits réservés.)

L'AFFAIRE DREYFUS

HISTOIRE DOCUMENTAIRE

PAR

PASCHAL GROUSSET

(Suite)

CHAPITRE XII

Procès

du

capitaine Dreyfus.

(Voir la livraison n° 13)

(Rappel de la fin de la page 156, livr. 13.)

Comme tant d'autres officiers laborieux et dignes de tout respect, Alfred Dreyfus ne jouait pas, n'espionnait pas, ne vendait pas les secrets de la Nation, mais il écrivait beaucoup, faisait force plans et projets de réformes, et jetait d'innombrables papiers au panier. On pouvait avoir recueilli de ces papiers, calqué des mots dans ses lettres, formé de feuillets épars quelque ensemble monstrueux qui l'accusait en apparence et donnait de lui l'idée qu'il était un traître. C'est la seule théorie qu'il pût se faire de ce qu'on lui imputait, Et tout la

cutés sur papier pelure sensibilisé, puis
frotté avec un alcoolat résineux. On arrive ainsi à réaliser une espèce de verre
souple d'une transparence absolue qui
reproduit l'écriture, comme sur un vitrail, avec l'exactitude la plus grande.

(*La suite à la 15e livraison*).

L'AFFAIRE DREYFUS
ET SES RESSORTS SECRETS
Histoire documentaire
Par PASCHAL GROUSSET
A. GODET ET Ce, ÉDITEURS, 51, rue Vivienne

Il n'est plus permis désormais à un seul Français de ne pas prendre une connaissance détaillée de l'affaire qui a si profondément ébranlé la conscience publique. Chacun doit se faire une opinion personnelle en la puisant aux sources mêmes de l'histoire.

*Par l'ampleur et par l'intérêt dramatique du récit, par la haute exactitude des précisions, par le nombre et la beauté des dessins originaux, portraits authentiques et reproductions des meilleures images françaises ou étrangères, nous nous sommes proposé de donner au pays, dans l'**AFFAIRE DREYFUS ILLUSTRÉE**, le véritable Musée historique de cette grande crise nationale; et cela sous la forme accessible à tous de la livraison d'amateur à 10 centimes, que chacun peut lire et collectionner au foyer de la famille.*

LES ÉDITEURS.

L'AFFAIRE DREYFUS paraît deux fois par semaine, le Mardi et le Vendredi.

La quinzième livraison paraîtra le Mardi 27 Décembre.

LA LIVRAISON ILLUSTRÉE :
France et pays limitrophes, Algérie, Tunisie : 10 centimes

PAR ABONNEMENT :
La série de vingt livraisons illustrées, FRANCO
France · · · · · **3 francs** | **Union postale** · **4 fr. 50**
On s'abonne sans frais dans t⁵ les bureaux de poste ou p͏ʳ mandat adressé à l'administr͏ʳ A. GODET, 51, rue Vivienne, PARIS.

L'AFFAIRE DREYFUS, Publication périodique bi-hebdomadaire
N° 14, vendredi 23 décembre 1898. *L'Auteur-Gérant :* PASCHAL GROUSSET.
Paris — Imprimerie de l'*Affaire Dreyfus.* — Albert GODET, 51, rue Vivienne. — 2868-98.

L'AFFAIRE DREYFUS

ILLUSTRÉE

Et ses Ressorts secrets

HISTOIRE DOCUMENTAIRE

Par PASCHAL GROUSSET

VIENT DE PARAITRE

Premier Volume

DE

L'AFFAIRE DREYFUS

et ses Ressorts secrets

PAR

PASCHAL GROUSSET

Contenant dix livraisons

347,000 lettres, 50 photogravures

Prix : UN FRANC

Franco par poste : 1 fr. 30

CHEZ TOUS LES LIBRAIRES

P.-V. STOCK, Éditeur, 9, Galerie du Théâtre-Français. PARIS.

Liv. 15. *L'Affaire Dreyfus illustrée.*

A. GODET et Cⁱᵉ, ÉDITEURS
51, rue Vivienne — PARIS.

L'AFFAIRE DREYFUS

HISTOIRE DOCUMENTAIRE

PAR

PASCHAL GROUSSET

(Suite)

CHAPITRE XIII

Bertillon et son système.

(Voir la livraison n° 14)

(Rappel de la fin de la page 168, livr. 14.)

« Antérieurement, pour s'aider dans ces comparaisons, les experts se servaient de petits calques exécutés à la main sur papier pelure, qu'ils transportaient de place en place sur les mots soupçonnés d'avoir la même origine. Le service de l'identité judiciaire a remplacé ces calques faits à la main au fur et à mesure des besoins par des fac-similés photographiques agrandis, exé-

dépendant pour concevoir des doutes
sur l'authenticité des documents et réclamer une vérification.

(La suite à la 16ᵉ livraison).

L'AFFAIRE DREYFUS
ET SES RESSORTS SECRETS
Histoire documentaire
Par PASCHAL GROUSSET

A. GODET et Cᵉ, ÉDITEURS, 51, rue Vivienne

SOMMAIRE DE LA PREMIÈRE LIVRAISON:

AVANT-PROPOS.

CHAPITRE Iᵉʳ — Le Bordereau

ILLUSTRATIONS : **La Boîte aux lettres de l'Ambassade allemande.
Les Bureaux de la Guerre.
Portraits de Boisdeffre, Mercier, du Paty de Clam.**

SOMMAIRE DE LA SECONDE LIVRAISON

CHAPITRE II. — Le Pape, les Jésuites et la Haute armée

ILLUSTRATIONS : **La Parade d'exécution** (dessin du *Graphic*).
**Un Jésuite de robe courte.
La dictée** (dessin de COUTURIER).
Portraits d'Henry, Gonse, Lauth.

SOMMAIRE DE LA TROISIÈME LIVRAISON:

CHAPITRES III et IV. — L'Arrestation

ILLUSTRATIONS : **L'Épée brisée** (dessin de l'*Illustrated London news*).
**Le Domicile du capitaine Dreyfus.
L'Arrestation** (Dessin de COUTURIER).
La Prison du Cherche-Midi.

SOMMAIRE DE LA QUATRIÈME LIVRAISON :

CHAPITRES V et VI. — L'Enquête préliminaire. Mercier hésite

ILLUSTRATIONS : **Souvenez-vous du Masque de Fer !
Portraits du Commandant Forzinetti, d'Alfred Dreyfus à
l'École de Fontainebleau, d'Alfred Dreyfus en 1889.**

SOMMAIRE DE LA CINQUIÈME LIVRAISON

CHAPITRE VII. — Première campagne de presse ouverte
par l'État-Major

ILLUSTRATIONS : **Allo !...** *Libre Parole?...* (Dessin de H. G. IBELS).
Drumont et Rochefort à Bruxelles. (Dessin de COUTURIER).
Portrait de Judet.

SOMMAIRE DE LA SIXIÈME LIVRAISON

CHAPITRE VIII. — Responsabilité du Cabinet Dupuy.
Une page d'histoire parlementaire.

ILLUSTRATIONS : **Mercier en a assez** (dessin de H.-G. IBELS).
Mercier a signé le revers (dessin de COUTURIER).
**Le Conseil de cabinet qui a décidé les poursuites.
Portraits de Gribelin, du P. du Lac.**

SOMMAIRE DE LA SEPTIÈME LIVRAISON

CHAPITRE IX. — Henry.

ILLUSTRATIONS : **Du Paty voulait surprendre Dreyfus dans son sommeil.
Premières heures de quatre ans au secret.
Un soldat de l'armée noire.
Portraits de Dupuy, Barthou. Portrait d'Alfred Dreyfus à
l'École polytechnique.**

SOMMAIRE DE LA HUITIÈME LIVRAISON

CHAPITRE X. — Vers les ténèbres. — La lettre de
Guillaume II.

ILLUSTRATIONS : **Le Général des Jésuites.
Le commandant Henry et la valise diplomatique** (dessin de COU-
TURIER).
Portraits de Munster, Hanotaux, Casimir-Perier.

Il n'est plus permis désormais à un seul Français de ne pas prendre une connaissance détaillée de l'affaire qui a si profondément ébranlé la conscience publique. Chacun doit se faire une opinion personnelle en la puisant aux sources mêmes de l'histoire.

*Par l'ampleur et par l'intérêt dramatique du récit, par la haute exactitude des précisions, par le nombre et la beauté des dessins originaux, portraits authentiques et reproductions des meilleures images françaises ou étrangères, nous nous sommes proposé de donner au pays, dans l'**AFFAIRE DREYFUS ILLUSTRÉE**, le véritable Musée historique de cette grande crise nationale; et cela sous la forme accessible à tous de la livraison d'amateur à 10 centimes, que chacun peut lire et collectionner au foyer de la famille.*

LES ÉDITEURS.

L'AFFAIRE DREYFUS paraît deux fois par semaine, le Mardi et le Vendredi.

La seizième livraison paraîtra le Vendredi 30 Décembre.

LA LIVRAISON ILLUSTRÉE :

France et pays limitrophes, Algérie, Tunisie : 10 centimes

PAR ABONNEMENT :

La série de vingt livraisons illustrées, FRANCO

France . . . . . **3 francs** | **Union postale · 4 fr. 50**

On s'abonne sans frais dans t⁰ les bureaux de poste ou pʳ mandat adressé à l'administrʳ A. GODET, 51, rue Vivienne, PARIS.

L'AFFAIRE DREYFUS, Publication périodique bi-hebdomadaire

N° 15, mardi 27 décembre 1898.   *L'Auteur-Gérant :* **PASCHAL GROUSSET**

Paris. — Imprimerie de l'*Affaire Dreyfus.* — Albert GODET, 51, rue Vivienne. — 2895-98.

L'AFFAIRE DREYFUS

HISTOIRE DOCUMENTAIRE

PAR

PASCHAL GROUSSET

(Suite)

CHAPITRE XIV

La défense du capitaine Dreyfus.

(*Voir la livraison n° 15*)

(*Rappel de la fin de la page 180, livr. 15.*)

S'ils ne les montraient pas, même à huis clos et dans le secret de la chambre du conseil, c'était moins encore pour échapper à la forfaiture matérielle, par une restriction de conscience éminemment caractéristique, que pour soustraire les pièces elles-mêmes à l'examen des juges. Dans le nombre, il pouvait s'en trouver un assez avisé et assez in-

humainement possible pour arriver à me
voir.

« Je t'embrasse mille fois comme je
t'aime,

« ALFRED. »

(La suite à la 17e livraison).

L'AFFAIRE DREYFUS
ET SES RESSORTS SECRETS
Histoire documentaire
Par PASCHAL GROUSSET

A. GODET et Cᵉ, ÉDITEURS, 51, rue Vivienne

SOMMAIRE DE LA PREMIÈRE LIVRAISON:
AVANT-PROPOS
CHAPITRE Iᵉʳ — Le Bordereau
ILLUSTRATIONS : **La Boîte aux lettres de l'Ambassade allemande.
Les Bureaux de la Guerre.
Portraits de Boisdeffre, Mercier, du Paty de Clam.**

SOMMAIRE DE LA SECONDE LIVRAISON
CHAPITRE II. — Le Pape, les Jésuites et la Haute armee
ILLUSTRATIONS : **La Parade d'exécution** (dessin du *Graphic*).
**Un Jésuite de robe courte.
La dictée** (dessin de COUTURIER).
Portraits d'Henry, Gonse, Lauth.

SOMMAIRE DE LA TROISIÈME LIVRAISON:
CHAPITRES III et IV. — L'Arrestation
ILLUSTRATIONS : **L'Épée brisée** (dessin de l'*Illustrated London news*).
**Le Domicile du capitaine Dreyfus.
L'Arrestation** (Dessin de COUTURIER).
La Prison du Cherche-Midi.

SOMMAIRE DE LA QUATRIÈME LIVRAISON :
CHAPITRES V et VI. — L'Enquête préliminaire. Mercier hésite
ILLUSTRATIONS : **Souvenez-vous du Masque de Fer !
Portraits du Commandant Forzinetti, d'Alfred Dreyfus à
l'École de Fontainebleau, d'Alfred Dreyfus en 1889.**

SOMMAIRE DE LA CINQUIÈME LIVRAISON
CHAPITRE VII. — Première campagne de presse ouverte
par l'État-Major
ILLUSTRATIONS : **Allo !...** *Libre Parole ?...* (Dessin de H. G. IBELS).
Drumont et Rochefort à Bruxelles. (Dessin de COUTURIER).
Portrait de Judet.

SOMMAIRE DE LA SIXIÈME LIVRAISON
CHAPITRE VIII. — Responsabilité du Cabinet Dupuy.
Une page d'histoire parlementaire.
ILLUSTRATIONS : **Mercier en a assez** (dessin de H.-G. IBELS).
Mercier a signé le revers (dessin de COUTURIER).
**Le Conseil de cabinet qui a décidé les poursuites.
Portraits de Gribelin, du P. du Lac.**

SOMMAIRE DE LA SEPTIÈME LIVRAISON
CHAPITRE IX. — Henry.
ILLUSTRATIONS : **Du Paty voulait surprendre Dreyfus dans son sommeil.
Premières heures de quatre ans au secret.
Un soldat de l'armée noire.
Portraits de Dupuy, Barthou. Portrait d'Alfred Dreyfus à
l'École polytechnique.**

SOMMAIRE DE LA HUITIÈME LIVRAISON
CHAPITRE X. — Vers les ténèbres. — La lettre de
Guillaume II.
ILLUSTRATIONS : **Le Général des Jésuites.
Le commandant Henry et la valise diplomatique** (dessin de COU-
TURIER).
Portraits de Munster, Hanotaux, Casimir-Perier.

L'AFFAIRE DREYFUS paraît deux fois par semaine, le Mardi et le Vendredi.

La dix-septième livraison paraîtra le Mardi 3 Janvier.

LA LIVRAISON ILLUSTRÉE :

France et pays limitrophes, Algérie, Tunisie : 10 centimes

PAR ABONNEMENT :

La série de vingt livraisons illustrées, FRANCO

France. . . . . . **3 francs** | **Union postale · 4 fr. 50**

On s'abonne sans frais dans tˢ les bureaux de poste ou pʳ mandat adressé à l'administrᵗʳ A. GODET, 51, rue Vivienne, PARIS.

L'AFFAIRE DREYFUS, Publication périodique bi-hebdomadaire

Nº 16, vendredi 30 décembre 1898.   *L'Auteur-Gérant :* **PASCHAL GROUSSET.**

Paris. — Imprimerie de l'*Affaire Dreyfus.* — Albert GODET, 51, rue Vivienne. — 2908-98.

Dix-septième Livraison.   16 Pages   10 Centimes.

L'AFFAIRE DREYFUS

ILLUSTRÉE

Et ses Ressorts secrets

HISTOIRE DOCUMENTAIRE

Par PASCHAL GROUSSET

En chambre du Conseil (Dessin de COUTURIER).

A. GODET ET Cᵉ, ÉDITEURS
51, rue Vivienne — PARIS.

Liv. 17. *L'Affaire Dreyfus illustrée.*

L'AFFAIRE DREYFUS

HISTOIRE DOCUMENTAIRE

PAR

PASCHAL GROUSSET

(Suite)

CHAPITRE XIV

La défense du capitaine Dreyfus.

(Voir la livraison n° 16)

(Rappel de la fin de la page 192, livr. 16.)

« C'est pour toi seule, ma pauvre chérie, que j'arrive à lutter; c'est ta pensée qui arrête mon bras. Combien je sens, en ce moment, mon amour pour toi; jamais il n'a été si grand, si exclusif. Et puis, un faible espoir me soutient encore un peu : c'est de pouvoir un jour réhabiliter mon nom. Mais surtout, crois-le bien, si j'arrive à lutter jusqu'au bout contre ce calvaire, ce sera uniquement pour toi, ma pauvre chérie, ce sera pour t'éviter encore un nouveau chagrin ajouté à tous ceux que tu as supportés jusqu'ici. Fais tout ce qui est

L'AFFAIRE DREYFUS

ET SES RESSORTS SECRETS

Histoire documentaire

Par PASCHAL GROUSSET

A. GODET ET C°, ÉDITEURS, 51, rue Vivienne

SOMMAIRES DES SEIZE PREMIÈRES LIVRAISONS

Vient de paraître
PREMIER VOLUME
DE
L'AFFAIRE DREYFUS
et ses Ressorts secrets
PAR
PASCHAL GROUSSET
Contenant dix livraisons
347,000 lettres, 50 photogravures
Prix : UN FRANC
Franco par poste : 1 fr. 30
CHEZ TOUS LES LIBRAIRES
P.-V. STOCK, Éditeur, 9, Galerie du Théâtre-Français, PARIS

Il n'est plus permis désormais à un seul Français de ne pas prendre une connaissance détaillée de l'affaire qui a si profondément ébranlé la conscience publique. Chacun doit se faire une opinion personnelle en la puisant aux sources mêmes de l'histoire.

*Par l'ampleur et par l'intérêt dramatique du récit, par la haute exactitude des précisions, par le nombre et la beauté des dessins originaux, portraits authentiques et reproductions des meilleures images françaises ou étrangères, nous nous sommes proposé de donner au pays, dans l'**AFFAIRE DREYFUS ILLUSTRÉE**, le véritable Musée historique de cette grande crise nationale; et cela sous la forme accessible à tous de la livraison d'amateur à 10 centimes, que chacun peut lire et collectionner au foyer de la famille.*

LES ÉDITEURS.

L'AFFAIRE DREYFUS paraît deux fois par semaine, le Mardi et le Vendredi.

La dix-huitième livraison paraîtra le Vendredi 6 Janvier.

LA LIVRAISON ILLUSTRÉE :
France et pays limitrophes, Algérie, Tunisie : 10 centimes

PAR ABONNEMENT :
La série de vingt livraisons illustrées, **FRANCO**

France . . . . . **3 francs** | **Union postale** · **4 fr. 50**

On s'abonne sans frais dans t^s les bureaux de poste ou p^r mandat adressé à l'administr^r A. GODET, 51, rue Vivienne, PARIS.

L'AFFAIRE DREYFUS, Publication périodique bi-hebdomadaire

N° 17, mardi 3 janvier 1899.　　　　*L'Auteur-Gérant:* **PASCHAL GROUSSET.**

Paris. — Imprimerie de l'*Affaire Dreyfus*. — Alb^{rt} GODET, 51, rue Vivienne. — 2061-98.

Dix-huitième Livraison.   16 Pages   10 Centimes.

L'AFFAIRE DREYFUS

ILLUSTREE

Et ses Ressorts secrets

ISTOIRE DOCUMENTAIRE

Par PASCHAL GROUSSET

Ce Rochefort !... quel esprit !...   (*Dessin de H.-G. IBELS.*)

v. 18. *L'Affaire Dreyfus illustrée.*

A. GODET et C°, Éditeurs
51, rue Vivienne — Paris·

(Tous droits réservés.)

L'AFFAIRE DREYFUS

HISTOIRE DOCUMENTAIRE

PAR

PASCHAL GROUSSET

(Suite)

CHAPITRE XVII

La parade de dégradation

(Voir la livraison n° 17)

(Rappel de la fin de la page 204, livr. 17.)

« Mes instructions me prescrivaient, a-t-il raconté, de me rendre compte de tous les détails de la pénible cérémo-nie, après m'être assuré que les troupes occupaient les emplacements qui leur avaient été assignés. Je dus donc me rendre dans la pièce où le capitaine Dreyfus attendait le moment de subir le plus épouvantable des supplices....

L'AFFAIRE DREYFUS

ET SES RESSORTS SECRETS

Histoire documentaire

Par PASCHAL GROUSSET

A. GODET ET Cᵉ, ÉDITEURS, 51, rue Vivienne

SOMMAIRES DES DIX-SEPT PREMIÈRES LIVRAISONS

Dix-neuvième Livraison.　16 Pages　10 Centimes.

L'AFFAIRE DREYFUS

ILLUSTRÉE

Et ses Ressorts secrets

HISTOIRE DOCUMENTAIRE

PAR PASCHAL GROUSSET

La Foule (Dessin du *Monde illustré*).

A. CODET ET Cᵉ, ÉDITEURS
51, rue Vivienne — PARIS

L'AFFAIRE DREYFUS

HISTOIRE DOCUMENTAIRE

PAR

PASCHAL GROUSSET

(Suite)

CHAPITRE XVIII

La légende des aveux

(Voir la livraison n° 18)

(Rappel de la fin de la page 216, livr. 18.)

Moi parti, qu'on cherche toujours, c'est la seule GRACE *que je sollicite.*

ALFRED DREYFUS.

L'AFFAIRE DREYFUS

ET SES RESSORTS SECRETS
Histoire documentaire

Par PASCHAL GROUSSET

A. GODET et Cᵉ, Éditeurs, 51, rue Vivienne

SOMMAIRES DES DIX-SEPT PREMIÈRES LIVRAISONS

PREMIÈRE LIVRAISON, — *AVANT-PROPOS.* **LE BORDEREAU.** ILLUSTRATIONS : **La Boîte aux lettres de l'Ambassade allemande. Les Bureaux de la Guerre. Portraits de Boisdeffre, Mercier, du Paty de Clam.** — DEUXIÈME LIVRAISON. **LE PAPE, LES JÉSUITES ET LA HAUTE ARMÉE.** ILLUSTRATIONS : **La Parade d'exécution. Un Jésuite de robe courte. La dictée. Portraits d'Henry, Gonse, Lauth.** — TROISIÈME LIVRAISON. **L'ARRESTATION.** ILLUSTRATIONS : **L'Épée brisée. Le Domicile du capitaine Dreyfus. L'Arrestation. La Prison du Cherche-Midi.** — QUATRIÈME LIVRAISON. **L'ENQUÊTE PRÉLIMINAIRE. MERCIER HÉSITE.** ILLUSTRATIONS : **Souvenez-vous du Masque de Fer ! Portraits du Commandant Forzinetti, d'Alfred Dreyfus à l'École de Fontainebleau, d'Alfred Dreyfus en 1889.** — CINQUIÈME LIVRAISON. **PREMIÈRE CAMPAGNE DE PRESSE OUVERTE PAR L'ÉTAT-MAJOR.** ILLUSTRATIONS : **Allo !...** *Libre Parole?...* **Drumont et Rochefort à Bruxelles. Portrait de Judet.** — SIXIÈME LIVRAISON. **RESPONSABILITÉ DU CABINET DUPUY. UNE PAGE D'HISTOIRE PARLÉMENTAIRE.** ILLUSTRATIONS : **Mercier en a assez. Mercier a signé le revers. Le Conseil de cabinet qui a décidé les poursuites. Portraits de Gribelin, du P. du Lac.** — SEPTIÈME LIVRAISON. **HENRY.** ILLUSTRATIONS : **Du Paty voulait surprendre Dreyfus dans son sommeil. Premières heures de quatre ans au secret. Un soldat de l'armée noire. Portraits de Dupuy, Barthou. Portrait d'Alfred Dreyfus à l'École polytechnique.** — HUITIÈME LIVRAISON. **VERS LES TÉNÈBRES. LA LETTRE DE GUILLAUME II.** ILLUSTRATIONS : **Le Général des Jésuites. Le commandant Henry et la valise diplomatique. Portraits de Munster, Hanotaux, Casimir-Perier.** — NEUVIÈME LIVRAISON. **A LA VEILLE DU PROCÈS.** ILLUSTRATIONS : **L'Ambassade d'Allemagne. L'Audience secrète de l'Elysée. Un militant. Portraits de Viger, Delcassé, Arthur Meyer.** — DIXIÈME LIVRAISON. **A HUIS CLOS.** ILLUSTRATIONS : **Accusé, levez-vous. Portraits du colonel Maurel, du commissaire du Gouvernement Brisset.** — ONZIÈME LIVRAISON. **L'ACTE D'ACCUSATION.** ILLUSTRATIONS : **Boisdeffre et le P. du Lac. Alfred Dreyfus allant à l'instruction.** — DOUZIÈME LIVRAISON. **EXAMEN DE L'ACTE D'ACCUSATION.** ILLUSTRATION : **Le dossier secret était à la disposition des curieux. Écriture du Bordereau. Écriture d'Alfred Dreyfus.** — TREIZIÈME LIVRAISON. **FIN DE L'EXAMEN.** ILLUSTRATIONS : **Un mur derrière lequel il se passe quelque chose. La forteresse de Bertillon. Portrait de Bertillon.** — QUATORZIÈME LIVRAISON. **BERTILLON ET SON SYSTÈME.** ILLUSTRATIONS : **C'est un acquittement! Bertillon au tableau.** — QUINZIÈME LIVRAISON. **LA DÉFENSE.** ILLUSTRATIONS : **En chambre du Conseil. Portraits de Mᵉ Demange, de M. Poincaré.** — SEIZIÈME LIVRAISON. **LA DÉFENSE.** ILLUSTRATIONS : **Calque du bordereau avec des blancs laissés pour les retouches. Calque du bordereau après les retouches. En chambre du Conseil. Portrait de Poincaré.** — DIX-SEPTIÈME LIVRAISON, **LA PARADE DE DÉGRADATION.** ILLUSTRATIONS : **L'École militaire. L'adjudant arracha les galons décousus à l'avance. L'Épée brisée. La foule.** — DIX-HUITIÈME LIVRAISON. **LA LÉGENDE DES AVEUX.** ILLUSTRATIONS : **Plan de l'Ecole militaire. La promenade au front des troupes. L'adjudant cassa l'épée. Vive la France ! Messieurs, je suis innocent!**

Paraîtra le 16 Janvier
SECOND VOLUME

DE

L'AFFAIRE DREYFUS
et ses Ressorts secrets

PAR

PASCHAL GROUSSET

Contenant dix livraisons

347,000 lettres, 50 gravures

Prix : UN FRANC

Franco par poste : 1 fr. 30

CHEZ TOUS LES LIBRAIRES

P.-V. STOCK, Éditeur, 9, Galerie du Théâtre-Français, PARIS

Il n'est plus permis désormais à un seul Français de ne pas prendre une connaissance détaillée de l'affaire qui a si profondément ébranlé la conscience publique. Chacun doit se faire une opinion personnelle en la puisant aux sources mêmes de l'histoire.

*Par l'ampleur et par l'intérêt dramatique du récit, par la haute exactitude des précisions, par le nombre et la beauté des dessins originaux, portraits authentiques et reproductions des meilleures images françaises ou étrangères, nous nous sommes proposé de donner au pays, dans l'**AFFAIRE DREYFUS ILLUSTRÉE**, le véritable Musée historique de cette grande crise nationale; et cela sous la forme accessible à tous de la livraison d'amateur à 10 centimes, que chacun peut lire et collectionner au foyer de la famille.*

LES ÉDITEURS.

L'AFFAIRE DREYFUS paraît deux fois par semaine, le Mardi et le Vendredi.

La vingtième livraison paraîtra le Vendredi 13 Janvier.

LA LIVRAISON ILLUSTRÉE :

France et pays limitrophes, Algérie, Tunisie : 10 centimes

PAR ABONNEMENT :

La série de vingt livraisons illustrées, **FRANCO**

France · · · · · **3 francs** | **Union postale** · **4 fr. 50**

On s'abonne sans frais dans t^s les bureaux de poste ou p^r mandat adressé à l'administr^r A. GODET, 51, rue Vivienne, PARIS.

L'AFFAIRE DREYFUS, Publication périodique bi-hebdomadaire

N° 19, mardi 10 janvier 1899.   *L'Auteur-Gérant:* **PASCHAL GROUSSET.**

Paris. — Imprimerie de l'*Affaire Dreyfus*. — Albert GODET, 51, rue Vivienne. — 22-99.

Vingtième Livraison.   16 Pages   10 Centimes.

L'AFFAIRE DREYFUS
ILLUSTRÉE
Et ses Ressorts secrets
HISTOIRE DOCUMENTAIRE
Par PASCHAL GROUSSET

Lecture du jugement (*Dessin de COUTURIER*).

A. GODET et C°, ÉDITEURS
51, rue Vivienne — PARIS.

Liv. 20   *L'Affaire Dreyfus illustrée.*

L'AFFAIRE DREYFUS

HISTOIRE DOCUMENTAIRE

PAR

PASCHAL GROUSSET

(Suite)

ÉPILOGUE

(Voir la livraison n° 19)

(Rappel de la fin de la page 228, livr. 19.)

21 janvier 1895.
(Mardi, 9 heures du matin.)

« Comme tu dois souffrir !… Le drame dont nous sommes les victimes est certainement le plus épouvantable de ce siècle. Avoir tout pour soi, bonheur,

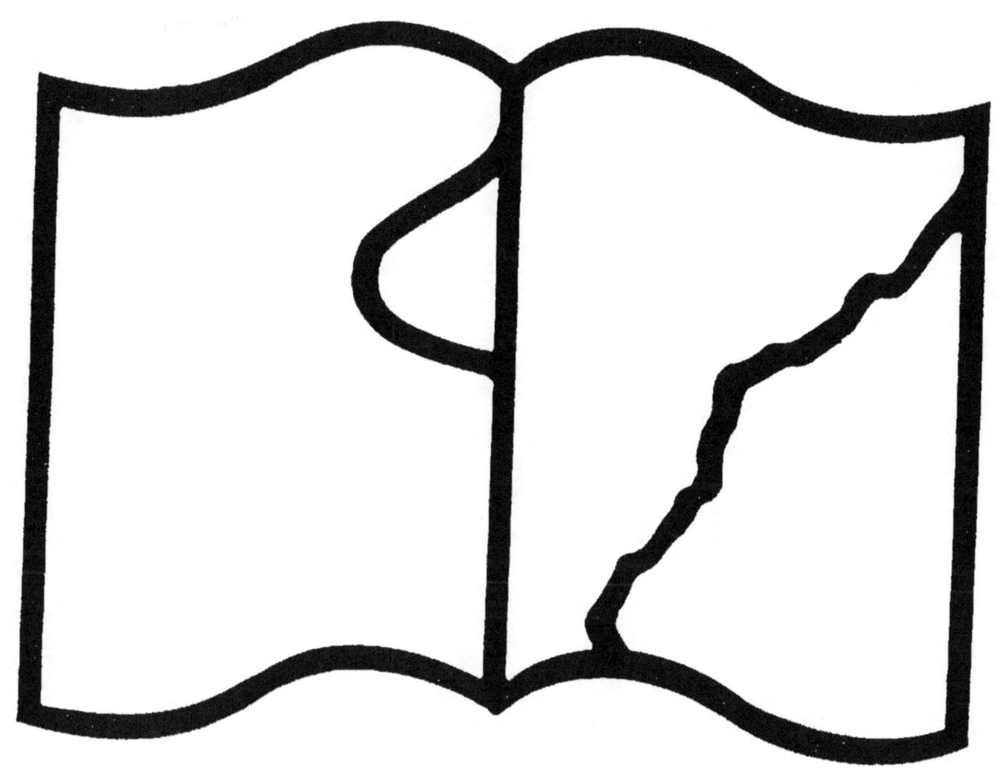

Texte détérioré — reliure défectueuse
NF Z 43-120-11

www.ingramcontent.com/pod-product-compliance
Lightning Source LLC
Chambersburg PA
CBHW051513050726
47595CB00002B/301